CLASSIQUES JAUNES

Littératures francophones

Théâtre de femmes de l'Ancien Régime

Tome II

Théâtre de femmes de l'Ancien Régime

Tome II

XVIIe siècle

Édition critique par Aurore Evain, Perry Gethner et Henriette Goldwyn,
avec la collaboration de Juliette Cherbuliez,
Paul Scott et Deborah Steinberger

PARIS
CLASSIQUES GARNIER
2025

Aurore Evain, comédienne, autrice et metteuse en scène, mène des recherches sur l'histoire des femmes dans le théâtre. Elle a publié *L'Apparition des actrices en Europe* et consacré plusieurs articles aux autrices de théâtre sous l'Ancien Régime. Directrice artistique de la compagnie La Subversive, elle œuvre à la mise en lumière des pièces des créatrices passées, dont *Le Favori* de Madame de Villedieu.

Perry Gethner était un spécialiste du théâtre français du début de l'époque moderne. Ses recherches traitent des pièces religieuses et des livrets d'opéra baroque. Nous lui devons notamment des éditions de référence du théâtre de Jean de Rotrou, d'Antoine de Montchrestien, de Pierre Du Ryer, de Jean Mairet et de Voltaire. Ses travaux ont aussi contribué à renouveler l'approche de l'histoire des femmes dramaturges.

Henriette Goldwyn est spécialiste de l'histoire des femmes dans la littérature française. Elle a publié de nombreux articles de référence sur les autrices de l'Ancien Régime et a renouvelé notre connaissance de l'œuvre de Madame Du Noyer, dont elle a édité les *Mémoires*. Elle travaille également sur la diaspora huguenote et la littérature clandestine du Refuge, à la suite de la révocation de l'Édit de Nantes.

ISBN 978-2-406-17978-8
ISSN 2417-6400

INTRODUCTION

> Mon cher Lecteur, [...] je ne te donne pas cette pièce, comme une chose rare, et où toutes les règles de la poésie de ce temps soient observées. Mon sexe, le peu d'expérience que j'ai dans cet art et la bassesse de mon esprit ne me permettent pas d'avoir des pensées si hautes et si relevées que ces Apollons, qui y réussissent si bien tous les jours, se composant avec leurs merveilleux ouvrages des couronnes d'immortalité. Je ferai voir, du moins, que je n'ai rien dérobé de leur gloire, et que ma seule veine en a tous produits [*sic*] les vers[1].

Ainsi s'exprimait, en 1655, la première dramaturge de la scène professionnelle connue à ce jour, Françoise Pascal, qui s'aventurait alors dans l'arène du théâtre avec sa première tragi-comédie, *Agathonphile martyr*, probablement représentée cette année-là sur la scène lyonnaise. Malgré les précautions oratoires et les protestations de modestie, typiques de la production féminine de l'époque, cette jeune provinciale, qui n'allait pas hésiter à monter à la capitale pour tenter de faire carrière, ne cacha pas sa fierté et son ambition : rivaliser avec les Apollons de la plume et autres « rois du théâtre[2] »... Cette innovatrice fut vite rejointe dans son projet par d'autres figures féminines de la nouvelle scène littéraire, dont de célèbres poétesses et romancières comme Mme de Villedieu, Mme Deshoulières, ou encore Anne de La Roche-Guilhen.

Souvent conscientes de leur rôle de pionnières, ces écrivaines n'en connaissaient pas moins leurs handicaps et leurs faiblesses face à une institution littéraire qui leur restait fermée. Mais malgré les obstacles d'une éducation encore fragile, les préjugés, le manque de relations dans le milieu du théâtre et l'hostilité de certains savants et auteurs, elles assumèrent leur « témérité[3] ». Et cette nouvelle génération de femmes, partie à la conquête des théâtres parisiens, remporta finalement son pari : elles furent jouées par les meilleurs acteurs et actrices de leur temps, souvent avec succès,

---

1 Françoise Pascal, *Agathonphile martyr*, Lyon, C. Petit, 1655, pages liminaires non numérotées.
2 Mme de Villedieu, dédicace de *Manlius*, voir p. 319.
3 *Ibid.*, voir p. 319.

au point d'éveiller l'intérêt des cours européennes et celui des éditeurs en quête de nouveaux auteurs. À l'exception de la religieuse de La Chapelle, toutes vécurent de leur plume, même si elles durent renoncer assez vite à l'écriture dramatique pour se consacrer à d'autres genres littéraires, financièrement plus rentables et moins préjudiciables à leur réputation. En outre, même si Mme Deshoulières choisit l'anonymat lors de la première édition de sa tragédie *Genséric*, aucune n'eut recours à un pseudonyme.

Pour illustrer la diversité et la richesse de la contribution des femmes dramaturges au théâtre classique, nous avons réuni les œuvres de cinq d'entre elles, qui écrivirent entre 1655 et 1680. Parmi leurs productions, nous avons choisi neuf pièces puisant dans tous les genres alors à la mode : la pièce comique, la tragi-comédie, la comédie-ballet et la tragédie. Chacune à sa manière contribua à enrichir la création dramatique contemporaine : Françoise Pascal, dont nous avons choisi de publier quatre des six pièces qu'elle composa, renouvela notamment la comédie en un acte ; Mme de Villedieu sut brillamment passer d'une tragi-comédie encore emprunte de baroque à un théâtre déjà classique, offrant une codification plus rigoureuse et adhérant aux unités de lieu, de temps et d'action ; la sœur de La Chapelle, puisant dans la très riche hagiographie de sainte Catherine d'Alexandrie, illustra, dans son unique pièce, la vigueur du théâtre sacré qui subsistait en province ; Anne de La Roche-Guilhen, quant à elle, franchit les frontières, transposant à Londres, devant la cour de Charles II, l'intrigue musicale d'une comédie-ballet résonnant des violences politiques qui secouaient l'Europe ; Mme Deshoulières, enfin, donna une tragédie d'un pessimisme inédit, qui sonnait le glas de cette époque nourrie d'héroïsme galant, de préciosité et de fastes politiques.

LES ANNÉES DE FORMATION (1583-1650)

En vérité, l'accès de ces autrices à la scène professionnelle survint après soixante-dix années d'éclipse : entre 1583, date de la parution des œuvres de Catherine Des Roches[1], et les années 1650, aucune pièce de

1 Le théâtre de Catherine Des Roches a été publié dans le premier volume de cette anthologie (vol. 1, XVIe siècle, éd. É. Viennot, 2006).

femme – à l'exception d'une tragi-comédie sous forme manuscrite de Dorothée de Croy, *Cinnatus et Camma* (1637)[1] – ne nous est parvenue. Or, ce long silence correspond à une période de transition pour le théâtre et de profonde transformation des codes de sociabilité : autant de facteurs qui à la fois expliquent l'absence de femmes dramaturges et préparent les conditions de leur retour dans la deuxième moitié du siècle. La montée en puissance de cet art, auprès des élites comme des milieux plus populaires, s'accompagna en effet d'une institutionnalisation et d'une professionnalisation du statut d'auteur. S'il n'était pas encore le genre majeur qu'il allait devenir à partir de la seconde moitié du siècle, le théâtre était en train de conquérir de nouveaux publics, et les troupes se multiplièrent. C'est aussi à cette époque que se développa l'accès des femmes à la culture et que se mirent en place les moyens qui leur permettraient de partir à la conquête des Lettres et du théâtre.

À la fin du XVIe et au début du XVIIe siècles, avec l'invention de nouveaux genres plus divertissants et galants, comme la pastorale et la tragi-comédie, le théâtre avait séduit un large public, moins savant et plus citadin. Un théâtre de « ville » renaissait qui, en conservant les codes érudits du théâtre humaniste, n'hésitait pas à puiser également dans des genres en vogue, notamment la littérature romanesque, s'attachant ainsi de plus en plus de spectatrices et de lectrices. Celles-ci, désormais mieux familiarisées avec cette nouvelle esthétique théâtrale, caractérisée par les références antiques et les sujets religieux ou mythologiques, apprirent peu à peu à manier les codes d'une dramaturgie plus accessible. Bref, le difficile alliage entre plaisir et savoir était enfin possible, réunissant femmes et hommes, peuple et élites, dans les nouvelles salles professionnelles parisiennes. Le théâtre moderne se mit en place, et son organisation se structura. Les différences entre les publics populaires et mondains, bourgeois et aristocrates s'estompèrent, et les répertoires se mêlèrent.

Cependant, il fallut plusieurs décennies pour que le terreau prît : dans le premier tiers du XVIIe siècle, les auteurs étaient les mercenaires d'une troupe, les comédiens subissaient régulièrement les attaques de l'Église, et ces nouveaux genres que sont la pastorale ou la tragi-comédie, les plus accessibles aux femmes, pâtissaient encore du mépris des doctes.

---

1 Citée par Henri Carrington Lancaster, *A History of French Dramatic Literature in the Seventeenth Century. Part II : The Period of Corneille, 1635-1651*, Baltimore, Johns Hopkins University Press, 1932, vol. 2, p. 778.

Celles qui appartenaient à l'aristocratie ou à la grande bourgeoisie, suffisamment instruites pour écrire du théâtre, ne pouvaient donc, sans déroger, risquer leur nom et leur réputation sur une scène ou au bas d'une pièce imprimée. Par ailleurs, l'écriture dramatique s'inscrivait depuis peu dans une logique plus mercantile et dans une politique culturelle instrumentalisée par Richelieu. Dans ce siècle qui assistait à la naissance de l'écrivain, le statut d'auteur dramatique devenait un véritable enjeu stratégique pour pénétrer les réseaux d'influence, obtenir faveurs, charges et offices. Et sur ce vaste terrain de conquête qui tenait lieu de champ littéraire, les femmes, l'on s'en doute, ne furent pas toujours bien accueillies.

Mais leur contribution à la création dramatique prit d'autres formes, particulièrement variées, selon leur position sociale : les dames de la noblesse et de la grande bourgeoisie, dédicataires de nombreuses pièces[1], patronnèrent activement le développement et la promotion du théâtre, tandis que d'autres, de statut plus modeste, débutèrent comme actrices professionnelles[2], inspirant de nombreux auteurs ; et toutes assistèrent en spectatrices assidues aux représentations, données dans des salles de théâtre de plus en plus policées. Au cours du siècle, cette double intervention, en amont et en aval de la création dramatique, contraignit le jeu théâtral à s'adapter à un public mondain où l'influence des femmes allait grandissant ; ainsi le théâtre, délaissant la farce burlesque pour des genres plus nobles, s'attacha-t-il notamment à défendre les bienséances, la vertu et l'héroïsme galant. Il devint un élément civilisateur, une école formant à la langue et aux nouvelles règles dictées par les doctes au sein de la nouvelle Académie.

Car si ce silence des femmes dans la production théâtrale de la première moitié du siècle tient pour beaucoup au changement du statut du savoir, elles surent néanmoins contourner les interdits et s'emparer à leur tour de ce puissant outil de sociabilité. Exclues de l'appareil institutionnel qui se mettait en place, notamment avec la création de l'Académie française (1634), ce fut, en guise de revanche, du côté des ruelles et des salons, que les femmes allaient rattraper leur retard. Là, elles

---

1 Aurore Evain, « Les reines et princesses de France, mécènes, patronnes et protectrices du théâtre au XVIe siècle », *Patronnes et mécènes en France à la Renaissance*, Saint-Étienne, Publications de l'Université, 2007, p. 59-99.

2 Aurore Evain, *L'Apparition des actrices professionnelles*, Paris, L'Harmattan, 2001.

se formèrent à ces savoirs modernes, puis en créèrent d'autres, influençant les auteurs et transmettant à leur tour leur expérience culturelle et littéraire. Vitrine d'une nouvelle sociabilité, l'art dramatique prit aussi racine dans ces nouveaux espaces de savoir, où se réunissaient des hommes et des femmes épris de politesse, de conversations galantes et raffinées, animés par l'esprit de la grande œuvre pastorale de l'époque, *L'Astrée* (1607-1627) d'Honoré d'Urfé. Toute une génération exalta les bienfaits d'un monde idyllique où le pur amour était la source de tous les biens, et où, grâce au néoplatonisme de ce monde idéal, la conquête de la femme aimée conférait valeur et mérite. C'est ainsi que sous l'influence des plus célèbres salonnières, comme la marquise de Rambouillet ou la romancière Madeleine de Scudéry, se propagea l'esthétique de la Préciosité, impulsant au théâtre l'expression d'un héroïsme généreux et galant qui fit le succès de Corneille. Promotrices d'un nouveau souffle de pensée, de modes vestimentaires, de comportements sociaux et de codes langagiers, elles inspirèrent les nombreux auteurs qui venaient chez elles donner les premières lectures de leurs pièces : les prouesses et les actes d'héroïsme ne manquaient pas, surtout sur la scène baroque des années 30, mais, dans la salle, le soldat se muait en honnête homme.

La circulation du savoir au sein du salon, haut-lieu de culture, permit donc aux femmes, surtout celles qui n'avaient pas eu accès à une éducation privilégiée, de participer activement au foisonnement artistique de l'époque, où le théâtre occupait une place privilégiée. C'est à l'ombre de cet espace de sociabilité et de création qu'une jeune génération d'écrivaines fit ses classes, d'où émergèrent les premières autrices du théâtre professionnel. De naissance plus modeste, mais dont l'accès à l'instruction avait été favorisé par le développement de l'éducation féminine et la protection de grandes dames de l'aristocratie, elles se nourrirent de cette nouvelle culture théâtrale et des codes esthétiques qui l'accompagnaient.

LES DÉBUTS : LE CHOIX DU THÉÂTRE SACRÉ

Ces premières dramaturges qui, dans la deuxième moitié du siècle, prirent la plume pour écrire des pièces de théâtre ont toutes choisi comme sujet d'inspiration le thème du martyre. Cette prédilection pour les tragédies sacrées, alors que l'art dramatique faisait l'objet de violentes attaques de la part de l'Église, leur permit de s'emparer d'un genre controversé tout en respectant les convenances, et d'autant plus que le théâtre religieux s'inscrivait dans une longue tradition savante et s'enseignait désormais dans les collèges. En outre, ces pièces chrétiennes, qui venaient augmenter une production dramatique religieuse déjà particulièrement riche et voguaient sur le succès du *Polyeucte* de Corneille (1641), ne les empêchaient pas d'intégrer des thématiques plus profanes. Si les figures du saint et du martyr peuvent sembler, dans un premier temps, peu enclines à susciter un fort intérêt dramatique, leur constance et leur vertu – ce don dispendieux de soi-même allant jusqu'au sacrifice – en font des héros admirables. Dans un monde instable et fugace où priment les apparences, ils se distinguent par la force de leur engagement. Ces autrices purent ainsi allier, au fil de leurs productions, sur fond de littérature galante et d'idéologie précieuse, intrigue romanesque et sujet religieux, éloge de la constance amoureuse et édification chrétienne.

La première, Mme de Saint-Balmon, surnommée « l'amazone chrétienne », publia sa tragédie religieuse en pleine guerre civile, pendant la Fronde (1648-1653), tandis que plusieurs grandes dames n'hésitaient pas à prendre les armes sur la scène politique. Ses *Jumeaux martyrs* (1650)[1], inspirés de la légende de la vie de saint Sébastien et de son supplice, mettent en scène deux frères jumeaux, Marc et Marcellin, exhortés à la résistance par ce saint homme. Cette « théodicée en vers[2] » révèle la profonde culture humaniste et le savoir encyclopédique de cette première dramaturge du XVIIe siècle, qui semble avoir joui d'une certaine

1 Mme de Saint-Balmon, *Les Jumeaux martyrs*, éd. Carmeta Abbott et Hannah Fournier, Genève, Droz, 1995.

2 Henri Busson, *La Pensée religieuse française de Charron à Pascal*, Paris, Vrin, 1933, p. 530.

célébrité provinciale. À part ses tragédies saintes disparues (une *Passion* et un *Martyre de sainte Godelaine*), elle écrivit aussi des livres de piété et composa des motets pour le chœur de sa chapelle.

Elle fut suivie dans ses ambitions dramatiques par Marthe Cosnard, qui, la même année, donna ses *Chastes martyrs* (1650). Issue de la haute bourgeoisie, cette jeune Normande, connue sous le pseudonyme précieux de « Candace », brillait elle aussi par son intelligence. Dédiée à Anne d'Autriche, sa seule pièce de théâtre qui nous soit parvenue provoqua les louanges de Pierre Corneille. Il la surnomma le « divin esprit » et la « dixième des muses[1] », allant jusqu'à lui promettre l'immortalité. Elle aurait aussi composé *La Grande Bible renouvelée* (recueil de courtes pièces également attribué à tort, paraît-il, à Françoise Pascal), ainsi que trois autres pièces, mais sans preuves certaines[2]. Dans son avis « Au Lecteur », Marthe Cosnard affirme avoir emprunté le sujet de sa tragédie au roman pieux de Jean-Pierre Camus, *Agathonphile ou les martyrs siciliens* (1623). Mais, malgré une intrigue fort compliquée se terminant par le martyre, l'amour profane y occupe une place prépondérante. Cette pièce fut jugée conforme aux règles classiques qui se mettaient progressivement en place.

Une autre figure plus inattendue de ce théâtre religieux de femmes s'incarna dans la sœur de La Chapelle, seule religieuse de ce siècle à avoir composé une pièce de théâtre, *L'Illustre philosophe, ou l'histoire de sainte Catherine d'Alexandrie*, publiée à Autun en 1663 et probablement destinée à être jouée dans un des couvents de jeunes filles de la ville comme œuvre de dévotion. Bien que plus tardive, c'est cette tragédie, jamais rééditée depuis, que nous avons choisi de reproduire pour illustrer ce pan religieux de la production théâtrale des femmes au XVIIe siècle. Malgré ses faiblesses de style, une mauvaise versification et une qualité d'impression très médiocre, elle nous semble présenter en effet une réelle originalité par rapport au répertoire très prolifique de pièces consacrées à cette légende hagiographique. En faisant le choix de sainte Catherine, la sœur de La Chapelle n'a pas seulement écrit une pièce sur le martyre

---

1 P. Corneille, « À Mademoiselle de Cosnard de Sées », *Œuvres complètes*, éd. G. Couton, Paris, Gallimard « La Pléiade », 1980, t. II, p. 635.

2 Hannah Fournier, notice « Marthe Cosnard », suivie de la mise en ligne de l'édition des *Chastes martyrs* (Paris, 1651), site MARGOT : http://margot.uwaterloo.ca/regime/martirs.pdf.

destinée à l'édification : elle a conçu une tragédie d'inspiration cartésienne, prônant le triomphe de la raison par la voix d'une savante, championne de l'égalité intellectuelle des femmes et des hommes.

Si ces trois tragédies furent davantage destinées à la lecture et à l'instruction qu'à la représentation publique, il n'en alla pas de même pour les œuvres des autres écrivaines que nous allons découvrir. Grâce à la prolifération des salons et du romanesque, à l'intérêt porté aux arcanes du cœur et au succès des conversations galantes, surtout au lendemain de la Fronde, plusieurs autrices vivant de leur plume s'imposèrent comme participantes essentielles de la vie littéraire. Et c'est au moment précis de la consolidation de la monarchie absolue, lorsque Louis XIV prit le pouvoir, qu'elles tentèrent la carrière de dramaturges professionnelles, faisant jouer leurs pièces par des troupes et recevant des comptes rendus dans les périodiques de l'époque.

FRANÇOISE PASCAL, PIONNIÈRE DE LA SCÈNE PROFESSIONNELLE

Au début de la période qui nous intéresse, durant la décennie 1650-1660, le théâtre, comme phénomène social, occupait désormais une place de premier plan, retenant l'attention des grands et des puissants, tels Mazarin, Fouquet et surtout Louis XIV, qui œuvrait à « l'institutionnalisation du savoir[1] ». À ce moment-là, à Paris, devenu alors le centre de la vie théâtrale, on ne distinguait encore que deux troupes, l'Hôtel de Bourgogne (« les Grands Comédiens ») et le théâtre du Marais, auxquelles s'ajouterait bientôt la troupe de Molière, patronnée par Louis XIV à partir de 1658, puis installée en 1661 au Palais-Royal. Mais, c'est d'abord en province, à Lyon, autre grand centre de foisonnement théâtral, où circulaient de nombreuses troupes italiennes, qu'apparut la première dramaturge professionnelle connue à ce jour, Françoise Pascal, « fille lyonnaise », comme elle aimait à le préciser, très bien intégrée dans les milieux précieux de la ville. Issue de la

1 Jean-Marie Apostolidès, *Le Roi-machine*, Paris, éd. de Minuit, 1981, p. 33.

petite bourgeoisie, elle jouissait en effet, grâce à ses protecteurs, du privilège de fréquenter le monde lettré des salons et de participer à la vie culturelle lyonnaise.

Elle débuta elle aussi en exploitant la veine du théâtre sacré, avec sa tragi-comédie *Agathonphile martyr* (1655), mais c'est surtout grâce à sa contribution au renouvellement d'un genre très populaire, la farce, que nous la redécouvrons aujourd'hui, avec les deux pièces comiques en un acte qui ouvrent ce volume. Il est remarquable de constater que la première autrice du théâtre professionnel est aussi l'une des rares dramaturges françaises à avoir écrit pour le théâtre comique, un genre emprunt d'une trivialité peu recommandable[1]. Mais la farce, très appréciée du public à l'époque de Louis XIII, connaissait des mutations importantes dans les années 1650-1660. Discréditée, d'une part par les codes de bienséance de la société galante et mondaine, et d'autre part par les doctes qui voulaient imposer des formes littéraires plus élevées, comme la comédie soutenue en cinq actes et en vers, elle sut se transformer en petite comédie de mœurs, d'où était exclu le gros comique. Françoise Pascal s'empara donc de ce nouveau genre, qui allait connaître un grand succès à l'époque de Louis XIV. Les deux pièces en un acte qu'elle composa – *L'Amoureux extravagant* et *L'Amoureuse vaine et ridicule* (1657) – mettent en scène, avant Molière, une préciosité caduque, devenue factice et frivole. Elle y manie l'art de la caricature en présentant la monomanie et les obsessions tyranniques de certains personnages. Françoise Pascal réussit ainsi à faire fusionner, sur fond de culture salonnière, la tradition française farcesque et la comédie italienne très vivante à Lyon.

Ajoutons à cela qu'elle puisa son inspiration dans un autre genre particulièrement apprécié de son temps, la tragi-comédie d'inspiration romanesque, qui empruntait à la tragédie ses personnages de haut rang confrontés à de graves périls, et à la comédie le revirement heureux qui leur permettait d'échapper à la malédiction du destin. L'intrigue s'articulait généralement autour de l'amour contrarié d'un jeune couple

1 La majorité des femmes qui ont écrit pour le théâtre comique sous l'Ancien Régime furent des comédiennes italiennes. À l'époque de Françoise Pascal, deux d'entre elles publièrent en France des pièces en italien traduites de l'espagnol : Brigida Bianchi, dite Aurelia, *L'Inganno Fortunato* (1659), dédiée à Anne d'Autriche, et Orsola Biancolelli, dite Eularia, *La Bella Brutta* (1665).

traversant des épreuves douloureuses. En multipliant les coups de théâtre spectaculaires, les histoires compliquées et fantaisistes, la tragi-comédie provoquait de fortes émotions sans se soucier des vérités historiques, de la vraisemblance ni des unités. Particulièrement goûté lui aussi sous Louis XIII, ce genre avait atteint son apogée dans les années 1630-1640, surtout avec les pièces de Pierre Corneille, Pierre Du Ryer, Georges de Scudéry, Jean Rotrou, pour ne citer qu'eux. Comme ses prédécesseurs, l'autrice s'inspira des conventions de cette « dramaturgie de l'exubérance[1] » pour multiplier les effets spectaculaires et hyperboliques. En outre, elle exploita avec habileté tout le répertoire de la tragi-comédie, notamment la pièce à machines, qui visait avant tout le plaisir des yeux, et dont l'*Andromède* de Corneille (1650) était l'exemple par excellence. Avec son *Endymion*[2] (1657), sujet mythologique inspiré du roman du même nom de Jean Ogier de Gombauld (1624), elle contribua en particulier à ce nouveau type de théâtre qui, au contraire de la dramaturgie classique, privilégiait le spectacle sur le discours, en explorant les effets de mise en scène tels les décors fastueux, le merveilleux, les apparitions de divinités.

Ces éléments sont également présents dans sa troisième tragi-comédie *Sésostris*, jouée à Lyon et imprimée en 1661. En dramatisant un des récits intercalés du *Grand Cyrus* de Mlle de Scudéry (1649-1653), Françoise Pascal entraîne le spectateur et le lecteur dans une série d'aventures romanesques au cours desquelles deux amants séparés par des obstacles imprévus traversent de nombreuses épreuves. Le revirement spectaculaire de la fin, qui réunit le jeune couple, provoque la conclusion heureuse attendue, mais suscite surtout une véritable interrogation et une réflexion d'ordre politique sur la légitimité du pouvoir, l'usurpation et la tyrannie. C'est cette pièce, jamais rééditée depuis, que nous avons également retenue pour ce volume. Elle constitue en effet un précieux témoignage sur les conditions d'écriture de ces pionnières de la scène théâtrale. Dans son adresse au lecteur, l'autrice confirme le succès de sa pièce et revendique son statut de dramaturge en fustigeant ceux qui l'accusent d'avoir écrit cette pièce en collaboration. Mais ce qui se détache surtout de cet important paratexte, c'est la conscience d'une

1 Alain Viala, *Le Théâtre en France des origines à nos jours*, Paris, PUF, 1997, p. 181.
2 La pièce a été rééditée par P. Gethner, *Femmes dramaturges en France (1650-1750)*, vol. 2, p. 11-92, voir le Complément bibliographique.

poétique théâtrale désormais dictée par l'Académie, et à laquelle elle accède difficilement du fait de sa condition de femme, provinciale de surcroît. S'étonnant de l'intransigeance des critiques, qui lui reprochaient d'avoir « des expressions qui ne sont pas bien dans la pureté de la langue », elle y rappelle que les règles de l'Académie ne sont pas aisément à la portée de son sexe.

Loin des salons et des théâtres de la capitale, Françoise Pascal souffrait aussi d'un certain éloignement culturel. Peut-être est-ce pour cette raison qu'elle décida de se rendre à Paris, où elle tenta de séduire le public des théâtres de la capitale, en renouant avec le genre de la petite comédie, dans sa dernière pièce, *Le Vieillard amoureux* (1662), que nous reprenons ici pour la première fois. Malheureusement, malgré son schéma classique et son thème très à la mode du barbon amoureux, cette comédie ne parvint pas à introduire cette « fille lyonnaise » dans le milieu théâtral parisien. Elle marqua la fin de sa carrière de dramaturge professionnelle, mais lui permit néanmoins de s'insérer dans les cercles mondains de la capitale et de poursuivre sa production littéraire du côté des divertissements musicaux, de la correspondance galante et de la poésie religieuse.

MME DE VILLEDIEU, OU LES AUDACES DRAMATIQUES DE MARIE-CATHERINE DESJARDINS

Baignant dans les cercles littéraires et théâtraux de la capitale, et bénéficiant de la protection de la noblesse, Mme de Villedieu, quant à elle, fut mieux armée pour accéder à la connaissance et à la maîtrise des nouveaux canons esthétiques. Elle profita également du soutien d'un mentor particulièrement intégré dans le milieu académique : le théoricien le plus influent du théâtre de l'époque, l'abbé d'Aubignac[1]. Admirée très jeune dans les salons pour la qualité de son esprit et de ses vers, elle débuta sa carrière littéraire comme dramaturge sous son nom de jeune fille, Marie-Catherine Desjardins, et fut ainsi la première

1 Auteur notamment de *La Pratique du théâtre : œuvre très-nécessaire à tous ceux qui veulent s'appliquer à la composition des poèmes dramatiques…* (1657).

femme à tenir le haut des affiches parisiennes en faisant jouer trois pièces. Nous publions ses deux tragi-comédies, *Manlius* (1661), première pièce de femme représentée sur une scène parisienne, et *Le Favori* (1665), reconnue comme la plus réussie, jouée de surcroît par Molière devant le roi à la cour de Versailles.

Ses pièces, au style soutenu, louées pour la beauté de leurs vers, répondaient à un réel souci d'adhésion aux règles des unités. En outre, tout en s'inspirant des frères Corneille et du courant baroque de la tragi-comédie, Mme de Villedieu s'inscrivit en marge de ces modèles, se plaçant ainsi au cœur d'une querelle esthétique qui témoignait des nouvelles transformations agitant la scène théâtrale. Son intégration dans les milieux culturels parisiens lui permit de s'emparer des formes émergentes, d'y impulser sa propre conception de la dramaturgie et de retravailler les genres dramatiques à la lumière des nouvelles aspirations du public. Depuis la Fronde, la tragi-comédie évoluait en effet vers une tragédie romanesque sur toile de fond historique. Ce genre s'était imposé avec les frères Corneille – notamment avec le *Timocrate* (1656) de Thomas Corneille, le plus grand succès de l'époque. Si les spectateurs se délectaient toujours d'intrigues amoureuses et politiques, on s'intéressait aussi désormais aux véritables motifs des grandes machinations historiques, aux agissements louches et criminels que taisait la grande histoire. Le réalisme historique, la dimension politique, la profondeur psychologique et la rigueur morale suscitaient un vif intérêt. Afin de répondre à ces nouvelles attentes, l'intrigue se resserra, au détriment des aventures, des rebondissements, des reconnaissances et des imbroglios.

Le théâtre de Mme de Villedieu illustre brillamment ce tournant dans l'écriture théâtrale. Avec *Manlius*, elle s'interroge sur l'égarement des puissants, l'essence du pouvoir, la justice des gouvernants et la liberté des sujets. Puisée dans les *Histoires* d'Hérodote, sa tragédie romanesque, *Nitétis* (1663), met en scène Cambyse, le fils cruel, tyrannique et incestueux de Cyrus, le célèbre roi de Perse. L'autrice y réaffirme surtout sa conception de l'histoire à travers la tyrannie d'un monarque dominé par ses pulsions. Enfin, en transposant sur la scène théâtrale un fait d'actualité – la disgrâce du ministre Nicolas Fouquet –, *Le Favori* offre la peinture d'un univers en profonde transformation. Dans une société de courtisans démunis de grandeur d'âme et dominés par l'intérêt de soi, la jouissance et le profit, les valeurs héroïques s'effondrent. Glissant vers un épicurisme galant, la tonalité désabusée de la fin confère à la pièce une certaine mélancolie, sinon un pessimisme.

La production théâtrale de Mme de Villedieu s'arrêta là, ou presque. Sa correspondance fait état d'une quatrième pièce, *Agis* (1667), dont elle aurait rédigé le premier acte, mais qui ne vit jamais le jour. Elle abandonna l'écriture dramatique au moment même où paraissaient plusieurs traités dénonçant le théâtre[1], pour se tourner définitivement vers la fiction romanesque qui fit son succès.

ANNE DE LA ROCHE-GUILHEN, ET LE MONDE « DÉS-ENCHANTÉ » DE LA COMÉDIE-BALLET

Célèbre contemporaine de Mme de Villedieu, la protestante Anne de La Roche-Guilhen, qui s'illustra également dans l'écriture de nouvelles historiques, fit une brève incursion dans le genre dramatique en composant l'unique comédie-ballet écrite par une femme, *Rare-en-tout*, elle aussi représentée à une cour royale avant d'être publiée. Cette petite-nièce du poète baroque Saint-Amant s'était réfugiée à Londres avant même la révocation de l'Édit de Nantes. Traductrice et romancière à succès, elle vécut de sa plume, fréquentant les cercles d'expatriés français et sollicitant le patronage des grandes familles de l'aristocratie anglaise. C'est probablement par ce biais qu'elle put faire représenter *Rare-en-Tout* à la cour d'Angleterre, le 29 mai 1677, pour l'anniversaire du roi Charles II. La comédie-ballet, genre composite qui fusionnait musique, chant, danse et théâtre, et qui s'adressait à un public de cour, avait atteint son apogée avec Molière à la cour de Louis XIV. Son cousin germain, Charles II, grand amateur de la culture française, souhaita introduire ce genre inédit sur la scène anglaise en faisant appel à Anne de La Roche-Guilhen. Pour l'unique représentation de *Rare-en-Tout*, celle-ci

1 Pierre Nicole dans son *Traité de la Comédie* (1667) et Armand, prince de Conti, dans son *Traité contre la comédie* (1666) stigmatisèrent le théâtre.

collabora avec le compositeur Jacques Paisible, se chargeant elle-même des répétitions avec des acteurs et chanteurs français.

Cette pièce suscite aujourd'hui des intérêts pluriels dans l'histoire du théâtre. En parodiant la fièvre de l'opéra qui s'était emparée des publics français et anglais, *Rare-en-tout* est une mise en abyme du genre hybride qu'est la comédie-ballet et une étape avant sa transformation en tragédie lyrique à la fin du siècle. En outre, elle met en scène, dans une société en pleine mutation, le personnage original du petit-maître, grand séducteur et antithèse de l'amant parfait, malheureux et constant. Tout comme la coquette, son homologue féminin dans le *Favori* de Mme de Villedieu, ce petit-maître marque ici l'échec de l'idéal galant. Enfin, selon les normes de la comédie-ballet, le prologue chanté est un panégyrique à la gloire du monarque : le roi d'Angleterre y est représenté comme le grand héros, le sauveur de l'Europe ravagée par la guerre de Hollande (1672-1678). Sous la plume d'une protestante expatriée, on y décèle surtout une critique à peine voilée de l'hégémonie de la politique louisquatorzienne.

MME DESHOULIÈRES, OU LA TRAGÉDIE DE LA DÉSILLUSION

De l'autre côté de la Manche, une autre dramaturge fit un constat beaucoup plus sombre des dégâts causés par la tyrannie, les guerres, la soif de pouvoir et les ambitions inassouvies. Poétesse et salonnière de grand renom, surnommée la Calliope française ou la dixième muse, Mme Deshoulières signa avec *Genséric* (1680) une tragédie politique et engagée, qui clôt le deuxième volume de notre anthologie. Paradoxalement, cette grande lectrice de *L'Astrée*, qui puisa ses sources dans un des récits intercalés de cette œuvre pastorale, évacua le pathétique de la tendresse et l'idéal amoureux qui étaient pourtant au cœur de ce roman. Dans cette tragédie désespérée, l'amour n'est plus ici « le lieu de toutes les illusions et l'espoir de toute réalité[1] ». L'autrice

1 Jacques Ehrmann, *Un Paradis désespéré : l'amour et l'illusion dans* L'Astrée, Paris, PUF, 1963, p. 4.

y présente au contraire un univers dominé par la brutalité politique, dans un contexte perpétuellement changeant, conflictuel et amoral. En évoquant le démantèlement de l'empire romain divisé et déchiré par des luttes intestines, confronté à la poussée belliqueuse des Barbares et aux conspirations du roi des Vandales, *Genséric* témoigne du déclin d'une époque. Dénonçant l'impérialisme conquérant, la dramaturge y défend implicitement les valeurs pacifistes en prenant parti contre une politique militariste qui sacrifie des victimes innocentes.

Molière mort, Corneille et Racine retirés de la scène dramatique, Mme Deshoulières tenta aussi de donner une nouvelle orientation à l'esthétique théâtrale en se distanciant de la dramaturgie cornélienne, qu'elle avait pourtant admirée. Des sujets tels que le gouvernement idéal, la personne sacrée du roi, ou encore son autorité éclairée n'inspiraient plus les dramaturges, qui ne cherchaient pas à valoriser la grandeur d'âme de leurs personnages. Mme Deshoulières poussa ce pessimisme à son paroxysme en présentant un monde dévasté où les valeurs héroïques sont devenues illusoires et où les individus, broyés par la machine étatique et incapables d'accéder au bonheur, se voient condamnés à un pragmatisme politique sombre et sans espoir. Genséric, le roi des Vandales, vibre d'un seul désir, celui de la domination, et Eudoxe, l'impératrice romaine, est animée par celui de la vengeance. Leurs enfants, Trasimond et Eudoxe, deux jeunes gens vertueux, sont confrontés à leurs caprices sadiques et à leurs calculs machiavéliques. Ils échouent dans leur quête amoureuse, tandis que Genséric, indifférent à toute « légitimité monarchique[1] », demeure à la fin l'usurpateur fourbe et tyrannique. En accordant une place prépondérante aux contradictions et aux ambiguïtés de la condition humaine, cette tragédie, qui accentue le pathétique de la cruauté racinienne, sans espoir de repentance, s'inscrit dans le courant de la pensée libertine[2] pessimiste de la fin du siècle.

Cette pièce, conçue selon les règles classiques, fut bien reçue du public. Mme Deshoulières composa également une deuxième tragédie, *Jules-Antoine* inspirée de la *Cléopâtre* de La Calprenède, dont seuls quelques fragments nous sont parvenus. Outre sa production théâtrale, ses succès

1 Christian Biet, *La Tragédie*, Paris, Armand Colin, 1997, p. 98.
2 Voir la notice sur Mme Deshoulières, p. 518, note 1.

littéraires furent couronnés par son élection à l'Académie des Ricovrati à Padoue en 1684 et à l'Académie d'Arles en 1690.

Il est difficile de savoir pourquoi toutes ces dramaturges talentueuses, à l'écoute du public contemporain et attentives aux enjeux du théâtre, se sont arrêtées si brusquement de produire des pièces. Beaucoup d'hypothèses peuvent être avancées, et surtout celle de leur situation financière. Toujours est-il que, pour toutes, le prestige que leur conféra l'écriture théâtrale les propulsa vers des réseaux culturels qui leur permirent de briller socialement, et, pour beaucoup, de connaître le succès dans le domaine romanesque. Toutes, également, ont écrit une page de l'histoire du théâtre qu'il nous semble grand temps de redécouvrir, car, ce faisant, elles n'ont pas hésité à choisir des genres déjà officiellement établis, hérités d'une longue tradition, auxquels elle ont apporté un regard neuf et moderne.

PRINCIPES D'ÉDITION

Certains textes ont été établis à partir d'éditions critiques existantes, dont les références sont indiquées sur la page de garde de chacune des pièces, mais près de la moitié sont republiés pour la première fois. Nous avons souhaité les rendre accessibles à la fois à des étudiants, des praticiens, des lecteurs et des spectateurs de théâtre. Le système retenu vise à leur permettre d'accentuer la modernisation du texte ou au contraire de le rétablir au plus près de l'original. Pour des informations plus détaillées sur ces textes, nous renvoyons aux éditions de référence ou aux études indiquées dans le complément bibliographique.

LE TEXTE

L'orthographe a été systématiquement modernisée, comme la ponctuation et la typographie. La plupart des mots qui n'existent plus ou dont l'acception s'est transformée depuis le XVIIe siècle sont signalés par un astérisque et explicités dans le glossaire. Toutefois, afin de faciliter la compréhension des textes à l'oreille, nous avons quelquefois modernisé le vocabulaire : certains mots devenus incompréhensibles ont été transformés par un terme actuel équivalent, le mot original étant indiqué en note, sous la mention « Orig. ».

Ont été également alignés sur les formes et usages modernes les concordances des temps, les pronoms (que> qui), quelques mots touchés par l'évolution des sons (par ex. torment> tourment), les noms qui ont changé de genre, et les noms propres romains (Cælius> Cælus ; Camile> Camille ; Claudian> Claudien ; Gordian> Gordien ; Marcian> Marcien ; Valentinian> Valentinien). Au XVIIe siècle, le verbe pouvait encore s'accorder avec le sujet le plus proche, et l'accord du participe passé était souvent considéré comme facultatif. Nous ne rétablissons les pluriels que dans les cas où la modification n'altère pas la métrique, ou bien si l'absence d'accord moderne risque de gêner la compréhension du lecteur.

Les pièces des premières autrices de ce volume, Françoise Pascal et la sœur de La Chapelle, présentent également certains archaïsmes dans la langue. Vivant en province et n'ayant pas accès à l'enseignement des collèges et aux cercles savants, elles n'appliquent pas encore les nouvelles règles grammaticales édictées par l'Académie. Afin de faciliter la lecture, certains mots ou lettres aujourd'hui indispensables ont été ajoutés entre crochets (par ex., le premier article dans l'emploi du superlatif, et le « s » à la seconde personne) ; d'autres, au contraire, qui en français moderne sont superflus, ont été mis entre accolades.

En règle générale, lorsque la forme moderne risquait d'altérer la métrique des textes en vers, elle a été indiquée soit en note, soit entre crochets (*un[e] affaire*), soit en recourant aux accolades (*un{e} poison*). Nous avons également utilisé ces signes pour clarifier le sens de certains mots (*[re]connais, {re}tarder…*) ou de certains passages (par ex. ajout de négation).

Les qualités d'impression des premières éditions de *L'Illustre philosophe* et de *Rare-en-tout* sont très médiocres. À cela s'ajoute pour la première, des fautes stylistiques, grammaticales ou orthographiques manifestes. Par souci de clarté, nous avons donc adapté le protocole éditorial pour l'édition de ces deux textes. Les erreurs évidentes ont été systématiquement corrigées, sans annotations. Nous avons indiqué le texte original en note, avec la mention « Orig. », seulement pour les passages très obscurs, où différentes interprétations étaient possibles.

LA STRUCTURE DES PIÈCES

La structure des pièces et le déroulement scénique des actions ont été clarifiés par :

- l'ajout de didascalies entre crochets ;
- l'homogénéisation du découpage des scènes selon les entrées des personnages ;
- l'ajout ou la mise en ordre des listes d'entreparleurs par ordre d'intervention au début de chaque scène ;
- la mise en italique des passages chantés ou récités.

LA VERSIFICATION

Les changements de prononciation depuis le XVIIe siècle produisent parfois dans les textes édités ici des rimes qui semblent fausses, mais qui n'étaient pas forcément incorrectes à l'époque (par ex. exacte/ingrate). La pièce de la sœur de La Chapelle présente, en revanche, quelques rimes fausses, que nous n'avons pas corrigées afin de conserver le sens du vers (par ex. contraire/croire, bras/Mars). Nous n'avons pas conservé les rimes pour l'œil quand l'accord moderne exigeait l'ajout du pluriel.

Nous avons corrigé quelques erreurs métriques présentes dans certains des textes originaux afin de rétablir le nombre correct de syllabes, en proposant notamment l'ajout ou la suppression d'un mot.

Nous avons systématiquement indiqué les cas de diérèses et de synérèses, ainsi que la valeur des *h* (muets ou aspirés) dans les très rares cas où elle ne correspond pas à l'usage : un chiffre placé entre parenthèses et en exposant à la fin du mot indique le nombre de syllabes à prononcer (« votre(1) haute »). Nous indiquons de même la prononciation du *e* en hiatus interne, lorsqu'il est suivi d'une consonne (« Qu'on ne te voie(2) point »). Cet usage, qui avait été proscrit par Malherbe, est encore présent dans certains de nos textes. Dans les cas où il ne se prononce pas, nous n'avons pas mis d'indication.

Nous rappelons que les terminaisons en *-ius* et *-ien* des noms romains doivent se prononcer avec une diérèse (par ex. Simandius(4) et Gordien(3)). Nous n'indiquons pas ces diérèses dans les textes, sauf les rares fois où elles ne sont pas respectées.

Pour résumer, nous rappelons que si l'on souhaite conserver la structure métrique des vers, les lettres, mots, préfixes et suffixes mis en accolades sont à prononcer, tandis que les mots ou lettres ajoutés entre crochets sont à taire. Les « usagers » de ces textes verront, selon le contexte, s'ils préfèrent privilégier la compréhension du sens ou le strict respect de la versification[1].

1 Ce volume a d'abord paru aux Publications de l'Université de Saint-Étienne (2008), grâce à Éliane Viennot, directrice de la collection « La cité des dames ». Nous tenons à la remercier pour son soutien scientifique et financier, ainsi que l'Institut universitaire de France, dont elle est membre, pour sa participation financière à la confection du volume. Nous remercions également Marie-Élisabeth Henneau pour son aide et ses conseils. Enfin, l'anthologie est soutenue par la Société Internationale pour l'Étude des Femmes de l'Ancien Régime (www.siefar.org), à laquelle appartiennent la plupart des éditeurs et éditrices.

FRANÇOISE PASCAL

(1632 – après 1698)

NOTICE

Françoise Pascal est née à Lyon en 1632. Son père fut commis des douanes, avant de devenir, en 1644, garde du maréchal de Villeroy, gouverneur de cette ville. Cette illustre famille, qui possédait sa propre salle de spectacle et sa troupe, protégea alors la jeune Françoise, nourrissant ses talents littéraires et artistiques. Employée à leur service, probablement comme gouvernante ou maîtresse de musique et de dessin, elle côtoya un milieu cultivé, amateur d'art et de théâtre, dans une cité où circulaient de nombreuses compagnies. Ce fut dans ce contexte propice à l'essor de ses talents dramatiques que Françoise Pascal publia, en 1655, sa première œuvre, la tragi-comédie *Agathonphile martyr*, tirée d'un roman de Jean-Pierre Camus (1621) : à partir d'un thème religieux sur la persécution des premiers chrétiens, elle incorpora des éléments romanesques et offrit là un des rares exemples de tragi-comédie à fin tragique[1]. Ses *Diverses Poésies* parurent en 1657, incluant également deux petites comédies, *L'Amoureux extravagant* et *L'Amoureuse vaine et ridicule*, parodies d'une certaine préciosité de province. La même année, elle publia une pièce à machines, la tragi-comédie *Endymion*, inspirée du roman de Jean Ogier de Gombauld (1624). Certains historiens du théâtre ont suggéré qu'une ou deux pièces de Françoise Pascal avaient été jouées par Molière et sa troupe pendant leur séjour à Lyon (1653-1657), mais les preuves manquent. Il est certain, cependant, que l'autrice a subi les mêmes influences que son confrère, notamment celles de la commedia dell'arte, et que certaines de ses pièces ont été représentées par des troupes professionnelles de passage à Lyon. Ce fut notamment le cas en 1660 pour *Sésostris*, sa troisième tragi-comédie. Dans l'Avis au lecteur, elle déclara néanmoins que l'écriture dramatique n'était pour elle qu'un passe-temps agréable, et que la peinture constituait sa principale occupation. S'il ne reste aujourd'hui aucune trace de ses tableaux,

---

1 Roger Guichemerre, *La Tragi-comédie*, Paris, PUF, 1981, p. 43.

Françoise Pascal fut une peintresse suffisamment réputée pour qu'on lui ait confié le portrait d'un éminent évêque.

Vers 1667, elle s'installa à Paris, peut-être dans le but d'y poursuivre une carrière dramatique : *Le Vieillard amoureux*, qui renoue avec certains éléments de la farce, aurait ainsi été joué au théâtre de l'Hôtel de Bourgogne. Il s'agirait cependant de sa dernière pièce représentée sur une scène professionnelle. En 1669, elle préféra se tourner vers l'écriture épistolaire et publia chez l'éditeur Barbin son *Commerce du Parnasse* : ce recueil en prose et en vers contient une correspondance galante avec « Tersandre » remarquable par sa critique enjouée du langage précieux et par son parti pris contre les dangers de la passion. L'autrice y prône l'idéal d'une société où des hommes et des femmes cultivés vivent en parfaite intelligence et égalité. La lettre finale, adressée à sa sœur restée à Lyon, offre aussi une description du quotidien de Françoise Pascal à Paris, celui d'une célibataire vivant de ses talents artistiques. Elle ne publia ensuite que des poésies religieuses, mais continua à écrire pour la scène des paroles de chansons et pastorales, participant probablement à quelques salons mondains, alors friands de divertissements musicaux. On ignore la date de sa mort, mais, selon Vertron[1], elle vivait encore en 1698.

Les Histoires littéraires du XIXe siècle l'ont parfois mentionnée pour ses œuvres religieuses, qui avaient fait l'objet de quelques rééditions au siècle précédent, mais c'est surtout au XXe siècle que Françoise Pascal a été redécouverte par les historiens du théâtre et dans le cadre des recherches sur la préciosité. Si on a surtout retenu sa contribution à la remise en vogue de la « pièce comique[2] », il n'en reste pas moins que son œuvre parcourt toutes les formes dramatiques de l'époque : farce, comédie de mœurs, tragi-comédie romanesque, tragédie chrétienne et pièce à machines. Françoise Pascal avait non seulement un sens de la théâtralité certain, mais aussi la capacité de deviner et de combler l'attente de son public. Ses trois comédies offrent ainsi une large gamme d'effets comiques, tant physiques que verbaux, tout en nuançant habilement les stéréotypes hérités de la tradition. Dans ses tragi-comédies, en privilégiant les thèmes du martyre, de la Providence divine et du triomphe

---

1 *La Nouvelle Pandore, ou les femmes illustres du siècle de Louis Le Grand*, 1698.

2 Courte comédie burlesque en un acte, accompagnant généralement une pièce en cinq actes.

de la dévotion sur l'amour charnel, elle a su adapter au théâtre sacré la vogue des romans à succès. Enfin, Françoise Pascal, qui se servit de l'art dramatique pour exprimer son humanisme chrétien, affirmer son talent et afficher la fierté de son sexe, fut la première Française à voir jouer ses pièces par des comédiens professionnels. À tous ces titres, son théâtre mérite l'attention des lecteurs modernes.

L'AMOUREUX EXTRAVAGANT
L'AMOUREUSE VAINE ET RIDICULE

Pièces comiques
(1657)

Première édition
Mademoiselle Pascal, *Diverses poésies*,
Lyon, Simon Matheret, 1657, p. 6-31 et 32-55.

Édition de référence
Femmes dramaturges en France (1650-1750), vol. 1,
édition critique par Perry Gethner,
Paris/Seattle, PFSCL, 1993,
« L'Amoureux extravagant », p. 23-54.

PERSONNAGES

L'Amoureux extravagant

CLÉANDRE, amant d'Amaranthe.
TYRSIS, amant de Cloris.
PHILON, amoureux extravagant*.
AMARANTHE.
CLORIS.
DORINDE, servante de Cloris.
CLITON, valet de Cléandre.

L'Amoureuse vaine et ridicule

CLORINDE, ridicule.
PHILIDAMON, amant d'Isabelle.
CLINDOR, amant de Philis.
DAMON, père d'Isabelle.
ISABELLE.
PHILIS, cousine d'Isabelle.
CRISSON, valet de Philidamon.

Françoise Pascal appartient à cette génération de dramaturges français qui renouvelèrent dans les années 1650 le genre de la farce. Consciente que la petite comédie en un acte tendait à se libérer des canevas traditionnels pour se transformer en tableau de la société bourgeoise ou aristocratique, la dramaturge composa deux « pièces comiques[1] » calquées sur la vie des salons. Tout en s'inspirant des comédies du jeune Pierre Corneille et de ses contemporains des années 1630 et 1640, la dramaturge a choisi le format court des pièces en un acte, qui lui permet d'esquisser des tableaux vivants et divertissants. Le comique physique, caractéristique de la farce, est abandonné au profit d'un comique de situations et de langage (badinage, sarcasme, apartés, hyperboles, etc.). Enfin, les valeurs héroïques qui prédominent dans ses tragi-comédies, où règne toujours la passion fondée sur l'estime et le sacrifice de soi, sont absentes. Dans le monde frivole qu'elle dépeint ici, les habitués des salons, tout en respectant le beau langage et les bonnes manières, manquent au contraire d'idéalisme et de sérieux. Ces jeunes gens aisés et raffinés, influencés par la galanterie précieuse, dont les noms sont tirés de la tradition pastorale ou de la comédie italienne, vivent dans une relative indépendance et une insouciance privilégiée. Leur principale occupation consiste à s'amuser de celui ou de celle qui, enfermés dans des conduites déraisonnables, n'adhèrent pas à leurs codes.

Philon, l'amoureux berné de la première pièce, a bon cœur, mais sa tête est remplie de lectures mal assimilées. Incapable de faire la part entre le monde imaginaire de la mythologie classique et la réalité, et croyant à tort qu'il a maîtrisé les règles de la poésie, il se laisse facilement ridiculiser et voler. Pourtant, il n'est pas totalement méprisable, car son amour est sincère : prêt à se battre pour défendre sa bien-aimée, il n'hésite pas, quand le combat s'avère impossible, à dépenser une somme considérable pour la délivrer.

Son pendant féminin, Clorinde, dans *L'Amoureuse vaine et ridicule*, mérite elle aussi la raillerie des autres, car elle refuse de s'accepter telle qu'elle est. Ne s'occupant que des qualités purement physiques,

---

1 Voir la notice sur l'autrice, note 2, p. 30.

négligeant celles de l'esprit, elle vit dans un monde de flatterie et de séduction. Prisonnière des impératifs de la galanterie féminine, elle n'a pas su ou voulu, l'âge venant, abandonner l'idéal amoureux romanesque et est devenue la caricature pathétique de la « pécore » de province. Probablement inspirée de la comédie de Jean Desmarets de Saint-Sorlin, *Les Visionnaires* (1637), cette pièce, que nous rééditons pour la première fois, a pu influencer Molière pour le personnage de Bélise dans *Les Femmes savantes* (1672).

Anticipant également sur *Les Précieuses ridicules*, qui n'avaient pas encore paru, Françoise Pascal a donc mis sur scène un salon, avec quelques-unes des activités littéraires et sociales typiques de l'époque. Elle honorait ainsi le milieu culturel qui avait tant contribué à sa propre carrière et à celle de plusieurs de ses contemporains, tant hommes que femmes. Dans les deux pièces, malgré le jeu cruel auquel se livrent les autres protagonistes, l'autrice conserve d'ailleurs une certaine tendresse pour ces deux extravagants réfugiés dans leurs chimères et laissés à leur solitude. Elle refuse de punir ceux qui n'ont fait aucun mal à autrui et qui ont le mérite de se nourrir des modèles héroïques de la littérature précieuse.

On ignore si ces deux petites comédies ont été jouées, mais le fait que Françoise Pascal ne le mentionne pas dans la dédicace suggère qu'elles n'ont pas trouvé d'acteurs professionnels. Il est très possible cependant qu'elles aient été représentées par des amateurs dans son cercle privé, ou celui de ses protecteurs, les Villeroy. Ces deux pièces ont contribué, de façon modeste, à plusieurs grands développements littéraires dans la deuxième moitié du siècle : la réhabilitation de la petite comédie, la création de la comédie de mœurs, et le questionnement du style et de l'idéologie de la préciosité.

L'AMOUREUX EXTRAVAGANT

SCÈNE I

CLITON, CLÉANDRE.

CLITON

Oui, vous êtes perdu, puisque l'Amour vous tente.

CLÉANDRE

Cliton, ne raille plus. Va trouver Amaranthe,
Donne-lui cette lettre, et fais adroitement
Qu'on ne te voie[2] point.

CLITON

Ne craignez nullement,
Monsieur. Reposez-vous sur un valet fidèle :
Je vous serai secret autant qu'à votre belle.

SCÈNE II

CLITON, PHILON, *derrière Cliton.*

CLITON

Ma foi, mon maître est fol, puisqu'il est amoureux :
Sans doute, le voilà pour jamais malheureux !
Autrefois, il n'aimait qu'à faire bonne chère,
Mais aujourd'hui l'Amour est le dieu qu'il révère :
Il aime ce tyran, qui trouble son repos.

PHILON, *derrière Cliton.*

Dieux ! qui le fait parler ainsi mal à propos
De ce dieu des amours ?

CLITON

L'esprit le plus solide
Perd tout son jugement dès que l'Amour le guide.

PHILON, *derrière Cliton.*

Que dit cet insolent ? Il le faut assommer.
(À Cliton, [*le menaçant avec son épée*].*)*
Tu méprises l'Amour, et tu l'oses blâmer ?
Traître, qui te poussait à parler de ses flammes ?

CLITON

Je disais que l'Amour est un tyran des âmes.
Et dès que les mortels ont ressenti ses coups,
Malgré leurs beaux esprits, ils passent pour des fous.

PHILON

Maraud, je le suis donc ?

CLITON

Par ma foi, votre mine
Me fait voir que des fols je connais l'origine.

PHILON

Insolent, que dis-tu ? Qu'oses-tu repartir ?

CLITON

Que vous êtes fort sage.

PHILON

À moins que de mentir,
Il le faut avouer[(3)], âme ignorante et basse,
Qui ne reconnais pas un maître du Parnasse[1],
Un favori des dieux, de qui tout l'univers
Admire le génie et la beauté des vers !

CLITON, [*à part.*]

Il est poète encor, pour l'achever de peindre[2] !
C'est un fol accompli. Mon Dieu ! qu'il est à plaindre !
[*Haut.*]
Rêvez en liberté, grand rimeur de ce temps !

1 Lieu consacré aux Muses et symbole de l'inspiration poétique.

2 « pour achever son portrait ».

PHILON

Oui, rendons aujourd'hui nos effets éclatants !
Produisons en ce lieu quelques vers à la gloire
De cet objet* si doux, qui règne en ma mémoire.
Ah ! charmante Cloris, maîtresse de mon cœur !
Je vous adore encor malgré votre rigueur.
Mais, parmi les transports dont mon âme est saisie,
Éclatons, mon amour, par notre poésie !

(Il rêve au coin du théâtre, et commence des vers.)

Bel astre de mon cœur !

SCÈNE III

DORINDE, PHILON *au coin du théâtre faisant des vers* [*à l'insu des autres*].

DORINDE

Ma foi, les amoureux
Dans leur aveuglement sont bien souvent fâcheux.
Ma maîtresse autrefois vivait dans l'innocence,
Mais l'amour maintenant la tient sous sa puissance.
Les filles seulement pouvaient plaire à ses yeux,
Tous les autres objets* lui semblaient odieux(3),
Par malheur les galants l'ont à la fin séduite :
Voilà le triste état où l'amour l'a réduite.

PHILON, *au coin du théâtre faisant ses vers.*

Merveille des mortels !

DORINDE

Enfin, depuis le jour
Que cette fille a su ce que c'était qu'Amour,
Il faut incessamment que je sois en campagne
Avecque ses poulets*.

SCÈNE IV

LES MÊMES, CLITON.

CLITON

Le bon Dieu t'accompagne
Avecque tes poulets*.

DORINDE

Ah, Cliton ! d'où viens-tu ?

CLITON

Je viens d'une maison où j'étais attendu.
Ne me déclare pas[1] : c'est la belle Amaranthe.

DORINDE

Quand la chose serait encor plus importante,
Je n'en parlerais pas.

CLITON

As-tu bien le secret ?
Le gardes-tu longtemps ?

DORINDE

Je le garde en effet,
Et peut-être bien mieux que fille de la terre[2] :
Je suis secrète enfin.

CLITON

De même qu'un tonnerre[3] !
Tu ne serais pas fille.

PHILON, *au coin du théâtre faisant des vers.*

Celui-ci n'est pas bien,

---

1 C'est-à-dire : « Ne me trahis pas ».

2 « n'importe quelle fille sur terre ». L'autrice joue peut-être sur le double sens de cette expression qui peut aussi faire référence à l'une des filles de la Terre : Thémis, grâce à ses dons de prophétie, connaissait tous les secrets, mais Dorinde sait mieux les garder qu'elle, car elle ne les délivre pas par des oracles.

3 Réponse ironique de Cliton : comme toutes les filles, Dorinde est bruyante et indiscrète.

Il le faut effacer.

CLITON

Mais ne me cache rien,
D'où viens-tu maintenant ?

DORINDE

Ah ! l'âme curieuse[3] !
De porter les écrits d'une fille amoureuse.

CLITON

Que maudit soit l'Amour !

DORINDE

Ne le maudis pas tant :
Je le blâmais tantôt, mais, Cliton…

CLITON

Mais pourtant…
Tu ne le blâmes plus, n'est-ce pas ta pensée ?
Écoute, écoute-moi.

DORINDE

Non, je suis trop pressée.

CLITON

Je t'aime tout de bon.

DORINDE

Tu te moques de moi,
Tu n'as pas tant d'esprit.

CLITON

Dorinde, assure-toi…

DORINDE

Ah ! je vois ma maîtresse. Adieu.

PHILON, *au coin du théâtre faisant des vers.*
Jeune merveille…

CLITON
Je te suis… attends-moi !

PHILON, *au coin du théâtre faisant des vers.*
Vous êtes sans pareille.

SCÈNE V

CLORIS, PHILON *au coin du théâtre.*

CLORIS
Ô Dieu, que cette fille a peine à revenir !
Pour moi, je ne sais point qui peut la retenir.
Mais n'aperçois-je pas cette âme extravagante* ?
C'est lui-même, fuyons.

PHILON
Arrêtez, chère amante !
Ne vous éclipsez pas, ô mon ardent flambeau !
Et je vous ferai voir quelque chose de beau.

CLORIS
Que me ferez-vous voir ?

PHILON
Des vers à vos louanges,
Où je mets vos beautés bien au-dessus des anges.
J'y nomme vos deux yeux des astres sans pareils,
Et je dis en un mot que ce sont des soleils.

CLORIS
Dieu, l'importun esprit !

PHILON
Remarquez-en le style.

SCÈNE VI

LES MÊMES, DORINDE.

DORINDE

Madame, me voici.

(Elle parle à l'oreille de Cloris.)

CLORIS

Que vous êtes habile !

PHILON

L'inhumaine qu'elle est ne veut pas m'écouter.

DORINDE

Mais le voici qui vient.

PHILON

Ah ! c'est me maltraiter !

SCÈNE VII

LES MÊMES, TYRSIS, CLÉANDRE, CLITON.

TYRSIS

Enfin, chère Cloris…

CLORIS

Ah ! changez de langage,
Venez ouïr[2] les vers de ce grand personnage.

TYRSIS

Et pour qui sont-ils faits ?

PHILON

N'en ayez pas souci :
Ils sont faits pour Cloris.

TYRSIS

Retirez-vous d'ici !

Eh quoi ! vous prétendez de charmer ma maîtresse*
Avecque vos beaux vers ?

PHILON

Son bel œil, qui me blesse,
Vous blesse-t-il aussi ?

CLÉANDRE [*s'approchant avec Cliton.*]

Quel débat avez-vous ?
Tyrsis, n'est-il point vrai que vous êtes jaloux
De cet esprit savant ?

TYRSIS

Oui, je le suis sans doute,
Mais il a fait des vers : que chacun les écoute !

PHILON

Bel astre de mon cœur, beaux yeux,
Belles mains, belle bouche, belle taille, beau sein gracieux[(3)][1]…

CLITON

Messieurs, que dites-vous de cette poésie ?
Voyez combien l'Amour le met en frénésie !
Ah ! par ma foi, ces vers ont plus de trente pieds,
Et si* ces pieds encor sont tous estropiés[(4)].

PHILON

Oses-tu bien ouvrir cette bouche profane ?
Quoi ! tu fais le savant, et tu n'es qu'un gros âne.

CLITON

Un gros âne, Monsieur ? Par le sang, par la mort[2],
Si n'était ces messieurs[3], sans faire un grand effort,

---

1 Philon essaie, bien maladroitement, de composer un blason, forme poétique médiévale qui décrivait les beautés de toutes les parties du corps de la personne aimée, normalement selon un ordre descendant commençant par les cheveux.

2 Formes abrégées de jurons traditionnels (orig. : « par la sang »).

3 C'est-à-dire : « sans la présence de ces messieurs ».

Je saurais me venger de ce cruel outrage.
Monsieur, permettez-moi…

CLÉANDRE

Cliton, tu n'es pas sage.
Mais poursuivez, Monsieur.

PHILON

Attends donc, insolent !
Écoute ce sonnet. Il est fort excellent.
Remarque la beauté de mon savant génie,
Et demeure ravi comme la compagnie.

(Il continue de lire.)

Belles dents, beaux cheveux,
Adorer je vous veux.

CLITON

Celui-ci n'en a pas, je crois, demi-douzaine.
Non, je ne vis jamais une semblable veine !
Ne vous en fâchez pas, si je vous dis tout net :
Vous ne sûtes jamais ce que c'est qu'un sonnet.
Il va des yeux aux mains, et des mains à la bouche,
Et de la bouche aux bras[1].

PHILON

Ce maraud m'effarouche.

CLITON

Et de ses bras au sein, et du sein aux cheveux,
Et des cheveux aux dents.

PHILON

Te tairas-tu, morveux ?

CLÉANDRE

Monsieur, lisez toujours : ces vers sont admirables.

1 Voir la note 1 p. 44.

TYRSIS

Il le faut avouer[(3)], ils sont incomparables.

CLITON, *bas à la compagnie.*

En attendant qu'il lise[1] avec attention[(4)],
Quittons-le doucement.

TYRSIS

La bonne invention[(4)] !

PHILON

Ils ne sont que brouillés[2], et j'ai peine à les lire.

CLORIS

Si je ne sors d'ici, je pâmerai de rire.

(Ils sortent tous, et Cliton et Dorinde demeurent au coin du théâtre.)

PHILON, *continuant de lire seul.*

Beauté fière et rigoureuse,
Ne serez-vous jamais gracieuse[(3)] ?
Mais, Dieu ! l'on m'a quitté ! Cloris ne paraît plus.

CLITON, *bas.*

Il le faut alarmer.

PHILON

Ah ! je suis tout confus.

DORINDE [*feignant de revenir en scène.*]

Ah, Monsieur !

PHILON

Qu'avez-vous ? Quel malheur vous afflige ?

CLITON

Ô Dieu ! vit-on jamais un si cruel prodige ?

1 Orig. : « qu'il lit ».
2 Autrement dit, ce n'est qu'un brouillon.

PHILON

Parlez distinctement.

CLITON

Ô malheur des malheurs !
Cloris entre nos mains, par quatre ou cinq voleurs,
Nous vient d'être enlevée.

PHILON

Ô funeste nouvelle !
Je ne verrai donc plus les attraits de ma belle ?
Allons percer le cœur à tous ces insolents,
Abattons tout d'un coup leurs efforts violents[3] !

SCÈNE VIII

DORINDE, CLITON.

DORINDE

Mais quel est ton dessein ? et que prétends-tu faire ?

CLITON

Je te dirai bientôt le fond de ce mystère.
L'on m'a dit que ce fol ne manque point d'écus,
Qu'enfin il possédait de{s} grands biens, et de plus
Qu'il les ménage mal.

DORINDE

Eh bien ! de ces richesses,
Tu prétends en avoir ?

CLITON

Oui-da ! Par mes adresses,
Je le veux attraper : disons-lui seulement
Que sa maîtresse* est morte en son enlèvement.
Je m'en vais de ce pas en avertir mon maître,
Et devant* qu'il soit peu, je te ferai connaître
Le dessein que j'ai pris.

DORINDE

Je m'en vais donc aussi.

CLITON

Oui, sans doute, il faut bien que tu sortes d'ici,
Ou bien non : cachons-nous ! Le voici qui s'avance,
Transporté de fureur.

SCÈNE IX

LES MÊMES, *cachés en un coin*, PHILON.

PHILON

L'horrible violence(3) !
J'ai couru vainement après ces ravisseurs :
Ils croient(2) de mon bien être les possesseurs,
Mais je jure les dieux, l'Amour, le Mont Parnasse[1],
Qu'ils mourront de ma main avant que le jour passe !

CLITON [*à Dorinde.*]

Va crier maintenant que sa Cloris n'est plus,
Et moi je me retire.

SCÈNE X

PHILON, DORINDE.

PHILON

Ils seront abattus,
Ces…

DORINDE

Ah ! pleurez, Philon[2] ! Cloris, étant ravie,
De crainte et de douleur vient de perdre la vie.

---

1 Voir la note 1, p. 38.

2 Il est insolite dans la comédie classique qu'un domestique appelle un personnage de rang supérieur par son prénom, mais cela arrive souvent chez Françoise Pascal.

PHILON

Que dis-tu, malheureuse ? Ah ! je ne le crois pas.

DORINDE

Monsieur, il est certain, l'on a vu son trépas.

PHILON

Quoi, détestable mort ! as-tu bien osé prendre
Cette rare beauté dans un âge si tendre ?
Çà, çà, dépêchons-nous ! Descendons aux Enfers
Afin d'en retirer cet objet* de mes vers.
Allons faire trembler Pluton et Proserpine,
Renversons d'un seul coup cette troupe mutine.
Non, vous ne l'aurez pas ! Elle était toute à moi.
Je veux que mon abord vous donne de l'effroi :
Oui, j'irai de Charon faire périr la barque[1] !
Je veux faire fuir[(2)] cette insolente Parque[2],
Ébranlant tout l'Enfer par l'horreur de mes cris.

DORINDE

Quoi ! vous voudriez[(2)] aller parmi ces noirs esprits ?
Ah ! quittez ce dessein.

PHILON

Dans ces cachots funèbres,
Je veux de mes regards dissiper les ténèbres ;
Et puis, étant entré dans ces abîmes creux,
Je punirai l'orgueil de ces démons affreux.
Oui, ma belle Cloris, je m'en vais te rejoindre !
Console-toi, mon cœur, tu n'as plus rien à craindre.

DORINDE

Par où passerez-vous pour descendre là-bas ?

---

1 Pluton et Proserpine étaient les principaux dieux des Enfers dans la mythologie classique. Charon était le nautonier qui transportait les morts sur le fleuve infernal du Styx.

2 Les Parques (parfois réduites à une seule dans le langage poétique) étaient les trois déesses qui s'occupaient de tisser les fils symbolisant les vies humaines.

PHILON

Vois la terre déjà s'émouvoir* sous mes pas !
Je vais dans un instant en frayer le passage.

DORINDE, *seule.*

Sur mon âme, il est fol plus que je ne suis sage.
Cependant, allons voir ce que fera Cliton.

SCÈNE XI

AMARANTHE, CLÉANDRE.

AMARANTHE

Quoi ! vous venez ici ? Mon Dieu, qu'en dira-t-on ?
Vous me faites trembler de crainte et d'épouvante :
Si mon père venait…

CLÉANDRE

Non, ma chère Amaranthe,
Ne l'appréhendez pas : attendez un moment
Ce que fera Cliton.

AMARANTHE

Qu'il a de jugement !
Bon Dieu, qu'il est adroit, et qu'il a de finesse !

CLÉANDRE

Il veut à ce Philon jouer[2] un tour d'adresse :
Il se va déguiser comme un pauvre passant,
Pour attraper ce fol dans le mal qu'il ressent.
Mais je le vois venir : regardez ses grimaces !
Retirons-nous d'ici.

SCÈNE XII

PHILON, CLITON *déguisé en pauvre passant.*

PHILON

Quoi, mutins ! ces menaces

Ne vous étonnent* point ? Vous riez de mes maux ?
Vous vous moquez de moi, rebelles infernaux ?
Oui, je vous détruirai malgré votre puissance !
Mais n'aperçois-je pas un homme qui s'avance ?
Qu'est-ce donc, mon ami ? Que me demandes-tu ?
Viens-tu donner remède à mon cœur abattu ?

CLITON

Faites ici, Monsieur, un[e] œuvre sans seconde
À ce pauvre passant, qui vient de l'autre monde.

PHILON

Tu viens de l'autre monde ? Ô Dieu ! qu'ai-je entendu ?
As-tu vu la beauté que mon cœur a perdu ?
As-tu vu ma Cloris ? As-tu vu cette belle,
Qui rendra par sa mort ma douleur éternelle ?

CLITON

Oui, Monsieur, je l'ai vue.

PHILON

Hélas ! qu'a-t-elle dit ?
Fais-m'en donc promptement un fidèle récit.
Quels étaient ses discours ? N'est-elle point en peine ?
Ma joie en cet état est encore incertaine.
Lorsqu'elle t'a parlé, quels étaient ses propos ?
Était-elle en un lieu propre pour son repos ?
Ne souffre-t-elle rien sur ce triste rivage ?
Et quand elle a parlé, quel était son langage ?
Toi, qu'as-tu répondu ? Qu'a-t-elle répliqué ?
Son cœur en ma faveur s'est-il bien expliqué ?

CLITON

Si vous parlez toujours, je ne saurais rien dire.

PHILON

Oui, parle, mon ami, c'est ce que je désire.
Ne lui manque-t-il rien ?

CLITON

Elle mourra de faim :
L'on ne lui donne pas un seul morceau de pain.

PHILON

Ah ! pauvrette, est-il vrai ?

CLITON

Monsieur, je vous assure
Qu'il est aussi certain que je vous le figure.

PHILON

Mais, toi, par quel moyen reviens-tu de ces lieux ?

CLITON

Monsieur, votre Cloris vous en instruira mieux.

PHILON

Ma Cloris ? Et comment peut-elle me l'apprendre ?
Dans ces abîmes creux pourrais-je bien descendre ?

CLITON

Ah ! nenni pas, Monsieur : ces lieux sont trop profonds,
Vous mourriez de frayeur avant que d'être au fond.
Mais si vous en voulez retirer cette belle,
J'en sais bien le moyen.

PHILON

L'agréable nouvelle !
Ô Dieu ! que me dis-tu ? Ne te moques-tu pas ?
Cher ami, pourrions-nous la tirer de là-bas ?

CLITON

Monsieur, ce ne sont pas seulement des paroles
Qui l'en pourront tirer. Avez-vous des pistoles ?
Ce discours vous surprend ? Sachez que ces démons
Aiment autant l'argent que nous autres l'aimons.

PHILON

Oui bien, j'ai de l'argent… mais n'en faudrait-il guère* ?
Car je n'en aurais pas pour les tous satisfaire.

CLITON

Pour payer sa rançon, il faut cent louis(2) d'or.
Mais c'est au[1] grand Pluton, car il faut plus encore :
N'en faut-il pas donner aussi à Proserpine ?
Vous ne vîtes jamais une humeur si rapine.

PHILON

Hélas ! pour ma Cloris, que ne ferais-je point ?
Non, non, je ne veux pas lui manquer au besoin.

CLITON

Monsieur, dépêchez donc ! Voyez, l'heure me presse.
Retirez des tourments cette chère maîtresse*.

PHILON

Attends, je suis à toi dans un petit moment.

CLITON [*seul.*]

La fourbe* s'accomplit, je crois, heureusement :
Je vois bien qu'il a plus d'amour que d'avarice,
Et cet amour pourtant lui rend un sot office.
Mais il revient déjà.

SCÈNE XIII
LES MÊMES.

PHILON

Tiens, voici de l'argent.

CLITON

Ah ! par ma foi, Monsieur, vous êtes diligent.

1 « c'est seulement pour le… ».

PHILON

Cent louis(2) pour Pluton : et combien pour sa femme ?

CLITON

Pour elle, il en faut dix. (*En secret.*) Que j'ai d'aise dans l'âme !

PHILON

Ce sont donc cent et dix ? J'en tiens ici deux cents.
Dieu ! que cette rançon me chagrine les sens !
Mais n'importe : Cloris vaut plus que cette perte,
Cette aimable beauté me sera recouverte.
Je n'en dois donc ôter que quatre-vingt et dix ?

CLITON

Pour les pages, Monsieur, il en faut au moins six.

PHILON

Je n'en dois donc ôter que quatre-vingt et quatre ?

CLITON

Monsieur, et les laquais ? Sans doute, ils me vont battre !
Il en faut douze au moins, car ils sont quantité,
Ou Cloris souffrirait de leur méchanceté.
Autres douze aux portiers, qui sont plus de cinquante.

PHILON

La peste soit l'affaire ! Ah ! je m'impatiente(4) !
Mais, n'importe, Cloris sortira de ces lieux.
Je m'en vais te donner tout l'argent que tu veux.

CLITON

Monsieur, et pour Charon, lui qui mène la barque ?
Il lui faut deux louis(2), et bien plus à la Parque[1],
Car c'est elle qui tient la belle dans ces fers* !

PHILON

Il faut donc que mon bien aille tout aux Enfers ?

---

1 Voir la note 2, p. 49.

Tiens, je t'en vais donner encor demi-douzaine :
Comptons.

CLITON

Monsieur, et moi ? N'ai-je rien pour ma peine ?

PHILON

Ah ! par ma foi, c'est trop.

CLITON

Monsieur, dans nos chemins
Nous allons rencontrer de ces esprits malins,
Qui s'en feront donner malgré ma résistance.

PHILON

Amour, que tu veux bien éprouver ma constance !
Je n'en garde que six de deux cents que j'avais :
C'était bien vainement que je les conservais.
Tiens, tiens, je te remets et l'argent et la bourse,
Il me faut maintenant recourir à la source[1].

CLITON

Adieu, Monsieur, adieu ! Dans un moment d'ici,
Vous reverrez Cloris.

PHILON

Je l'entends bien ainsi.
Enfin, pour mon argent, ma pauvre âme affligée
À l'abord de Cloris se verra soulagée.

SCÈNE XIV

PHILON, CLÉANDRE, AMARANTHE.

CLÉANDRE

Que faites-vous ici, pauvre amant désolé ?

1 C'est-à-dire qu'il ne lui reste plus qu'à aller retirer de l'argent dans sa cassette.

PHILON

J'ai trouvé le moyen pour être consolé,
Puisque pour mon argent je reverrai ma belle :
Elle ne sera plus à mes vœux* si rebelle,
Sachant qu'elle m'aura tant d'obligation[5],
Elle sera plus douce à mon affection[4]*.

CLÉANDRE [*à part.*]

Ah ! Cliton l'a dupé.

AMARANTHE

Serait-il bien possible ?

PHILON

Oui, je la reverrai, cette belle insensible,
Qui s'obstinait si fort à me persécuter.
Bientôt, parmi ces lieux, ses yeux vont éclater.

CLÉANDRE

Qui vous l'amènera ?

PHILON

C'est un de l'autre monde.

CLÉANDRE [*à part.*]

Sa folie[3], ma foi, n'eut jamais de seconde.

[*Haut.*]

Et qu'avez-vous donné pour l'en faire sortir ?

PHILON

Près de deux cents louis[2].

CLÉANDRE [*à part.*]

Ah, Cliton ! sans mentir,
C'est être trop adroit.

AMARANTHE

Monsieur, toutes vos larmes

Vont tarir leurs ruisseaux à l'abord de ses charmes.
Mais enfin, je [re]connais que, par nos vains propos,
Nous troublerions ici votre plus doux repos :
Adieu.

PHILON, *seul.*

Vous m'obligez par cette complaisance.
Ce n'est que de Cloris que[1] j'aime la présence :
Viens donc, rare sujet, soulager mes douleurs !
Viens donc faire tarir le ruisseau de mes pleurs.

SCÈNE XV

PHILON, CLITON.

CLITON, *dans ses habits de valet.*

Monsieur, bien vous en soit ! Vous avez eu nouvelle
De la belle Cloris ? Et quand reviendra-t-elle ?

PHILON

Elle viendra bientôt : je l'attends en ce lieu,
Cet objet de ma flamme.

CLITON

Eh bien ! loué[(2)] soit Dieu !
Vous avez dans vos mains quelque chose, je pense,
Car vous les serrez trop.

PHILON

Voyez l'impatience[(4)] !
Ce sont des louis[(2)] d'or, esprit plein de soucis,
Et devine combien, tu les auras tous six.

CLITON

Six dans notre pays valent demi-douzaine :
Vous en tenez autant.

1 Orig. : « dont ».

PHILON

Que le démon entraîne
Celui qui te l'a dit ! C'est un fol, c'est un sot.

CLITON

Vous avez rencontré[1] son nom du premier mot.
Mais toutefois, Monsieur, perdez cette créance :
Nul ne me l'avait dit.

PHILON

Ah ! ma Cloris s'avance !
Je la vois, cet objet* : tiens, Cliton, ces louis[(2)],
Tu les as devinés.

CLITON

Mes yeux sont éblouis
De voir tant de trésors.

SCÈNE XVI

LES MÊMES, CLORIS, TYRSIS,
CLÉANDRE, DORINDE, AMARANTHE.

PHILON

Ah ! ma chère maîtresse* !
Mais pourrai-je souffrir qu'un autre vous caresse* ?
Tyrsis vous suit encor ? Vous lui donnez la main !

CLORIS

Oui, Philon, ou j'aurais un cœur bien inhumain :
Lui qui m'a fait sortir de ces rivages sombres,
Où je mourais de peur parmi leurs tristes ombres.

PHILON

Il vous a fait sortir de ce rivage noir ?
Et mes deux cents louis[(2)] n'ont pas eu ce pouvoir ?

1 « trouvé ».

CLORIS

Quoi, vos deux cents louis[2] ? Je n'y puis rien comprendre.

PHILON

Faut-il mieux s'expliquer, pour vous le faire entendre ?
Près de deux cents louis[2], que j'ai donnés pour vous
Quand vous étiez là-bas.

CLITON

Vous nous étonnez tous !
Quelqu'un vous a dupé.

CLORIS

La chose est véritable,
Je n'ai point vu d'argent.

PHILON

Que je suis misérable !

TYRSIS

Par ma foi, je vous plains de voir que, dans un rien,
Vous perdiez par malheur la maîtresse* et le bien.

CLÉANDRE, *bas à Cliton.*

Cliton, c'est bien assez : rends-lui ses six pistoles.

CLITON

Tenez, Monsieur Philon.

PHILON

Donne, tu me consoles.
Adieu, Cloris, adieu ! Gardez votre Tyrsis.
Je n'en aurai jamais ni douleur ni soucis :
Il m'en coûterait trop.

[*Il sort.*]

CLITON

Avecque nos maîtresses*,

Allons nous marier[3] !

DORINDE

Mon Dieu, que tu t'empresses !

CLITON

Allons, j'ai de l'argent.

CLÉANDRE

Oui, suivons ses avis :

De si bons sentiments doivent être suivis !

L'AMOUREUSE VAINE ET RIDICULE

SCÈNE I

PHILIS, CLINDOR.

PHILIS

Clindor, connaissez-vous certaine extravagante* ?
Laide, vieille, et pourtant qui croit qu'elle est charmante,
Et que tous les mortels sont blessés de ses traits,
Qu'elle charme les cœurs par de{s} puissants attraits.

CLINDOR

Philis, je la connais : cessez de la dépeindre.

PHILIS

Feignez donc de l'aimer.

CLINDOR

Oui-da, je veux le feindre,
Car enfin, pour l'aimer, je ne le saurais pas.

PHILIS

Pourriez-vous résister à de si doux appas ?

CLINDOR

Il ne faut que les voir.

PHILIS

Ma cousine Isabelle
Veut que Philidamon feigne d'être infidèle,
Pour avoir le plaisir de cet événement[1].

CLINDOR

Laissez-moi gouverner* : je vais dès ce moment
Dire à Philidamon qu'il aide à cette feinte,

1 Le terme peut recouvrir le sens de « effet, résultat », mais aussi « aventure », « incident dramatique ou romanesque ». Le petit cercle des amis d'Isabelle s'amuse à inventer une fausse infidélité amoureuse pour se divertir aux dépens de Clorinde.

Et qu'il fasse semblant d'en avoir l'âme atteinte.

SCÈNE II

CLORINDE, *seule.*

Que je suis empêchée* avec tous ces amants,
À qui je fais souffrir tant d'amoureux tourments !
Je vois que j'en acquiers plus dans une journée,
Que cinquante à la fois ne font dans une année.
Le premier qui me voit ou qui m'entend parler,
Il me dit aussitôt que je le fais brûler,
Que mes yeux ont des traits qui sont inévitables,
Et qu'enfin mes beautés n'ont point de comparables ;
Qu'il n'est rien sous le ciel de si parfait que moi,
Et tous par ce moyen me promettent leur foi*.
Mais je vois un valet qui vient à moi sans doute.

SCÈNE III

LA MÊME, CRISSON *portant une lettre.*

CRISSON

Allons vite, courons.

CLORINDE

Crisson, écoute, écoute !
Arrête, mon ami, ne me [re]connais-tu pas ?
Tu fais bien l'empressé ; retranche un peu tes pas.

CRISSON

Ah ! je suis trop pressé ; laissez-moi, je vous prie,
Poursuivre mon chemin sans tant de flatterie.

CLORINDE

Crisson, je ne veux pas te retenir longtemps,
Je ne veux que savoir…

CRISSON

Oui, oui, je vous entends*,

Que vous voudriez(2) savoir où je vais, eh ?

CLORINDE

Peut-être.

CRISSON

Eh bien, vous le saurez : tenez, c'est une lettre.

CLORINDE

À qui la portes-tu ?

CRISSON

Vous le voudriez(2) savoir,
Mais, quand vous en devriez(2) mourir de désespoir,
Vous ne le saurez point.

CLORINDE

Je te trouve sévère :
Me refuser si peu ?

CRISSON

Je ne saurais qu'y faire.

CLORINDE

Tu n'y gagneras rien, je saurai tout enfin.
Pour te cacher de moi, tu n'es pas assez fin,
Quelqu'un me le dira.

CRISSON

Tenez, Mademoiselle,
Voyez-en le dessus[1].

CLORINDE *lit.*

« À l'aimable Isabelle ».
Ah ! la pauvre abusée !

1 « l'adresse ».

CRISSON

Et pourquoi s'il vous plaît ?
La saurait-il nommer plus aimable qu'elle est ?
Certes si vous aviez autant de beauté qu'elle,
Ne voudriez[2]-vous pas bien que l'on vous nommât telle ?

CLORINDE

Ah, le pauvre aveuglé ! Tu peux donc ignorer
Que ton maître m'adore ?

CRISSON

Il peut vous adorer,
Il n'aime qu'Isabelle. Et j'en porte un beau gage :
Il est ici dedans.

CLORINDE

Non, crois que mon visage
A charmé depuis peu le maître que tu sers,
Que d'autres comme lui languissent sous mes fers*.
La lettre que tu porte[s] est une pure feinte :
C'est pour moi seulement que son âme est atteinte.

CRISSON

Ma foi, je n'en crois rien : au jugement de tous,
Isabelle est plus jeune, et plus belle que vous.

CLORINDE

Insensé, que dis-tu ?

CRISSON

Que vous n'êtes point belle,
Que je vous aimerais beaucoup moins qu'Isabelle.

CLORINDE

Ton maître, mon ami, s'y connaît mieux que toi.
Il suffit qu'il m'adore, et meurt d'amour pour moi :
Il m'a juré cent fois qu'il ne veut point de blonde,
Et que mes cheveux noirs sont les plus beaux du monde,

Que mes yeux sont riants, mon teint fort éclatant.

CRISSON

La belle, s'il vous plaît, ne vous louez point tant,
Je n'ai pas le loisir.

CLORINDE

Mes lèvres sont vermeilles,
Et ma bouche petite.

CRISSON [*à part.*]

À côté des oreilles…
Elle est folle, ma foi ! [*Haut.*] La belle, permettez,
Après avoir longtemps admiré vos beautés,
Que j'aille plus avant : ce discours m'importune.

CLORINDE

Va faire ton message.

CRISSON

Adieu, la belle brune !
Adieu, beaux yeux riants !

CLORINDE

Adieu, pauvre ignorant !
Trouve-moi laide ou belle, il m'est indifférent.
Il est tout innocent, il le faut laisser dire,
Cependant que pour moi Philidamon soupire.
Mais j'aperçois Philis…

SCÈNE IV

CLORINDE, PHILIS.

PHILIS

Que faites-vous ici ?

CLORINDE

Je parlais au valet d'un amoureux transi.

PHILIS

Quel est cet amoureux ? C'est quelqu'un qui vous aime ?

CLORINDE

Il m'aime assurément, mais d'une amour extrême,
Et me vient d'envoyer un maraud de valet,
Auquel il avait dit de me rendre un poulet*.
Mais je l'ai renvoyé par beaucoup de menaces,
Qui l'ont fait retirer avecque des grimaces,
Où j'ai bien pu juger qu'il craint d'être frotté*,
Quand son maître verra son poulet* rejeté.

PHILIS

Certes vous avez tort, c'est être trop cruelle :
Croyez-vous que le Ciel vous ait formée si belle,
Pour maltraiter ainsi ceux qui meurent pour vous ?

CLORINDE

Où trouver le moyen pour les soulager tous ?
J'en vois un million[3] qui demandent remède,
Et qui veulent guérir du mal qui les possède.
Pour moi, je suis d'avis de leur cacher mes yeux,
Puisque enfin tous les traits en sont si dangereux :
Je ne suis pas sitôt au milieu d'une rue,
Que quelque homme sur moi vient attacher sa vue !
Leur surprenant les yeux, je leur ôte le cœur.

PHILIS

Mais pourtant, vous avez un peu trop de rigueur,
Car vous devriez[2] du moins les flatter d'espérance,
Pour les rendre contents dans leur persévérance.

CLORINDE

Je vois Philidamon : retirons-nous d'ici,
Il viendrait m'aborder.

SCÈNE V

PHILIDAMON, CRISSON.

PHILIDAMON, *seul.*

Que je suis en souci !
Que fera mon valet chez ma chère Isabelle ?
Me laissera-t-il bien encore en sentinelle ?
Mais je le vois venir. Eh bien, mon cher Crisson,
Ton message est-il fait ?

CRISSON

De la bonne façon.
Il est fait.

PHILIDAMON

Ah ! Crisson, sache que tes services
Seront récompensés par mille bons offices,
Qui vaudront beaucoup plus que les remerciements.

CRISSON

Eh, Monsieur, s'il vous plaît, trêve de compliments !
Il vous faut informer qu'a dit[1] votre maîtresse*.
Quand nous serons chez nous, vous me ferez caresse*.

PHILIDAMON

Eh bien, mon cher Crisson ?

CRISSON

Qu'il est doux maintenant !
Il ne me traite pas toujours si doucement.
Enfin, vous saurez donc que j'ai vu votre belle,
Que par un grand bonheur j'ai rencontrée chez elle :
Elle a pris votre lettre, et m'a dit à l'instant
Que, puisque vous étiez si fidèle et constant,
Vous la verrez bientôt en cette même place.
Voyez si ce n'est pas vous faire de la grâce ?

1 « de ce qu'a dit ».

PHILIDAMON

Obligeante Isabelle ! Ô favorable jour !

CRISSON

Monsieur, vous parlerez tantôt à votre tour.
Écoutez un discours qui vous fera bien rire,
En attendant l'objet* que votre cœur désire.

PHILIDAMON

Qu'est-ce donc ?

CRISSON

Quand j'allais, comme un brave valet,
Poursuivant mon chemin pour rendre ce poulet*,
Ainsi que je passais, certaine demoiselle,
M'arrêtant par un bras, m'a fait approcher d'elle,
Et m'a dit[1] où j'allais ; et moi, fuyant toujours,
N'étant pas curieux[(3)] d'entendre ses discours…

PHILIDAMON

Ah, Crisson ! c'est assez, n'en dis pas davantage.

CRISSON

Et pourquoi donc, Monsieur ?

PHILIDAMON

Je connais ce visage*.
Ne t'a-t-elle pas dit que j'adorais ses yeux ?

CRISSON

Justement, mais encor tant d'autres amoureux
Qui l'aiment…

PHILIDAMON

Ah, Crisson ! j'aperçois Isabelle :
Admire ses attraits.

1 « demandé ».

CRISSON

Sans doute, elle est fort belle.

SCÈNE VI

LES MÊMES, ISABELLE.

PHILIDAMON

Ne suis-je pas heureux au-dessus des amants ?

CRISSON [*à part.*]

Ils se vont accabler de mille compliments.

ISABELLE

Enfin, vous le voyez si je suis bien exacte,
Si vous n'auriez pas tort de me nommer ingrate.

PHILIDAMON

Adorable Isabelle, après tant de bontés,
Je ne puis plus douter de mes félicités.
Votre père à mes vœux* se montre assez propice.

ISABELLE

Il désire en effet que l'hymen s'accomplisse,
Mais nous pourrons parler tantôt plus à loisir.
Vous allez tout à l'heure avoir bien du plaisir :
Connaissez-vous Clorinde ?

PHILIDAMON

Oui, cette extravagante*
Qui me croit dans ses fers* ?

CRISSON

Ah ! la pauvre innocente !
C'est celle que j'ai vue.

ISABELLE

Elle croit en effet

Qu'il n'est rien sous le ciel de beau ni de parfait
Qu'elle seule.

CRISSON

Oui, ma foi, c'est elle assurément.

PHILIDAMON

Elle croit en effet que je suis son amant,
Et que Clindor encore en a l'âme blessée ;
Ainsi nous abusons cette pauvre insensée.

CRISSON

Ah ! Monsieur, je la vois.

ISABELLE

Allez la recevoir,
Et je ferai semblant d'en être au désespoir.

SCÈNE VII

LES MÊMES, CLORINDE.

PHILIDAMON, *à Isabelle.*

C'est trop m'importuner !

ISABELLE

Cet ingrat m'abandonne[1] !

PHILIDAMON, *abordant Clorinde.*

Je vous revois encore, adorable personne :
Arrêtez-vous, beaux yeux, divins tyrans des cœurs !
Ne soyez pas toujours de si cruels vainqueurs.

CLORINDE

Puis-je répondre à tous ?

1 Dans l'édition originale, ce vers termine la scène précédente.

ISABELLE

Ah ! le traître s'obstine
À vaincre ce rocher.

PHILIDAMON [*à Clorinde.*]

Beauté plus que divine,
Pourquoi dédaignez-vous un si fidèle amant ?

CLORINDE, *en secret.*

Dieu ! que j'ai de regret de causer son tourment !

ISABELLE [*à Philidamon.*]

Où sont, ingrat, où sont tes promesses passées,
Lorsque j'étais l'objet de toutes tes pensées ?

PHILIDAMON [*à Isabelle.*]

Enfin, le temps passé ne peut plus revenir !
Ne vous obstinez pas à m'en entretenir.

CLORINDE, *à Isabelle.*

Il me fâche beaucoup d'être votre rivale,
Que ma personne ait pu vous être si fatale,
Mais enfin, si mes yeux savent faire mourir,
Ils en sont innocents.

CRISSON

Qu'ils en ont fait périr,
Ces beaux yeux innocents !

SCÈNE VIII

LES MÊMES, PHILIS.

PHILIS

Ce traître, ce parjure !
Mais voici ma rivale, allons lui dire injure.

ISABELLE

Qu'avez-vous, ma cousine ?

PHILIS

Ah ! souffrez…

ISABELLE

Qu'avez-vous ?

PHILIS

Que je fasse éclater le feu de mon courroux.

ISABELLE

Qui cause ce courroux ?

PHILIS

Cette beauté fatale.

ISABELLE

Ô ciel ! n'est-elle point encor votre rivale ?

PHILIS

Oui, le traître Clindor s'en est laissé charmer.

CRISSON

Philis, à quoi vous sert de vous en alarmer ?
Qui pourrait résister à de{s} si puissants charmes ?

ISABELLE [*à Clorinde.*]

Eh quoi ! tous nos amants te rendront-ils les armes ?

CLORINDE

Ô Dieu ! que dois-je faire en ces extrémités ?
Me faudra-t-il louer[2], ou blâmer mes beautés ?
Oui, mes yeux, il est vrai, vous êtes des coupables
De faire tous les jours des amants misérables !

CRISSON

Sa beauté l'importune avec juste raison.
Clorinde, cachez-vous au fond d'une prison :
Cachez, cachez ces yeux qui font tant de ravage !
Ôtez-nous pour jamais ce trop charmant visage !

PHILIDAMON

Eh quoi ? Clindor aussi vous a conté son mal ?
Cet infidèle ami veut être mon rival ?
Inhumaine beauté, vous souffrez qu'il vous aime,
Qu'il fasse cet outrage à mon amour extrême ?

CLORINDE

Il m'a dit qu'il m'aimait : puis-je l'en empêcher ?

PHILIDAMON

C'est trop délibérer, je m'en vais le chercher :
Nous verrons qui des deux…
(Il sort.)

CRISSON

C'en est fait, Isabelle.
Philis, votre Clindor…

ISABELLE

Suivons cet infidèle.

PHILIS

Empêchons ce malheur ! Crisson, ne viens-tu pas ?

CRISSON

Si j'y vais ? Mais bien vite !

SCÈNE IX

CLORINDE, *seule.*

Ô funestes appas !
Ciel, ne me fîtes-vous de tant d'attraits pourvue,
Qu'afin que mon aspect blesse, consume, tue !
Voilà ces malheureux qui se vont égorger !
Il n'est que trop certain, c'est à moi d'y songer.
Parmi tant de malheurs, mon jugement s'égare :
Il faut aller chercher quelqu'un qui les sépare.
Ne tardons plus ici.

SCÈNE X

PHILIS, ISABELLE.

PHILIS

Vois-tu comme elle fuit ?
La pitié qu'elle en a cause qu'elle les suit.

ISABELLE

Je riais dans mon cœur, voyant sa contenance,
Pendant que j'accusais mon amant d'inconstance.

PHILIS

Qu'elle avait de frayeur et d'aise en même temps,
De croire que ses yeux faisaient des inconstants !
Cependant, ils s'en vont lui donner l'épouvante.

ISABELLE

Ô Dieu ! que deviendra cette beauté charmante ?
Elle en mourra de peur.

PHILIS

Ah ! la voici, grand Dieu !
Cousine, s'il te plaît, ôtons-nous de ce lieu.

SCÈNE XI

CLORINDE, *seule.*

C'en est fait, ils sont morts. Ô cruelle journée,
Qu'avecque tant d'appas je suis infortunée !
Ne vaudrait-il pas mieux avoir moins de beautés,
Posséder un peu moins de rares qualités ?
Je me contenterais d'une seule conquête,
Sans avoir tant d'amants qui me rompent la tête.

SCÈNE XII

LA MÊME, CRISSON.

CRISSON

Ah ! Clorinde, pleurons ! Ils courent à la mort.
Mon maître et son rival suivent un triste sort.

CLORINDE

Où sont-ils donc allés ?

CRISSON

Je n'ai point vu mon maître
Depuis qu'il est sorti.

CLORINDE

Ne sauraient-ils paraître ?

CRISSON

Sans doute que vos yeux, par leurs charmes puissants,
Dissiperaient l'ardeur qui lui trouble les sens.

CLORINDE

Ah ! plût à Dieu, Crisson ! Peut-être que mes larmes
Leur feraient à tous deux jeter à bas les armes ?

CRISSON

Il n'en faut point douter.

CLORINDE

Ne sauraient-ils passer ?

CRISSON

Il me semble déjà que je les vois cesser.

CLORINDE

Sans doute, mon aspect est assez redoutable,
Quoique tous mes amants le trouvent souhaitable[(3)1].

1 « désirable ».

CRISSON, *en secret.*

Ah ! je l'ai mise en jeu[1] ! [*Haut.*] Votre aspect est fort doux,
Mais vos yeux à l'instant jettent de rudes coups.

CLORINDE

L'on ne jugerait pas, à me voir le visage,
Que j'ai plus de quinze ans…

CRISSON

Auriez-vous davantage ?

CLORINDE

Oui, j'en ai quelque peu.

CRISSON, *en secret.*

Quinze, ou seize ensuivant*.
[*Haut.*]
Je ne le dirais pas, ou je suis peu savant[2].

CLORINDE

Plusieurs m'ont assuré qu'à l'âge de cinquante,
Ma beauté paraîtra beaucoup plus éclatante,
Que mes yeux reprendront de plus vives clartés,
Qu'on verra rebriller mes premières beautés,
Et même sur mon teint renaître mille roses.

CRISSON

Ô Dieu ! que nous verrons pour lors de belles choses !
[*À part.*]
Elle est, ma foi, gâtée après ce que j'entends…
[*Haut.*]
Je voudrais déjà voir renaître ce printemps :
Sans doute vous serez au rang des Immortelles*[3].

---

1 « Ah, elle est repartie ! », autrement dit il l'a relancée dans sa manie.

2 « ou je ne m'y connais pas ». Crisson sous-entend qu'elle a en fait quinze ou seize ans de plus que l'âge qu'elle prétend, mais tout haut, il lui assure qu'il ne lui donne pas ses seize ans.

3 Jeu de mots : le terme « immortel » pouvait aussi qualifier une personne très vieille, qui vit plus longtemps qu'elle ne devrait.

CLORINDE

Isabelle et Philis ne sont nullement belles…

CRISSON

Ah ! grand Dieu, quel malheur ! Voici ces deux rivaux.
Ah, mon maître ! ah, Clindor !

SCÈNE XIII

LES MÊMES, CLINDOR, PHILIDAMON.

CLORINDE

Ah ! je cause leurs maux !

PHILIDAMON,

et Clindor traversant le théâtre en se battant.

Tu me la céderas, ou tu perdras la vie !

CLINDOR

Oui, je mourrai plutôt qu'elle me soit ravie !

CLORINDE

Allons les séparer.

CRISSON

Il ne faut que vos yeux,
Pour leur faire quitter les armes à tous deux.

CLORINDE

Au secours, au secours, la douleur me transporte !
Crisson, crions tous deux, afin que quelqu'un sorte
Au son de notre voix.

SCÈNE XIV

CLORINDE, CRISSON, DAMON.

DAMON

Quel bruit ai-je entendu ?

Qu'avez-vous à crier ?

CRISSON

Monsieur, tout est perdu !

DAMON

Qu'est-ce donc ?

CLORINDE

Ah ! Monsieur, deux amants misérables
Se battent…

CRISSON [*à Clorinde.*]

Et vos yeux en sont les seuls coupables.

DAMON, *à Clorinde.*

C'est à votre sujet ? Que je sache leur nom !

CLORINDE

L'un se nomme Clindor, l'autre Philidamon.

DAMON

Clindor ? Philidamon ? Crisson, que me dit-elle ?

CLORINDE *rentre**.

Je m'en vais les chercher !

CRISSON

Monsieur, ils rient(2) d'elle.
C'est pour se divertir de cet esprit gâté,
Qui pense les avoir pris en captivité.
Vous les verrez bientôt le cœur plein d'allégresses,
Qui ne manqueront pas d'amener leurs maîtresses*,
Mais je les vois déjà…

SCÈNE XV

CRISSON, DAMON, PHILIDAMON,
CLINDOR, ISABELLE, PHILIS.

CRISSON

Vous n'êtes point blessés ?

CLINDOR

Philidamon et moi nous sommes embrassés.

DAMON

Vous êtes des gaillards qui ne cherchez qu'à rire !

PHILIDAMON

Cela n'empêche pas que mon cœur ne soupire
Pour l'aimable Isabelle…

DAMON

Arrêtez vos soupirs,
Je ne m'oppose plus à vos chastes désirs.

CRISSON

Ma foi, voici Clorinde.

CLINDOR

Ô Dieu ! qu'elle est surprise !

SCÈNE XVI

LES MÊMES, CLORINDE.

CLORINDE

Ah ! les voilà tous deux. J'en suis toute remise.
Qui vous a mis d'accord ?

CLINDOR

Ce sont de ces beautés
Les larmes et les cris qui nous ont arrêtés.
Et pour récompenser un si rare service,

Nous leur donnons nos cœurs.

CLORINDE

Pour ce petit office,
Ils leur donnent des cœurs ?

DAMON

Ça, ça, dépêchons-nous !
Isabelle, venez, recevez cet époux.

CLINDOR

Votre nièce Philis est l'objet* que j'adore,
Me l'accorderez-vous ?

CLORINDE

Eh quoi ! Clindor encore
Me trahit ?

DAMON

Oui, Clindor, recevez-la de moi :
Philis, voilà Clindor, promettez-lui la foi*.

PHILIS

Puisque vous l'ordonnez, j'obéis sans contrainte.

CLINDOR

Je n'ai plus maintenant aucun sujet de plainte.

PHILIDAMON

Clorinde, vous deviez être douce à mes vœux*,
Pendant que j'adorais l'éclat de vos beaux yeux.

CLORINDE

Il est vrai ce qu'il dit : il ne m'a point trompée,
J'avais trop de rigueur.

CRISSON

Ah ! vous êtes dupée :

L'on se moque de vous, mais consolez-vous-en,
Et ne vous fiez[2] plus au cœur d'un courtisan.

ISABELLE

Adieu, Clorinde !

CLINDOR

Adieu, Clorinde la Cruelle,
Qui méprise l'amour d'un amant si fidèle !

CLORINDE, *seule.*

Ils ont, ma foi, raison. Jamais pauvres amants,
Auprès d'une beauté, n'eurent tant de tourments !
Isabelle et Philis s'en vont très satisfaites :
Je leur veux bien céder mes petites conquêtes.
C'étaient les moindres cœurs que je m'étais acquis.
Mes yeux, par leurs attraits, en ont bien plus conquis :
Ce sont de{s} grands seigneurs que je tiens dans mes chaînes,
Et ceux-ci sont trop peu pour en souffrir les peines.
Il faut s'assujettir toujours d'illustres cœurs,
Ou mes yeux passeraient pour de{s} faibles vainqueurs.

SÉSOSTRIS

Tragi-comédie
(1661)

Première édition
Dlle Françoise Pascal, *Sésostris*,
Lyon, Antoine Offray, 1661.

PERSONNAGES[1]

AMASIS, usurpateur de la couronne d'Apriez, roi d'Égypte.
SÉSOSTRIS, fils d'Apriez, cru berger, et véritable héritier de la couronne d'Égypte.
HÉRACLÉON, prince favori d'Amasis.
THIMARETTE, fille d'Amasis, crue bergère, et maîtresse* de Sésostris.
LYSÉRINE, princesse, sœur d'Héracléon.
SIMANDIUS, général d'armée d'Amasis.
AMÉNAPHIS, gouverneur de Sésostris.
TANISIS, confident d'Héracléon.
MIRIS, confident de Sésostris.
ÉDÉSIE, suivante de Thimarette.
CYLLÉNIE, suivante de Lysérine.
TRASÉAS, vieux berger.

La scène est dans Éléphantine, capitale d'Égypte, et aux environs[2].

1 À propos de la prononciation des noms romains, voir les principes éditoriaux, p. 24.
2 La pièce se déroule en Haute-Égypte, dans les petites îles du Nil qui bordent l'actuelle ville d'Assouan, dont Éléphantine.

En préambule à sa troisième tragi-comédie, Françoise Pascal se félicite du succès que cette pièce a rencontré lors de sa représentation à Lyon. S'inspirant d'un épisode tiré du célèbre roman de Madeleine de Scudéry, *Artamène, ou le Grand Cyrus*, publié en dix volumes entre 1649 et 1653, elle a savamment adapté pour la scène l'histoire de Sésostris (partie VI, livre 2), ne retenant d'une intrigue très complexe que les passages les plus tendres et les plus émouvants. Avec cette pièce, jamais rééditée depuis sa première parution en 1661, l'autrice choisit donc de plonger au cœur de la littérature précieuse afin de faire triompher l'amour idéal de toutes les adversités.

Amasis, roi d'Égypte, qui occupe depuis seize ans un trône usurpé, voit apparaître en rêve sa défunte épouse Ladice. Celle-ci lui apprend qu'il est le père d'un enfant qu'elle mit au monde peu avant sa mort, et dont l'identité lui restera cachée tant qu'il n'aura pas rendu la couronne à Sésostris, l'héritier légitime du roi destitué, Apriez. La quête de cet enfant, dont le sexe reste occulté, conduit à la demeure bucolique d'un couple de bergers vivant sur une île. Dans ce lieu autarcique qui évoque les utopies précieuses, Françoise Pascal oppose le cadre pastoral où évoluent ces jeunes bergers à l'espace corrompu de la Cour, rempli de courtisans ambitieux. Après plusieurs rebondissements et reconnaissances, les véritables identités de ces deux jeunes gens seront révélées, Amasis retrouvera son enfant, l'héritier légitime sera restitué, et l'amour sincère et innocent récompensé.

Mais Françoise Pascal – et c'est peut-être toute l'originalité de cette pièce – ne se contente pas de faire triompher l'amour parfait de deux amants. Elle met aussi en scène le cheminement d'un homme de pouvoir découvrant sur le tard sa paternité. Le personnage d'Amasis offre le portrait d'un monarque usurpateur qui, au faîte de sa carrière, est traversé par le doute et la peur, au point de souffrir de cécité. Grâce au souvenir nostalgique de sa femme bien-aimée et à ses nouveaux sentiments paternels, il acceptera de sacrifier son pouvoir et ses ambitions, pour se révéler un homme tendre et généreux.

En réponse à ses détracteurs, Françoise Pascal, dans son avis au lecteur, se défend de toute collaboration, mais reconnaît certaines faiblesses de style dues aux négligences de son éducation de jeune provinciale. Il n'en reste pas moins que *Sésostris*, malgré ces défauts, est une tragi-comédie réussie. L'autrice fait preuve d'un sens marqué de la dramaturgie en centrant l'intrigue autour de la résolution d'une énigme et en agençant habilement les différents éléments dramatiques de façon à faire durer le suspens. Ses nombreuses didascalies, les mises en espace successives, les jeux de scène et chansons témoignent d'un souci aigu de théâtralité. Retenons enfin des dialogues amoureux entièrement dédiés à un bel éloge de la constance.

À MADAME, MADAME LA MARQUISE DE LA BAUME, ETC.[1]

Madame,

Le prince Sésostris sent bien moins d'empressement de se faire voir en France, que de gloire d'être dans votre estime ; en effet, dès qu'il reçut cet honneur, il se persuada de n'être pas indigne de paraître sur un théâtre d'honneur comme sur un trône, pour tâcher de se rendre plus agréable à vos yeux. Mais pourtant, Madame, s'il ose appeler ce jour celui de son triomphe, il confesse que votre illustre présence lui donna tout l'éclat qui lui manquait ; et quoiqu'il dût souffrir mille jugements différents de ceux qui virent son entrée en cette ville[2], toutefois le favorable accueil qu'il reçut de votre généreuse courtoisie lui fit négliger toutes les considérations qui pouvaient divertir son dessein, puisque l'honneur de vous plaire était en cette rencontre* l'unique objet de son ambition ; aussi cette pensée le fit marcher d'un pas plus superbe, et plus assuré. Mais quelques plaisirs qui l'aient pu flatter parmi ces magnificences, il avoue qu'il n'en a point de plus doux que de considérer cette grandeur héroïque[3] qui est l'âme de toutes vos actions : il sait que comme sa naissance est royale, la vôtre pourrait être telle, si les couronnes étaient encore de notre temps le partage de la vertu, puisque celle des héros de qui vous tenez l'être en avait le mérite, aussi bien que la vôtre ; il voit que les Grâces, qui dans le sentiment de nos poètes ne vont pas seules, ne firent jamais une plus belle union que dans votre personne illustre. Et dans l'agréable transport qui le ravit, il ne [se] peut qu'il ne s'écrie, parmi la foule de tant d'admirateurs de vos perfections, que vous êtes le plus bel et le plus excellent ornement de notre sexe, puisque le Ciel semble vous avoir donné à vous seule avec profusion toutes ces précieuses qualités qu'il ne distribue aux autres

1 Catherine de Bonne, marquise de la Baume, était nièce du maréchal de Villeroy, gouverneur de la ville de Lyon.

2 Pour rappeler que sa pièce a eu l'honneur d'être jouée sur le théâtre de Lyon, Françoise Pascal joue sur le double sens d'entrée, qui évoque à la fois l'entrée d'un prince dans une ville et l'entrée en scène d'un personnage.

3 Orig. : « héroïne ».

que séparément, et d'une main beaucoup moins libérale*. C'est ce que j'avais à vous dire, Madame, de la part de ce prince. Mais souffrez, s'il vous plaît, que de la mienne je vous supplie avec une soumission très respectueuse que je me qualifie,

Madame,

Votre très humble et très obéissante servante Françoise Pascal.

AVIS AU LECTEUR[1]

Je ne sais pas bien quel est ton sentiment, mais pour te déclarer sincèrement le mien, j'estime qu'il est extrêmement difficile de rencontrer quelque chose dans le monde qui puisse nous satisfaire également. Nos esprits, ainsi que le reste, ont leurs différences, et comme nous suivons aisément nos inclinations, qui sont des guides aveugles et bizarres, il arrive aussi pour l'ordinaire que ce qui agrée aux uns, déplaît aux autres. Ce que nous appelons bien, dans l'ordre des choses naturelles, est souvent le sujet de nos plaintes et l'occasion de nos maux. Il y en a pour qui les richesses et les honneurs n'ont que des épines et de la fumée ; et quoique la santé soit entre les biens naturels le plus doux et le plus charmant, il se trouve néanmoins des personnes, particulièrement de mon sexe, qui ne craignent pas de l'altérer, et de contracter une fièvre artificielle et des opilations* affectées*, pour paraître pâles en dépit de la nature, qui ne les a pas fait[es] blanches. On peut dire de[2] même des productions de l'esprit : il y en a bien peu qui ne rencontrent ou des censeurs, ou des critiques. Et je n'ai pas cette vanité de croire que mes petits ouvrages s'en puissent défendre, qui ne sont, pour t'en parler dans la vérité, que l'occupation de quelques soirées, ou l'entretien de mon génie* quand il s'éveille avant le jour, que j'emploie plus sérieusement à la peinture. Je dis bien plus, que j'en connais déjà de trois espèces : les uns sont ignorants, les autres jaloux, et les troisièmes savants. Les premiers s'émancipent* de dire que ce n'est pas grand-chose ; les autres, que je n'agis pas toute seule et que j'ai des aides étrangères ; mais les troisièmes, plus judicieux, avouent que c'est beaucoup pour une fille, et que tout s'y voit d'un style égal. Le jugement des premiers n'est pas recevable ; les seconds font leur supplice de ma gloire ; et je reçois volontiers instruction des troisièmes. De sorte que, comme je méprise les premiers, j'ai de la compassion des seconds et du respect pour les

1 Dans l'édition originale, cet avis au lecteur est suivi de stances élogieuses intitulées « Portrait de Mademoiselle Pascal, par Tersandre », ainsi que d'un sonnet qui affirme l'originalité de l'œuvre de cette « fille d'Apollon ». Le texte intégral des stances a été reproduit dans *Le Commerce du Parnasse*, éd. D. Steinberger (voir le Complément bibliographique).

2 Orig. : « le ».

troisièmes, parce qu'en effet je connais bien qu'il y a dans ma poésie des dictions provinciales, et des expressions qui ne sont pas bien dans la pureté de la langue. Mais comme c'est un péché d'origine dont je ne suis coupable que parce que je suis lyonnaise, et que la bienséance de mon sexe ne m'a {pas} permis de voir l'Académie que sur quelques livres dont les règles nous instruisent bien moins par les yeux que par les oreilles[1], s'il y a de la courtoisie à reprendre civilement quelques fautes de cette nature, il y aurait trop de sévérité de m'en blâmer, puisque je ne les commets que par une espèce de nécessité qui, étant la maîtresse des lois, me doit aussi dispenser de la peine qu'elles imposent. Vois maintenant, mon lecteur, dans quel ordre tu te veux ranger. Si tu es du nombre de ces premiers censeurs, l'applaudissement universel que cette pièce a reçu dans la représentation publique qui s'en est faite ici condamnera ton sentiment particulier. Si [tu es] des seconds, je te prie de faire mieux avant que de mépriser ce petit talent qui n'est pas commun. Si [tu es] enfin des troisièmes et des plus raisonnables, tu pourras prendre pour ton divertissement ce que j'ai fait pour le mien.

1 Autrement dit, elle n'a pas eu accès aux écrits théoriques de l'Académie et n'a pu s'instruire que par la pratique.

ACTE I

SCÈNE I

AMASIS, HÉRACLÉON.

HÉRACLÉON

Quoi ! Seigneur, dans un temps où tout subit vos lois,
Que l'on vous reconnaît pour le premier des rois,
Étant toujours couvert de lauriers et de gloire,
Et qu'ayant maintenant remporté la victoire
Sur ces peuples mutins révoltés contre vous,
Qui n'ont pu résister aux forces de nos coups,
Enfin, Seigneur, après ces dernières conquêtes,
Quel est donc le sujet du chagrin où vous êtes ?

AMASIS

Hélas ! Héracléon, ce n'est plus mon dessein
De cacher le remords qui me ronge le sein :
Ce trône si brillant où l'on me considère
Ne paraît à mes yeux que comme une chimère,
Voyant que tous les jours ceux qui m'ont couronné
Ne cherchent qu'à m'ôter ce qu'ils m'avaient donné.
La Thèbes[1] qui semblait être la plus fidèle,
Et l'Héliopolis(5) qui montrait tant de zèle,
Lorsque cruellement, et sans savoir pourquoi,
On les vit [se] révolter contre leur propre roi :
Ces peuples insolents massacrèrent ce prince,
Me rendant souverain de toute sa province.
Ladice, mon épouse, était dans cette cour,
Qui ne voulut jamais attendre mon retour.
Elle conçut pour moi tant d'horreur et de haine,
Qu'elle ne voulut point abandonner la reine,
Se résolvant alors de franchir tous périls
Pour suivre sa fortune aux plus fâcheux exils[2] :

---

1 Sous-entendu : « Considère la Thèbes… ».

2 Après l'usurpation du trône par Amasis, Ladice, son épouse, a condamné sa trahison : restée fidèle à la reine, elle l'a suivie dans son exil après la mort du roi Apriez.

Il ne faut point douter qu'elles seront perdues,
Depuis quinze ou seize ans qu'on ne les a point vues.
Je confesse pourtant que mon ambition(4)
Me fit bien consentir à cette élection(4),
Mais aujourd'hui je sens…

HÉRACLÉON

Seigneur, ce grand courage*
Peut-il être ébranlé par un petit orage,
Dont ces peuples mutins nous avaient menacés ?
Ils sont dans leurs devoirs[1].

AMASIS

Ah ! ce n'est pas assez :
Les dieux sont irrités et menacent ma tête.

HÉRACLÉON

Comment, Seigneur ? De quoi ?

AMASIS

D'une étrange tempête.
Oui, je suis menacé d'un grand aveuglement,
Et sens déjà mes yeux y voir moins clairement ;
Mais vous saurez bientôt ce qui trouble mon âme.

HÉRACLÉON

Seigneur, voici ma sœur.

SCÈNE II
LES MÊMES, LYSÉRINE, CYLLÉNIE.

AMASIS

Approchez-vous, Madame,
Pour savoir le sujet de la peine où je suis,
Et qui me doit causer de si justes ennuis.

---

1 Ils se rangent à leurs devoirs d'obéissance, c'est-à-dire : « Ils se soumettent à leur roi ».

LYSÉRINE

Je viens ici, Seigneur, en savoir quelque chose.

AMASIS

Vous apprendrez bientôt si je me plains sans cause.
Une heure avant le jour, je m'étais éveillé,
Sans avoir toutefois bien longtemps sommeillé.
Ayant l'esprit troublé par des soucis sans nombre,
Mes yeux ont aperçu quelque lumière sombre,
Par où j'ai découvert un fantôme sanglant,
Qui s'approchait de moi, mais d'un pas assez lent.
Dès que j'ai reconnu cet objet effroyable,
J'ai senti dans mon cœur une peur incroyable,
Car c'était Apriez, ce prince infortuné,
Que son peuple barbare avait assassiné.
Ô dieux ! en y pensant, il faut que je frémisse :
Il avait après lui mon épouse Ladice.
Pourtant, elle semblait sortir de son cercueil,
Ayant pour se couvrir un long manteau de deuil.
Mais ses yeux, où jadis brillait tant de lumière,
N'étaient plus animés de leur grâce première :
Si l'amour autrefois en guidait les regards,
J'y voyais aujourd'hui la mort de toutes parts.
Jugez quelle devait être mon épouvante,
Alors qu'elle a crié d'une voix menaçante :
« Rends, Prince ambitieux(4), le sceptre que tu tiens
Au fils qui doit régner sur les Égyptiens(4) :
Sésostris n'est point mort, il est dans la province,
Sans savoir qu'il en soit le véritable prince.
Tu vois son père ici, de qui je suis les pas,
Le même à qui ton trône a causé le trépas :
Si tu ne rends le sceptre à ce fils légitime,
Nous viendrons tous les jours te recracher ton crime.
Je me vis[1] un enfant une heure avant ma mort,
Que tu ne verras point, si tu ne fais effort
Pour rendre à Sésostris le trône de son père,

1 « Je mis au monde ».

Sans quoi rien ne s'est vu d'égal à ta misère.
Et le Ciel, contre toi justement irrité,
Assure que tes yeux vont perdre la clarté. »

LYSÉRINE

Tous mes sens sont troublés de ce récit étrange !

AMASIS

Voyez comme le Ciel cruellement se venge !

HÉRACLÉON

Mais peut-être, Seigneur, que cette vision[3]
Et ces cris menaçants ne sont qu'illusion[4] ?

AMASIS

De grâce, Héracléon, écoutez ce qui reste
De cette vision[3] si terrible, et funeste :
Ainsi que ces objets s'éloignaient de mes yeux,
Des horribles éclats ont paru dans ces lieux,
Qui, mêlant dans leur bruit mille éclatantes flammes,
Auraient mis la terreur dans les plus fortes âmes ;
Et même quand j'étais dans cet étonnement,
Je sentais ébranler tout mon appartement.
Et vous saurez qu'après ces visions[3] funèbres,
Je me suis encor vu dans l'horreur des ténèbres,
Tant qu'enfin le soleil, recommençant son tour,
A dissipé la nuit, et m'a rendu le jour.

HÉRACLÉON

Ah ! Seigneur, bannissez cette terreur panique.

LYSÉRINE

Mon frère, s'il vous plaît, souffrez que je m'explique,
Que la crainte du roi n'est pas sans fondement,
Et que je ne suis point de votre sentiment :
De telles visions[3] ne sont pas ordinaires,
Et ne s'adressent point à des âmes vulgaires.

AMASIS

Madame, il est certain, vous ne pouvez douter
Que tout ce que j'ai vu me doit épouvanter.

HÉRACLÉON

Mais, Seigneur, toutefois dans ces vaines alarmes,
Ne vous souvient-il plus du succès de vos armes ?
Depuis qu'on a parlé des plus vaillants guerriers,
A-t-on jamais vu roi si couvert de lauriers ?
L'on vous élut, Seigneur, pour prince légitime,
Vous l'êtes en effet, et vous l'êtes sans crime.
Apriez fut un roi indigne de ce rang,
Encor qu'il fut sorti d'un très illustre sang :
Ses aïeux furent grands, et leur valeur extrême,
Mais il ne devait point porter leur diadème(4).
Vous le savez, Seigneur, combien son lâche cœur
Anima ses soldats d'une juste fureur[1].

AMASIS

Mon cher Héracléon, soyez plus équitable,
Et cessez d'outrager ce prince misérable*.
Votre zèle me rend encor plus criminel,
Et ne m'exempte pas d'un remords éternel,
Car mon âme est toujours fortement alarmée.
Mais n'aperçois-je pas mon général d'armée ?

SCÈNE III

LES MÊMES, SIMANDIUS.

AMASIS

Eh bien ! Simandius, que nous apprenez-vous ?

SIMANDIUS

Le Ciel de vos lauriers semble être un peu jaloux.
Seigneur, vous a-t-on dit que toute cette terre

---

1 Sous-entendu : « contre lui ».

A retenti du bruit d'un grand coup de tonnerre ?
Qu'on a vu dans ces lieux pleuvoir étrangement ?
On ne sait que penser de cet événement,
Puisque vous savez bien que, dans cette partie,
Jamais il n'avait plu.

AMASIS

Je suis sans répartie,
Après ce que j'entends.

LYSÉRINE

Ô dieux !

AMASIS

Simandius,
Poursuivez ce récit.

SIMANDIUS

Les peuples éperdus
Craignaient d'être accablés par quelque coup de foudre,
Et que, dans peu de temps, ils seraient mis en poudre.
Mais imaginez-vous s'ils ont été surpris :
En croyant d'implorer le secours d'Osiris,
Par miracle, Seigneur, cette riche statue
A paru devant eux tout d'un coup abattue.
Toutefois ce grand bruit s'est apaisé soudain,
Et nous a laissé l'air assez doux et serein.
Le déluge s'est fait une heure avant l'aurore,
Et je crois qu'en ce temps vous sommeilliez encore,
Ce qui m'a fait juger que vous n'en saviez rien.

AMASIS

Le Ciel est en courroux, je m'en aperçois bien :
Je ne sommeillais pas, et mon âme agitée
En ces cruels moments était bien tourmentée.

SIMANDIUS

Seigneur, le Ciel vous aime, il n'est point en courroux,

Ou s'il est irrité, ce n'est pas contre vous.
C'est contre vos sujets qu'il use de menace :
Vous ne sauriez jamais ressentir sa disgrâce.
S'il vous a jusqu'ici fait si grand et puissant,
Et s'il rend[1] chaque jour ce trône fleurissant,
Voudrait-il maintenant vous être moins propice,
Et vous faire sentir quelque trait d'injustice ?
Vous savez bien, Seigneur, que tous vos ennemis,
Par ces derniers combats, sont ou morts, ou soumis.

AMASIS, *en secret.*

Hélas ! il ne sait pas que j'ai beaucoup à craindre…
Mais puisqu'il n'en sait rien, tâchons de nous contraindre.
[*Haut.*]
Enfin, Simandius, je suis vos sentiments,
Et ne m'arrête plus à ces événements.

SIMANDIUS

Seigneur, vous a-t-on dit qu'en la guerre dernière,
Un certain inconnu, d'une terre étrangère,
Vint faire voir pour vous tant de zèle et d'ardeur,
Qu'on lui doit du combat le premier rang d'honneur,
Après cette valeur de chacun estimée ?

AMASIS

Le mal qui m'empêcha de paraître en l'armée
M'ôta le bien* de voir ce guerrier glorieux(3).
Mais je puis assurer qu'au défaut de mes yeux,
De moment en moment on frappait mes oreilles
Du nom d'un inconnu qui faisait des merveilles.

SIMANDIUS

Il semble que le Ciel ait, pour votre repos,
Renforcé nos combats par ce jeune héros :
Seigneur, cette valeur, qui n'eut jamais d'égale,
Marquait une naissance ou divine, ou royale.

1 Orig. : « Qu'il rende ».

HÉRACLÉON

Moi, qui me vis blessé jusque même aux abois[1],
Je ne fus pas témoin de ses derniers exploits,
Mais j'en ouïs(2) parler avec grand avantage.

SIMANDIUS

Un chacun admirait sa grâce et son courage,
Sa mine ravissait les cœurs de nos soldats,
Et tous les ennemis en redoutaient le bras.

AMASIS

Mais n'avez-vous point su son nom ni sa patrie ?

SIMANDIUS

Seigneur, ce grand guerrier eut tant de modestie,
Qu'alors que* je voulus parler de sa valeur,
Il dit que nos soldats méritaient tout l'honneur,
Et ne pouvant souffrir qu'on louât son mérite,
Il me dit seulement : « Mon nom est Psammétite.
Mon pays n'est pas loin, et vous verrez qu'un jour,
Je l'abandonnerai pour votre illustre cour. »
Il ne voulut jamais nous en dire autre chose,
Et nous quitta d'abord* sans qu'on en sût la cause.
Mais malgré ses refus, il fut contraint encore
D'accepter de ma main une médaille d'or,
Où l'on voit le portrait de la reine Ladice,
Et se crut bien payé de son rare service.

AMASIS

Frémis à ce beau nom, malheureux Amasis,
Ou bien meurs de regrets. Mais que veut Tanisis ?

1 Autrement dit, Héracléon était entre la vie et la mort.

SCENE IV

LES MÊMES, TANISIS.

TANISIS

Seigneur, certaines mains, fidèles et secrètes,
Avec beaucoup de soins ont gardé ces tablettes,
Et moi de même aussi je leur ai protesté
De ne les faire voir qu'à votre Majesté.

AMASIS

Donnez… mais, justes Cieux ! voici quelque mystère :
Je reconnais la main de ce cher caractère.
Qui vous a donc donné ces écrits précieux(3) ?

TANISIS

Seigneur, c'est un soldat, fort malade en ces lieux.
Et sans me nommer ceux qui les avaient perdues,
Il m'a dit qu'à vous seul elles fussent rendues.

AMASIS

Je [re]connais que Ladice a tracé ces écrits,
Mais je n'ai pas sujet d'en être trop surpris :
Je ne prévois que trop tout ce qu'elle veut dire,
Et je ne craindrai pas devant tous de les lire.

(Amasis lit.)

Amasis, je sens que je meurs,
Et mes maux finiront par ce coup de la Parque[1] ;
Mais vous n'aurez que des malheurs,
Tant que vous prétendrez de vivre en faux monarque :
Quittez ce trône désormais
Au jeune Sésostris, pour qui je m'intéresse,
Ou bien vous ne verrez jamais
Un…, Amasis, qu'en mourant je vous laisse.

Quoi ! ces mots sont ôtés, ou de fille, ou de fils,
Pour me laisser toujours dans les mêmes soucis ?
Ô dieux ! en quel état est mon âme réduite ?

---

1 Voir *L'Amoureux extravagant*, note 2, p. 49.

Mais voyons toutefois quelle en sera la suite.
(Il continue de lire.)
En m'approchant du monument[1],
Je vous supplie encor d'être plus équitable.
Adieu, je n'ai plus qu'un moment,
*Et vous verrez un jour que je suis véritable**.
LADICE[2].

Il est vrai, chère épouse, il est vrai que j'ai tort,
Que mon ambition(4) est cause de ta mort.
Elle est morte, et mes yeux n'ont vu que sa belle ombre.
Il faut donc que des morts elle accroisse le nombre,
Cette rare beauté, dont les attraits charmants
Faisaient dans cette cour soupirer mille amants !
Et moi qui possédais ces beautés adorables,
Je me vois maintenant l'un des plus misérables.

HÉRACLÉON

Ah ! Seigneur, c'est assez : reprenez vos esprits,
Et puisque vous tenez ces précieux(3) écrits,
Songez bien que le Ciel ne vous est pas contraire,
S'il vous rend un enfant en vous ôtant la mère.

AMASIS

Mais hélas ! cet enfant, où le dois-je chercher,
Si toujours les destins me le veulent cacher ?
Et différant encor ce bien* à ma famille,
Que ne puis-je[3] savoir s'il est fils ou bien fille !
Et pour me tourmenter, ce nom s'est effacé…

SIMANDIUS

Non, non, Seigneur, le Ciel a trop bien commencé :
Il ne laisse jamais les choses imparfaites,
Puisque par son secours vous tenez ces tablettes.

---

1 « le tombeau ».
2 La signature à la fin d'une lettre ne compte pas pour la métrique.
3 Orig. : « Que je ne puis ».

AMASIS

Je les tiens en effet, et vois qu'il m'est permis
D'espérer cet enfant que le Ciel m'a promis.
Mais ne voyez-vous pas qu'alors qu'il me le donne,
Il faut qu'en[1] même temps je quitte ma couronne ?
Je sais que Sésostris n'est ni mort, ni perdu,
Que tout ce que je tiens lui doit être rendu,
Ou sans doute le Ciel en tirera vengeance.

SIMANDIUS

S'il ne s'est[2] déclaré que pour votre allégeance*,
Rejetez désormais ces injustes remords,
Puisque enfin Sésostris est au nombre des morts ;
Car s'il était vivant et qu'il nous dût paraître,
Qui le retarderait à se faire connaître ?
Commandez seulement que l'on cherche en tous lieux
Cet enfant qui vous vient par le secours des dieux,
Qui guideront nos pas dans la route certaine.

HÉRACLÉON

J'espère que bientôt vous serez hors de peine,
Seigneur.

AMASIS

Héracléon, s'il est vrai qu'aujourd'hui
Le Ciel veuille apporter ce calme à mon ennui*,
J'atteste tous les dieux que si c'est une fille,
Je vous ferai bientôt l'appui de ma famille,
Et qu'après mon trépas vous posséderez tout,
Et serez souverain de l'un à l'autre bout ;
Ou bien si c'est un fils, assurez-vous, Princesse,
Que je saurai d'abord* vous faire sa maîtresse*.

LYSÉRINE

Seigneur, c'est un bonheur où je n'ose aspirer.

1 Orig. : « à ».
2 Orig. : « Mais s'il n'est ».

HÉRACLÉON

Il est trop grand, Seigneur, pour l'oser espérer.

AMASIS

Je vous en fais serment, et vous le devez croire.

CYLLÉNIE, *à Lysérine tout bas.*

Madame, a-t-on rien vu d'égal à votre gloire,
Si le Ciel le permet ?

AMASIS

Enfin, Simandius,
Sans vous plus amuser en discours superflus,
Donnez ordre à partir, et cherchez dans les îles
S'il pourra s'y trouver plutôt que dans les villes,
Car je suis bien certain qu'il n'est point parmi nous.

SIMANDIUS

Je me soumets, Seigneur, à des ordres si doux,
Pour chercher cet enfant que le Ciel vous destine.

AMASIS

Vous pouvez bien chercher autour d'Éléphantine,
Et tâcher de sonder quelqu'un des habitants.

SIMANDIUS

On vous obéira, Seigneur, dans peu de temps.

AMASIS

Cependant, Tanisis, quoi qu'on me persuade[(3)][1],
Allez vous assurer* de ce soldat malade :
Que l'on puisse savoir d'où cette lettre vient,
Qu'il vous dise au plus tôt de qui c'est qu'il la tient…
Mais non, je veux aller l'interroger moi-même.

TANISIS

Seigneur, quand je l'ai vu, son mal était extrême.

1 « quoi qu'on me dise ».

AMASIS
Il nous faut donc hâter, de peur que son trépas
Ne trompe nos désirs en devançant nos pas.
(Ils rentrent tous, [sauf Lysérine et Cyllénie].)*

SCÈNE V
LYSERINE, CYLLÉNIE.

LYSÉRINE
Que cet événement rend mon âme ravie !

CYLLÉNIE
Madame, votre sort donnera de l'envie :
Après un si grand bien* qui vous est préparé,
Mon esprit de transport se sent tout égaré
De savoir que bientôt vous serez notre reine.

LYSÉRINE
Non, crois que ma fortune est encore incertaine.
Il est vrai qu'Amasis m'a promis devant tous
Que, si c'était un fils, il serait mon époux :
Mais enfin, que sait-on encor ce qu'il peut être ?
Si l'on ne comprend point cette bizarre lettre,
Dis-moi sur quoi tu peux fonder ton jugement.

CYLLÉNIE
Madame, permettez que je parle un moment.
Ce billet, qui vous semble une étrange aventure,
Ne découvre pas tout ce que je conjecture :
Mais ce jeune inconnu de qui l'on a parlé,
Et qui par sa valeur s'était tant signalé,
Je serai fort trompée ou c'est celui-là même
Qui doit vous faire un jour porter le diadème(3) ;
Et puisque d'Amasis il a pris le parti,
Ce n'est que de lui seul qu'il doit être sorti.
Combien ont-ils loué(2) sa valeur et sa mine,
Qui le fait présumer d'une illustre origine,

Lui qui n'a point voulu qu'on l'ait récompensé ?

LYSÉRINE

Tout ce que tu me dis, je l'ai déjà pensé,
Et même comme toi, j'y vois quelque apparence,
Mais je n'en flatte point encor mon espérance.
Tu sais comme Amasis a l'esprit agité,
Qu'un remords importun l'a toujours tourmenté :
Si Sésostris n'est mort, il faudra qu'il succède
Et le renverse un jour du trône qu'il possède.

CYLLÉNIE

Vous le croyez, Madame, et le roi comme vous
Croit que ce Sésostris nous viendra perdre tous ;
Et depuis quelque temps, le nom de ce fantôme
A bien eu le pouvoir d'ébranler ce royaume.

LYSÉRINE

Eh bien ! quoi qu'il en soit, nous pourrons voir la fin
Qu'en veulent disposer les dieux et le destin.

ACTE II

SCÈNE I

Miris, Sésostris, *dans un bois.*

MIRIS

Le vaillant Sésostris quitte donc cette épée,
Qui de tant d'ennemis a la trame* coupée ?
Il n'est donc que trop vrai : ce guerrier généreux*
Se revoit sous l'habit d'un berger amoureux,
Et ce bras invincible a repris la houlette ?

SÉSOSTRIS

Oui, Miris, pour revoir la belle Thimarette.
Mais ne condamnez pas mon amoureux dessein :
J'avais trop conservé ce beau feu* dans mon sein
Pour croire que jamais l'ardeur s'en pût éteindre.
En vain je tâcherais de me vouloir contraindre.
Cet adorable objet*, élevé dans les bois,
Pourrait assujettir mille cœurs sous ses lois ;
Et moi qui fus nourri parmi de si doux charmes,
Aurais-je pu la voir sans lui rendre les armes ?
Aussi, je ne quittai ces agréables lieux
Qu'alors qu'Aménaphis l'eut ravie à mes yeux :
Oui, ce père cruel voulait bien que mon âme
Sentît pour Thimarette une amoureuse flamme,
Mais dès que je parlai de vouloir l'épouser,
À mes chastes désirs on le vit s'opposer.
Il me disait toujours qu'une affaire importante
Lui faisait différer ce bien* à mon attente :
Vous le savez, Miris, que sans m'en avertir,
Il la fit de ces lieux secrètement sortir.

MIRIS

Il vous perdit aussi, d'abord* que cette belle
Vous eut fait ressentir son absence cruelle ;

Mais cette perte enfin vous cause trop d'honneur[1]
Pour vouloir accuser ce père de rigueur.

SÉSOSTRIS, *voyant Thimarette.*

Ah ! Miris, arrêtez : j'aperçois ma bergère.

MIRIS

En effet, la voilà, cette beauté si chère ;
Il le faut avouer[(3)], un objet* si charmant
Ne peut mériter moins qu'un si parfait amant.

SÉSOSTRIS

Ah ! dans les doux transports dont mon âme est saisie,
Courons à cet objet*.

MIRIS

Attendez ! Édésie
Va suivant cette belle, et je m'aperçois bien
Que vous serez mêlé parmi leur entretien[2] :
Faites-vous cependant* un peu de violence[(3)],
Afin de leur donner quelque temps d'audience[3].
Cachons-nous promptement dans ce taillis épais.

SCÈNE II

LES MÊMES, *cachés au coin du bocage,*
THIMARETTE, ÉDÉSIE.

THIMARETTE

Ce gazon, ce me semble, est l'endroit le plus frais.

ÉDÉSIE

Si Sésostris était dans notre compagnie,
Vous y ressentiriez une joie infinie.

---

1 Sous-entendu : la quête de Thimarette a conduit Sésostris à se comporter en héros en rejoignant l'armée du roi Amasis.

2 C'est-à-dire : « que vous serez le sujet de leur conversation ».

3 « Afin de prendre un peu le temps de les écouter ».

MIRIS, *caché.*

Écoutez, Sésostris !

SÉSOSTRIS, *caché.*

Attendez !

THIMARETTE

En effet.
Mais quoique mon plaisir s'en trouvât plus parfait,
Je n'aime rien ici que ma chère Édésie.

SÉSOSTRIS, *caché.*

Je n'en aurai jamais aucune jalousie.

ÉDÉSIE

Je le veux croire ainsi, mais Sésostris, pourtant,
Peut rendre votre esprit mille fois plus content
Que mon affection[4]*, qui pour vous est si forte.

THIMARETTE

Vous offensez la mienne en parlant de la sorte.
Je vous aime, Édésie.

ÉDÉSIE

Eh bien, je vous promets
Que la mienne pour vous ne finira jamais !
L'aimable Sésostris mérite bien la gloire
D'occuper maintenant toute votre mémoire[1] ;
Mais enfin, quel dessein avait Aménaphis
Pour vouloir différer de vous donner ce fils,
Puisqu'il approuvait bien une amour si parfaite ?

THIMARETTE

Je ne sais, mais j'en fus assez mal satisfaite.
Par certaines raisons qu'il ne put m'expliquer,
De nuit, secrètement, il me fit embarquer :
Il fallut donc partir, car n'ayant plus de mère,

1 « pensée ».

Le sage Aménaphis me tenait lieu de père.
Ce fut Éléphantine où je fis mon séjour,
Mais que ce changement fut rude à mon amour !
La sœur d'Aménaphis, avec des soins extrêmes,
Me tenait dans ce lieu comme ses enfants mêmes ;
Et dès que Sésostris sut mon éloignement,
Il sortit de notre île avec empressement[1].
Aménaphis souffrit* quelque temps cette absence,
Mais après quelques jours il perdit patience[(3)],
Et devant* que partir, il me fit mettre ici.

SÉSOSTRIS, *caché.*

Son dessein toutefois n'a pas bien réussi.

ÉDÉSIE

Cet aimable berger viendra par sa présence
Dissiper le chagrin que cause son absence.
Cependant*, pour charmer* l'excès de votre ennui*,
Dites cette chanson que vous fîtes pour lui.

SÉSOSTRIS, *caché.*

Écoutons-la chanter avant que de paraître.

MIRIS, *caché.*

C'est là que son amour se fera mieux connaître.

THIMARETTE

Mais si quelque berger me venait écouter ?

ÉDÉSIE

Non, non, ne craignez rien.

THIMARETTE

Il faut vous contenter.

(Thimarette chante.)

Doux ruisseaux, beaux feuillages sombres
Où je vais rêver si souvent,

1 Sur ces changements de lieu, voir la liste des personnages, note 2, p. 84.

Vous voyez un portrait vivant
De la douleur parmi vos ombres :
Depuis que mon berger quitta votre séjour,
Tout s'en plaint, tout s'en plaint en ces lieux, tout languit
[*chaque jour.*
Témoins de mes langueurs muettes,
Amoureux et légers zéphyrs,
Si vous entendez mes soupirs,
Soyez aussi leurs interprètes,
Et dites à ce dieu qui cause mon souci,
D'avertir, d'avertir mon berger, que je l'attends ici.

SCÈNE III
LES MÊMES.

SÉSOSTRIS, *court se jeter aux pieds de Thimarette.*
Voyez combien l'Amour rend ma course légère :
Il me met à vos pieds, adorable bergère !
C'est lui qui m'a conduit en ces aimables lieux,
Pour y venir sans fin adorer vos beaux yeux.

THIMARETTE
Dieux ! qu'est-ce que je vois ? Se peut-il que je veille ?

SÉSOSTRIS
Vous voyez Sésostris, belle et chère merveille :
C'est lui que les accents de votre douce voix
Rendaient extasié[4] dans un coin de ce bois.

ÉDÉSIE
Sésostris, et Miris ! Ô dieux, quelle surprise !

THIMARETTE
C'est donc vous, Sésostris ?

ÉDÉSIE, *à Thimarette.*
Le Ciel vous favorise,

Quand moins vous l'espér[i]ez.

MIRIS

C'est lui, n'en doutez point,
Ce fidèle berger que vous teniez bien loin.

THIMARETTE

Oui, Miris, je croyais le Ciel moins favorable,
Et {de} ne plus jouir[2] d'un bien* si désirable :
Cependant aujourd'hui Sésostris m'est rendu !

SÉSOSTRIS

Croyez que, dans ce temps, je ne m'étais perdu
Que pour vous trop aimer, divine Thimarette.
Et pour vous seulement je reprends la houlette,
Car votre Sésostris n'a point de passions[3],
Que d'être adorateur de vos perfections[4].
Jugez, belle bergère, à quel point je vous aime,
[Et] Si vous ne devez pas en faire tout de même.

MIRIS

Voyez sous cet habit le plus grand des guerriers,
Qui revient à vos pieds apporter ses lauriers.

SÉSOSTRIS

Que dites-vous, Miris ? Ah ! changez de langage.

THIMARETTE

Non, de grâce, Miris, dites-en davantage :
Quoi ! c'est donc à l'armée où vous avez été ?

MIRIS

C'est là que Sésostris s'est longtemps arrêté,
Où, s'étant fait nommer l'inconnu Psammétite,
Sa valeur s'est montrée égale à son mérite.
Mais comme je connais* que ce brave héros
Avec impatience[4] écoute mes propos,
Dès qu'il s'écartera, je ferai mon possible

Pour parler des exploits de ce bras invincible,
Qui même a dédaigné les pompes de la Cour
Pour vous venir ici témoigner son amour.
Pourtant Simandius, le général d'armée,
Du vaillant Sésostris eut tant l'âme charmée,
Qu'il lui fit recevoir une médaille d'or,
Et si je ne me trompe, il doit l'avoir encore.

SÉSOSTRIS

N'en doutez point, Miris, car cette pièce exquise
Représentant l'objet* dont mon âme est éprise,
Il ne faut pas douter si je la souhaitai[3] :
Ce fut de leurs présents le seul que j'acceptai.
(Il lui montre la médaille d'or.)
Jugez, en la voyant, si ce petit ouvrage
N'a pas beaucoup des traits de votre beau visage.
Mais encor que ses yeux soient extrêmement doux,
Elle paraît pourtant bien moins belle que vous,
Et ce qui l'embellit, ce sont ces pierreries.

THIMARETTE

À quoi bon, Sésostris, de telles flatteries ?
Mais que vois-je ? Bons dieux ! ne découvrez*-vous pas
Des gens qui devers nous s'avancent à grands pas ?

SÉSOSTRIS

Que viennent-ils chercher ?

MIRIS

Leurs habits sont superbes.

ÉDÉSIE

Ils prennent grand plaisir d'aller foulant nos herbes.

THIMARETTE

Ils ne nous voient[2] pas : il nous en faut aller,
Et dire à Traséas qu'il leur vienne parler.
[*Ils sortent.*]

SCÈNE IV

HÉRACLÉON, SIMANDIUS, AMASIS,
LYSÉRINE, CYLLÉNIE.

HÉRACLÉON

Est-ce bien dans cette île où l'on vous f{a}it entendre*
Que ces jeunes bergers étaient venus descendre ?

SIMANDIUS

L'on m'a dit que ce sont deux jeunes étrangers
Qui traversaient le Nil, déguisés en bergers.

AMASIS

Mais les avait-on vus dans un autre équipage ?

SIMANDIUS

Seigneur, sous des habits fort à leur avantage,
On les a vus tous deux vêtus en cavaliers,
Qui semblaient revenir de nos combats derniers.
Et quoique déguisés sous cet habit champêtre,
La grandeur du plus jeune est aisée à [re]connaître.

HÉRACLÉON

Mais est-ce bien ici qu'ils se sont arrêtés ?

SIMANDIUS

L'on m'en vient d'assurer.

AMASIS

Voyez de quels côtés
On les ira chercher.

LYSÉRINE

Arrêtons-nous : je pense
Voir venir un pasteur.

CYLLÉNIE

Oui, qui vers nous s'avance.

AMASIS

Perdant à tous moments la clarté de mes yeux,
À peine puis-je voir la lumière des cieux.

HÉRACLÉON

Mais, Seigneur, ce berger devant vous se présente…

LYSÉRINE

Il s'approche pourtant d'une façon tremblante.

SCÈNE V

LES MÊMES, TRASÉAS.

AMASIS

Approche-toi, berger, et ne me cache rien :
D'un mot de vérité peut dépendre ton bien*.
Dis-moi sincèrement ton nom, et ta famille.

TRASÉAS

Mon nom est Traséas, et je n'ai qu'une fille,
Seigneur.

AMASIS

Ne sais-tu point où sont deux étrangers
Qui sont ici venus déguisés en bergers ?

HÉRACLÉON

Je me trompe, Seigneur, ou je les vois paraître…

SIMANDIUS

Oui, Prince Héracléon, je pense les [re]connaître.
Ah ! Seigneur, en effet, voilà ce grand soldat
Qui s'est tant signalé dans le dernier combat.
Jugez si ma surprise est maintenant petite
De voir, sous cet habit, le vaillant Psammétite !

SCÈNE VI

LES MÊMES, SÉSOSTRIS, MIRIS, THIMARETTE, ÉDÉSIE.

AMASIS, *à Sésostris.*

D'où vient, brave guerrier, que vous vous déguisez ?
Que vous font les grandeurs, que vous les méprisez[1] ?

SÉSOSTRIS

Seigneur, j'allais revoir le lieu qui m'a vu naître.

TRASÉAS, *montrant Thimarette.*

Seigneur, voici ma fille.

HÉRACLÉON

Ô dieux ! peut-il bien être
Qu'une telle beauté soit fille d'un pasteur ?
Non, cela ne se peut… qu'en dites-vous, ma sœur ?

LYSÉRINE

Elle est belle en effet.

AMASIS

Traséas, à cette heure
Tu peux rendre en parlant ta fortune meilleure :
Quel est donc ce berger, si la fille est à toi ?
Pourrais-tu déguiser quelque chose à ton roi ?

SCÈNE VII

LES MÊMES, TANISIS.

TANISIS, *apportant une cassette pleine de pierreries.*

Ah ! Seigneur, regardez l'agréable spectacle,
Le hasard vient pour vous de faire un grand miracle.
Marchant sur des cailloux réduits en un monceau,
J'y viens de découvrir quelque chose de beau :
Quantité de joyaux au fond d'une cassette !

1 « pour que vous les méprisiez ».

AMASIS

Parle donc, Traséas. Quoi ! ta langue est muette ?
Je [re]connais ces trésors, et tu veux me cacher
Ce qu'avec tant de soins je viens ici chercher.
Oui, je dois rencontrer ou l'enfant, ou la mère,
Si tu ne crains enfin d'attirer ma colère.
Cette fille ou ce fils n'a pour père que toi ?

TRASÉAS

Il le faut avouer(3), ce fils est à mon roi.
Seigneur, je vous le rends. Approchez-vous, mon prince.

AMASIS

Et pourquoi caches-tu ce fils à ma province ?

TRASÉAS

Sachez qu'Aménaphis en fut le gouverneur.

AMASIS

Ô dieux ! Aménaphis ?

TRASÉAS

Aménaphis, Seigneur.

AMASIS

Mais qu'est-il devenu ? Découvre ce mystère.

TRASÉAS

Enfin, comme à mon roi, je ne dois rien vous taire.
Assez loin de ces lieux où je faisais séjour,
Nous vîmes arriver Aménaphis un jour.
Il venait, conduisant deux dames désolées
Qui moururent bientôt sans être consolées.
La plus jeune des deux accoucha de ce fils,
Qu'elle remit aux mains du sage Aménaphis.

AMASIS

Et l'autre, qui menait un enfant avec elle,

Dis-moi, n'en sais-tu point aussi quelque nouvelle ?

TRASÉAS

Oui, Seigneur, un enfant merveilleusement beau,
Qui suivit à l'instant ces dames au tombeau.
Depuis, Aménaphis a pris grand soin du vôtre,
Pour le faire régner à la place de l'autre.

AMASIS

Pourquoi donc le cruel ne m'avait-il rendu
Ce fils qu'il me gardait ? Qu'avait-il attendu ?

TRASÉAS

Je ne sais, car, Seigneur, ce n'est pas de sa bouche
Que je sais maintenant le secret qui vous touche.
Ce fut que ce grand prince, ennuyé dans un bois,
Voulut chercher alors de plus dignes emplois[1] ;
Aménaphis en fut dans une peine extrême,
Et résolut pour lors de le [re]chercher lui-même.
Toutefois je ne sais ce qu'il est devenu,
Mais un esclave à lui que j'avais retenu,
Après l'avoir pressé, m'en déclara l'histoire.

AMASIS

Tout ce que tu me dis est très facile à croire :
Il n'en faut point douter, le traître Aménaphis
Voulait contre moi-même armer mon propre fils.
Mais depuis quand es-tu si proche de la ville ?

TRASÉAS

Depuis qu'Aménaphis est[2] sorti de notre île.

HÉRACLÉON,

sans être entendu de Sésostris ni d'Amasis.

Je m'en rapporte à ceux qui sont ici présents

1 C'est-à-dire : « Ce fut alors que ce grand prince… voulut chercher de plus dignes emplois ».

2 Orig. : « fut ».

Que ce fils est trop haut pour n'avoir que seize ans,
Et que…

TRASÉAS

Jugez-en mieux : je suis sans artifice,
Et ce prince est enfant de la reine Ladice.

SIMANDIUS

Quoi, Prince Héracléon ! vous en pouvez douter ?
Il est grand, il est jeune, et bien à redouter.

AMASIS

Approchez-vous, mon fils, embrassez votre père.

HÉRACLÉON, *en secret.*

Qu'il reçoive plutôt cette jeune bergère,
Qui sans doute est à lui.

SÉSOSTRIS

Se peut-il bien, Seigneur,
Que je sois votre sang ?

AMASIS

Oui, je sens que mon cœur
Me le dit en secret.

HÉRACLÉON, *à Sésostris.*

Ah ! par quel heur*, grand Prince,
Vient ce digne héritier renforcer la province ?

SÉSOSTRIS

Tant de bras généreux* la soutiennent si bien
Qu'on n'aurait pas sujet d'y souhaiter[3] le mien.

LYSÉRINE

Seigneur, votre valeur a trop donné de marques
Que vous deviez un jour être au rang des monarques.

SÉSOSTRIS

Madame, la grandeur dont je dois hériter,
Quelque autre mieux que moi l'aurait su mériter.

SIMANDIUS

Ah ! je m'en doutais bien, que le grand Psammétite
Était d'une naissance égale à son mérite.

AMASIS

Mais, mon fils, Psammétite est-ce votre vrai nom
Sous lequel vous avez acquis tant de renom ?

SÉSOSTRIS

Non, Seigneur, je le pris quand je fus à la guerre.
Mon nom est Sésostris.

AMASIS

Dans toute cette terre,
Ce nom est fort commun… Mais mon fils, il est temps
D'abandonner ces bois pour nous rendre contents.
Toutefois, Traséas, sache que ta fortune
Devant* qu'il soit deux jours ne sera pas commune.

SÉSOSTRIS

Seigneur, si j'ai l'honneur d'être sorti de vous,
J'ose vous demander une grâce à genoux :
De ne pas m'obliger aujourd'hui de paraître
Au milieu d'une cour sous un habit champêtre,
Et que j'attende ici, par vos commandements,
Qu'on m'apporte bientôt d'autres habillements.

AMASIS

Oui, levez-vous, mon fils ! Votre pensée est bonne,
Et vous fait mériter encor mieux ma couronne ;
Mais ne me quittez pas du moins jusques au port.

[*Ils sortent.*]

SCÈNE VIII

THIMARETTE, ÉDÉSIE, *sortant du coin du bois, où elles s'étaient retirées.*

THIMARETTE, *en pleurant.*

Ta grandeur, Sésostris, me va causer la mort.
Hélas ! à quel malheur me vois-je destinée,
De le voir et le perdre en moins d'une journée !

ÉDÉSIE

Avez-vous remarqué jusqu'où va son amour,
Puisqu'il a différé de quitter ce séjour ?
C'est qu'il vous veut encor témoigner que son âme
Aura toujours pour vous une secrète flamme.

THIMARETTE

Eh ! ma chère Édésie, il ne faut point douter
Qu'il m'en dira beaucoup avant que me quitter.
Mais dès qu'il se verra dans une cour pompeuse,
Cette flamme pour moi se rendra bien douteuse,
Voyant que dans ce lieu, tous les jours, des seigneurs
Avecque mille soins lui rendront des honneurs.
Avez-vous remarqué cette belle princesse ?
Sésostris aussitôt en fera sa maîtresse*.

ÉDÉSIE

Il le faut avouer(3), ses attraits sont fort doux,
Mais il ne faudrait pas qu'elle fût près de vous :
Quand tous en vous voyant avaient l'âme ravie,
Elle vous regardait avec un œil d'envie.
Et si vous connaissiez* combien, sous ces habits,
Vos beautés ternissaient le feu de ses rubis,
Vous croiriez que la Cour est beaucoup moins brillante
Que l'éclat de vos yeux.

THIMARETTE

Cruelle confidente,
N'augmentez plus mes maux par ce discours flatteur.

ÉDÉSIE

Le voici qui revient, cet illustre pasteur :
Jugez par son abord de sa peine secrète.

SCÈNE IX

LES MÊMES, SÉSOSTRIS, MIRIS.

SÉSOSTRIS

Non, séchez vos beaux yeux, divine Thimarette.
Croyez-vous que l'excès de mon affection[4]*
Puisse changer ainsi que ma condition[4] ?

THIMARETTE

Ah ! Seigneur, ma douleur peut-elle être petite,
Puisqu'il faut aujourd'hui que Sésostris me quitte ?

SÉSOSTRIS

N'appelez point « seigneur » un amant malheureux.
Plaignez, plaignez plutôt son destin rigoureux.
Oui, charmante beauté, je vous le jure encore,
Devant nos confidents, par ces yeux que j'adore,
Que je vais renoncer au bonheur qui m'attend,
Si vous avez désir de me rendre content.
Je vous enlèverai devant* qu'il soit une heure,
Pour aller loin d'ici faire une autre demeure :
J'aime mieux dans un bois adorer vos appas
Que d'être sur un trône où vous ne seriez pas.

THIMARETTE

Non, Seigneur, Thimarette a l'âme généreuse*,
Et choisira plutôt de se voir malheureuse,
Avant de succomber à vos intentions[4].
Ce m'est trop de bonheur que vos affections[4]*
Ne puissent s'effacer après un bien* si rare,
Après cette grandeur que le Ciel vous prépare.

SÉSOSTRIS

Appelez-vous un bien* ce qu'on me veut donner,
S'il le faut recevoir pour vous abandonner ?
Mais, fatale grandeur, s'il faut que je te suive,
Et que pour t'obéir désormais je me prive
De la seule beauté pour qui je vois le jour,
Penses-tu d'alentir[1] l'excès de mon amour ?
Cher objet de mes vœux*, soyez-moi favorable,
Prenez quelque pitié d'un amant misérable :
Abandonnez ces lieux.

MIRIS

Seigneur, malaisément
Pourriez-vous réussir[2] à cet enlèvement.
Ne vous souvient-il pas que le roi votre père
Vous a laissé des gens qui ne s'éloignent guère ;
Que leur chef, connaissant* qu'il vous était suspect,
S'est séparé de vous seulement par respect ?

THIMARETTE

Non, quand nous ne serions observés de personne,
Je ne vous priverai jamais d'une couronne.
Seigneur, c'est bien assez que votre illustre cœur
Se veuille conserver un si faible vainqueur[3],
Si vous me permettez de l'espérer encore.

SÉSOSTRIS

Oui, qu'éternellement Sésostris vous adore,
Puisqu'il n'est point d'objet, ni sceptre, ni grandeurs
Qui puissent de mes feux* éteindre les ardeurs.
Promettez seulement à mon amour fidèle
D'être constante autant comme[4] vous êtes belle,
Et vous saurez un jour si je sais bien aimer,

1 Ancienne forme de « ralentir ».
2 « Il ne sera pas aisé de l'enlever ».
3 Tournure poétique typique du discours amoureux. Autrement dit : Thimarette l'emporte toujours dans le cœur de Sésostris, malgré tous les attraits de la couronne.
4 « que ».

Si de nouveaux objets* me pourront enflammer ;
Car comme je vous vois la plus belle du monde,
L'amour que j'ai pour vous n'aura point de seconde.

THIMARETTE

Seigneur, épargnez-moi dans ce cruel malheur,
Parlez sincèrement pour charmer* ma douleur :
Le berger Sésostris me pouvait trouver belle,
Mais, hélas ! désormais je ne serai plus telle.
Le prince Sésostris, de moments en moments,
Peut prendre dans la Cour de plus hauts sentiments.

SÉSOSTRIS

Ah ! que me dites-vous, cruelle Thimarette ?

THIMARETTE

Que je doute, Seigneur, de ce que je souhaite(2),
Et sais que c'est former un désir criminel
D'oser vous demander un amour éternel.
Mais enfin, pardonnez au trouble de mon âme.

SÉSOSTRIS

Non, non : je vous fais vœu d'une immortelle flamme !
Et n'appréhendez pas que ce soit trop oser,
Si mon plus grand désir est de vous épouser.
Oui, malgré la grandeur où l'on veut que j'aspire,
Vous aurez sur mon cœur un éternel empire.
Vous me l'ordonnez donc, généreuse* beauté,
Que je quitte ce lieu qui m'avait enchanté ?
J'obéis, mais du moins avant qu'on nous sépare,
Attendant le malheur qu'Amasis me prépare,
De peur d'être entendus, retirons-nous d'ici.
Suivez-nous, Édésie, et vous, Miris, aussi.

ACTE III

SCÈNE I

SÉSOSTRIS, MIRIS.

SÉSOSTRIS

Que ferai-je, Miris, dans ce malheur extrême ?
J'abhorre Lysérine, et l'on veut que je l'aime :
Amasis, sans juger si le choix m'en est doux,
{Il} m'a dit que bientôt je serai son époux.
Trône, sceptre, grandeur, croyez-vous que mon âme
Veuille éteindre pour vous cette première flamme ?
En vain, vous étalez vos pompes à mes yeux :
Les feux de mon amour brillent encore mieux,
Et Lysérine en vain se flatte de ses charmes,
Car jamais Sésostris ne lui rendra les armes.
Les traits qui sont gravés dans le fond de mon cœur
Ne s'effaceront point pour un autre vainqueur[1] :
Thimarette est l'objet* à qui je rends hommage,
Et rien ne m'est présent que sa divine image.
Il est vrai, cher Miris, mon cœur est résolu
De donner à ma belle un empire absolu.
Et malgré ma grandeur, j'écoute que mon âme
Me dit secrètement : « tu peux l'aimer sans blâme ».
En effet, cet objet* doit mériter ma foi*.

MIRIS

Seigneur, il est certain qu'elle est digne d'un roi :
L'Égypte a beau montrer ce qu'elle a d'admirable,
Les plus belles d'ici n'ont rien de comparable.
Toutefois cet objet* ne saurait mériter
D'aller jusques au trône où vous devez monter.
Faut-il que la Nature en ait fait un miracle[2],
Pour mettre en vos amours un si cruel obstacle !

---

1 Voir la note 3, p. 121.

2 « Faut-il que la Nature se soit donné du mal… ». Allusion à la transformation miraculeuse du berger Sésostris en fils de roi.

SÉSOSTRIS

Cet obstacle est fâcheux, mais il est impuissant :
Je saurai surmonter l'effort le plus pressant.
Si Lysérine un jour doit être votre reine,
Elle sera toujours un objet de ma haine.
Mais que dis-je, insensé ! Pourrais-je l'épouser,
Sans que ce cher objet* ne s'y pût opposer ?
Non, non, s'il faut régner, c'est avec Thimarette
Que je dois partager le trône qu'on m'apprête :
Je veux qu'en ce royaume elle impose des lois.

MIRIS

J'entends venir quelqu'un, {a}baissez votre voix.
Le prince Héracléon…

SCÈNE II

LES MÊMES, HÉRACLÉON, TANISIS.

HÉRACLÉON

Seigneur, le roi s'étonne
Que vous ne soyez pas auprès de sa personne :
Il est dans le palais, qui [res]sent beaucoup d'ennui*,
Si vous n'allez bientôt vous rendre auprès de lui.

SÉSOSTRIS

Il est vrai que j'ai tort, et que je dois m'y rendre
Pour ne pas abuser d'une amitié si tendre.
(Il rentre avec Miris.)*

HÉRACLÉON

Il ne jouira(3) pas longtemps de son bonheur,
Puisqu'un plus rare objet mérite cet honneur :
Je ne fus pas trompé dans cette conjecture,
Et vîtes-vous jamais une telle aventure ?
Je te rends grâce, Amour, d'avoir favorisé
Les naissantes ardeurs de mon cœur embrasé :
Malgré toi, Sésostris, je verrai Thimarette

Porter bientôt un sceptre au lieu d'une houlette.
Toi qui fus reconnu pour commander un jour,
Je te verrai un jour des moindres[1] de la Cour.
Mais, mon cher Tanisis, prenez un soin extrême
De ce mot qui me peut donner un diadème(3),
Et je reconnaîtrai…

TANISIS

N'en ayez pas souci.
Mais voyez Traséas, il est proche d'ici.

HÉRACLÉON

Songeons premièrement comme[nt] on le doit instruire,
De crainte qu'Amasis ne lui fasse trop dire[2].
Et sachez, Tanisis, quoi qu'on puisse juger,
Que jamais Sésostris ne fut né d'un berger,
Et que ce Traséas sait fort bien sa naissance,
Mais qu'on lui commanda de tenir le silence ;
Que cet Aménaphis, qui l'avait élevé,
Sera sans doute mort, puisqu'il n'est point trouvé.
Ainsi, par des présents, ce berger pourra taire
Avec facilité cette importante affaire.
Allez le faire entrer, et surtout gardez bien
Qu'il ne soit point connu.

TANISIS

Seigneur, ne craignez rien.
[*Il sort.*]

HÉRACLÉON, *seul.*

Amour ! Pardonne-moi si, te donnant mon âme,
L'ambition(4) partage une si belle flamme :
Cette rare beauté mérite tous mes vœux*,
Mais un sceptre est charmant aussi bien que ses yeux.

---

1 « parmi les plus humbles ».
2 « ne le fasse trop parler ».

SCÈNE III

HÉRACLÉON, TRASÉAS, TANISIS.

HÉRACLÉON[1]

Voici ce Traséas : approche-toi sans crainte,
Encor que nous venons de découvrir ta feinte !

TRASÉAS

Qu'ai-je donc feint, Seigneur ?

HÉRACLÉON

Ne te déguise plus,
Aussi bien tes serments sont ici superflus :
Un petit mot d'écrit te va bientôt confondre,
Et quand tu le verras, que pourras-tu répondre ?
Oui, malheureux berger, sache que Tanisis
Fera voir que tu tiens la fille d'Amasis.

TANISIS

Certain petit écrit que l'on vient de me rendre,
Par ce mot seulement, nous a fait tout entendre*.

HÉRACLÉON

Toutefois, si tu veux subir ma volonté,
J'obtiendrai le pardon de ta témérité ;
Et pour te faire voir que je suis favorable,
Je l'accompagnerai d'un don considérable.

TRASÉAS

Il le faut avouer[(3)], Thimarette est au roi,
Et le dirai-je, ô dieux ? Sésostris est à moi,
Mais enfin…

HÉRACLÉON

Mais enfin, à qui qu'il appartienne,
Il ne m'importe point, puisque la fille est sienne ;
Et sache que le Ciel était trop irrité

---

1 Dans l'édition originale, cette réplique est placée à la fin de la scène précédente.

Pour ne pas découvrir un jour la vérité.
Tu voulais nous priver de cette fille illustre,
Qui doit de cette cour être le plus beau lustre :
Confesse donc au roi cet indigne projet
Qui te poussait à faire un prince d'un sujet.

TANISIS

J'entends venir quelqu'un.

HÉRACLÉON

C'est ma sœur.

SCÈNE IV
LES MÊMES, LYSÉRINE.

LYSÉRINE

Oui, mon frère.

HÉRACLÉON, *en secret.*

Son bonheur prétendu la rend déjà bien fière.
(Il parle à Lysérine.)
Le prince Sésostris vient de sortir d'ici,
Ma sœur.

LYSÉRINE

Pour quel sujet me parlez-vous ainsi ?
Je ne le cherche point.

HÉRACLÉON

Mais je me l'imagine,
Puisque c'est un époux que le Ciel vous destine :
Il vous est bien permis de le tenir de près,
Et vous ne devez pas en faire des secrets.

LYSÉRINE

Vous voulez que je prenne ici vos railleries
Et ces propos fâcheux pour des galanteries ?

Vous ne l'ignorez pas, ce prince m'est promis :
Je sais que ce bonheur me fait des ennemis,
Et que l'on craint ici de me voir souveraine.

HÉRACLÉON

Que vous importe-t-il, puisque vous serez reine ?
Vos plus fiers* ennemis trembleront devant vous,
Et vous me feriez tort de m'en croire jaloux :
Ma sœur, puisque le sort vous donne l'avantage,
Je serai des premiers à vous rendre l'hommage.
Mais ce prince pourtant vous tient un peu de loin ?

LYSÉRINE

Il nous approchera quand il sera besoin.

HÉRACLÉON

Ma sœur, l'on tient de près un objet* que l'on aime,
Et pourtant Sésostris n'en use pas de même ;
C'est ainsi que vos soins sont peu réciproqués*.

LYSÉRINE

Quel est votre dessein lorsque vous me choquez* ?
Si vous n'enviez(3) point ma gloire prétendue,
À quoi bon ces propos ?

HÉRACLÉON

Elle est bien suspendue,
Cette gloire, ma sœur.

LYSÉRINE

[Le]Quel en aura le prix ?
Pouvez-vous disputer le trône à Sésostris ?
Quelle est votre pensée ? Expliquez-vous, mon frère :
Lui disputerez-vous le trône de son père ?

HÉRACLÉON

Non, je ne prétends pas {de} le lui disputer,
Mais un autre que lui doit bientôt l'emporter.

LYSÉRINE

Ce ne sont que des traits de votre jalousie,
Que vous avez roulés dans votre fantaisie*.
Des témoins, un billet, sont-ils pas suffisants
De[1] vous confondre, vous et tous vos partisans ?

HÉRACLÉON

Je n'ai pour partisan que la vérité pure :
Voyez si j'ai dessein de vous faire une injure.

LYSÉRINE

Mais cette vérité, sur quoi la fondez-vous ?

HÉRACLÉON

Apaisez un moment cet injuste courroux,
Et voyez Traséas : lui seul vous peut apprendre
Ce que vous ne pouvez, ni ne voudriez(2) entendre.

LYSÉRINE

Eh quoi ! vous subornez cet insolent pasteur,
Qui ne pourra passer que pour un imposteur ?
Après ce qu'il a dit pour le bien de l'Empire,
Le perfide qu'il est ose-t-il s'en dédire ?

TRASÉAS

Hier(2) l'ambition(4) me sut faire mentir,
Mais un juste remords m'oblige au repentir.

LYSÉRINE

Insolent, que dis-tu ?

TRASÉAS

La vérité, Madame.

LYSÉRINE, *en secret.*

Justes Cieux ! feriez-vous cette injure à ma flamme ?
(Elle parle à son frère.)

---

1 « ne sont-ils pas suffisants pour ».

Ah ! je ne doute plus, vous l'avez suborné ;
Mais c'est mal en user pour être couronné.
Quoi ! vous prétendez donc ravir le diadème[3],
Quand vous avez joué[2] ce lâche stratagème ?
Perfides, poursuivez, mais les dieux et le roi
Me sauront bien venger.

(Elle rentre.)*

SCÈNE V

TRASÉAS, HÉRACLÉON, TANISIS.

TRASÉAS

Tout va tomber sur moi :
Vous savez bien, Seigneur, qu'une femme outragée
Ne s'apaise jamais qu'elle ne soit vengée.

HÉRACLÉON

Eh quoi ! si je t'ai pris sous ma protection[4],
Peux-tu bien être encor dans quelque émotion[4] ?
Je sais bien que le roi, quoi que tu puisses dire,
Ne te croira jamais comme je le désire ;
Mais Tanisis viendra présenter cet écrit,
Qui remettra bientôt le calme en son esprit.
Cependant, Tanisis, il serait nécessaire,
Pour ne pas découvrir cette importante affaire,
De vous aller cacher. Et quand vous connaîtrez
Qu'il en sera le temps, d'abord vous paraîtrez,
Et montrerez ce mot détaché des tablettes,
Qui nous avait caché des choses bien secrètes :
Il ne doutera plus des discours du berger,
Qui pense que sa vie est dans un grand danger.

TRASÉAS

N'en doutez point, Seigneur, j'ai bien raison de craindre.

HÉRACLÉON

Je sais qu'auprès du roi ma sœur ira se plaindre,

Mais n'appréhende rien. Cachez-vous, Tanisis.

TANISIS, *en rentrant**.

Nous saurons trouver l'art d'apaiser Amasis.

HÉRACLÉON

Il sort bien à propos : le roi vient, {s'} il me semble.
Ma sœur a fait sa plainte.

TRASÉAS

Hélas ! Seigneur, je tremble.

HÉRACLÉON

Ne crains rien, je te dis.

SCÈNE VI.

HÉRACLÉON, TRASÉAS, AMASIS, SIMANDIUS.

AMASIS

Et qu'est-ce que je vois
Auprès d'Héracléon ? Traséas, est-ce toi ?

TRASÉAS, *se jetant aux pieds d'Amasis.*

Hélas ! c'est Traséas, ô prince magnanime,
Qui se jette à vos pieds pour avouer(3) son crime.

AMASIS

Malheureux, que dis-tu ? Quel crime as-tu commis ?

TRASÉAS

Je le confesserai, Seigneur, s'il m'est permis.

AMASIS

Parle donc promptement.

TRASÉAS

Pardonnez, ô grand prince,
L'injure que j'ai faite à toute la province

En vous donnant un fils indigne de ce rang,
Puisqu'il n'est pas sorti de votre illustre sang.
Sésostris est mon fils, Seigneur, je le confesse,
Et je vous ai caché cette grande princesse :
Cette jeune bergère est fille de mon roi,
Et – le dirai-je, ô dieux ? – Sésostris est à moi.
Vous pouvez donc, Seigneur, commander que sur l'heure
On l'aille retirer d'une indigne demeure ;
Et daignez pardonner un père ambitieux(4),
Qui voulait vous cacher ce trésor précieux(3)
Pour élever son fils.

AMASIS

Quelle étrange aventure !
Ô ciel ! vit-on jamais une telle imposture ?
Non, je ne le crois point : Sésostris est mon fils.

TRASÉAS

On le croirait, Seigneur, au serment que j'en fis ;
Mais pourtant, il est vrai qu'il ne fut jamais vôtre.

AMASIS

Ô ciel ! se pourrait-il qu'il fût sorti d'un autre ?
Sésostris, un berger ! Ce glorieux(3) vainqueur
Dont les rares vertus avaient gagné mon cœur,
Et qui reçut du Ciel tous les dons en partage,
Qui marque la grandeur aux traits de son visage :
Cet illustre héros serait fils d'un pasteur ?

TRASÉAS

Il n'est que trop certain.

AMASIS

N'en dis plus, imposteur :
Les dieux me l'ont donné, j'en dois être le père,
Et crains par tes discours d'allumer ma colère.

SCÈNE VII
LES MÊMES, TANISIS.

TANISIS

Seigneur, grâces aux dieux, j'aurai toujours l'honneur
De me voir messager de tout votre bonheur !
Cinq lettres que je tiens vous vont faire connaître
Que ce n'est pas de vous dont Sésostris tient l'être :
Tenez, voyez ce mot que l'on croyait perdu,
Qui tout présentement me vient d'être rendu.
La cire assurément dont cela se compose
S'est collée aisément contre quelque autre chose,
Et le même soldat me le vient de donner.

(Il donne au roi une petite boîte dans laquelle est ce mot de « fille », fait d'une cire gommée.)

AMASIS

Que ces événements me doivent étonner !
Donnez…

(Il sort ses tablettes, et ajuste ce mot au lieu où il paraissait effacé, et voit que c'est la fille qu'il doit reconnaître pour son enfant.)

Il est certain, voilà ce mot de « fille ».
Il faut faire éclipser ce cher astre qui brille,
Cet aimable adopté, le vaillant Sésostris,
Puisqu'il faut qu'une fille en emporte le prix.
Ô dieux ! que vos secrets sont incompréhensibles,
Et que nous nous trompons aux choses [les] plus sensibles !
Je croyais Sésostris digne de ma grandeur,
Cependant il est né d'un malheureux* pasteur.
L'on ne voit rien en lui d'une naissance basse :
Il a d'un cœur royal le maintien et la grâce,
Toutes ses actions(3) ont de la majesté,
Il fait voir sur son front une noble fierté
Qui sied bien de tout temps aux âmes généreuses*.

SIMANDIUS

Seigneur, il porte tant de marques glorieuses(3),

Que les nouveaux lauriers[1] dont son front est orné
Nous prédisaient qu'un jour il serait couronné.
S'il n'est point votre fils, je crois que sa naissance
Peut venir quelque jour en votre connaissance,
Et qu'enfin ce berger ne lui fut jamais rien.

TRASÉAS

Que dites-vous, Seigneur ?

SIMANDIUS

Qu'il ne fut jamais tien !
Qu'il est trop généreux* pour être né d'un traître,
Qu[i]'avec tant d'insolence a pu tromper son maître.

TRASÉAS

Oui, j'ai trompé mon roi, je ne le puis nier[(2)],
Mais un juste remords me tient depuis hier[(2)].

HÉRACLÉON

Je crois, Simandius, que vous êtes sévère,
Et qu'à vos ennemis vous ne pardonnez guère :
Ce malheureux berger tout tremblant de frayeur,
Ne peut-il à la fin vous attendrir le cœur ?
Et si Sésostris a quelque don de nature,
Trouvez-vous que ce soit une étrange aventure
Qu'il soit né d'un pasteur ?

AMASIS

Ô père trop heureux
D'avoir donné le jour à ce fils généreux* !
Mais il est criminel, quoi que vous puissiez dire,
Et je le dois punir pour venger mon Empire.

HÉRACLÉON

Seigneur, son repentir vous peut bien émouvoir*
À montrer de douceur autant que de pouvoir.
Considérez de plus quel bonheur est le vôtre :

1 Allusion à ses victoires militaires.

S'il vous ôte un enfant, il vous en donne un autre.
La fille qu'il vous rend marque tant de grandeur,
Qu'elle saura bientôt partager votre cœur.

AMASIS

Eh bien, Héracléon, puisque le Ciel l'ordonne,
Je ne murmure plus, et toi je te pardonne ;
Mais prends bien garde au moins de ne me plus trahir.

TRASÉAS

Seigneur, l'ambition(4) ne peut plus m'éblouir :
Je promets à vos pieds d'être sujet fidèle,
Et ne plus m'attirer le titre de rebelle.

HÉRACLÉON

Seigneur, commandez-nous que, sans plus différer,
Nous allions dans ce bois où vous laissez errer
Le plus illustre objet* que l'Égypte ait vu naître :
Ordonnez qu'en la Cour on le fasse paraître.

AMASIS

Allez, Héracléon, donnez ordre à partir,
Allez dedans ce bois pour l'en faire sortir :
Et si c'est celle-là que le Ciel m'a donnée,
C'est elle assurément qui vous est destinée.

HÉRACLÉON

Grand monarque, c'est trop honorer un sujet
De lui faire espérer ce ravissant objet*,
Mais s'il faut parvenir à ce bonheur insigne,
Je tâcherai du moins de n'en pas être indigne.
Et cependant*, allons pour retirer des bois
Celle qui dans la Cour doit imposer des lois.

AMASIS

Allez, Héracléon, et surtout prenez garde
Qu'en sortant du palais, pas un ne se hasarde
De le faire savoir au brave Sésostris,

Afin qu'il ne soit pas si rudement surpris :
Je saurai ménager cette affaire moi-même,
Pour ne lui pas laisser une douleur extrême.
Comme ayant bien prévu quel serait son malheur,
Je l'ai fait demeurer auprès de votre sœur ;
Ainsi je ne veux point qu'on le lui di[s]e encore,
Puisque pour son repos il est bon qu'il l'ignore.

HÉRACLÉON, *rentre* avec Tanisis* [*et Traséas*].
L'on vous obéira, Seigneur.

AMASIS
Simandius,
Tous ces événements n'étaient pas attendus.
Je croyais Sésostris issu d'un sang illustre,
Et cependant il faut qu'il soit né de ce rustre.
Ô dieux ! qui l'aurait cru ?

SIMANDIUS
J'en doute bien, Seigneur,
Que ce vaillant guerrier soit sorti d'un pasteur :
S'il n'est pas votre fils, quoi que ce berger di[s]e,
Je le soupçonne encor de quelque perfidie.

SCÈNE VIII

AMASIS, SIMANDIUS, LYSÉRINE, CYLLÉNIE.

LYSÉRINE
Seigneur, en est-ce fait, avez-vous décidé ?
Le prince Sésostris est-il dépossédé ?
Lui peut-on disputer la gloire de l'Empire ?

AMASIS
Madame, il n'y peut rien, puisqu'il faut vous le dire :
Il est vrai que le Ciel en dispose autrement,
Que Sésostris est né d'un berger seulement.
Ce glorieux[3] vainqueur, digne d'une couronne,

N'a plus que les lauriers[1] que sa valeur lui donne,
Et ma couronne enfin est pour un autre front.

LYSÉRINE

Ô dieux ! d'où peut venir un changement si prompt ?
Sésostris est berger ! Vous n'êtes pas son père !
Voilà donc les effets des projets de mon frère ?

AMASIS

Princesse, Héracléon n'est pas maître du sort :
En vain, pour ce sujet, il aurait fait effort.
De cette vérité j'ai quelque conjecture,
Et ne puis, sans choquer* les lois de la nature,
Recevoir Sésostris, qu'on voudrait supposer*,
Et sur qui Thimarette a droit de s'opposer.
Les dieux ont ordonné que ce soit une fille
Où je dois tout fonder l'appui de ma famille.
Je veux bien avouer[(3)] que Sésostris est tel,
Qu'on doit à ses vertus un éloge immortel ;
Mais puisqu'il est ainsi, n'y pensez plus, Madame,
Et que ce changement ne trouble point votre âme.
Vous vous en pourrez mieux consoler à loisir.

[*Amasis et Simandius sortent.*]

SCÈNE IX

LYSÉRINE, CYLLÉNIE.

LYSÉRINE

Qui ? Moi ? Me consoler d'un si grand déplaisir ?
Ah ! frère ambitieux[(4)], âme perfide et noire,
Tu vas donc aujourd'hui triompher de ma gloire ?
Pour monter sur un trône en lâche usurpateur,
Tu dis que Sésostris est sorti d'un pasteur ?
Ô dieux ! souffrirez-vous une telle injustice ?

---

1 Voir la note 1, p. 134.

CYLLÉNIE

Non, Madame, le Ciel abhorre l'artifice :
Sans faire contre lui ces imprécations[(5)],
Il saura rompre l'art de ses inventions[(4)].

LYSÉRINE

Ah ! je n'espère rien, mais je serai vengée,
Autant que le doit être une amante outragée.
Oui, mon cher Sésostris, tu verras en effet
Si je sais ressentir l'injure qu'on nous fait.
L'on te veut arracher ta gloire prétendue,
Et la mienne se perd, si la tienne est perdue ;
L'on te ravit le trône où tu devais monter,
Et je n'y prétends rien[1] puisqu'on t'en veut ôter.
Tu nous quittes, Grandeur, pour élever les autres,
Et nous serons sujets de ceux qui seraient nôtres[2] ?
C'est donc cette bergère à qui je dois céder ?
C'est elle donc qui vient pour me déposséder ?
Non, non ! Mourons plutôt que d'être sa sujette :
Lysérine ne peut fléchir sous Thimarette.

CYLLÉNIE

Madame, s'il vous plaît, modérez ces transports :
Le Ciel renversera les injustes efforts
Dont se voudra servir le prince votre frère.

LYSÉRINE

Ne blâme pas l'excès d'une juste colère,
Mais approuve plutôt la douleur que je sens,
Et ne me quitte pas dans mes maux si pressants.

---

1 « plus ».
2 C'est-à-dire : « qui devraient être sous nos ordres ».

ACTE IV

SCÈNE I

AMASIS, SIMANDIUS.

AMASIS

Hélas ! Simandius, que mon âme est en peine,
Et que je prends encore une voie incertaine
Pour arriver au but du bonheur que j'attends,
Si pour moi les destins sont toujours inconstants !
Quand je vois Sésostris, quoi que je puisse faire,
Je sens que malgré moi je suis encor son père ;
Mais d'ailleurs* cet écrit me fait clairement voir
Que c'est un autre enfant qu'il me faut recevoir.

SIMANDIUS

Seigneur, j'en suis surpris autant qu'on le peut être,
Mais qui peut mieux que vous [re]connaître cette lettre ?
Vous assurez toujours que vous la [re]connaissez,
Que la reine Ladice a ces écrits tracés,
Et vous doutez encore après ces assurances ?

AMASIS

L'on se trompe souvent dessus[1] les apparences.
Avant d'[2] avoir reçu le brave Sésostris,
De mille visions[(3)] je me trouvais surpris :
Un fantôme sanglant me montrait mon supplice,
Je voyais Apriez, et la reine Ladice ;
Tous deux me menaçaient d'un grand aveuglement,
Je perdais la clarté de moment en moment.
Cependant, depuis peu je recouvrais la vue :
Tout rapportait le calme à mon âme abattue,
Enfin je me voyais un digne successeur,
Mais je n'ai pas longtemps goûté cette douceur.

---

1 « Sur ».

2 Orig. : « Avant qu' ».

Il me faut recevoir celle que l'on m'amène,
Pour ôter mon esprit[1] et Ladice de peine.

SIMANDIUS

Seigneur, et Sésostris sait-il ce changement ?

AMASIS

J'ai su l'en avertir assez adroitement ;
Mais il a tout appris, ce généreux* courage*,
Sans jamais s'émouvoir, sans changer de visage.
Je crois que si son âme a senti ce malheur,
Elle a su finement resserrer sa douleur.
Il m'a dit aussitôt que tout ce qu'il souhaite[(2)],
C'est de revoir encore une fois Thimarette ;
J'ai voulu l'obliger de rester dans la Cour,
Mais il n'a pas dessein d'y faire long séjour.

SIMANDIUS

Si ce jeune héros nous ôte sa présence,
L'État perdra beaucoup en perdant sa vaillance :
Ainsi faisons effort pour le faire arrêter*.
Mais voyez quel objet l'on vient vous présenter.

SCÈNE II

LES MEMES, THIMARETTE, HÉRACLÉON,
TRASÉAS, ÉDÉSIE.

AMASIS

Ah ! je n'accuse plus Traséas d'artifice :
C'est le vivant portrait de ma chère Ladice.
Non, je n'en doute point, je reconnais mon sang,
Et qui doit après moi prendre le premier rang[2].
Venez, approchez-vous, cher gage de ma flamme,
Vrai portrait de l'objet* qui sut ravir mon âme.

1 « Pour soulager mon âme et celle de Ladice ».
2 Dans l'Égypte pharaonique, les femmes accédaient au pouvoir.

THIMARETTE

Mes sens sont si ravis de cet événement,
Que je ne puis sortir de mon étonnement !
M'être vue en une île, élevée en bergère,
Et maintenant mon roi se déclare mon père !

AMASIS

Je le suis en effet, il n'en faut plus douter,
Et le destin est las de me persécuter.

HÉRACLÉON

Douterez-vous encore, admirable Princesse,
De quel lieu vous sortez après cette caresse* ?

AMASIS

Perfide Traséas, je te le dis encore,
Pourquoi me cachais-tu ce précieux[3] trésor ?

TRASÉAS

Seigneur, il est tout vrai, mon âme est criminelle
De vous avoir privé d'une chose si belle.

AMASIS

Eh bien, n'en parlons plus.

HÉRACLÉON

Seigneur, qu'en dites-vous ?
Le Ciel à vos souhaits[2] peut-il être plus doux ?
[N'] Êtes-vous pas ravi de voir cette merveille ?

AMASIS

Oui, je dis qu'à sa mère elle est toute pareille.

HÉRACLÉON

Sous ces nouveaux habits, admirez ce beau corps,
Où la nature a mis ses plus riches trésors.

AMASIS

Du moins elle me plaît, et je suis hors de peine,

Puisqu'en elle je vois tous les traits de la reine.
Toutefois, je ne puis oublier Sésostris,
Car je ne puis assez en estimer le prix.
Et si ce grand guerrier, quoi que[1] j'aie pu dire,
A dit qu'il ne saurait rester dans cet Empire,
Il me fâche beaucoup de perdre ce{t} héros,
Dont le bras peut toujours servir à mon repos.

HÉRACLÉON

Seigneur, si la valeur vous est si nécessaire,
Vous avez des soldats qui ne lui cèdent guère.

THIMARETTE

Il faut récompenser un acte glorieux[(3)],
Avant que Sésostris abandonne ces lieux :
Je vous apprends, Seigneur, que je lui dois la vie,
Puisque, sans son secours, elle m'était ravie.
Seigneur, ce jeune cœur montra tant de valeur
Lorsque je me croyais dans mon dernier malheur,
Que, par un coup d'essai, dans un âge si tendre,
Il fit ce que plusieurs n'oseraient entreprendre.

AMASIS

Ma fille, apprenez-nous de quel genre de mort
Il sut vous garantir par un si bel effort.

THIMARETTE

Un jour, en me jouant[(2)]* sur le bord de notre île,
Je vis sortir du Nil un affreux crocodile :
Sésostris se jeta sur ce fier* animal
Avant qu'il eût le temps de me faire du mal.
Au moment que j'étais dans ces rudes alarmes,
Ce monstre furieux[(3)] expira sous ses armes.
Chacun rendit des vœux à ce jeune vainqueur,
Qui, par son coup d'essai, nous montra tant de cœur*.

---

1 Orig. : « quoi de ».

AMASIS

Héros infortuné, faut-il que ta naissance
Ternisse ainsi l'éclat de ta rare vaillance ?

SIMANDIUS, *à Traséas.*

Que ce fils soit à toi ? Non, je ne le crois pas.

TRASÉAS

Mais je le soutiendrai jusques à mon trépas.

SCÈNE III

LES MEMES, CYLLÉNIE.

CYLLÉNIE

Seigneur, le peuple ému dans la fureur s'emporte,
Si votre autorité ne se trouve plus forte.

AMASIS

Quel est donc le sujet qui le vient émouvoir ?
Et qui* peut le pousser à choquer* mon pouvoir ?

CYLLÉNIE

Il dit qu'il reconnaît Sésostris pour son prince,
Et qu'après vous il doit régner dans la province.

AMASIS

Ô dieux ! ce changement a fait déjà du bruit !

CYLLÉNIE

Seigneur, assurément le peuple en est instruit :
On craint qu'il ne s'emporte à quelque violence[3],
Qui ne s'apaisera que par votre présence.

AMASIS

Allez, Héracléon, allez, Simandius,
Apaiser la fureur de ces peuples émus.
Je suis bientôt à vous.

(Ils rentrent tous, sinon[1] le roi, Thimarette et Édésie.)*

Cependant, Thimarette,
Nous perdons Sésostris, et chacun le souhaite[(2)][2].
Je m'en vais de ce pas l'envoyer près de vous,
Mais traitez-le d'un air qui n'ait rien que de doux.
Tâchez par vos discours de fléchir ce courage*
Qui sur tous mes sujets emporte l'avantage.
Il m'a fort témoigné qu'en sortant de ces lieux,
Il désirait au moins vous faire ses adieux ;
Mais il faut l'arrêter*.

THIMARETTE

Je ferai mon possible,
Seigneur, pour vous gagner ce courage* invincible.

(Le roi rentre.)*

SCÈNE IV

THIMARETTE, ÉDÉSIE.

THIMARETTE

Où me vois-je, Édésie ?

ÉDÉSIE

Au comble des grandeurs,
Dans les félicités où tout n'est que splendeurs.

THIMARETTE

Tu crois que les grandeurs charment déjà mon âme,
Et que ces feux brillants vont éteindre ma flamme ?
Je veux bien t'avertir[3] que, parmi les vergers,
J'avais le cœur plus haut que n'ont pas les bergers :
Un certain noble orgueil montrait dans mon bas âge
Qu'un jour je sortirais de cette île sauvage.
On me l'a fait quitter, et comme tu le vois,

1 « sauf ».

2 Sous-entendu : « le réclame pour mon successeur ».

3 « te confier ».

De fille de pasteur, je suis fille de roi.
Mais que me servira ce rang considérable,
Si ma fortune rend Sésostris misérable* ?
Lui qui m'avait promis de ne jamais changer,
Et qu'il aimerait mieux être toujours berger
Que d'être sur un trône où je ne pourrais être :
Faut-il pas qu'à mon tour je l'y fasse paraître ?

ÉDÉSIE

Sésostris est aimable, autant que généreux*.
Il est sage et vaillant, mais il est malheureux*,
Et dans votre grandeur vous ne pouvez, Madame,
Que lui garder toujours une secrète flamme.
Le prince Héracléon, à ce qu'on en peut voir,
Est sans doute celui qu'il vous faut recevoir.

THIMARETTE

Ah ! ne m'en parle plus : quoi que l'on puisse faire,
Je ne le pourrai voir que comme un adversaire.
Mais voici Sésostris : ô dieux ! quel changement !

SCÈNE V

LES MEMES, SÉSOSTRIS, MIRIS.

SÉSOSTRIS

Madame, est-il permis ?

THIMARETTE

Approchez seulement.

SÉSOSTRIS

Madame, le destin m'est encor favorable,
Puisque vous daignez voir un berger misérable*.
Ces bizarres effets de mon funeste sort
Me font voir qu'il n'est rien de si doux que la mort.

THIMARETTE

Non, brave Sésostris, une si belle vie
Doit vaincre désormais la fortune* et l'envie.
Le roi vous considère, il m'en vient d'assurer,
Et vous lui feriez tort de vous en séparer.
Vivez donc, Sésostris, auprès de sa personne,
Et que ce bras vaillant soutienne sa couronne.

SÉSOSTRIS

Madame, si ce bras a pu vaincre autrefois,
Et s'il s'est signalé par quelques beaux exploits,
L'amour de Thimarette animait mon courage :
Je lui donnais, sur[1] tout, la gloire et l'avantage,
Et même il n'était point de forte ambition[(4)]
Qui ne fût au-dessous de mon affection[(4)]*.
J'adorais dans un bois les plus beaux yeux du monde,
Et ma félicité n'avait point de seconde :
Je me vis estimé de cet objet* charmant,
Et lorsque je vivais dans ce ravissement,
Une fausse grandeur me vint séparer d'elle,
Et je lui fis serment d'une flamme éternelle.
Mais maintenant qu'il faut la cacher, ou périr,
Dans un si grand malheur, je n'ai plus qu'à mourir.
Ne croyez pourtant pas, Princesse incomparable,
Que j'accuse le sort qui me rend misérable* :
Ce trône prétendu n'appartenait qu'à vous,
Et je vous l'ai cédé sans en être jaloux.
Ce n'est pas la grandeur que mon âme regrette,
C'est qu'il me faut sortir du cœur de Thimarette.
Ô destins ! qui* vous fait différer mon trépas ?

THIMARETTE

Généreux* Sésostris, ne vous emportez pas,
Et croyez que ce cœur sera toujours le même,
Qu'il vous estime plus cent fois qu'un diadème[(3)].

---

1 Orig. : « de ».

SÉSOSTRIS

Ah ! Madame, c'est trop.

THIMARETTE

Quoi qu'il puisse arriver,
Je fais encor serment de vous le conserver.
Écoutez seulement ce que je vous propose,
Et suivez, s'il se peut, la loi qu'on vous impose :
Aimez-moi, Sésostris, ce sont tous mes désirs,
Mais devant ces témoins étouffez vos soupirs,
Et faites que ce feu* paraisse un simple zèle,
Qu'on n'en découvre pas une seule étincelle.
Et moi, de mon côté, je serai toute à vous :
Ainsi nos maux auront quelque chose de doux.

SÉSOSTRIS

Je vivrai, ma princesse, après cette assurance ;
Mais quand le temps viendra de perdre l'espérance,
Quand je ne saurai plus à quels dieux recourir,
L'on ne saura{it} pour lors m'empêcher de mourir.
Madame, je sais bien l'époux qu'on vous destine,
Je prévois bien l'auteur du coup qui m'assassine :
Le prince Héracléon est celui… Mais ô dieux !

THIMARETTE

Non, non, n'en parlez plus : ce nom m'est odieux[3] !
Jugez après cela s'il faut que je l'abhorre.

ÉDÉSIE

Madame, toutefois je crois qu'il vous adore.

SÉSOSTRIS

Qu'il serait malaisé de ne l'adorer pas,
Avecque tout l'éclat de ses divins appas !
Et que le sceptre, un jour, dans une main si belle…

THIMARETTE

Mais qui lui déplaira si vous n'êtes près d'elle.

Ah ! fatale grandeur !

SÉSOSTRIS

Ah ! destins rigoureux !

THIMARETTE

Que je sens de douleur !

SÉSOSTRIS

Que je suis malheureux !

MIRIS

Le roi revient ici : j'entends du bruit, Madame.

THIMARETTE

Gardez bien, Sésostris, de trahir votre flamme.

SÉSOSTRIS

Je saurai la cacher avec beaucoup de soin.
Miris, pour savoir tout, cachons-nous en ce coin.
(Sésostris se cache avec Miris au coin du théâtre.)

SCÈNE VI

LES MÊMES, AMASIS, HÉRACLÉON, SIMANDIUS.

AMASIS

Nous l'avons apaisé, ce peuple téméraire :
Il n'aura désormais que le soin de me plaire.

HÉRACLÉON

Je savais bien, Seigneur, que votre seul aspect
Leur saurait imprimer la crainte et le respect.
Leur furie a cessé lorsque avec tant d'adresse
Vous leur avez promis cette grande princesse :
Il ne leur manque plus pour leur contentement
Que de leur faire voir un objet* si charmant.

AMASIS

Ma fille, il faut aller contenter leur envie,
Et faire voir de qui vous avez eu la vie.
Mais que dit Sésostris ? Ne l'avez-vous pas vu ?

THIMARETTE

Je l'ai de votre part longtemps entretenu,
Seigneur.

AMASIS

Que résout-il ?

SÉSOSTRIS, *sans être vu.*

De mourir.

THIMARETTE

Il demeure :
Il vivra dans la Cour.

SÉSOSTRIS, *sans être vu.*

Non, il faut qu'il y meure.

THIMARETTE

Malgré le changement de sa condition[4],
Son cœur aura pour vous la même affection[4]*.

AMASIS

Que mon plaisir est grand !

HÉRACLÉON, *en secret.*

Mon dépit est extrême,
Car je ne vois que trop que la princesse l'aime.

AMASIS

Apaisons nos sujets, et pour les contenter,
Allons, ma fille, allons ! Venez vous présenter :
Ils pourront remarquer que, dans un lieu champêtre,
La nature fit voir ce que vous deviez être.
Je veux qu'Héracléon y soit auprès de vous,

Pour les mieux assurer qu'il sera votre époux :
D'abord* qu'ils le verront et qu'ils pourront entendre
Qu'ils devront obéir sous cet illustre gendre,
Tant de bonheurs ensemble et de précaution[(4)][1]
Les feront repentir de leur sédition[(4)].
Mais qu'est-ce que je sens ? Je perds encor la vue :
Mes esprits sont troublés, ma force diminue !
Je n'en puis plus, je meurs…

SIMANDIUS

Grands dieux, que faites-vous ?
Lancerez-vous toujours de si funestes coups ?

THIMARETTE

Quoi, Seigneur, vous mourez !

HÉRACLÉON

Ne craignez rien, Madame ;
Le mal que [vous] voyez est moins grand que ma flamme.
Il le faut emporter dans son appartement.

(Ils rentrent, et emportent Amasis.)*

SCÈNE VII

SÉSOSTRIS, MIRIS.

SÉSOSTRIS

Que dites-vous, Miris, de cet événement ?
A-t-on jamais vu roi tourmenté de la sorte ?
Et jamais un esprit, que le plaisir transporte,
En a-t-il plus senti que ce futur époux ?

MIRIS

Je l'estime pourtant bien moins heureux que vous.

SÉSOSTRIS

Bien moins heureux que moi ? Cruel, que veux-tu dire ?

1 « prévoyance ».

Tu sais bien qu'Amasis…

MIRIS

Quoi qu'Amasis désire,
Je pense qu'il verra son espoir toujours vain,
Puisqu'un destin secret renverse son dessein.
D'abord* qu'il a parlé d'Héracléon pour gendre,
À peine en ce moment s'est-il pu faire entendre :
Thimarette l'abhorre…

SÉSOSTRIS

Ah ! je le sais, Miris ;
Mais étant le premier de tous les favoris*,
Il pourra posséder cette belle princesse,
Et moi je dois mourir dans l'ennui* qui me presse.

MIRIS

Non, non, le Ciel en veut disposer autrement.

SÉSOSTRIS

Mais je serai toujours un misérable* amant !
Encor qu'Héracléon n'aurait pas l'avantage,
Si* n'oserais-je rien souhaiter[3] davantage.
Un berger ! Mais, ô dieux ! Sésostris un berger !
Le destin pourrait-il à ce point m'outrager ?
Qui ? Moi ? Fils d'un berger ! Ô ciel, est-il possible ?
Moi, fils de Traséas ? Ah ! douleur trop sensible !
Un rustre, un imposteur, m'aurait donné le jour ?
Lui qui m'a fait entrer, et sortir de la Cour ?
Qui tâchait, s'il semblait, d'établir ma fortune,
Et la rend maintenant à mes vœux importune ?
Mais si de Traséas je dois être le fils,
Que me seras-tu donc, illustre Aménaphis,
Toi que j'avais toujours reconnu pour mon père ?

MIRIS

Pour moi, je ne puis rien comprendre en ce mystère.

SÉSOSTRIS

J'entends venir quelqu'un, retirons-nous d'ici.

SCÈNE VIII

LES MEMES, LYSÉRINE, CYLLÉNIE.

LYSÉRINE

Sésostris, arrêtez : pourquoi me fuir ainsi ?
Quoi ! craignez-vous déjà que l'on ne vous rebute ?

SÉSOSTRIS

Madame, un malheureux, que le sort persécute,
Ne s'étonnera pas si vous le rebutez.

LYSÉRINE

Vous ne vous verrez pas en ces extrémités.
Si l'on vous a ravi cette grandeur suprême,
Par où vous prétendiez bientôt le diadème[(3)],
Si quelques ennemis… le dirai-je, grands dieux !
Oui, brave Sésostris, un frère ambitieux[(4)],
Jaloux de mon bonheur aussi bien que du vôtre,
Se voit heureux après qu'il en a fait un autre[1].
Mais vous verrez qu'un jour vos rares qualités
Surmonteront encor toutes leurs dignités :
Vous pouvez en effet, par votre grand courage*,
Faire des lois à ceux qui vous font de l'outrage.

SÉSOSTRIS

Ne flattez point, Madame, un berger malheureux.

LYSÉRINE

Le Ciel vous serait-il jusque-là rigoureux ?
Quoi ? Sésostris berger ? Ah ! qui le pourrait croire ?
L'on cherche assurément à ternir votre gloire.
Ne sont-ils pas contents, ces cruels ennemis,
De vous ôter du trône où l'on vous avait mis ?

---

1 C'est-à-dire : Héracléon a fait un autre bonheur, celui de Thimarette, en la faisant nommer fille de roi.

SÉSOSTRIS

Celle à qui je le cède en est beaucoup plus digne ;
Le Ciel lui réservait cette grandeur insigne.
Aussi l'ai-je quitté sans nulle émotion[4],
Puisque je suis exempt de toute ambition[4] ;
Et si dans ma douleur mon âme s'abandonne,
Madame, ce n'est pas de perdre une couronne.

LYSÉRINE

Qu'est-ce donc, Sésostris ? De grâce, expliquez-vous.

SÉSOSTRIS

La perte d'un bonheur qui me fut bien plus doux.
Oui, Madame, ce bien* m'était incomparable,
Et maintenant la perte en est irréparable.

LYSÉRINE

Ne peut-on point savoir quel était ce grand bien* ?

SÉSOSTRIS

Ce fut un bien* si grand, qu'il ne peut être mien.
Mais, Madame, plutôt que me le faire dire,
Souffrez que je me taise, et que je me retire.

(Il rentre.)*

LYSÉRINE

Ne comprends-tu pas bien le sens de ce discours ?

CYLLÉNIE

Oui, sa confusion[4] en a borné le cours :
Vous en êtes l'objet, et sa prompte retraite
N'a que trop exprimé cette flamme secrète.

LYSÉRINE

Quel malheur est le mien, et quel aveuglement ?
Malgré son infortune, il m'est encor charmant :
Il ne fut point aimé d'une âme ambitieuse[4],
Car cette flamme, hélas !, m'est encor précieuse[3].

CYLLÉNIE

Mais, Madame, songez ce que Sésostris est.

LYSÉRINE

Heureux ou malheureux, Cyllénie, il me plaît.
Et crois que ce grand cœur est de haute naissance,
Qu'on pourra quelque jour en avoir connaissance :
Un berger aurait-il cette noble fierté ?
Aurait-il tant de grâce, et tant de majesté ?
Oui, chère Cyllénie, il mérite ma flamme,
Puisque je ne saurais l'arracher de mon âme :
Il est trop accompli, ce cher infortuné,
Pour se voir de mon cœur jamais abandonné.

CYLLÉNIE

Eh bien, que Sésostris ne soit pas né d'un rustre,
Que sa naissance soit, si vous voulez, illustre :
S'il n'est prince, Madame…

LYSÉRINE

Ah ! finis ce propos,
Et m'aide, s'il se peut, à trouver du repos.

ACTE V

SCÈNE I

THIMARETTE, ÉDÉSIE.

THIMARETTE

L'aveuglement du roi m'afflige au fond de l'âme.
J'en sens une douleur…

ÉDÉSIE

Et toutefois, Madame,
Sans cet aveuglement que le Ciel a permis,
Vous étiez au plus grand de tous vos ennemis :
Le prince Héracléon, malgré vos résistances,
Eût triomphé de vous.

THIMARETTE

Oui, comme tu le penses,
Tu le crois[1] ; mais pourtant je te veux avertir
Qu'on m'aurait vu mourir plutôt qu'y consentir.
Et grâce aux Immortels*, cet accident étrange
Est cause que mon père à mes désirs se range,
À des désirs pourtant qui lui sont inconnus.

ÉDÉSIE

Les dieux ont fait[2] pour vous : vos pleurs les ont émus.

THIMARETTE

Mais, hélas ! quel espoir me peut flatter encore ?
Car si je ne suis pas à celui que j'abhorre,
C'est toujours à quelqu'un que je n'aimerai point.
Si toutefois le sort me réduit à ce point,
Je sais bien que jamais…

1 « tu le penses et le crois ».
2 « agi ».

ÉDÉSIE

Pensez-y bien, Madame :
Qu'on ne découvre point le secret de votre âme.
Vous savez qu'Amasis attend l'arrêt des Cieux,
Et qu'il veut observer la volonté des dieux :
L'on s'en va consulter l'oracle de Latone[1],
Pour savoir comme il doit disposer de son trône.

THIMARETTE

Hélas ! que cet arrêt me doit être fatal,
Si toujours Sésostris y rencontre un rival !

ÉDÉSIE

J'entends faire du bruit dans la chambre prochaine.

THIMARETTE

Ô dieux ! ne vois-je pas cet objet de ma haine ?

SCÈNE II

LES MÊMES, HÉRACLÉON.

HÉRACLÉON

Madame, si les dieux, le destin et le roi
Avec tant de rigueur se liguent contre moi,
Ayez plus de douceur, Princesse incomparable,
Et soyez à mes vœux un peu plus favorable.
Un mot de votre bouche aurait pour moi d[es]'appas,
Quand il prononcerait l'arrêt de mon trépas.

THIMARETTE

Si ce n'est pas pour vous que je suis destinée,
Prince, c'est avoir l'âme un peu bien obstinée.

HÉRACLÉON

Ah ! Madame, il est vrai, mais ces mots rigoureux

1 Nom romain donné à la déesse grecque Léto : enceinte de Zeus et persécutée par Héra, elle se réfugia dans une île désolée pour accoucher des jumeaux Apollon et Artémis.

Flattent* mal la douleur de mon cœur amoureux.
Hélas ! dites au moins, dans ce malheur extrême,
Que vous voulez souffrir qu'Héracléon vous aime,
Et que vous ne fuyez ce prince infortuné
Que parce que le roi vous l'aurait ordonné ;
Ou, si j'exige trop de votre modestie,
Qu'un regard favorable en dise une partie.
Madame…

THIMARETTE

Ah ! c'en est trop, Prince, n'y pensez plus :
Aussi bien vos souhaits(2) sont ici superflus.

HÉRACLÉON

Ô ciel, quelle injustice ! Ah ! je vois bien, Madame,
Que ce prince berger possède encor votre âme ;
Que votre illustre cœur se donne aveuglément
Entre les mains d'un rustre, et trop heureux amant.

THIMARETTE

Qu'il soit ou ne soit pas entre les mains d'un autre,
Apprenez que jamais il n'aurait été vôtre.
Que vous importe donc qu'un autre en ait le prix,
Même quand ce serait le berger Sésostris ?
Mais le roi vient ici, je le vois qui s'avance :
Pour ne pas l'irriter, évitez sa présence.

HÉRACLÉON

J'ai bien à redouter de plus fiers* ennemis :
Ce sont vos yeux, Madame, à qui je suis soumis ;
C'est pourquoi j'obéis.

[*Il sort.*]

SCÈNE III

THIMARETTE, ÉDÉSIE, AMASIS, SIMANDIUS.

AMASIS,
presque dans l'aveuglement, s'appuie sur Simandius.

Quel étrange supplice !
Mes yeux ont encor vu cette ombre de Ladice.
Apriez la suivait, toujours défiguré,
Et Ladice a d'abord ce discours proféré :
« Non, ce n'est pas assez d'avoir trouvé ta fille :
Tu ne verras jamais prospérer ta famille,
Si tu ne rends le trône au jeune Sésostris ;
Tu seras de mon ombre incessamment surpris,
Et n'espère jamais de recouvrer la vue. »
En achevant ces mots, elle m'est disparue.
[A]Lors je suis revenu de ces perplexités,
Et mes esprits, remis dedans leurs libertés,
Ne font qu'en ressentir de plus cruelles peines.

SIMANDIUS

Tous ces événements sont des choses certaines :
Ce que vous avez vu, ce que l'oracle a dit,
Ce que depuis longtemps des signes ont prédit.
Seigneur, ne doutez plus…

AMASIS

Eh bien, il le faut faire,
Puisque pour mon repos il est si nécessaire.
C'est un arrêt du Ciel, il y faut consentir :
Je possédais un trône, il m'en faut départir.
Mais que veut dire enfin ce rigoureux oracle ?
Dites, Simandius, dites par quel miracle
Pourrais-je perdre un trône et me voir si content ?
Non, cela ne se peut.

SIMANDIUS

Il nous l'a dit pourtant,

Que pour votre repos vous rendiez la couronne
À ce fils d'Apriez.

AMASIS

Eh bien, je l'abandonne.

THIMARETTE

Que dites-vous, Seigneur ?

AMASIS

Quoi ! ma fille est ici ?

THIMARETTE [*à part.*]

À peine me voit-il. [*À Amasis.*] Oui, Seigneur, me voici.

AMASIS

Ma fille, c'en est fait, l'oracle de Latone
Dit que pour mon repos il faut quitter le trône
Au jeune Sésostris.

THIMARETTE

Mais savez-vous, Seigneur,
Quel est ce Sésostris ?

AMASIS

Oui, car son gouverneur
Depuis une heure ou deux est dans Éléphantine,
Et comme je le vois, l'oracle lui destine
Le sceptre que je tiens.

THIMARETTE

Mais dieux ! quel Sésostris ?

AMASIS

Ma fille, c'est celui que j'avais cru mon fils,
Et qu'on a vu berger.

THIMARETTE, *en secret.*

Ah ! que viens-je d'entendre ?

[*Haut.*]

Poursuivez, justes Cieux.

AMASIS

Lui seul y doit prétendre.
L'on dit qu'Aménaphis le tient déjà de près[1],
Et je l'ai fait conduire ici dans mon palais ;
Mais je ne doute point que ce ne soit le même,
À qui je dois bientôt céder le diadème(3).

THIMARETTE,
cependant qu'Amasis rêve sur un fauteuil, et Simandius près de lui.

Édésie…

ÉDÉSIE

Ah ! Madame, il n'en faut plus douter,
Tous les dieux sont pour vous.

THIMARETTE

J'ai bien à redouter :
Quand Sésostris saura que j'ai reçu la vie
D'Amasis[2], je crains bien qu'il ne perde l'envie
De…

ÉDÉSIE

Madame, croyez ce cœur plus généreux*,
Et sachez seulement qu'il est trop amoureux…
Mais d'où vient ce grand bruit ?

THIMARETTE

Quel trouble dans mon âme !

ÉDÉSIE

Je vois Aménaphis et Sésostris, Madame,

1 « est déjà auprès de lui ».
2 En fait, Sésostris sait déjà que Thimarette est la fille d'Amasis, le roi usurpateur. Celle-ci craint surtout qu'en apprenant qu'il est fils d'Apriez, c'est-à-dire l'héritier du roi assassiné, Sésostris cesse de l'aimer.

Et Miris qui les suit.

AMASIS, *sortant de sa rêverie.*

Le sort en est jeté.

SCÈNE IV

LES MEMES, AMÉNAPHIS, SÉSOSTRIS, MIRIS.

SIMANDIUS

Aménaphis est près de votre Majesté,
Et Sésostris, Seigneur.

AMASIS

Qu'Aménaphis nous suive.

AMÉNAPHIS, *en secret.*

Que je meure, grands dieux, mais que mon prince vive !
(Amasis rentre, s'appuyant sur Simandius, avec Aménaphis qui les suit.)*

SCÈNE V

SÉSOSTRIS, THIMARETTE, MIRIS, ÉDÉSIE.

SÉSOSTRIS

Vous revoyez, Madame, un prince malheureux,
Toujours persécuté d'un destin rigoureux.
Je me suis vu berger, et quand je croyais l'être,
Je m'estimais heureux sous cet habit champêtre ;
Après, l'on m'a vu prince, on m'a revu berger,
Et l'on me revoit prince en un plus grand danger.

THIMARETTE

Ah ! jugez mieux, Seigneur, des desseins de mon père.
Il n'a d'autres désirs que de vous satisfaire :
Si le trône est à vous, il doit vous le céder.

SÉSOSTRIS

Et je mourrais plutôt que le déposséder.

THIMARETTE

Quoi ? Seigneur, vous savez que cet Empire est vôtre :
Pourriez-vous le laisser entre les mains d'un autre ?

SÉSOSTRIS

Princesse, vous verrez jusqu'où va mon amour :
Il suffit qu'Amasis vous ait donné le jour.
Ce serait m'offenser que d'en douter, Madame :
Qu'a-t-on à refuser quand on donne son âme ?
Le trône d'Apriez m'est bien moins précieux[3]
Que ces feux* innocents qu'ont produits vos beaux yeux.
Oui, divine Princesse, il n'est point de couronne
Que pour vous adorer Sésostris n'abandonne.

THIMARETTE

Ah ! Prince généreux*, où nous réduisez-vous ?
Quoi donc, Seigneur ! bien loin de vous plaindre de nous,
Vous voulez nous céder…

(Sésostris parle bas à Thimarette.)

SCÈNE VI

LES MEMES, HÉRACLÉON, TANISIS.

HÉRACLÉON, *sans être entendu.*

Ô ciel ! est-il possible ?
C'est pour lui seulement que l'ingrate est sensible !
Voyant que Sésostris a tant de liberté,
Je ne m'étonne plus si j'en suis maltraité.

TANISIS [*à part, à Héracléon.*]

Je vous l'avais bien dit qu'il était auprès d'elle.

HÉRACLÉON [*à part, à Tanisis.*]

N'est-il pas vrai qu'elle est aussi lâche que belle,
De voir que Sésostris n'est qu'un simple berger
Et mépriser mes vœux* pour ne le pas changer[1] ?

---

1 C'est-à-dire : « pour ne pas changer de sentiments envers lui ».

SÉSOSTRIS

Quoi, Madame ? Douter d'un cœur qui vous adore ?
Après ce que j'ai dit, s'en défier[3] encore ?

THIMARETTE

Ce n'est pas sans sujet… Mais qu'est-ce que je vois ?
C'est vous, Héracléon ?

HÉRACLÉON

Oui, Madame, c'est moi.

THIMARETTE

Quoi, venir m'écouter ? Quelle est donc votre audace ?

HÉRACLÉON

Madame, ce berger reçoit bien cette grâce.
Vous maltraitez un prince, et souffrez un pasteur ?
Ah ! c'en est trop, Madame : un tel adorateur
Ne se doit point souffrir, malgré sa bonne mine.

SÉSOSTRIS

Prince, savez-vous bien quelle est mon origine ?

HÉRACLÉON

Je la connais assez pour ne pas en douter :
Elle n'est pas d'un rang beaucoup à redouter.

THIMARETTE

Prince, sortez d'erreur, et changez de langage ;
Nous verrons qui de vous doit avoir l'avantage.
Nous le saurons bientôt : voici le roi qui vient.

SCÈNE VII

LES MEMES, AMASIS, AMÉNAPHIS, SIMANDIUS.

AMASIS

Oui, c'est à Sésostris que ce trône appartient.
Oui, brave Aménaphis, je recouvre la vue ;

La justice du Ciel m'est tout à fait connue.
Dès que j'ai fait dessein de faire mon devoir,
J'ai trouvé que mes yeux ont commencé d'y voir.
Ah ! favorables dieux, après tant de miracles,
Je ne douterai plus de vos divins oracles.

AMÉNAPHIS

Seigneur, par ce dernier et rare événement,
Voyez comme les dieux vont équitablement.

AMASIS, *à Sésostris.*

Grand Prince, il en est temps, je vous rends la couronne :
Elle vous appartient, et je vous l'abandonne.

HÉRACLÉON, *bas à Tanisis.*

Ô dieux, qu'ai-je entendu ? Tanisis, c'en est fait :
Sortons.

(Thimarette commande tout bas à Miris et Édésie de les suivre pour les observer.)

AMASIS

Du moins, Seigneur, serez-vous satisfait ?
Et n'est-ce point trop tard que je vous fais connaître
Que vous devez ici régner comme mon maître ?

SÉSOSTRIS

Non, Seigneur, c'est assez, possédez-la toujours :
Oui, je vous la remets le reste de vos jours.
Mais, Seigneur, pour combler mon âme d'allégresse,
Accordez à mes vœux cette illustre princesse :
Le don que je vous fais n'est pas de si grand prix
Que ce divin objet*.

AMASIS

Quel charme à mes esprits !
Ah ! Prince généreux* ! Ah ! cœur trop magnanime !
Vous voir d'une couronne héritier légitime,
Et la remettre encore à son usurpateur !

SIMANDIUS

Seigneur, voyez par là si l'oracle est menteur.

AMASIS

J'en [re]connais les effets, puisque ce digne prince
Par générosité me remet sa province.
Mais quoi, Seigneur, encor, pour me combler d'honneur,
Vous souhaitez[3] ma fille ?

SÉSOSTRIS

Elle est tout mon bonheur.
Seigneur, parmi nos bois, cette beauté naissante
Me fit voir de ses yeux la force si puissante,
Que, dès nos jeunes ans, cet astre de beauté
Me sut innocemment ravir la liberté.
(Il s'adresse à Aménaphis.)
Mon père, vous savez si, dès ma jeune enfance,
De ses divins attraits je n'eus pas connaissance.

AMÉNAPHIS

N'en doutez point, Seigneur, j'approuvai ces beaux feux*,
Et si je m'opposai quelque temps à vos vœux*,
Si contre vos desseins je fus un peu contraire,
Vous savez quel motif…

SÉSOSTRIS

Non, c'est assez, mon père,
J'en sais bien le sujet ; dites-nous seulement
Qui* vous a pu causer ce long éloignement.

THIMARETTE

Quel lieu* nous a privés d'une si chère vue ?

AMÉNAPHIS

Lorsque je fus sorti de notre île inconnue[1]
Pour m'aller informer du prince Sésostris,
Dont le soudain départ troubla tous mes esprits,

1 C'est-à-dire : l'île où les exilés s'étaient cachés pour fuir le roi usurpateur.

Comme sans y penser, souvent on s'embarrasse[1],
J'allai me rencontrer[2] au milieu d'une place
Où des soldats du roi furent blessés à mort.
Étant cru du parti, je fus saisi d'abord*,
Mais*, Madame, jugez de mes peines secrètes,
Lorsqu'entrant en prison, je perdis mes tablettes.

THIMARETTE

On les remit bientôt entre les mains du roi.

AMÉNAPHIS

C'est ainsi que le Ciel fit pour vous, et pour moi.
Car après quelques mois, ils prirent connaissance
De tous les criminels, et lors mon innocence
Ne fit plus différer mon élargissement,
Et je vins en ces lieux avec empressement.
Mais dès le premier jour que l'on m'a vu paraître,
Grâces au juste Ciel ! j'ai rencontré mon maître.

SCÈNE VIII

AMASIS, THIMARETTE, SÉSOSTRIS,
AMÉNAPHIS, SIMANDIUS, MIRIS.

MIRIS

Seigneur, Héracléon, de fureur transporté,
Et {de} plusieurs mutins dont il est escorté
Veulent assurément enlever la princesse.

AMASIS

Ce traître ambitieux(4) ! Quelle fureur le presse ?

THIMARETTE

Ô dieux, qu'ai-je entendu ? Quels transports violents(3) !

1 Autrement dit : « comme souvent, lorsqu'on s'y attend le moins, on se met dans l'embarras ».
2 « me retrouver ».

SÉSOSTRIS

Allons, Simandius, punir ces insolents.

(Ils rentrent.)*

AMASIS

Oui, combattez pour nous, héros incomparable :
Faites tout succomber sous ce bras redoutable.

THIMARETTE

Je sais que Sésostris est la même valeur[1],
Mais, parmi le grand nombre, on peut craindre un malheur.

MIRIS

Non, Madame : sortez de ces vaines alarmes,
Puisque tous nos soldats sont déjà sous les armes[2].

AMASIS

Miris, apprenez-moi comme[nt] ce furieux[(3)]
S'est attiré d'abord* tant de séditieux[(4)].
N'en avez-vous rien su ?

MIRIS

Pour moi, je m'imagine
Que depuis le matin cette troupe mutine
Était déjà pour lui ; mais, Seigneur, permettez
Que j'aille de ce pas me ranger aux côtés
Du prince Sésostris.

AMASIS

Oui, conservez la vie
De ce vaillant héros.

MIRIS

C'est toute mon envie ;
Mais, sous tant de valeur, il n'est point d'ennemis

1 « est la valeur même ».
2 « armés ».

Qui malgré leurs efforts ne demeurent soumis.
(Miris rentre.)*

SCÈNE IX

AMASIS, THIMARETTE, AMÉNAPHIS, ÉDÉSIE.

ÉDÉSIE, *portant un billet.*
Lysérine, Seigneur, apprenant que son frère
Trouvait dans ses desseins le destin si contraire,
Et qu'il entreprenait de forcer le palais,
Elle a quitté ces lieux pour n'y rentrer jamais,
Et nous avons trouvé ce billet sur sa table.

AMASIS
Que ces ambitieux[(4)] ont un sort misérable !
(Il lit.)
Seigneur, si je quitte ces lieux,
Sachez que je sors innocente
Des projets criminels d'un frère ambitieux[(4)]*,*
Et dont assurément la force est impuissante.
Voyant que tout m'était fatal,
Je cherche mon refuge en mon pays natal.

Ce frère qui me bravait tant,
Dedans l'espoir de sa fortune,
Éprouve la rigueur d'un destin inconstant,
Et sa fortune enfin[1] *à la mienne est commune ;*
Puisqu'il n'obtient pas plus que moi,
Je n'appréhende plus qu'il devienne mon roi.
Que son ambition[(4)] pourtant est évidente !
Quoiqu'elle semble user d'une façon prudente
Afin de mettre mieux son innocence au jour,
Elle a cru qu'il fallait s'éloigner de la Cour ;
Mais un autre motif a causé sa retraite,
Et sans doute d'ailleurs elle est mal satisfaite.

1 « à la fin ».

THIMARETTE

Le prince Sésostris ne lui déplaisait pas,
Et l'espoir d'un royaume a des charmants appas.
Mais en si peu de temps avoir quitté la ville !

ÉDÉSIE

Madame, elle sait bien où trouver son asile.
Tout son monde la suit, et dedans ce malheur,
Je crois qu'elle n'est pas exempte de douleur.

AMASIS

Le temps pourra calmer le mal qui la possède,
Puisqu'il est à tous maux un souverain remède.
Je leur avais donné des espoirs assez doux
En leur ayant promis ou Sésostris, ou vous,
Alors qu'innocemment je m'en croyais le père.
Je jugeai que d'abord* elle lui saurait plaire ;
Mais s'il n'a pu sentir le pouvoir de ses yeux,
Je crois qu'Héracléon fut pour vous odieux[3].

THIMARETTE

Seigneur, à mon devoir il n'est rien d'impossible :
Encore que pour lui mon cœur fût insensible,
J'aurais fait mes efforts pour contraindre mon cœur…

AMASIS

Plutôt que d'en user avec tant de rigueur,
Vous auriez eu le temps…

SCÈNE X

LES MEMES, MIRIS.

MIRIS

Seigneur, sortez de peine :
Héracléon est pris, mon prince vous l'amène.
Mais* il l'amène enfin repentant et soumis,
Et vous ne verrez plus l'insolent Tanisis,

Car le perfide est mort en défendant son maître.

AMASIS

Ah ! je m'en doutais bien que ce n'était qu'un traître.
Mais dites en deux mots la suite du combat.

MIRIS

Un chacun s'est armé pour punir l'attentat,
Et d'abord* qu'ils ont vu Sésostris et sa suite,
Ces traîtres révoltés se sont tous mis en fuite.
Toutefois Tanisis, auprès d'Héracléon,
Comme un digne second a voulu tenir bon ;
Mais mon épée a su seconder mon envie,
Faisant sortir d'un coup son sang avec sa vie.
Héracléon, voyant la mort de ce mutin,
A rendu Sésostris maître de son destin :
Cet objet dans son cœur a causé tant d'alarmes[1],
Que, sans plus résister, il a rendu les armes.

AMASIS

L'infâme Tanisis n'avait que trop vécu.
Mais…

SCÈNE XI

LES MÊMES, SÉSOSTRIS, HÉRACLÉON, SIMANDIUS.

SÉSOSTRIS

Seigneur, le voici, notre illustre vaincu.
Et comme l'amour seul a fait son plus grand crime,
Il mérite un pardon.

HÉRACLÉON

Oui, Prince magnanime,
Mon amour est auteur d'un si noir attentat,
Car sans avoir dessein d'ébranler votre État,
La fureur de mon cœur était si bien maîtresse

1 Autrement dit, la vue de la mort de Tanisis a porté atteinte à son courage.

Que j'avais entrepris d'enlever la princesse,
Et vous auriez sujet de vous en ressentir.

AMASIS

Prince, je suis content de votre repentir :
Je consens au pardon.

HÉRACLÉON

Ô bonté sans exemples !
Princes à qui l'Égypte élèvera des temples,
Vous, illustre rival et généreux* vainqueur,
Souffrez que maintenant j'implore la douceur
De celle à qui j'ai fait la plus cruelle offense,
Ou que je me soumette à sa juste vengeance.
Qu'ordonnez-vous, Madame, où tout vous est permis ?
Vous voyez un sujet repentant et soumis,
Et ma vie et ma mort sont en votre puissance.

THIMARETTE

Je vous pardonne tout, même sans répugnance.

HÉRACLÉON

Et je fais un serment qui durera toujours,
De ne troubler jamais de si nobles amours.
Un cuisant repentir combat si bien ma flamme,
Qu'elle n'est presque plus maîtresse de mon âme ;
Et sans me repentir de vous avoir aimée,
Je condamne l'ardeur qui m'avait animé.
Possédez, grand Guerrier, le cœur de cette belle :
Elle est digne de vous, et vous seul digne d'elle,
Et je n'y prétends plus.

AMASIS

C'est assez, il est temps
De rendre nos sujets et nos désirs contents.

SÉSOSTRIS

Enfin, oublions tout, et qu'en cette journée,

Il ne se parle plus que de notre hyménée.

SIMANDIUS

Ô dieux ! que de bonheur !

MIRIS

Que de contentements !

ÉDÉSIE

Que de joie à la fois !

AMÉNAPHIS

Que de ravissements !

AMASIS

Perdons le souvenir de nos peines passées,
Puisque le Ciel enfin les a récompensées.

LE VIEILLARD AMOUREUX, OU L'HEUREUSE FEINTE

Pièce comique
(1664)

Première édition
F. P., *Le Vieillard amoureux, ou l'heureuse feinte*,
Lyon, Antoine Offray, 1664.

PERSONNAGES

LE VIEILLARD, père d'Isabelle.
ISABELLE.
DORINE, suivante d'Isabelle.
PHILIPIN, valet du Vieillard.
CLÉANDRE, amoureux d'Isabelle.
LES SOLDATS DE LA GARDE.

La scène est proche le Change, à Lyon[1].

1 Le dispositif scénique s'organise autour de la maison du Vieillard, située au croisement de diverses rues du vieux Lyon, près du Pont du Change, au cœur de la cité.

Le Vieillard amoureux fut créé vers 1662 à Lyon, ville natale de Françoise Pascal, où elle situa l'action de la pièce. Fière de son origine lyonnaise, souvent évoquée dans les préfaces de sa production littéraire, elle dédia cette pièce et plusieurs de ses autres œuvres aux notables de la ville, dont elle avait reçu des gratifications à deux reprises. Certains historiens du théâtre hasardent que la pièce fut également jouée à Paris, car le nom du valet rappelle celui du célèbre comédien de la troupe de l'Hôtel de Bourgogne, Claude Deschamps, sieur de Villiers (1600 ?-1681), surnommé Philippin[1]. Nous n'avons trouvé aucun détail sur les représentations, ni sur la réception de cette pièce, jamais rééditée depuis sa parution en 1664 ; nous savons seulement que Françoise Pascal se félicite dans sa dédicace d'avoir choisi un genre à la mode (et donc susceptible de réussir à Paris) : la pièce comique[2] en un acte.

Le Vieillard amoureux se distingue nettement de ses deux petites comédies antérieures par un comique moins raffiné, plus physique, et l'usage d'octosyllabes, traditionnels dans la farce. Typique de ce genre, l'intrigue met en scène un barbon avare, berné dans sa recherche d'une jeune épouse : la belle se révèle être un jeune homme travesti, qui n'est autre que l'amant de la fille du vieillard. Certains aspects de cette pièce font aussi écho à une œuvre contemporaine de Molière, *L'École des femmes*, jouée à Paris en septembre 1662. Comme dans le théâtre de cet auteur, on notera surtout l'influence de la commedia dell'arte dans le choix des personnages et des situations : l'humour provient ainsi des lazzi de Philipin, qui se fait battre par les gardes de la ville, et de l'embarras de Cléandre travesti, qui doit improviser des réponses aux questions du Vieillard.

Mais ce travestissement burlesque, qui donne lieu à quelques équivoques un peu grivoises, représente également un vrai mélange de la tradition farcesque et du topos romanesque : il trouve en effet sa source dans un épisode célèbre du roman précieux par excellence, *L'Astrée* d'Honoré d'Urfé (1607-1628), où le parfait amant, Céladon, se déguise

---

1 S. Wilma Deierkauf-Holsbœr, *Le Théâtre de l'Hôtel de Bourgogne*, vol. 2, Paris, Nizet, 1968-70, p. 109-110.

2 Voir la notice sur l'autrice, note 2, p. 30.

en fille pour approcher sa bien-aimée. En outre, comme dans la tradition comique, Françoise Pascal profite du personnage de la soubrette pour ponctuer les discours amoureux de ses réflexions sceptiques : la réplique de Dorine, qui affirme au vers 725 « quand on me dit que l'on brûle/ Je ne le crois pas aisément », n'est pas sans évoquer le « Je ne crois point légèrement » de l'autrice dans son *Commerce du Parnasse* (1669). Enfin, il est intéressant de noter qu'un valet, Philipin, se fait le champion des femmes en décrivant avec compassion le désespoir des épouses mal mariées et battues. Ainsi, tout en respectant les conventions du genre, Françoise Pascal marie ingénieusement les ressorts comiques de la farce à un univers plus personnel : l'imaginaire précieux et les discours sur la condition des femmes.

À MONSIEUR,
MONSIEUR GROLLIER[1], ÉCUYER, SEIGNEUR DU CAZOT,
CAPITAINE DES ARQUEBUSIERS DE LA VILLE DE LYON
ET FORCES D'ICELLE[2].

Monsieur,

Quoique les petites pièces comiques[3] ne fassent pas seulement aujourd'hui les divertissements de la Cour, mais celui de toutes les provinces de la France, où elles sont représentées, et que vous-même les voyez avec complaisance, je n'ai pourtant pas assez de présomption pour me persuader que vous trouveriez quelques agréments dans celle-ci ; et en effet, Monsieur, beaucoup de raisons se sont opposées au désir que je formais de vous l'offrir, puisque je n'avais qu'à considérer qu'un grand génie comme le vôtre, et un esprit si éclairé, ne doit rien souffrir de médiocre, ni qui soit au-dessous de lui, et que celui qui pratique les Muses, et qui moissonne les plus belles fleurs du Parnasse[4], ne saurait faire un accueil favorable à ce Vieillard amoureux, qui n'a rien que de ridicule dans toutes ses actions. Toutefois, Monsieur, après m'être laissé longtemps combattre par ces raisons, je me suis imaginée que comme vous rendez justice à ce qui le mérite ; [et] que par une générosité extraordinaire et qui vous est naturelle, vous élevez ce qui est rampant et faites voir que les simples ouvrages ne doivent pas être tout à fait méprisés ; [et comme] aussi, Monsieur, cette illustre vertu n'est pas la moindre de toutes celles qui ornent votre âme, et qui, avec le rang que vous tenez dans la ville, remplit toutes les provinces de votre nom par le bruit qu'elle donne à votre réputation ; [enfin,] puisque tout ce que l'on peut souhaiter dans une personne de votre qualité, la nature vous l'a donné avec profusion, et que, si vous ne trouvez pas dans tous les ouvrages des sujets dignes

1 Selon l'historien Antoine Péricaud, il s'agit de Charles Grolier, seigneur de Cazaut, qui était prévôt des marchands de Lyon à sa mort en 1674 (*Notes et documents pour servir à l'histoire de Lyon*, vol. 10, Roanne, impr. de Ferlay, 1858-1860, p. 82).

2 C'est-à-dire : des troupes de la ville.

3 Voir la notice sur l'autrice, note 2, p. 30.

4 Voir *L'Amoureux extravagant*, note 1, p. 38.

de votre estime, du moins vous ne les rebutez point, c'est ce qui m'a fait conclure que celui-ci ne pouvait pas trouver un abri plus assuré contre la censure que votre protection. C'est la plus heureuse issue que s'en ose promettre,

Monsieur,

Votre très humble, et très obéissante servante,
F. P.

SCÈNE I

PHILIPIN, LE VIEILLARD

[*sur le pas de la porte*].

PHILIPIN

Quoique je sois votre valet,
Monsieur, je vous le dis tout net,
Dussé-je attirer votre haine,
Que ce me ferait trop de peine
De garder dans votre maison,
Ou plutôt dans une prison,
Longtemps votre fille Isabelle.
Elle est bien riche, elle est fort belle ;
Elle a quantité de galants
Qui sentent des feux* violents[3].
De plus, elle est un peu coquette,
Et veut qu'on lui conte fleurette.

LE VIEILLARD

Je sais tout ce que tu me dis.
C'est ce qui cause mes ennuis :
Que je la querelle et la gronde,
Elle caresse* tout le monde
Sans appréhender mon courroux.

PHILIPIN

Eh ! que ne la mariez[3]-vous ?

LE VIEILLARD

Je le voudrais mais…

PHILIPIN

Quoi, mon maître ?

LE VIEILLARD

Je crains bien…

PHILIPIN

Vous craignez peut-être
Qu'elle rencontre un débauché ?

LE VIEILLARD

Vraiment, j'en serais bien fâché.
Mais ce n'est pas toute ma crainte :
Je sens une plus forte atteinte.

PHILIPIN

Qu'il soit brutal ? qu'il soit jaloux ?
Ou qu'il ne l'assomme de coups ?
Sur mille, on n'en trouve pas quatre
Qui ne s'émancipent* de battre
Ce qui doit être leur moitié,
Sans conscience(3) et sans pitié.
D'abord* qu'ils ont éteint leur flamme,
Vous voyez une pauvre femme
Qu'ils maltraitent comme un vaurien.
Même, s'il vous en souvient bien,
La vôtre était si malheureuse
Qu'on la voyait toujours pleureuse.

LE VIEILLARD

Tais-toi ! Si tu me viens jamais…

PHILIPIN

Mon maître, refaisons la paix !
Craignez-vous qu'elle ait un avare ?
Ou bien que ce soit un barbare ?
Qu'il soit turc, ou qu'il soit sorcier ?
Sarrasin[1], ou bien usurier ?
Qu'il soit trop docte, ou qu'il soit âne ?
Voudriez(2)-vous homme de soutane[2],
Homme d'épée ou bien marchand ?

1 « Musulman ».
2 « magistrat ».

Ce premier peut être méchant.

LE VIEILLARD

Je ne crains rien que pour ma bourse,
Qu'il faudrait vider sans ressource
Pour quelque efféminé galant,
Qui viendrait faire l'opulent
Et qui n'aurait possible* guère…

PHILIPIN

Que diable en voulez-vous donc faire ?

LE VIEILLARD

Qu'elle attende après mon trépas,
Autrement, qu'on n'en parle pas.

PHILIPIN

Enfin, mon maître, c'est à dire
Que, si la mort ne vous désire,
Isabelle pourra souffrir.

LE VIEILLARD

Ah ! c'est trop longtemps discourir.
J'ai bien autre chose à t'apprendre
Qui, sans doute, va te surprendre :
Sache que tel que tu me vois,
Amour me fait encor la loi,
Et que j'aurais bien le courage
De m'engager au mariage(3) ;
Que cela pourrait arriver
Quand ma fille en devrait crever.
Je m'en vais dans ma métairie :
Empêche sa galanterie,
Car, pour bien régir ma maison,
Je te connais* brave garçon,
Et m'en remets à ta conduite.

(Il sort.)

SCÈNE II

PHILIPIN.

Ma foi, j'en ai l'âme interdite :
Ce vieux barbon est amoureux.
Que feront les jeunes morveux ?
Si sa pauvre fille Isabelle
Savait cette triste nouvelle,
Elle enragerait tout de bon,
Et ce serait avec raison.
Mais à propos de ma Dorine,
Dont l'œil échauffe ma poitrine,
Lorsque j'y songe, sur ma foi,
Je demeure tout hors de moi.

(Il rêve, et ne voit pas Isabelle et Dorine qui sortent [*de la maison*].*)*

SCÈNE III

LE MÊME, ISABELLE, DORINE.

ISABELLE

Dorine, je suis malheureuse
Pour le moins autant qu'amoureuse :
Cléandre meurt pour moi d'amour,
Et je lui rends bien le retour,
Mais cependant un père avare,
Par une lésine barbare,
Me défend l'aimable plaisir
De l'entretenir à loisir...
[Mais] Il est parti pour la campagne.

DORINE

Je prie[2] Dieu qu'il l'accompagne
Pour {si} longtemps...

ISABELLE

Et Philipin ?

Ne sais-tu pas que ce coquin,
Par ses ordres, toujours me veille,
Et que jamais il ne sommeille
Que lorsque mon père est ici ?

DORINE

Je lui donne bien du souci :
Sachez qu'il m'aime d'une sorte
Qu'il meurt du feu* qui le transporte,
Et que, d'un clin d'œil seulement,
Je puis le fléchir promptement…
Mais le voilà !

ISABELLE

Qui nous écoute !

DORINE

Non, non, il rêve à moi sans doute :
Écoutons voir cet animal.

PHILIPIN [*de retour.*]

Ma foi, c'est un étrange mal :
Lorsque j'y pense, j'en frissonne.
Mais je vois là quelque personne
Au travers de l'obscurité.
Elles sont deux en vérité :
C'est Isabelle avec Dorine.
Qu'elles suivent bien ma doctrine[1] !
Ah ! rentrez dedans la maison,
Mesdames, il n'est pas raison[2]
Que je souffre pour vos sottises.
Vous n'êtes que des malapprises :
Je suis chargé de vous garder,
Et même de vous commander.
Allez faire votre besogne !

1 « mes préceptes ».
2 « juste ».

DORINE

Que veut donc dire cet ivrogne ?
Voyez un peu cet impudent !
Qui te donne cet ascendant ?
Parler si haut à ta maîtresse !
Viens me jamais faire caresse*,
Je te…

PHILIPIN

Ne t'effarouche pas,
Tu sais bien comme tes appas
Font que plusieurs fois j'extravague,
Depuis qu'Amour avec sa dague…

DORINE

Que me viens-tu conter ici ?
Je n'écoute plus.

PHILIPIN

Mon souci* !

DORINE

T'est-il permis devant Madame
De m'entretenir de ta flamme ?
Si tu m'oses parler d'amour,
Elle doit au moins à son tour
Prendre un peu le frais dans la rue,
Sans que tu nous suives de vue.

ISABELLE, *bas.*

Fais-lui quelque commandement
Qu'il exécute promptement :
Je vois Cléandre, ce me semble.
Tâche que nous parlions ensemble.

DORINE [*bas.*]

Eh ! que lui pourrai-je ordonner ?

PHILIPIN

Ne veux-tu pas me pardonner ?
Pour t'adoucir, que faut-il faire ?

DORINE

Si tu veux chercher à me plaire,
Fais-nous faire un petit repas,
Et va t'informer de ce pas
Chez le rôtisseur d'ici proche
S'il n'aurait rien mis à la broche :
Un chapon ou des pigeonneaux,
Ou quelques poulets des plus beaux.
Nous trois, sans qu'on s'en aperçoive,
Nous pourrons…

PHILIPIN

Pourvu que je boive
Et qu'on me donne de l'argent,
Tu me verras fort diligent*.
Ah ! si tu m'aimais, ma cruelle…
Mais je ne vois plus Isabelle.

DORINE

Va, va, ne t'en informe pas !
Tiens, de l'argent ; double le pas.
(À Isabelle.)
Avant qu'il puisse vous surprendre,
Faites vite approcher Cléandre.
Vous pouvez parler de vos feux* :
Je le fais aller où je veux.

SCÈNE IV

PHILIPIN, LES GENS DE LA GARDE.

UN DES SOLDATS

Qui va là ? Qui va là ?

PHILIPIN

C'est moi.

SOLDAT

Comme il parle ! Quel es-tu, toi ?
Compagnons, voyons cette bête :
Donnez-lui d'un coup dans la tête.

PHILIPIN

Holà, Messieurs ! que faites-vous ?
À l'aide, on m'assomme de coups !
Laissez-moi passer, je vous prie,
J'allais à la rôtisserie.
Mais on me charge encor plus fort,
Hélas, au secours, je suis mort !

SOLDAT

Voyons un peu : c'est quelque drille*,
Qui mérite bien qu'on l'étrille.
Mes compagnons, il est certain
Qu'il a quelque mauvais dessein,
Car, à telle heure, on ne va guère
Sans qu'on porte de la lumière.

PHILIPIN

Ah ! Messieurs, je n'y songeais pas,
Et j'aimerais mieux le trépas
Que d'avoir fait tort à personne.
De grâce, que l'on me pardonne !
Mais fuyons… j'en suis échappé.
Ô dieux, quelqu'un m'a refrappé !
Au secours, Messieurs, on me tue !

SCÈNE V

PHILIPIN, ISABELLE, DORINE.

ISABELLE, *sortant.*

Quel bruit entends-je dans la rue ?
Je pense que c'est Philipin.

DORINE

Oui, Madame, c'est ce mâtin,
Le voilà.

PHILIPIN

Mâtine toi-même !
C'est donc ainsi comme tu m'aimes,
Au lieu de me venir baiser
Pour me guérir et m'apaiser.

ISABELLE

Qui t'a fait crier de la sorte ?

PHILIPIN

Qui c'est ? Le diable les emporte !
Quand on a crié « qui va là »,
Vous n'avez pas ouï[2] cela ?

ISABELLE

Vraiment, la cause est fort petite,
Si « qui va là » t'a mis en fuite.

PHILIPIN

« Qui va là » m'aurait été doux,
Si l'on ne m'eût roué de coups.

ISABELLE

Comment donc ! on t'a fait outrage ?

PHILIPIN

Et bien fort, c'est de quoi j'enrage.

Quoique j'aie[2] bien répondu,
Les francs ivrognes m'ont battu :
Mais si j'avais eu mon épée,
Quelque tête eût été coupée.

DORINE

Mais dis-moi, pour quelle raison
T'ont-ils traité de la façon ?
Tu leur as chanté quelque injure,
Car ce serait malice pure
De battre un homme tout son saoul.

PHILIPIN

C'est qu'ils m'ont pris pour un filou,
Ou qu'ils ont cru, voyant ma course,
Que j'avais coupé quelque bourse,
Car, m'arrêtant avec grand bruit :
« Pourquoi vas-tu sans feu la nuit ? »,
M'ont-ils dit. Mais, n'osant répondre,
Je les ai sentis sur moi fondre,
Et me charger le hoqueton*
De plus de cent coups de bâton.
Ah ! si du roi j'étais le gendre,
Je crois que j'en ferais bien pendre.
Si je les tenais, ces marauds,
Je les couperais par morceaux.

DORINE

Ah ! si tu ne me veux déplaire,
Tâche d'apaiser ta colère,
Et suis notre premier dessein.

PHILIPIN

J'aimerais mieux mourir de faim :
J'ai trop de peur qu'on ne me tue.

ISABELLE

Passe dedans une autre rue.

PHILIPIN

J'irais sans flambeau, sans falot* ?
Ma foi, je ne suis pas si sot.

ISABELLE

Mon père a [en]fermé les chandelles.

PHILIPIN

Ce ne sont pas choses nouvelles,
Et je pense qu'il est bien près
De porter la clef des retraits*.
Son avarice insatiable[4]
Le rend à chacun haïssable :
Pour moi, je présume qu'un jour
Le diable en chauffera son four[1].
Il est…

DORINE

Philipin, si tu m'aimes,
Tâche d'arrêter tes blasphèmes,
Ou bien…

PHILIPIN

Cruelle, il faut aller.

DORINE, *rentrant* avec Isabelle.*

Va chantant pour te[2] consoler.

PHILIPIN, *seul.*

Ah ! maîtresse* fière et superbe*,
Qui me foule au pied comme l'herbe !
Enfin donc, si je n'obéis,
Il faudra que j'en sois haï.
Mais elle m'a dit que je chante :
Il faut bien que je la contente.

1 « Il rôtira en enfer ».
2 Orig. : « se ».

(Il chante.)
Mon Dieu que la journée est grande
Quand on ne voit point ses amours !
Et moi qui ne vois point les miennes,
Mon pauvre esprit vit en langueur.

SCÈNE VI
LES MÊMES.

ISABELLE

Qui chante dedans cette rue,
Planté droit comme une statue ?

DORINE

Ma maîtresse, c'est ce vilain
Qui nous fera souper demain.
Tu n'iras pas où l'on te mande,
Maraud ?

PHILIPIN

Comme elle me gourmande !
[*Il s'en va.*]

SCÈNE VII
DORINE, ISABELLE, CLÉANDRE.

DORINE

Parlez à présent sans souci,
Car il n'est pas encore ici.
Comme c'est une grosse bête,
Souvent peu de chose l'arrête.

CLÉANDRE

Chère Isabelle, maintenant,
Aurai-je du moins un moment,
Ou s'il se pouvait, un quart d'heure,

Pour dire qu'il faut que je meure,
Si mon sort ne devient plus doux ?

ISABELLE

Cléandre, mon cœur est à vous,
Et si le mal qui vous possède
Dure un peu trop…

SCÈNE VIII

LES MÊMES, PHILIPIN.

PHILIPIN

À l'aide, à l'aide !

ISABELLE

Ô dieux ! quel est ce nouveau bruit ?

CLÉANDRE, *se cachant.*

Tout me persécute et me nuit.

ISABELLE

Quel malheur !

PHILIPIN

Peste soit l'affaire !
Je pense que tout m'est contraire.
Ces marauds, si je les tenais,
Je crois que je les mangerais :
Ils m'ont battu.

DORINE

Quoi donc, encore ?
Je pense qu'on verra l'aurore
Sans qu'il ait rien encor trouvé.
Et que t'est-il donc arrivé ?

PHILIPIN

J'allais marchant en diligence*,

Comme un homme qui rien ne pense,
J'allais sifflant, j'allais chantant,
Quand des ivrognes me heurtant…
Moi je me suis mis en colère !
Je leur ai bien dit leur affaire,
Mais eux, sans tenir grand propos,
M'ont roué de coups de tricots*.

ISABELLE

Comme la nuit est fort obscure,
Ils ne t'ont pas fait grande injure,
Et t'ont pu heurter sans dessein.

DORINE

Madame, il n'est que trop certain
Qu'il leur aura dit quelque chose.
Ils ne l'ont point battu sans cause :
Il méritait d'être frotté*.

PHILIPIN

Me voilà bien réconforté.

DORINE

Voyez un peu quelle saillie* !
Sais-tu bien que si ta folie
Vient encor nous épouvanter,
Tu pourras te faire frotter* ?

PHILIPIN

Je m'en vais par une autre rue.
Et si quelqu'un s'offre à ma vue,
Je passerai sans faire bruit,
Et dans la faveur de la nuit,
Je ne dirai rien à personne.
[*À part.*]
Mais, à propos, quand je raisonne,

Ces deux friponnes tout exprès[1]
M'aiment beaucoup mieux loin que près :
D'où vient que ces deux importunes
Me font tant courir de fortunes*,
Sans avoir pitié de ma peau ?
Inventons un sujet nouveau
Par où je les puisse surprendre :
Je gage de trouver Cléandre.

(Il sort.)

DORINE

Je pense que quelque démon
Possède ce maudit poltron :
Voyez combien ses aventures
Nous causent de rudes tortures.
Mais il est parti, Dieu merci,
Vous n'avez plus lieu de souci :
Parlez-vous à présent sans crainte.

CLÉANDRE

Toujours quelque nouvelle atteinte
Nous vient troubler dans nos discours,
Quand nous parlons de nos amours.
Mais enfin, objet* adorable,
Si le destin m'est favorable,
Après avoir tant combattu…

SCÈNE IX

LES MÊMES.

PHILIPIN

À l'arme, à moi, je suis perdu !

ISABELLE

Ô dieux ! que le sort m'est contraire…
Cachez-vous !

1 « à dessein ».

PHILIPIN

Dieux, l'étrange affaire !

DORINE

Quoi ? Qu'as-tu donc encor trouvé ?
Maroufle*, fusses-tu crevé !

PHILIPIN

Je viens de voir un grand fantôme
Qui presque atteignait à ce dôme,
Qui paraît le plus haut de tous,
Regarde…

DORINE

Le plus sot des fous !

PHILIPIN

Depuis les pieds jusqu'à la tête,
Il avait un drap blanc.

DORINE

La bête !

PHILIPIN, *voyant Cléandre.*

Mais quelle autre ombre est celle-ci ?
Quoi donc ! vous m'attrapez ainsi ?
Peste ! c'est une ombre vivante,
Et mon âme s'en épouvante,
Parce que mon maître…

DORINE

Tais-toi,
Ou ne t'approche plus de moi.

PHILIPIN

Quoi ! toujours user de menaces ?
Voyez un peu quelles grimaces !
Ah cruelle !

DORINE

Que diras-tu ?
Oses-tu bien ?

PHILIPIN

Je suis perdu.
Si le Vieillard…

ISABELLE

Tu le peux taire.

CLÉANDRE

Hélas ! ne me sois pas contraire :
Tiens, cher ami, prends ces écus.

PHILIPIN

Ah ! si je les prends sans refus,
C'est pour contenter votre envie,
Et puis votre âme en est ravie ;
Je ne suis point intéressé,
Et si vous ne m'aviez pressé…

CLÉANDRE

C'est assez, puisque ta franchise
Me rassure dans ma surprise.
Tandis que ton maître est dehors,
Emploie(3) pour moi tes efforts,
Et fais si bien par ton adresse,
Que j'entretienne ma maîtresse* :
Je l'aime légitimement*,
Et si l'on croyait autrement,
Ce serait me faire une injure.
Va donc, mon cher, je te conjure,
Écouter un peu dans ce coin
Si ton maître ne revient point,
Et nous en donne avis sur l'heure.

PHILIPIN

Oui, Monsieur, allez, j'y demeure :
Je saurai bien faire le guet,
Et même tenir le secret.
[*Cléandre, Isabelle et Dorine rentrent dans la maison.*]
Voilà le plus brave jeune homme
Qui soit d'ici jusques à Rome.
Ah ! qu'un vieil avare et brutal,
Auprès d'un jeune libéral*,
Est une chose haïssable,
Incommode et désagréable.
Mais voyons ce qu'il m'a donné :
Ô dieux ! j'en suis tout étonné.
Comptons un peu cette monnaie
Qui fait ici toute ma joie :
Un, deux, trois, quatre, cinq et six,
Et sept, et huit, et neuf, et dix…
Mon âme se laisse surprendre :
Ma foi, cela vaut bien le prendre[1].
Mais allons voir si le Vieillard
N'arriverait point par hasard.
Ah ! que j'écoute à la bonne heure !
Je l'entends lui-même, ou [que] je meure.
Allons bien vite en avertir
Nos gens pour les faire sortir :
Cléandre, Isabelle, Dorine !
Mais toujours le Vieillard chemine.

ISABELLE

[*ressortant de la maison, suivie de Dorine.*]
Philipin ?

PHILIPIN

Ah ! que ferez-vous ?
Votre père est proche de nous,
Il parle à quelqu'un que je pense,

1 « cette somme est si grande qu'il vaut la peine de l'accepter ».

Et malgré votre diligence*,
Je crois qu'il vous verra passer.

DORINE

Ainsi donc, il vaut mieux penser
À lui jouer[2] un stratagème,
Que je médite dans moi-même :
Rentrons vite dans la maison,
Et couvrons l'habit de garçon
De celui d'une jeune fille,
Tandis que le Vieillard babille.
Cléandre est jeune, il est bien fait :
Voilà justement notre fait.

ISABELLE

Philipin peut dire à mon père
Que c'est une jeune étrangère,
Fort belle et de condition[4],
Qui nous faisait compassion[4].

PHILIPIN

Il n'est pas besoin de m'instruire :
Rentrez vite et laissez-moi dire.
Mais le voici, ce vieil chenu*.

SCÈNE X
PHILIPIN, LE VIEILLARD.

PHILIPIN

Monsieur, soyez le bienvenu.

LE VIEILLARD

Que fais-tu là, seul dans la rue ?

PHILIPIN

La cause en est fort peu connue :
C'est un sujet bien surprenant,

Que vous saurez tout maintenant.
Sachez donc qu'une demoiselle,
Qui n'est pas moins sage que belle,
Étrangère, mais de bon lieu,
Qui, par la volonté de Dieu,
Et par un malheur incroyable,
Est dans un état pitoyable…
Nous sommes encore ignorants
Quels sont ses amis et parents :
Elle est venue à notre porte,
Et même a heurté d'une sorte
Et fait voir dans son entretien
Qu'elle vous connaissait fort bien[1].

LE VIEILLARD

Qui diable peut-elle donc être ?
Comment peut-elle me connaître ?
Tu dis qu'elle est dans ma maison ?
Cela ne me sent rien de bon :
C'est possible* quelque coquine.

PHILIPIN

Non, elle n'en a pas la mine :
Si vous la voyiez, sur ma foi,
Vous en diriez autant que moi.

LE VIEILLARD

Est-elle belle ?

PHILIPIN

Oui, j'ai crainte
Que vous n'en ayez quelque atteinte,
Si je vous dis tous ses appas ;
Croyez-moi, ne la voyez pas.

1 La structure un peu confuse de cette explication souligne l'embarras de Philipin.

LE VIEILLARD

Ah ! tu m'en donnes plus d'envie,
J'en ai déjà l'âme ravie.
Oui, Philipin, de ton récit,
J'ai laissé charmer mon esprit.
Dis-moi, comment est-elle faite ?

PHILIPIN

Monsieur, elle est toute parfaite.
Jugez de sa bonne façon :
Elle est haute comme un garçon.

LE VIEILLARD

Sa chevelure ?

PHILIPIN

N'est pas blonde.

LE VIEILLARD

Et sa face ?

PHILIPIN

Elle n'est pas ronde.

LE VIEILLARD

Son front ?

PHILIPIN

Est plat comme un tranchoir.

LE VIEILLARD

Son sourcil ?

PHILIPIN

Entre blond et noir.

LE VIEILLARD

Son nez, comme[nt] est-il ?

PHILIPIN

Aquilin.
Fort approchant du masculin !

LE VIEILLARD

Ses yeux ?

PHILIPIN

Des petites cavernes
Où l'on voit briller deux lanternes.

LE VIEILLARD

Sa bouche ?

PHILIPIN

Est couleur d'écarlate,
Fort petite et fort délicate.

LE VIEILLARD

Oui, mais cette bouche au-dedans,
A-t-elle bien toutes ses dents ?

PHILIPIN

Fort petites et bien rangées,
Qui ressemblent à des dragées !

LE VIEILLARD

Son menton ?

PHILIPIN

Est un peu fourchu.

LE VIEILLARD

Et son sein ?

PHILIPIN

Je ne l'ai pas vu :
Elle est un peu trop retenue
Pour laisser voir sa gorge nue.

LE VIEILLARD

Et son teint, comme[nt] est-il ?

PHILIPIN

Il est
Entre le blanc et le clairet[1],
Car il n'est pas blanc comme plâtre,
Il est entre blanc et rougeâtre.

LE VIEILLARD

Ah ! Philipin, je la veux voir,
Je pense que c'est mon devoir.

PHILIPIN

Oui, mais pour charmer cette belle,
Si vous êtes épris pour elle,
Habillez-vous plus galamment :
Prenez un autre vêtement,
Car vous n'auriez pas d'avantage
De la voir dans cet équipage.
Mais retirons-nous, je la vois :
Cachez-vous bien derrière moi.
Trouvez-vous qu'elle ait les yeux louches ?

LE VIEILLARD

Comment ? Elle porte des mouches* !

PHILIPIN

Monsieur, c'est sa condition[(4)] :
En tenez-vous[2].

LE VIEILLARD

J'ai passion[(3)]
D'aller lui découvrir ma braise[3].

---

1 Jeu de mots entre les couleurs et les noms de vin.
2 « Tenez-y vous », autrement dit : « il faut vous y faire ».
3 « ma flamme ».

PHILIPIN

Tout beau !

SCÈNE XI

LE VIEILLARD, *caché derrière* PHILIPIN,
ISABELLE, DORINE, CLÉANDRE, *en habit de femme.*

ISABELLE

Que mon père aura d'aise
De voir un objet* si charmant !

DORINE [*bas, à Isabelle et Cléandre.*]

Parlez toujours adroitement
De peur de découvrir la feinte.
Il faudra vous nommer Aminte[1].

CLÉANDRE

L'accueil que je reçois de vous
M'est si favorable et si doux,
Que mes infortunes passées
Sortent toutes de mes pensées ;
Je trouve ici tout mon repos.

LE VIEILLARD [*bas.*]

Philipin, qu'elle parle gros :
Sa langue n'est pas bien limée[2].

PHILIPIN [*bas.*]

Vraiment, c'est qu'elle est enrhumée.

CLÉANDRE [*à Isabelle.*]

Comme vous avez des appas
Que les autres filles n'ont pas,
Je crois que monsieur votre père,

1 Dorine choisit un prénom mixte, qui est aussi celui du célèbre héros de la pastorale du Tasse, *L'Aminta* (1573), fleuron de la littérature précieuse.

2 C'est-à-dire : « qu'elle parle grossièrement et que son ton est peu raffiné ».

Que par son renom je révère,
Est un gentilhomme parfait.

PHILIPIN

Ah ! Mademoiselle, en effet,
Vous aurez pour lui de l'estime :
C'est un homme fort magnanime.
(Au Vieillard.)
Cachez-vous.

LE VIEILLARD[*bas.*]

J'en suis fort[1] blessé.

CLÉANDRE

Je l'avais bien déjà pensé
Qu'une fille si généreuse,
Aussi belle qu'officieuse(4)*,
N'a qu'un père très accompli.

PHILIPIN [*à part.*]

De plus, le gousset* bien rempli.

LE VIEILLARD, *à part.*

Ah ! Philipin, qu'elle a de charmes !

CLÉANDRE

Je ne verserai plus de larmes,
Tant que je serai près de vous.
Que le Ciel s'arme de courroux,
Qu'il ajoute à mes infortunes
Des douleurs encor moins communes
Que celles qu'il m'a fait souffrir,
Je suis contente d'en mourir !
Mais j'en veux perdre la mémoire,
Et de ma déplorable histoire,
Pour ne songer qu'à mon bonheur.

1 Nous ajoutons ce terme pour rétablir l'octosyllabe.

ISABELLE

Vous me faites trop de faveur.
Pourtant, je vous trouve inquiète[3].

CLÉANDRE

Madame, c'est que je souhaite[2]
Voir monsieur votre père ici.

LE VIEILLARD [*bas.*]

Je la veux tirer de souci :
Philipin, laisse-moi paraître.

PHILIPIN [*bas.*]

Vous n'êtes pas sage, mon maître :
Attendez que vous soyez mieux
Pour vous découvrir à ses yeux.
Rentrez, je vous suis.

LE VIEILLARD [*bas.*]

Qu'elle est belle !

SCÈNE XII

ISABELLE, CLÉANDRE, DORINE, PHILIPIN.

ISABELLE

Ah ! cher Philipin, que ton zèle
Nous fait passer de doux moments,
Et que j'ai de contentements !

CLÉANDRE

Ah ! Philipin, que ton adresse
Te va faire voir ma largesse !
Autant que tu me rends heureux,
Tu m'éprouveras généreux.

DORINE

Mon cher Philipin, ta franchise
Te rend Dorine toute acquise :

Je ne ferai point d'autre choix.

PHILIPIN

Ô dieux, que de biens* à la fois !
Vous m'accablez : cessez, de grâce !
Mais je vais vous quitter la place[1].
Le bon Vieillard est déjà pris,
Vous avez charmé ses esprits :
Il va se mettre en équipage
Pour vous mieux rendre son hommage.
Adieu, je m'en vais l'habiller,
Tandis* vous pouvez babiller.

SCÈNE XIII

CLÉANDRE, ISABELLE, DORINE.

CLÉANDRE

Vous voyez, charmante Isabelle,
Sous ces habits de demoiselle,
Le plus fidèle des amants ;
Mais si, dans ces habillements,
Vous sentiez quelque répugnance
À me voir avec complaisance*,
Souvenez-vous que Céladon
Jadis se mit de la façon
Pour parler à sa chère Astrée[2].
Même chose s'est rencontrée
Par la rigueur de mon destin,
Dont j'attends une heureuse fin.

ISABELLE

Dans quelque habit que je vous voie,

---

1 « vous laisser ».

2 Dans le roman précieux d'Honoré d'Urfé, *L'Astrée* (1607-1628), Céladon s'habille en jeune fille pour approcher sa bien-aimée Astrée. Celle-ci ignore ou feint d'ignorer que sa nouvelle compagne est Céladon travesti (voir aussi La Roche-Guilhen, *Rare-en-tout*, v. 146 et note 3, p. 471).

Je sens toujours la même joie :
Cet habit ne vous change pas,
Vous avez les mêmes appas,
Et lequel que vous puissiez prendre,
Vous n'en êtes pas moins Cléandre.
Mais je crains que ce vêtement,
Où vous paraissez si charmant,
Ne vous fasse aimer de mon père,
Car tout cela serait contraire
Au bonheur que nous espérons.

CLÉANDRE

N'importe, nous nous parlerons,
Tant que le Ciel nous fasse naître[1]…
Mais ne le vois-je pas paraître ?

DORINE

Voyez un peu qu'il est galant,
Ce bon vieil qui va chancelant ;
Tâchez de vous bien contrefaire*.

SCÈNE XIV

LES MÊMES, LE VIEILLARD, *en galanterie ridicule*, PHILIPIN[2].

CLÉANDRE

Est-ce là monsieur votre père ?

ISABELLE

Oui, le premier qui vient à nous.

CLÉANDRE

Il est aussi jeune que vous !
Ah ! mon Dieu, qu'il a bonne mine !

---

1 Sous-entendu : des sentiments si doux.

2 Dans l'édition originale, cette scène est annoncée après le vers 592.

ISABELLE [*bas.*]
Qu'il sait bien déguiser, Dorine.

CLÉANDRE
Monsieur, que pourrez-vous penser
D'un procédé[1]…

LE VIEILLARD
C'est m'offenser,
Si vous croyez, belle étrangère,
Que je sois assez mauvais père
Pour voir ce que ma fille a fait
Et n'en être pas satisfait.
Quoiqu'on m'accuse d'avarice,
Je suis homme à rendre service,
Et puis des beautés comme vous…

CLÉANDRE
Monsieur, un sentiment si doux
Me rend tant votre redevable
Que je m'en sens moins misérable.
Je bénis mon mauvais destin,
Puisqu'en ce jour…

LE VIEILLARD, *à part à Philipin.*
Ah ! Philipin,
Qu'elle dit de belles paroles !
(À Cléandre.)
Tous ces compliments sont frivoles* :
Vous pouvez commander ici.

CLÉANDRE
Traiter une étrangère ainsi !

LE VIEILLARD [*à part, à Philipin.*]
Ah ! Philipin, qu'elle est gentille !

1 Orig. : « D'en procéder ».

(À Cléandre.)
Vous coucherez avec ma fille.

CLÉANDRE
Très volontiers et de bon cœur :
Ce me fera beaucoup d'honneur.
Je n'ai dessein que de vous plaire.

ISABELLE
Mon père, il n'est pas nécessaire.

LE VIEILLARD
Cela vous fait baisser les yeux ?

PHILIPIN, *à part.*
Il ne demanderait pas mieux.

LE VIEILLARD
D'où vous vient cette résistance ?
N'est-elle pas…

ISABELLE
La conséquence
Est que madame, assurément,
Doit avoir son appartement :
Cela se doit à ses mérites.

LE VIEILLARD
Il est bien vrai ce que vous dites.
Eh bien ! laissez-nous donc ici,
Tandis* vous prendrez le souci
De faire dresser chaque chose.

ISABELLE
Je n'y manquerai pas.
[*Elle sort avec Dorine.*]

CLÉANDRE
Si j'ose

Vous parler un peu librement,
[Ne] Suis-je pas trop pompeusement[1],
Pour une pauvre malheureuse
Que la fortune rigoureuse
Traite avecque tant de mépris ?

LE VIEILLARD

Elle ne connaît pas le prix
De votre beauté peu commune.
Mais quelle est donc votre infortune ?

CLÉANDRE [*avec confusion.*]

Je l'ai dit ici devant tous…

LE VIEILLARD

Et de quel pays êtes-vous ?

CLÉANDRE

Monsieur, j'ai pris mon origine
Dans le royaume de la Chine.

LE VIEILLARD

Mais y sait-on parler français ?

PHILIPIN

Ah vraiment, Monsieur, je le crois !
Il paraît bien à ses harangues
Qu'elle a toutes sortes de langues.

CLÉANDRE

Et par un malheur sans égal,
Je quittai mon pays natal,
Mais je ne sens pas le courage
D'en pouvoir dire davantage.

LE VIEILLARD

Madame, ne m'en dites plus,

---

1 « trop apprêtée ».

Ces récits seraient superflus.
J'aimerais beaucoup mieux vous dire…

CLÉANDRE

Qu'est-ce que votre cœur désire ?

LE VIEILLARD

Vous dire que vos doux regards
Sont plus perçants que mille dards ;
Que vous avez dans le visage
Des traits à blesser un sauvage.

PHILIPIN, *à Cléandre.*

Il ressentait déjà vos coups
Avant qu'on lui parlât de vous.

CLÉANDRE

Certes, il est bien difficile
De croire qu'une pauvre fille,
Dont à peine on connaît le nom,
Ait eu sur vous ce pouvoir ; non,
Vous me raillez.

LE VIEILLARD

Ah ! belle Aminte,
En vain vous m'accusez de feinte.
Oui, je brûlais pour vos beaux yeux
Avant que vous voir en ces lieux ;
Et maintenant que c'est vous-même,
Plus je vous vois, plus je vous aime.
Et si vous voulez, aujourd'hui,
Pour mettre fin à votre ennui*,
Quoique ma fille en soit jalouse,
Je vous prendrai pour mon épouse.

PHILIPIN [*à part.*]

Le plaisant mariage(3) !

CLÉANDRE

Il faut,
Avant que d'en parler si haut,
Si vous m'aimez comme vous dites,
Donner au moins quelques limites
Au bien* que vous me proposez :
Car enfin, si vous m'épousez,
Il faut bannir de mes pensées
Toutes mes misères passées,
Afin que de plus doux plaisirs
Succèdent à mes déplaisirs,
Et que, donnant trêve à mes plaintes,
Je puisse vous aimer sans feintes.
[Ne] M'accorderez-vous pas ce bien* ?

LE VIEILLARD

Ah ! je ne vous conteste en rien,
Mais la douleur qui vous possède
Vous va faire devenir laide ;
Et si vous étiez avec moi,
Vous embelliriez, sur ma foi.

CLÉANDRE

Je n'en doute point, mais de grâce,
Attendez que ma douleur passe ;
Après, je serai toute à vous.

LE VIEILLARD

Bien, ma belle, rentrons chez nous.

SCÈNE XV

PHILIPIN.

Jamais on ne l'a vu si souple.
Mais voyez un peu ce beau couple :
Un vieux Rodrigue chancelant,

Qui veut faire encor le galant[1].
Ah ! nous sommes au bout du monde[2] !
Ce vieux reître* avec sa rotonde*,
Lui que l'âge doit convertir,
Songe encore à se divertir.
Après ce que fait la vieillesse,
Jugez un peu si la jeunesse
A droit de prendre ses plaisirs
Et de contenter ses désirs.
Mais ne vois-je pas ma Dorine ?
Rentrons[3]. Quoiqu'elle a bonne mine…

SCÈNE XVI
LE MÊME, DORINE.

PHILIPIN

Où vas-tu[4] ?

DORINE

Je viens rire ici.
Si tu voyais ce vieux transi,
Il[5] te ferait crever de rire,
Avec sa mine de satyre.
Il contraint furieusement[(5)]
Notre maîtresse et son amant,
Car Cléandre, près d'Isabelle,
N'ose jeter les yeux sur elle.

PHILIPIN

J'ose bien les jeter sur toi.
Mais si tu n'as pitié de moi,

---

1 Allusion au jeune héros galant du *Cid* de Pierre Corneille (1637), œuvre de référence dans la littérature précieuse.
2 Autrement dit : « c'est le monde à l'envers ! ».
3 Orig. : « Rentre ».
4 Dans l'édition originale, cette réplique termine la scène précédente.
5 Orig. : « Je ».

J'irai bientôt à l'autre monde,
Car mon amour est sans seconde.

DORINE

En bonne foi, m'aimes-tu bien,
Et ne me déguises-tu rien ?
Pour moi, je suis fort incrédule,
Et quand on me dit que l'on brûle,
Je ne le crois pas aisément.

PHILIPIN

Et si je t'en fais un serment…
Mais quel grand bruit viens-je d'entendre ?
Ô dieux ! que vois-je ? C'est Cléandre !
Tout est gâté, tout est perdu.

SCÈNE XVII

LES MÊMES, LE VIEILLARD, CLÉANDRE, *qui aura quitté son habit de fille, hors la coiffe*, ISABELLE.

LE VIEILLARD

Ah ! traître, tu seras pendu !
Et l'objet de tes fourberies,
Je le vais mettre aux Repenties[1] ;
Vous m'avez fait servir de fou,
Mais je vous veux casser le cou.

PHILIPIN

Mon maître, que voulez-vous faire ?
N'entrez pas si fort en colère.

LE VIEILLARD

Ah ! traître, tu le savais bien.

PHILIPIN

Moi, Monsieur ? Je n'en savais rien.

1 Couvent où l'on envoyait les filles de mauvaise vie.

CLÉANDRE

Est-il amant plus misérable ?

PHILIPIN

Vraiment, il n'est pas raisonnable
Que l'on accuse un innocent
De ce qui se passe à présent.
D'où vient cette métamorphose ?
Monsieur, dites-m'en quelque chose :
Cette fille était un garçon ?
L'aurait-on dit à sa façon ?
Comment l'avez-vous pu [re]connaître ?

LE VIEILLARD

Voici comment : ce double traître
Étant resté par mon aveu*
Avec ma fille près du feu,
Pour coucher dedans la salette*
D'à côté, je pliai toilette[1]
Et dis adieu jusqu'au revoir ;
Toutefois, curieux[(3)] de voir
Ce que ces deux filles ensemble
Feraient, d'un pas plus doux que l'amble[2],
Sans être ouï[(2)] de toutes deux,
Je retourne et vois de mes yeux,
Par une fente de la porte,
Monsieur, que le grand diable emporte !,
Ôter son habit de dessus.
J'ai resté d'abord si confus
Que, sans leur dire une parole,
J'ai vite poursuivi mon drôle.
(Allant pour frapper Cléandre.)
Ah ! par la mort…

PHILIPIN

Non, croyez-moi !

---

1 « pliai bagage ».

2 Allure d'un cheval, entre le pas et le trot.

Car, Monsieur, à ce que je vois,
Ce jeune homme aime votre fille,
Et s'il est de bonne famille,
Comme il le marque par son front…

LE VIEILLARD

Après un si cruel affront,
J'aimerais mieux…

ISABELLE, *se jetant à ses pieds.*

Hélas ! mon père,
Adoucissez votre colère,
Puisque enfin ce fidèle amant
Me poursuit légitimement*,
Et que c'est seulement la crainte
Qui nous a fait user de feinte.

CLÉANDRE, *à genoux.*

Monsieur, si vous saviez mes biens
Et que vous connussiez les miens,
Que je suis de noble famille,
Vous m'accorderiez votre fille.

PHILIPIN, *à genoux, pleurant.*

Laissez-vous toucher à nos pleurs.

DORINE, *à genoux, pleurant.*

Soyez sensible à nos douleurs.

LE VIEILLARD, *pleurant.*

Oui, oui, mon âme est attendrie,
Je contenterai votre envie.
Vous voyant pleurer à genoux,
Je verse des pleurs comme vous :
Oui, levez-vous, ma fille est vôtre.

CLÉANDRE

Ô dieux ! quel bonheur est le nôtre !

Ah ! que vous me rendez heureux !

PHILIPIN

Et moi je suis fort amoureux.
[*Montrant Dorine.*]
Voilà l'objet de mon martyre.
Puis-je espérer…

LE VIEILLARD

J'y vais souscrire, Si tu le veux.

DORINE

Je le veux bien.

PHILIPIN

Est-il bonheur égal au mien ?
Vous voyez qu'après tant de crainte,
Tout réussit par notre feinte.

SŒUR DE LA CHAPELLE

(2e moitié du XVIIe siècle)

NOTICE

On ne possède aucun détail sur la vie de la sœur de La Chapelle, et tous les renseignements à son sujet restent hypothétiques. Son existence nous est seulement connue par cette tragédie publiée en 1663 chez Blaise Simonnot à Autun. La pièce est précédée d'une dédicace signée « DE LA CHAPELLE REL. C. ». L'abréviation utilisée signifiant sans doute « religieuse cloîtrée », on peut en conclure que la sœur de La Chapelle appartenait à l'une des trois communautés de religieuses présentes dans la ville d'Autun à cette époque (en plus du couvent des Ursulines, non cloîtré). De nouvelles recherches permettront peut-être de l'identifier sous le nom d'une certaine Anne de la Capelle-Biron, membre de l'abbaye bénédictine (St-Jean-le-Grand) et lectrice d'« histoires profanes[1] » d'après le témoignage du vicaire général lors de sa visite en 1676.

Cette pièce, consacrée au martyre de sainte Catherine d'Alexandrie, s'inscrit dans une nouvelle tradition littéraire féminine : l'émergence de femmes dramaturges, qui, depuis une décennie, s'étaient emparées du thème du martyre. À la suite de Marthe Cosnard et Mme de Saint-Balmon (1650), puis de Françoise Pascal (1655) – et un an après la première représentation d'une tragédie composée par une femme sur la scène parisienne (le *Manlius* de Mme de Villedieu) –, la sœur de La Chapelle fit donc, à son tour, œuvre de pionnière : elle est, en l'état des recherches, la seule religieuse du XVIIe siècle à avoir publié une pièce de théâtre en France. Elle semble également s'être inspirée d'une certaine vogue locale pour le sujet des vierges martyres, alors que l'essor de cette thématique sur la scène parisienne s'était déjà bien éclipsé. L'importance croissante de la ville d'Alise-Sainte-Reine comme lieu de pèlerinage, surtout à partir des années 1640, explique peut-être cet intérêt diocésain. Sa publication suivit en effet celles de deux autres

1 Archives départementales de Saône et Loire, H 1174 (visite d'Antoine Dufeu).

tragédies chez le même imprimeur : *Le Chariot de Triomphe tiré par deux aigles* (1661) de Hugues Millotet sur la vierge martyre Reine d'Alise, patronne de Bourgogne, et la tragédie de *Sainte Cécile* (1662) de Jean François de Nîmes.

En traitant de cette légende hagiographique, l'autrice apporta surtout son soutien aux champions des femmes : la légende de sainte Catherine d'Alexandrie, qui parvint, par son savoir et son éloquence, à convertir au christianisme des philosophes païens, était alors citée comme une preuve historique et théologique de l'égalité féminine. Le traitement de l'histoire par la sœur de La Chapelle et la place qu'elle accorde au personnage de l'impératrice offrent, en outre, une représentation très positive du pouvoir intellectuel et politique des femmes. Enfin, le nombre plus restreint de rôles masculins par rapport aux autres tragédies de l'époque sur le même sujet pourrait laisser penser que la pièce fut destinée à être jouée par les jeunes novices et écolières d'Autun. Quoi qu'il en soit, elle est bien une apologie de l'éducation féminine par la voix d'une sainte, modèle héroïque de la femme philosophe, capable de débattre théologie et de l'emporter sur les plus grands esprits de son temps.

La pièce, devenue introuvable, est longtemps restée absente des Histoires du théâtre. Au XVIIIe siècle, seules les *Anecdotes dramatiques* (1775) y firent une brève allusion. Dans la première moitié du XXe siècle, l'historien du théâtre Henry C. Lancaster la mentionna, tout en précisant qu'il n'avait pu consulter aucun exemplaire[1]. Quant à Cioranescu, il l'inclut en 1965 dans sa *Bibliographie de la littérature française du XVIIe siècle*, mais en l'attribuant à tort à Jean François de Nîmes. La pièce n'a donc fait sa réapparition qu'au XXIe siècle : en 2000, des recherches à la Bibliothèque de l'Arsenal à Paris nous ont en effet permis d'identifier sa cote dans un ancien catalogue datant des années 1920. Oubliée des index suivants, elle a, depuis peu, retrouvé sa place dans les catalogues de la Bibliothèque nationale de France.

Pour établir le texte, nous nous sommes appuyés sur les deux éditions existantes, celle de 1663 et une autre de 1653, publiée à Paris sans nom d'imprimeur et conservée à la bibliothèque municipale de Besançon, mais qui est probablement une édition pirate tardive. Leurs qualités

1 *A History of French Dramatic Literature in the Seventeenth Century. Part III : The Period of Molière, 1652-1672*, Baltimore, Johns Hopkins Press, 1936.

d'édition restent très médiocres, et de nombreuses erreurs d'impression se sont ajoutées aux fautes stylistiques de l'autrice[1]. Malgré ses faiblesses, cette pièce, qui n'avait jamais été rééditée, offre un éclairage précieux sur cette nouvelle génération de femmes lettrées à laquelle appartient la sœur de La Chapelle : issues de milieux moins favorisés que leurs prédécesseuses, elles n'hésitent pas à publier du théâtre et à se faire les apôtres du savoir féminin et de l'égalité des sexes dans tous les domaines.

1 Par souci de clarté, nous avons adapté notre protocole éditorial. Voir les principes éditoriaux, p. 23-24.

L'ILLUSTRE PHILOSOPHE, OU L'HISTOIRE DE SAINTE CATHERINE D'ALEXANDRIE

Tragédie

(1663)

Premières éditions

De La Chapelle, *L'Illustre philosophe, ou l'Histoire de saincte Catherine d'Alexandrie*, Autun, Blaise Simonnot, 1663.

De La Chapelle, *L'Illustre philosophe, ou l'Histoire de saincte Catherine d'Alexandrie*, Paris, s. n., 1653 [vraisemblablement fin XVIIe]

PERSONNAGES[1]

MAXIMIN, empereur romain.
L'IMPÉRATRICE.
CATHERINE, princesse d'Alexandrie.
ÉMILIE, parente de Catherine.
PORPHIRE, favori de l'empereur.
CORVIN, sénateur romain.
CLAUDIEN, sénateur romain.
TERRACINE, sénateur romain.
LUCIUS, célèbre docteur.
LÉONOR, confidente de l'impératrice.
LÉPIDE, capitaine des gardes.
ROSILÉE, [confidente d'Émilie].

La scène est dans Alexandrie.

1 À propos de la prononciation des noms romains et leur graphie, voir les principes éditoriaux, p. 24.

Le martyre de Catherine d'Alexandrie est une des plus célèbres légendes hagiographiques. Le culte de cette sainte, dont la fête se célèbre le 25 novembre, était très répandu en Europe, et particulièrement en France. Selon la tradition, Catherine était une princesse égyptienne qui se convertit au christianisme et subit le martyre vers l'an 307. Comme elle refusait de rendre des sacrifices aux dieux romains, l'empereur Maximin II convoqua cinquante philosophes pour débattre avec elle et la convaincre de se plier à l'autorité religieuse et civile. Mais ce fut la sainte qui, par son intelligence, son érudition et sa foi, parvint à tous les convertir. Après avoir subi de nombreux supplices, elle eut la tête tranchée, d'où s'écoula du lait à la place du sang. Sainte Catherine devint la patronne des philosophes et la protectrice de l'Université de Paris.

Il existe quatre autres tragédies qui mirent en scène la légende de Catherine d'Alexandrie au XVIIe siècle : *Le Martyre de sainte Catherine* de Jean Boissin de Gallardon (1618) ; *Sainte Catherine* d'Estienne Poytevin (1619) ; *Sainte Catherine* de Jean Puget de La Serre (1643) ; et *Le Martyre de sainte Catherine* (1649), restée anonyme, mais probablement écrite par l'abbé d'Aubignac. Cependant, la pièce de la sœur de La Chapelle se distingue nettement de ces œuvres par le traitement de son héroïne et les modifications apportées à la légende. L'autrice invente une intrigue amoureuse entre Catherine et un jeune seigneur, Porphire : cette expérience d'un amour profane humanise la sainte, dont la vie n'a pas été entièrement consacrée à la chasteté et au culte chrétien. Un autre changement d'importance tient au fait que Catherine engage une discussion avec un seul philosophe, Lucius : au lieu de suggérer l'intervention miraculeuse de la Grâce pour convertir une cinquantaine de philosophes, ce choix dramaturgique permet de mettre en lumière la lutte intellectuelle qui se joue alors entre deux savants égaux dans leur savoir théologique et leur habileté rhétorique.

Catherine, loin d'apparaître comme une mystique possédée par la lumière divine, est donc une femme dont la conversion est raisonnée : éduquée dans le paganisme, séduite en sa jeunesse par le platonisme et sa philosophie de l'amour, c'est par la raison qu'elle s'en détache et qu'elle défend sa nouvelle foi. La parole dramatique met ainsi en scène le triomphe de la religion chrétienne sur le polythéisme, mais aussi la victoire de la raison sur les passions.

À une époque où l'érudition féminine faisait l'objet de satires théâtrales sur la scène parisienne, la sœur de La Chapelle a su dramatiser de façon très positive ce modèle de femme savante. Le cartésianisme de cette *Illustre philosophe* vint sans doute conforter d'autres contemporaines de son temps, telles Jacquette Guillaume[1] ou Susanne de Nervèze, qui s'appuyèrent elles aussi sur l'histoire des femmes pour proclamer qu'« elles sont capables de toutes les disciplines[2] ».

1 *Les Dames illustres, ou par bonnes et fortes raisons, il se prouve que le Sexe Féminin surpasse en toute sorte de genres le Sexe Masculin*, Paris, Thomas Jolly, 1665.

2 S. de Nervèze, *Apologie en faveur des femmes*, in *Œuvres spirituelles et morales*, Paris, Jean Paslé, 1644, p. 87.

À MONSIEUR,
LE PRIEUR DE LA CHAPELLE.

Monsieur,

Mon très honoré frère. Tant que cette illustre philosophe a été dans son origine[1], elle n'a pas eu besoin de secours, mais à présent que je l'en ai sortie assez désavantageusement, je suis obligée de la mettre en vos mains pour la tourner en son centre[2], et par cet acte de justice mériter mon pardon et votre approbation sur cet ouvrage que je vous offre tant par devoir que par inclination, puisque votre vertu, dans ce petit travail, a toujours été mon objet, et la lumière qui m'a découvert les généreux* sentiments qu'inspire la philosophie chrétienne et morale. Vous l'exercez[3] si bien, mon très honoré frère, que, voulant copier quelques traits des vertus héroïques, j'ai fait un tableau de votre généreuse justice, dans les fâcheuses rencontres* où un esprit moins fort que le vôtre aurait paru flatteur ou timide, et par ce désordre aurait paru ensevelir la justice dans l'intérêt. Mon très cher frère, si celui du public ne vous avait pas vu, aux dépens de votre repos, relever ses ministres lorsqu'ils ont choppé* dans ces glorieux ministères[4], j'appréhenderais que mon affection en ce discours leur fût suspecte, et à vous aussi qui n'estimez que la vérité. Mais ces fidèles témoins et les paroles que je vous ai ouï si souvent prononcer de sa gloire[5] sont de vraies preuves de ce que je dis. Et comme je sais votre sévérité en ce sujet, j'appréhenderais d'être punie très rigoureusement si j'écrivais un mensonge pour louer votre valeur. Aussi ne m'en sers-je pas pour acquérir l'affection que votre bon naturel me promet en votre cœur, où la seule vertu est considérée. Pour la mériter, mon cher frère, on me verra toujours à la poursuite de

1 « à l'état de brouillon ». L'autrice joue sur l'homonymie entre la condition de son héroïne (illustre philosophe) et le titre de la pièce.

2 « pour la parfaire ». Expression probablement tirée de la poterie : le tournassage consiste à apporter les dernières finitions d'une pièce, en la plaçant au centre du tour.

3 C'est-à-dire : la philosophie chrétienne et morale.

4 Dans cette dédicace, La Chapelle fait des allusions très précises, que nous n'avons pu identifier. Il est clair que son frère a exercé une charge sacerdotale particulière auprès d'autres prêtres.

5 C'est-à-dire : la gloire de la vérité.

la perfection, qui peut faire connaître que j'ai l'honneur d'être sœur d'un très généreux* frère, et de plus sa très humble, et très obéissante servante.

DE LA CHAPELLE.

Rel. C.

ACTE I

SCÈNE I

CATHERINE, ÉMILIE.

ÉMILIE

Porphire n'est-il pas aujourd'hui, dans l'Empire,
L'homme le plus parfait que nous puissions élire ?
Et si vous lui pouvez refuser votre amour,
On verra du soleil mépriser le beau jour ;
Aux cœurs plus[1] généreux*, on verra que les palmes
N'auront point de rapport pour le prix de leurs armes ;
La gloire qui toujours les conduit aux combats,
Méprisée[(4)] des grands, ne les charmera pas.
Tout couvert de lauriers et tout brillant de gloire,
Porphire devant vous vient d'offrir sa victoire,
Et mépriser l'honneur qu'on donne aux conquérants,
Pour recevoir de vous de plus dignes présents.
Le mérite souvent trouve sa récompense
Dans la main du moteur qui lui donne puissance.
Pour arriver au but qu'il a déterminé,
Des exploits glorieux[(3)] dont il est couronné,
Il vous en fait auteur ; vous devez pour sa gloire
Lui prêter ce concours au point de sa victoire,
Et non pas, par dédain comme vous avez fait,
Et d'un lâche mépris, changer un bon effet.
Il est tout résolu d'aller donner sa vie
Aux cruels ennemis qu'il tenait en partie.

CATHERINE

Je t'avouerai[(4)] bien, sous les lois du secret,
Que dedans ce dessein mon cœur eut du regret ;
Et contre ma raison, ma passion[(3)] sans cesse
Me faisait voir Porphire avecque tant d'adresse,
Que, sans l'aide du Ciel, elle aurait obtenu

1 « Des cœurs les plus… ».

Un empire en mon cœur contraire à ma vertu.
Mais ma raison, dès lors de mon cœur séparée,
Refusant son conseil, en fut désabusée.
Et mon entendement, par un secours divin,
Dessus ma passion[(3)] agit en souverain ;
De Porphire et de Dieu connut la différence,
De l'un par l'accident*, de l'autre par l'essence[1].
La logique jamais ne montra mieux au net[2],
Par sa division[(4)][3], l'espèce comme elle est.
Que le divin rayon, qui nous vient de la Grâce,
Fit connaître de Dieu la parfaite efficace* !
En vain, Porphire et vous voulez fléchir mon cœur :
Le Dieu qui m'a créée[4] en sera seul vainqueur.
Il sera seul l'objet où mon âme en la vie
Portera ses désirs, sans se voir affaiblie
Par ces charmes trompeurs qui couvrent ici-bas
Un poison dangereux dessous de beaux appas.
Quand je posséderais tous les biens de Porphire,
Qu'il mettrait en mes mains les rênes de l'Empire,
Mon esprit éclairé ne serait pas content,
Si je n'avais un bien qui fût toujours constant.
Et puisque nous savons, d'une claire science[(2)],
Que tout bien ici-bas subsiste en l'inconstance,
Que cette instruction[(4)] nous soit donc un appui
Pour nous donner à Dieu et chercher tout en lui.
Car, pour cette raison que tu m'as présentée[5],
C'est une illusion[(4)] d'une très vaine idée.

ÉMILIE

Vous n'avez pas toujours, dessus ce même point,

1 Autrement dit, Catherine est parvenue à une connaissance métaphysique qui distingue le créateur et premier principe (Dieu) de la créature limitée (Porphire). Elle s'appuie sur un dualisme cartésien entre l'âme et le corps.

2 « plus précisément ».

3 C'est-à-dire : par sa capacité à catégoriser. En rhétorique, ce terme exprime l'ordonnancement d'un discours.

4 Orig. : « me l'a crée ».

5 C'est-à-dire : la raison selon laquelle Catherine se doit à Porphire en échange de la gloire qu'il lui a offerte (*cf.* v. 16 et 17).

Réglé vos passions[(3)] avecque tant de soins ;
Et dans notre entretien, il m'a dit[1] autre chose.

CATHERINE

Et quoi ?

ÉMILIE

De son amour…

CATHERINE

Qu'en a-t-il dit ?

ÉMILIE

La cause.

CATHERINE

La cause finissant, l'effet est supprimé.

ÉMILIE

Qui fut digne d'amour doit toujours être aimé.
Quoi ! son affection[(4)]*, ou bien sa servitude,
Fut toujours jusqu'ici sa plus soigneuse étude !
Les vœux*, qui dès longtemps vous ont été offerts,
Même jusqu'à présent, vous les avez soufferts ;
Il dit que, pour vous deux, [il] semblait que la nature
N'avait formé qu'un cœur et que même aventure.

CATHERINE

Puisque de mon histoire il te faut un tableau,
Tu apprendras de moi qu'au sortir du berceau,
Mes parents décédés, on me conduit à Rome,
Pour me faire enseigner par un très savant homme,
Qui tenait de Platon ce rare sentiment :
Que notre sexe apprit à former l'argument[2].

---

1 « Porphire m'a confié… » (orig. : « il n'a dit »).

2 Bien que l'attitude de Platon (428-348 av. J.-C.) envers les femmes soit parfois ambiguë, le philosophe estime qu'elles sont pourvues de l'usage de la raison et qu'elles doivent donc recevoir une éducation semblable aux hommes. Dans *Le Banquet*, le personnage de

La rhétorique[1] alors faisait en cette école
Prononcer un oracle en sa moindre parole ;
Sa poésie aussi mettait en nos esprits
Un divin sentiment, qui les rendait épris
De dépeindre aux héros, par son divin langage,
De leurs faits glorieux[(3)] une parfaite image ;
La morale imprimait, dans toutes les humeurs,
La gloire que toujours produi[sen]t les bonnes mœurs.
Des plus savants auteurs, on voyait la pensée ;
Chaque bonne action[(3)] était récompensée.
Porphire, dans ce lieu, apprenait avec moi,
Tous deux sans le baptême et dans une autre loi[2].
Son esprit et son corps montraient de la nature
Ce qu'elle a de plus beau dessus la créature,
Ce que j'estimais [le] plus ; un esprit généreux
Le rendait envers tous beaucoup officieux[(4)]*.
Son entretien était si prudent et docile*,
Qu'il se faisait aimer de tous ceux de la ville.
Mais ces perfections[(4)] n'auraient eu le pouvoir
De permettre à mon cœur de s'en apercevoir,
Si son amour secret n'eût trouvé dans sa flamme
La disposition[(5)] pour émouvoir mon âme ;
Mais aimée[(3)] de lui, je permis à l'amour
De faire dans mon cœur quelque temps son séjour.

ÉMILIE

Je sais que, pour aimer, [il] faut savoir être aimée,
Mais ses perfections[(4)] enfin vous ont charmée,
Car l'Amour ne peut rien dans un grand cœur sans eux[3] ;
Quoiqu'il ait un bandeau, pourtant il a des yeux.
Achevez ce discours.

Socrate rapporte ainsi les paroles de la savante Diotime, qui l'a instruit sur le concept de l'Amour.

1 L'art de bien parler ou discuter, reconnue comme une science au Ve siècle av. J.-C. Les vers qui suivent sont un éloge de la pensée et des discours de son savant professeur, disciple de Platon.

2 Autrement dit, avant la conversion de Catherine à la foi chrétienne, alors qu'elle n'avait que la loi naturelle comme base morale et non les commandements de l'Église.

3 « elles », c'est-à-dire les perfections (licence poétique).

CATHERINE

Hélas ! en cette vie,
Mon âme quelque temps se vit ensevelie
Au cœur de cet amant, qui, par un doux effort,
Dans ce funeste écueil, me promettait un port.

ÉMILIE

En effet, en amour, l'espoir vous fait un phare,
Qui vous promet un port, et ce port vous égare.

CATHERINE

Pour fuir[(2)] le danger où mon affection[(4)]*
Me pourrait emporter en sa relation[(4)][1],
De nos empressements je n'en veux plus rien dire.
Tu sauras seulement qu'aussitôt que l'Empire
Échut à Maximin, Porphire fut requis
Pour jouir[(2)] d'un honneur qu'il s'était bien acquis.
Prenant congé de moi, [il] me fit une promesse :
Que dessus son destin je serais sa maîtresse*,
Que pour me mériter il allait aux combats
Se rendre glorieux[(3)], ou bien par le trépas
Sacrifier[(4)] son sang afin qu'en cette vie,
Indigne de m'avoir, sa cendre ensevelie
Lui donnera l'honneur de s'être offert pour moi ;
Ou, couvert de lauriers, faisant à tous la loi,
Il veut dedans ces lieux soumis à son empire,
Pour son plus digne choix, pouvoir un jour m'élire.
M'opposant à sa mort, je dis qu'en ma faveur
Il devait conserver sa vie et mon bonheur.
Je lui dis qu'il devait montrer à tout le monde
Que s'armer contre lui, c'est m'avoir pour seconde[2] ;
Que son sang épandu animerait le mien,
Qui serait au vainqueur un dangereux venin ;
Que la fortune fût avare ou libérale*,
J'aurais toujours pour lui une amitié égale.

1 On peut comprendre : « par son récit », ou bien « dans la relation qui me lie à lui ».
2 « pour adversaire ». Autrement dit, je le seconderai dans ses desseins.

Et je lui dis de plus : « les dieux seront pour vous,
Ils vous conserveront pour être mon époux ;
Avec ce seul espoir, mon âme se console. »
Et [il] me prie instamment de tenir ma parole,
C'est la seule raison qu'il donne pour m'avoir[1].

ÉMILIE

Il se fonde assez bien, elle[2] a tout le pouvoir
Que l'on peut désirer.

CATHERINE

Oui, si dans un bas âge
On pouvait s'engager dedans le mariage[(3)],
Mais ne pouvant alors faire une élection[(4)][3],
Je puis m'en dégager en l'âge de raison.
Embrassant d'autres lois, un nouveau caractère,
Le baptême sacré [ne] peut-il pas m'en défaire ?
Si la nature en nous règle nos actions[(3)]
Sur les propriétés des dispositions[(4)],
La Grâce dans mon cœur n'a pas moins d'efficace*
Pour imprimer ses traits sur cette même place[4],
Et surmonter l'assaut dont Porphire aujourd'hui,
D'un piège suborneur, veut que je sois à lui.
Il se sert d'un parent qui pour moi s'intéresse :
Ils s'accordent tous deux, et par un coup d'adresse,
Me conduisent ici au milieu de la Cour,
Pour faire quelque temps dans ce lieu mon séjour,
Pour éblouir mes yeux des grâces que Porphire
Reçoit de l'empereur, afin de me séduire*
Dans ma religion[(4)], [en] le faisant mon époux.

1 Autrement dit, Porphire demande désormais à Catherine de tenir la promesse qu'elle lui a faite.

2 C'est-à-dire la parole qui est donnée.

3 Autrement dit, à l'époque, Catherine n'avait pas encore été éclairée par la foi, et la question du choix ne se posait donc pas.

4 Autrement dit, les actions de Catherine suivant désormais les nouvelles dispositions de son âme, la grâce divine saura prendre la place de Porphire dans son cœur.

ÉMILIE

C'est une invention(4) qui vient toute de vous.

CATHERINE

Viens dans mon cabinet, et je te ferai lire,
Dans une lettre d'eux, l'adresse[1] de Porphire.

ÉMILIE

Je veux ce qui vous plaît, mais encore un moment…

CATHERINE

Voici l'impératrice, ôtons-nous promptement.

[*Elles sortent.*]

SCÈNE II

L'IMPÉRATRICE, LÉONOR.

L'IMPÉRATRICE

L'hymen me donne part à cette illustre gloire
Qui suit notre empereur après une victoire
Sur les princes et rois qui, ne pouvant souffrir
L'éclat de sa grandeur, l'ont voulu obscurcir
(Comme d'autres tyrans par des erreurs extrêmes,
Voulant perdre leur roi, se sont perdus eux-mêmes).
Et l'empereur les tient si soumis à ses lois
Que, fléchir devant lui, c'est leur plus digne choix.
Connaissant son pouvoir, ils présentent le culte
Que l'on doit à nos dieux, à sa personne auguste ;
Et selon mes désirs, je le vois aujourd'hui
Aimé de ses sujets qui lui servent d'appui,
Redouté des méchants, et admiré des sages,
Et de tous les mortels il reçoit des hommages.
Il a sur leurs esprits un pouvoir absolu,
Ils n'élisent jamais que ce qu'il a voulu.
J'aperçois d'autre part que les dieux me les rendent[2]

1 « l'habileté ».

2 Orig. : « J'aperçois d'autre part que Dieu aussi l'offrande ».

Soumis à mon pouvoir, voulant que je commande
Et porte le laurier que l'on doit au vainqueur.
Aujourd'hui l'empereur n'estime son bonheur
Que pour mettre en mes mains sa personne et l'Empire,
Afin qu'en liberté pour moi son cœur soupire.
Je sais que ses désirs, dedans ses actions[3],
N'ont rien que pour objet mes satisfactions[5].
Mais ces charmes si doux, où s'applique mon âme,
Ne peuvent dissiper par cette belle flamme
Une certaine horreur dont mon cœur est séduit* :
Plus je la veux chasser, plus elle me poursuit ;
Il la faut écouter, je ne puis m'en défendre.

LÉONOR

Jamais votre raison ne se laisse surprendre*.
Vous en jugerez bien et la saurez chasser,
Si elle a le pouvoir de vous intéresser*.

L'IMPÉRATRICE

Oh non ! Je ne puis pas en être la maîtresse*,
Parce que ma raison lui sert de forteresse.

LÉONOR

Les maux qui sont cachés en durent plus longtemps.
Quand ils sont à l'esprit, ils sont bien plus présents,
Mais comme le soleil donnant sur la nuée
Dissipe l'épaisseur et la change en rosée,
Les rayons de l'amour que mon cœur a pour vous
Auront le même effet, si vous voulez, pour nous :
Versant dedans mon cœur ce qui choque* votre âme,
Vous détruirez l'ennui* qui vous presse, Madame.

L'IMPÉRATRICE

Cet édit qu'on a fait contre tous les chrétiens,
Qui menace leur vie et confisque leurs biens
S'ils ne vont aujourd'hui faire des sacrifices,
Pour rendre grâce aux dieux qui ont été propices
Aux glorieux[3] exploits qui donne[nt] à l'empereur,

D'un triomphe puissant, la victoire et l'honneur…
Leur trop funeste sort fait soupirer mon âme,
Alors que mon devoir me présente le calme.
Et si, de mes bienfaits, je charge les autels,
Ce doit être en faveur de tous ces criminels,
Car la compassion[4], dedans ma conscience[3],
Me sollicite plus que la reconnaissance.

LÉONOR

Cette compassion[4] est un démon* jaloux,
Qui emprunte ce nom pour être ouï[2] de vous :
Je connais son dessein, il vous fait insensible
À vos prospérités pour vous rendre flexible
Aux traits de la douleur qu'il veut vous imprimer
En faveur des chrétiens, pour vous y faire errer,
Renversant de l'État l'ordre de la justice,
Pour maintenir des fous qui n'ont point de police*.
Par leur impiété[4], ils se forment un dieu
Qu'ils croient puissant partout, même dedans ce lieu.
L'empereur n'a sur eux, disent-ils, de puissance,
Et lui désobéir leur est une constance.
Ils la mettent si haut, qu'ils dressent des autels
À tous ceux qui d'entre eux s'en rendent criminels :
Ils les nomment héros, les marquent en l'histoire,
Afin qu'à l'avenir ils puissent faire croire
Aux hommes généreux* qu'il n'est rien de si beau
Que mettre pour leur Christ une vie au tombeau ;
Et qu'un jour, dans le Ciel, ils auront récompense
S'ils confessent sa foi avec persévérance.
Le gibet, la prison, le mépris de l'honneur
Les rend[ent] tous favoris auprès de ce Seigneur,
Qui, ne pouvant lui-même échapper au supplice,
Le leur fait trouver doux par ce trait d'artifice
(Qui pare les défauts qu'on voyait dessus lui,
Lorsqu'il fut autrefois par les Juifs poursuivi) :
Que son sang répandu leur donne l'avantage
D'obtenir dans le Ciel leur premier apanage.

Et mille autres discours qu'ils font hors de raison,
Qui ser[ven]t aux ignorants d'un{e} insigne poison,
Et font[1] division[(4)], renversant tous les temples :
Ce qu'on lit du passé en montre les exemples.

L'IMPÉRATRICE

J'approuve vos raisons : on les doit châtier[(3)]
Quand aux ordres d'État on les a vu manquer.
Pour leur religion[(4)], on ne les peut contraindre
D'embrasser une loi, où l'on ne doit atteindre
Que par l'instruit[2] divin, qui donne dans nos cœurs
Un témoin très certain qu'ils sont nos créateurs :
C'est là le seul pouvoir qui donne connaissance,
Et nous fait adorer leur suprême puissance.
C'est ce qui fait les lois et les religions[(4)],
Non pas des empereurs les vénérations[(5)].

LÉONOR

Oui, mais aux ignorants de qui l'âme insensible
Ne peut apercevoir que la chose visible,
On leur doit par les sens apprendre ce devoir.
Puisque par la raison ils ne le peuvent voir,
Et que les rois ici sont, dedans leur office,
Lieutenants de nos dieux, il faut qu'ils accomplissent,
Par crainte ou par amour, le respect de leurs lois[3].

L'IMPÉRATRICE

C'est assez, Léonor, l'empereur vient à moi.

---

1 Orig. : « fait ».

2 C'est-à-dire : le divin révélé. L' édition datée de 1653 indique « instinct ».

3 Orig. : « Lieutenant de nos dieux, il faut que j'accomplisse, par crainte ou par amour, ou respect de leur loi ».

SCÈNE III

LES MÊMES, MAXIMIN, PORPHIRE, CORVIN.

MAXIMIN

Je viens, comme un soleil, finissant ma carrière[1],
Rapporter à vos yeux l'éclat de ma lumière,
Avouer[(3)] devant eux que, dans tout l'univers,
De tous les beaux objets* que l'on voit découverts,
Je n'en reconnais point orné de votre grâce.

L'IMPÉRATRICE

Seigneur, c'est votre amour qui fait cette efficace*,
Et je vous dis aussi que l'Amour, en tous lieux,
N'offre rien de parfait plus que vous à mes yeux.
Hélas ! que j'ai souffert au péril de vos armes,
Que ma chaste amitié m'a fait verser des larmes,
Que la crainte et l'esprit ont dépeint dans mon cœur
D' imparfaites images[2] au fort de ma douleur !
En ces illusions[(4)], où mon esprit sans cesse
Des armes supportait la plus grande rudesse,
Je sentais des douceurs à l'abord de ces coups,
Qui guérissaient les maux que je souffrais pour vous[3].
Mais un démon*, jaloux de cette douce atteinte,
M'ôtait incontinent*, d'une[4] cruelle crainte,
La gloire de souffrir pour un roi triomphant,
Et montrait à mes yeux mon cher époux mourant.
Je me moque de toi, crainte malicieuse[(4)] :
Je vois mon empereur en gloire merveilleuse.

---

1 « carrière » évoque à la fois la course du soleil et la charge militaire accomplie par l'empereur.

2 Orig. : « D'images imparfaits », autrement dit des images défectueuses. Référence probable au concept platonicien qui oppose le monde sensible des apparences, constitué d'images illusoires, au monde vrai des Idées.

3 Sous-entendu : « j'éprouvais une certaine satisfaction à partager l'action glorieuse de mon époux ».

4 « par une ».

MAXIMIN

Rendons grâces aux dieux de m'avoir mis en main
La force et le pouvoir qui me font[1] souverain.
Dessus mes ennemis, il[s] me rend[ent] l'avantage
De vous offrir ici mon amoureux hommage :
Cet acte glorieux[(3)] augmente bien mon prix
De vous rendre l'honneur que vous m'avez acquis.
Oui, Madame, c'est vous, au milieu de l'armée,
Qui souteniez mon bras, étant dans ma pensée.
Je dis tacitement à ce cœur amoureux :
« À l'aspect de ses traits, rends-toi bien généreux*. »
Et posant mon bouclier[(2)], je pris pour ma défense
Ce portrait que je tiens, avecque confiance[(3)]
De recevoir le bien que méritaient vos vœux.
Sur les Scythes d'abord* je fus victorieux[(4)] :
Douze rois aux combats, avec les chefs d'armée,
Furent nos prisonniers cette même journée.
Il n'en resta pas un, dedans un tel effort,
Qui ne reçût des coups d'un très funeste sort ;
Et ces champs, tous couverts de toutes ces victimes,
Disent bien hautement le malheur de leurs crimes.
J'avoue[(3)] que le bras qui les a combattus
N'est que cet instrument de vos rares vertus.

L'IMPÉRATRICE

Elles n'ont de valeur, dedans cette victoire,
Que pour vous admirer au fort de votre gloire.

MAXIMIN

Tous les lauriers cueillis aux champs de nos combats
Doivent rendre l'hommage à vos divins appas.
Et je veux qu'aujourd'hui, dedans Alexandrie,
Tous nos rois prisonniers au péril de leur vie,
Dans le char triomphant, vous rendent les honneurs
Que rendent les vaincus à ceux qui sont vainqueurs ;
Qu'hautement un hérault publie à l'assemblée

1 Orig. : « fait ».

Que nous tenons de vous le bonheur de l'armée ;
Que l'on voit votre nom écrit dessus le bras
De mon image peint' dans le temple de Mars[1].
Cher Porphire, dis-moi, devant l'impératrice,
Tous les préparatifs et le pieux[(2)] office
Que les Romains ont faits pour honorer ce jour
Qui nous rend Souverain. Dis-le en[2] peu de discours.

PORPHIRE

Le Sénat très pieux[(2)], d'une ardeur sans exemple,
A fait un sacrifice au dieu Mars dans son temple :
En ce lieu, votre image a reçu de l'encens ;
Le sacrificateur fait des vœux, des présents,
Pour la prospérité du plus grand des monarques,
Qui s'est victorieux[(4)] tiré des mains des Parques[3].
Au sortir de ce lieu, le peuple s'est fait voir
D'un cœur dévotieux[(4)] courir à son devoir :
Étant tous revêtus avec des robes blanches,
Chacun vous apportait de maints arbres les branches,
Qui, de chêne, de palme, ou d'olive, ou lauriers[4],
Vous nommaient hautement le plus grand des guerriers.
Rome semblait alors des montagnes brûlantes,
Et ses flammes étaient encor plus éclatantes :
Plus de deux cents bûchers y furent allumés,
Les ennuis* d'un chacun y furent consumés,
Et de ces feux de joie naquit tant d'allégresse,
Que l'on n'a vu depuis ni langueur ni tristesse.
On n'entendait partout que chants mélodieux[(4)],
Qui comparaient vos faits à tous ceux de nos dieux ;
Tous les lieux résonnaient du son des instruments.

---

1 Dieu de la guerre dans la mythologie romaine.

2 Selon la prosodie du XVIIe siècle, pour respecter la métrique du vers, « le » doit s'élider.

3 Voir *L'Amoureux extravagant*, note 2, p. 49.

4 Référence aux couronnes militaires romaines : celle en chêne se décernait aux soldats ayant sauvé la vie d'un camarade ; en olivier, à ceux ayant contribué à une victoire malgré leur absence du champ de bataille ; en laurier, aux commandeurs d'un triomphe. La couronne en palme n'existait pas comme décoration militaire ; elle appartient plutôt au symbolisme chrétien.

SCÈNE IV

LES MÊMES, LÉPIDE.

LÉPIDE

Le grand prêtre, vêtu de ses saints ornements,
N'attend que vous, Seigneur, pour faire sacrifice.
La victime est choisie, et tout vous est propice.

MAXIMIN

[En] Attendant que les dieux me donnent les moyens
De leur sacrifier[4] le dernier des chrétiens,
Et que, par cette offrande immortelle à leur gloire,
Je puisse dignement couronner ma victoire,
Allons, Madame, au temple offrir à tous nos dieux
Notre bras pour punir ces hommes odieux[3].

L'IMPÉRATRICE

Souvenez-vous, Seigneur, que ce peuple est fidèle.

MAXIMIN

Mais leur impiété[4] est par trop criminelle.

L'IMPÉRATRICE

Mais ils offrent, Seigneur, de l'encens à nos dieux.

MAXIMIN

Je ne les nomme plus, ces hommes odieux[3] !

PORPHIRE

Espérer de changer cette secte insensée,
Il n'en faut pas avoir seulement la pensée.
À Rome, comme ici, ils vont toujours croissants,
Et déjà leur crédit partout est florissant.

MAXIMIN

Non, j'exterminerai cette maudite race.

PORPHIRE

Ils craignent aussi peu la mort que la menace :
On les y voit aller sans changer de couleur.

MAXIMIN

Allons, allons aux dieux rendre un premier honneur.

ACTE II

SCÈNE I

ÉMILIE, ROSILÉE.

ROSILÉE

Chère Émilie, enfin, tu auras de la peine,
Si la relation[(4)] ne se trouve en ta chaîne[1].
Puisque Porphire ailleurs porte sa passion[(3)],
Oses-tu t'assurer de son affection[(4)]* ?

ÉMILIE

Prévoyant ce péril, mon amour dans son âme
N'a point eu le pouvoir de faire voir sa flamme[2].

ROSILÉE

Le jugement en nous n'agit que le dernier,
Et le sens pour l'amour est toujours le premier[3].
Tu l'aimes, je le vois, avec indifférence[4] ;
Je connais à tes yeux l'extrême complaisance*
Que ton cœur a reçu lorsque j'en ai parlé.
Ne dissimule point : ton cœur en est brûlé.
Lorsque le mouvement qui anime notre âme
Change son règlement, on n'y voit plus de calme ;
Et l'amour a cela de rendre superflu
À nos contentements ce qui charmait le plus
Avant qu'il nous surprît.

ÉMILIE

Ma raison, mieux réglée,
Dedans ce procédé, ne s'est point aveuglée.
Avant que m'embarquer, par ma précaution[(4)],

---

1 « Si tu ne conserves pas le cœur de Porphire ».

2 Orig. : « son amour dans mon âme ». Autrement dit elle ne lui a pas laissé voir l'amour qu'elle lui porte.

3 « Ce sont les sens, et non la raison, qui font naître l'amour ».

4 Orig. : « Tu l'aimes et je le vois avec indifférence ». Nous suggérons le sens suivant : « Je vois que tu l'aimes sans en témoigner, mais… ».

Je me vois dans le port sans navigation[(5)][1].

ROSILÉE

Tu penses que tes yeux éclairent tout le monde[2] ?

ÉMILIE

Ce n'est pas là-dessus que mon discours se fonde.

ROSILÉE

C'est donc sur ton esprit ?

ÉMILIE

Tu en veux trop savoir.

ROSILÉE

J'en connais* bien assez. Je ne veux que te voir[3].

ÉMILIE

En effet, l'amitié ne permet à mon âme
De te pouvoir cacher le secret de ma flamme…
Après en avoir ri, tu en pourras juger !

ROSILÉE

Ta bonne humeur partout se fait bien admirer ;
Dis-moi donc franchement l'intérêt qui te touche[4].

ÉMILIE

Tu le sauras au vrai, le sachant de ma bouche.

ROSILÉE

Et mon amour aussi te promet dans mon cœur
Toutes les sûretés qu'on doit rendre à l'honneur.
Dis-moi sans différer.

---

1 Autrement dit, elle a su, par prévoyance, rester amarrée au port, sans se laisser emportée par ses sentiments.

2 « Ne penses-tu pas que tes yeux révèlent tes sentiments ? »

3 « Il suffit de te regarder pour comprendre tes véritables sentiments ».

4 Autrement dit : « ne te cache pas, comme à ton habitude, sous une apparente bonne humeur, et parle franchement avec moi ».

ÉMILIE

Tu sais bien que Porphire
A depuis quelques jours soumis à mon empire
Son amour et sa foi*. Mais ayant autrefois
Pour son affection[(4)]* fait un plus digne choix[1],
Je n'avais point d'espoir, sans être téméraire,
Que de ce rare objet* il voulût se distraire,
[Et] Que Catherine aussi voulût le mépriser
Maintenant que le peuple est prêt de l'adorer.
Il me témoignait bien, dedans quelque parole,
Qu'elle ne serait plus de son amour l'idole,
Mais voyant que toujours il lui faisait la cour,
Je voulus d'elle-même apprendre son amour,
Car c'est un hameçon qui captive les âmes,
Et aux plus généreux*, leur fait quitter les armes
(Au moins si dans leur cœur la nature a gravé
Un certain agrément qui leur est destiné,
Car on voit très souvent que, privé de ses charmes,
On ne peut recevoir de réciproques flammes).
Auprès d'elle je feins d'avoir commission[(4)]
De la solliciter dans cette élection[(4)] :
« Porphire, lui dis-je, n'est-il pas dans l'Empire
L'homme le plus parfait que vous puissiez élire ?
Et vos perfections[(4)] ne lui permettent pas
De rencontrer ailleurs d'agréables appas,
Car, pour vous mériter, il expose sa vie
Aux cruels ennemis de toute la patrie.
Si vous le rejetez, il est au désespoir :
Votre inclination[(5)] et les lois du devoir
Ne vous permettent pas de rompre vos promesses. »

ROSILÉE

Il le faut avouer[(3)], tu as bien des adresses.

1 Sous-entendu : « Mais Porphire ayant fait autrefois… ».

ÉMILIE

Je ne me flatte point par une illusion(4).
Je voulais l'émouvoir dans son affection(4),
Car je hais les esprits qui, dans leur maladie,
Veulent être guéris sans qu'on y remédie ;
Et la crainte qu'ils ont qu'on les fasse mourir
Empêche bien souvent qu'on ne les peut[1] guérir.
Moi, dedans ce discours, souhaite(3) que ma grâce
Obtînt pour ce guerrier dans son cœur une place,
Car je l'aime à ce point que, pour le secourir,
Contre mon propre amour je voudrais le servir.
Connaissant sa valeur, j'aurais assez de gloire
De le pouvoir aider dedans cette victoire.

ROSILÉE

Et par là je vois bien, l'aimant comme tu fais,
Que tu n'es pas beaucoup dedans tes intérêts…
Que répondit enfin cette première amante ?
Après tous ces discours, parut-elle contente ?

ÉMILIE

Non pas, assurément, car d'abord* elle dit
Que Porphire jamais n'aurait sur son esprit
Cet absolu pouvoir qu'il avait en l'Empire ;
Plutôt que l'épouser, par un cruel martyre
Elle se livrerait aux mains de l'empereur ;
Que toutes ses douceurs, non plus que sa fureur,
Ne la changeraient pas. Pourtant je lui fis dire
Qu'autrefois elle avait beaucoup aimé Porphire.

ROSILÉE

On voit très rarement que l'on puisse oublier
Ce qu'on a bien aimé. Tu dois encor douter.

ÉMILIE

Quoi donc ?

---

1 « puisse ».

ROSILÉE

Attends encor qu'une autre fanta[i]sie*
Ne l'oblige à changer cette mélancolie.
Mais la voici qui vient… Lui en parleras-tu ?

ÉMILIE

Oh non ! Je veux louer[2] sa parfaite vertu.

ROSILÉE

Ce moyen est fort bon pour empêcher le change[ment]
En son pieux[2] dessein.

ÉMILIE

Elle aime la louange.

SCÈNE II

LES MÊMES, CATHERINE.

CATHERINE

Je vous cherche partout pour vous entretenir.

ÉMILIE

Dites encore mieux, que c'est pour me ravir.

CATHERINE

Que vos civilités vous rendent agréable.

ÉMILIE

Que vos perfections[4] vous rendent adorable.

CATHERINE

Que faisiez-vous ici ?

ÉMILIE

Je lui parlais de vous.

CATHERINE

Vous passez mal le temps.

ROSILÉE

Il nous était bien doux.
C'est l'entretien commun presque de tout le monde :
Vos rares qualités vous rendent sans seconde.

CATHERINE

L'opinion bien souvent est un miroir très faux.
Me connaissant très bien, je vois mieux mes défauts :
Si Pallas[1] autrefois, se voyant attaquée,
Consultait son miroir pour se rendre assurée,
Pour vaincre les flatteurs, je n'ai qu'à regarder
Mes imperfections[(5)] sans me vouloir flatter.

ÉMILIE

Vous n'en pouvez point voir, si ce n'est en idée[2].

CATHERINE

La vérité chez moi n'est pas si mal logée :
Je la tiens dans mon cœur, et mon entendement
Ne reçoit rien du tout qui ne soit très constant.
Tous [les] volages ici courent toujours après,
Mais le mensonge enfin les y suit de trop près,
Et leur fait un flambeau dont la fausse lumière
Leur en ôte l'éclat et ferme leurs paupières.
Leurs démonstrations[(5)] ne leur faisaient point voir
Les traits de[s] vérités dans ce divin miroir[3] :
Dans leur conclusion[(4)], ils errent à la clause,
Et connaissent très mal ce qui la tient enclose[4].

ÉMILIE

Où la doivent-ils voir ?

---

1 Dans la mythologie grecque, Pallas, autre nom d'Athéna, déesse de la sagesse, arbore sur son bouclier la tête de la Méduse comme un miroir de vérité.

2 « en imagination ».

3 Voir la note 1.

4 Autrement dit, dans leurs louanges, les flatteurs s'en tiennent à l'apparence d'une personne et connaissent très mal son vrai fond, là où se loge la vérité divine.

CATHERINE

Je vous l'ai déjà dit.

ÉMILIE

Qu'elle est dedans les Cieux ?

CATHERINE

Qu'elle est en Jésus-Christ ;
Ils la verraient encor dans l'Écriture sainte.

ÉMILIE

Sur toute créature, elle est assez empreinte[1].

CATHERINE

Oui, mais les accidents* qui la font découvrir
Empêchent bien souvent qu'on en puisse jouir[(2)] [2].
Ils se trompent toujours dedans leurs connaissances,
Et ne peuvent juger ce que c'est que l'essence.

ÉMILIE

D'où vous vient ce mépris que vous avez pour eux ?

CATHERINE

Du mépris que je fais d'un savoir orgueilleux.
L'amour de Jésus-Christ, dessillant ma paupière,
Me fait voir leurs erreurs par une vraie lumière :
Sans vouloir me servir de visibles objets[3],
Je découvre en mon Dieu tous leurs divers effets ;
Les connaissant en lui, en lui seul je les aime,
Et leur rend des amours qu'il ordonna lui-même.
De ce parfait amour, je reçois en mon cœur
De sa haute vertu une si grande ardeur,

---

1 « perceptible ».

2 Autrement dit, l'enveloppe matérielle des corps et des objets nous empêche souvent de reconnaître la dimension spirituelle de l'univers.

3 Catherine n'a pas besoin de passer par l'idolâtrie polythéiste (« visibles objets ») : c'est à travers son Créateur qu'elle a la connaissance du monde. Autrement dit les objets matériels ne sont que des manifestations du Dieu monothéiste, source d'amour et de charité chrétienne.

Que je ne puis parler que de la belle flamme
Qui pourrait séparer mon corps d'avec mon âme.

ROSILÉE

Madame, d'où vient donc cette fatale erreur ?
Et que ce feu divin n'entre point dans leur cœur,
Qui leur devrait servir d'une pierre de touche[1] ?
On les y voit beaucoup moins émus qu'une souche.

CATHERINE

Ainsi que le soleil éclaire également
{À} l'aveugle aussi bien qu'il fait au clairvoyant,
Et l'aveugle pourtant, quelque beau temps qu'il fasse,
De ses traits lumineux ne reçoit point de grâce :
De même ce grand Dieu, qui luit dans notre cœur,
Nous montre bien à tous qu'il est le Créateur,
Mais lorsque de la foi une âme est dépourvue,
La disposition(5) manque lors à sa vue.
Si ce divin flambeau trouve un empêchement,
L'âme ne peut rien voir que fort confusément,
Et, se trouvant toujours dedans la défiance(3),
N'a jamais de repos dedans sa conscience(3).

SCÈNE III

LES MÊMES, CORVIN.

CORVIN

[Mesdames, dans le temple enfin on vous attend.][2]

CATHERINE

Et qu'est-ce ?

CORVIN

Des chrétiens je viens de voir le sang
Répandu sans pitié pour faire une victime,

1 « de révélation ».

2 Nous ajoutons ce vers pour rétablir la rime.

Qui porte avecque soi l'épouvante et le crime.
On ne voit que bourreaux, on n'entend que des cris ;
La secte des chrétiens est dans un grand mépris.

CATHERINE

Et par quel ordre enfin fait-on la tragédie ?
N'y a-t-il pas moyen que l'on y remédie ?

CORVIN

C'est un ordre d'État, et l'empereur le veut.

ÉMILIE

C'est une passion[3] qui de[puis] longtemps l'émeut.

CORVIN

La puissance des rois la rend si légitime,
Qu'à ne la suivre pas, on se met dans le crime.

CATHERINE

Avant que d'en juger, dites-moi franchement
Quel crime ils ont commis pour souffrir ce tourment :
Quelque soulèvement ? Quelque émeute en la ville ?
Auraient-ils entrepris une guerre civile ?

CORVIN

Non. Leur crime, Madame, est d'être vrais chrétiens.

CATHERINE

Si c'est pour ce sujet, je baise leurs liens[2].
Tout ce sang épandu augmentera leur gloire,
Arrosant les lauriers promis à leur victoire.
De ces braves chrétiens, je suis leur colonel[1].

CORVIN

Madame, tout chrétien passe pour criminel.
Résister à l'édit, c'est être téméraire :

1 Orig. : « coronel ».

On n'acquiert point d'honneur dans un[e] pareil[le] affaire.

CATHERINE

Dans la mort [la] plus cruelle, ils sont victorieux(4),
Et la terre jamais n'a su vaincre les Cieux.
Ils sont supérieurs(4), et lorsque dans leurs guerres
Ils se sont combattus, on a vu le tonnerre
Massacrer un Typhon[1] par son trait merveilleux,
Et pousser aux Enfers les plus audacieux(4).
Si, dedans ce combat, le vrai Dieu que j'adore
Se rend mon protecteur, si son secours m'honore,
Nous verrons à nos pieds ce tyran confondu,
Et ferons éclater une haute vertu.

CORVIN

Les nains sur les géants n'ont pas tant de puissance,
Et votre sexe enfin n'eut jamais de constance.
Vous le portez trop haut. Ceux qui vont à l'excès
En descendront bientôt pour gémir sous le faix.
À un état commun, réglez votre courage :
À se précipiter, on perd le nom de sage.

CATHERINE

Votre sagesse ici n'a point de fondement.
Pour soutenir l'Auteur[2] d'un si beau sentiment,
Mon dessein est fondé sur la pierre solide[3],
Et la seule vertu m'y servira de guide.

CORVIN

Votre courage est grand, mais un si faible bras
Ne résistera pas aux douleurs du trépas.

---

1 Dans la mythologie grecque, Typhon est un monstre malfaisant qui attaqua l'Olympe, contraignant les Olympiens à se réfugier dans le désert égyptien, mais Zeus finit par le vaincre en le foudroyant. Pour illustrer la puissance du Ciel sur le monde terrestre, Catherine recourt à une légende de la mythologie grecque qui n'est pas sans évoquer le récit biblique, comme la fuite au désert du peuple hébreu.

2 C'est-à-dire : le Dieu qu'elle adore, source de vertu.

3 Allusion probable au rôle de saint Pierre comme fondateur et premier chef de l'Église primitive (*Matthieu* 16,18).

CATHERINE

Mon bras, étant fondé sur la force divine,
Et poussé de l'ardeur qui brûle ma poitrine,
Ne peut être vaincu.

CORVIN

Madame, croyez-moi :
Cachez pour quelque temps l'ardeur de votre foi,
Et ce feu tout divin, caché dessous la cendre,
Se pourra conserver et après se répandre,
Alors* que l'empereur aura dedans le sang
Assouvi sa fureur sans percer votre flanc.
Lors vous découvrirez une si belle flamme,
Votre raisonnement mettra dedans son âme
De votre sainte foi un si brillant flambeau,
Qu'il pourra découvrir ce mystère si beau.
À votre sexe, il faut que la douceur obtienne
Cet absolu pouvoir qui vous rend souveraine
Sur l'esprit de Porphire, et de toute la Cour.
Il vient vous conjurer, par son fidèle amour,
De ne découvrir pas que vous êtes chrétienne.

CATHERINE

Ah ! quelle lâcheté est pareille à la sienne ?
Que je cache en mon cœur cet amour généreux* ?
Que je fasse avorter un dessein glorieux(3) ?
Porphire a doncques eu cette espérance vaine ?
Que croit-il d'obtenir si je suis souveraine,
Moi, du déguisement[1] ?

ÉMILIE

Le discours de Corvin
Ne devrait pas, Madame, agir ici en vain.

1 « Que croit-il obtenir si je deviens reine par dissimulation, tout en gardant secrètement ma foi ? ».

ROSILÉE

Votre dieu est esprit : il vous suffit, Madame,
De révérer son nom et l'adorer dans l'âme.

CATHERINE

Dieu ! qu'est-ce que j'entends ? Le permettez-vous bien,
Que cette lâcheté fût dans un cœur chrétien ?
Et ne savez-vous pas qu'il dit en même terme[1] :
« Qui veut venir à moi, qu'il suive d'un pied ferme
Le chemin que ma croix et mon sang ont marqué ;
Et celui qui sera une fois embarqué,
Dans un si beau chemin ne tourne point arrière ;
Et le prix n'est jamais [qu']au bout de la carrière[2]… » ?
Toute cause ici-bas produit bien son effet,
Voudriez[(2)]-vous que l'amour y fût seul imparfait ?

ÉMILIE

C'est vous qui le voulez, car l'amour de Porphire
Ne peut sur votre esprit avoir aucun empire.

CATHERINE

Vous changez mon discours, c'est de l'amour divin
De qui[3] je veux parler, et non pas de l'humain.
Son effet dangereux ne peut être louable,
Que dedans le mépris que lui rend l'Équitable[4].

ROSILÉE

Madame dit très bien, et l'on voit chaque jour
Des effets dangereux naître de cet amour.
Mais vous devez, Madame, en avoir pour vous-même :
Cette ardeur de chrétien est du tout* trop extrême.

---

1 « dans ces termes précis ».

2 Paraphrases de plusieurs citations bibliques, comme « Si quelqu'un veut venir à ma suite, qu'il renonce à lui-même et prenne sa croix, et qu'il me suive » (*Matthieu* 16,24), ou encore « Ne regarde pas derrière toi » (*Genèse* 19,17).

3 « Dont ».

4 Autrement dit, l'amour profane, source d'égarement, n'est louable qu'à partir du moment où on le dédaigne, comme l'a fait Dieu, appelé l'Équitable, à travers le Christ.

CORVIN

Votre illustre naissance, en cette occasion[(4)],
Vous doit faire éviter la persécution[(5)],
Très indigne du rang d'une grande princesse.
L'ombre de vos aïeux, peinte en votre sagesse,
Maintiendra la splendeur qu'ils eurent autrefois,
Si Porphire aujourd'hui mérite votre choix.

CATHERINE

Ma vertu est, Corvin, si sévère à mon âme,
Que dedans un tel choix elle obtiendrait du blâme ;
Et le Ciel, qui me fit un cœur de diamant[(3)],
Ne vous permettra pas d'y dépeindre un amant.

CORVIN

Mais le Ciel, qui vous fit ornée[(3)] de sa grâce,
Promet en votre cœur à l'amour une place.

SCÈNE IV

LES MÊMES, PORPHIRE.

PORPHIRE

Mes respects et mes soins, Madame, auprès de vous,
N'oseraient espérer la qualité d'époux.

CATHERINE

Si votre ambition[(4)] se fonde sur l'utile[1],
Seigneur, tout votre soin est beaucoup inutile.
N'espérez rien en moi. Par un choix glorieux[(3)],
J'ai formé un hymen avec le roi des Cieux,
Et mon sang épandu accomplira la noce.

PORPHIRE

Ah ! dedans ce discours, je perds toute ma force.
Ô erreur des chrétiens, que tu causes de maux !
Que tu me vas coûter de pleurs et de travaux !

---

1 « sur l'intérêt ».

Ces deux flèches[1], par vous poussées[(3)] en mon âme,
Percent également : l'une choque* ma flamme,
Et l'autre en son dessein me fait mourir en vous.
De vos maux à venir, je sens déjà les coups.

CATHERINE

Craignez-vous que la mort en un[e] autre vous tue ?

PORPHIRE

Oh non ! Venant de vous, elle sera reçue :
La[2] Parque[3] à vos cotés ne me ferait point peur,
Et l'Enfer avec vous me serait un bonheur.
Je ne crains point mon mal, j'appréhende le vôtre.
Répandez votre sang par les veines d'un autre :
Tout le mien est à vous, il vient de votre cœur.
Le sacrifice ainsi ne sera point trompeur,
Et l'on n'ôtera point, hors de mon corps, mon âme,
Puisqu'elle est toute en vous, où réside ma flamme.
Conservez-la pour vous, Princesse, mon bonheur.
Soyez à mon amour un temple de l'honneur.

CATHERINE

L'amour brûle mon cœur d'une flamme si belle,
Que j'ai juste raison de vous être infidèle :
Jésus m'aime avant vous, il m'aime encore après.
Mon être et tous mes biens ne sont que ses bienfaits.

PORPHIRE

Il fut trop impuissant[4].

CATHERINE

Ah ! ce discours impie,
Porphire, me rendra votre pire ennemie.

---

1 C'est-à-dire : la décision de Catherine de s'unir à Jésus et celle de se faire martyre.
2 Orig. : « Sa ».
3 Voir *L'Amoureux extravagant*, note 2 p. 49.
4 Sous-entendu : le Christ fut impuissant à empêcher sa mort. Porphire ne prend pas en considération sa résurrection.

PORPHIRE

Madame, arrêtez là ce merveilleux bienfait !
Car si, de ce grand Dieu, vous êtes un effet,
Je puis assez juger, en voyant son ouvrage,
Que je lui dois offrir mes vœux et mon hommage.

CATHERINE

Que j'aurais de plaisir si vous pouviez changer
D'une religion(4) qui vous met en danger.
Vous dites que mon cœur est maître de votre âme ?
Mon cœur est en Jésus, suivez-y votre flamme ;
Ou si vous ne voulez vivre dessous sa loi,
Retirez-la, Seigneur, absolument de moi.

PORPHIRE

Je veux suivre vos lois, mais je me désespère
De ce qu'à mon devoir, mon devoir est contraire[1].
J'ignore votre dieu, j'admire ses effets,
Et voudrais de bon cœur être de ses sujets :
Attendant que mon âme, un peu mieux éclairée,
Puisse voir de lui seul la grandeur séparée,
Mon adoration(5) est un acte bien doux,
Et devant ses effets je fléchis les genoux[2].
Oui, Princesse, ce dieu que votre âme révère,
Dont la loi me paraît si rude et si sévère,
Ne peut désapprouver qu'ici ma passion(3)
Rende à vos yeux divins une adoration(5) :
L'honneur du Créateur est en sa créature.

CATHERINE

Pensez-vous que je souffre une telle imposture ?
Porphire, levez-vous ! Et ne présumez pas
Que mon cœur soit déçu* par de si vains appas.

---

1 Il s'agit d'une dichotomie entre deux devoirs, l'un spirituel, l'autre terrestre : l'âme de Porphire est déchirée entre son devoir d'amant (se convertir) et son devoir d'homme d'État.

2 « En attendant que je puisse ressentir la grandeur de votre Dieu indépendamment de vous, laissez-moi l'honorer à travers l'amour que je vous porte ». Autrement dit il demande à Catherine de servir d'intermédiaire entre Dieu et lui.

J'eus droit de me louer[2] jusqu'ici de Porphire,
Et n'en connaissais point, dedans tout cet Empire,
Dont la vraie[2] vertu parût si hautement ;
Et j'y vois aujourd'hui tant de déguisement,
Que vous connaissez mal l'esprit de Catherine.

PORPHIRE

Ah ! Madame, je vois quelle est son origine,
Et ne me trompais pas.

CATHERINE

Vous vous trompez beaucoup,
Et votre idolâtrie a fait un mauvais coup.

ÉMILIE

S'il se trompe, du moins c'est à votre avantage :
Il adore de Dieu la plus parfaite image.

CATHERINE

Voudrez-vous, ma cousine, épouser son parti ?

ÉMILIE

Non, je n'ai pas encor l'esprit si perverti.
J'excuse toutefois l'action[3] qu'il a faite.

CATHERINE

Moi, j'en suis aujourd'hui du tout* mal satisfaite.
Je vous laisse, Porphire, et vais me préparer
À recevoir la mort dont l'on veut m'étonner* :
Je vais à l'empereur me faire voir chrétienne,
Sans que, dans ce dessein, un moment me retienne.

[*Elles sortent.*]

SCÈNE V

PORPHIRE, CORVIN.

PORPHIRE

Madame, encore un mot… Ah ! Corvin, soutiens-moi.

CORVIN

Amour, que tu es fort !

PORPHIRE

Ah ! rigoureuse loi !

CORVIN

La générosité* n'est point en sa puissance.
Elle a fait avec vous une étroite alliance[(3)] :
Vous aurez plus d'honneurs qu'on voit que votre bras
Arbore ses lauriers, que vous mettre au trépas.

PORPHIRE

Justes dieux ! ma princesse est donc inaccessible ?

CORVIN

[Se déclarant chrétienne, elle fait son possible][1]
Pour ne vouloir changer de résolution[(5)].
Mais son tempérament obtient sur sa raison,
Depuis[2] quelque moment, un penser si contraire,
Qu'on peut facilement du premier la distraire.
Je vais de votre part encor solliciter :
Peut-être en ce moment elle aura pu changer.

[*Il sort.*]

SCÈNE VI

PORPHIRE, *seul.*

(Stance.)

Amour, es-tu d'intelligence
À persuader[(4)] ma raison
De changer de religion[(4)] ?
J'entends que tu réponds dedans ma conscience[(3)]
Que, pour ne nous pas diviser,
Maintenant il la faut changer.

1 Nous ajoutons ce vers pour rétablir la rime.
2 Orig. : « Dedans ».

Raison, honneur, amour, estime :
Venez tous consulter en moi,
Pour me faire changer sans crime,
Ou je refuserai justement votre loi !
Mais que mon âme est abusée
De vous appeler au conseil :
Vos avis n'ont rien de pareil[1],
Puisque vous m'inspirez différentes pensées.
Vous, mes sens, vous dois-je écouter ?
Et pouvez-vous me soulager ?
Cette affaire est spirituelle(4),
Vos rapports sont matériels(4),
Je vous défends d'agir pour elle,
À moins que de vous rendre envers moi criminels[2].
Et vous, puissances de mon âme,
Parlez non toutes à la fois,
Je ne puis discerner vos voix.
Mais toi, mon cher amour, ne cesse point ta flamme :
Mon esprit, de toi poursuivi,
Ne reçoit point d'autre parti.
Parmi tous les maux que j'endure,
Tu me montre[s] un si bel objet*,
Que je me plais en la torture,
Et je veux accueillir ton adorable trait.

SCÈNE VII

LE MÊME, LÉPIDE.

LÉPIDE

Il y a très longtemps que l'empereur désire
De vous entretenir.

---

1 « divergent tous ».

2 Autrement dit, Porphire refuse de se laisser influencer par ses sens, car, dans une affaire qui concerne l'esprit et non le corps, ils lui seraient de mauvais conseil.

PORPHIRE

Devez-vous me le dire ?

LÉPIDE

J'ai sa commission[4], et vous savez très bien
Qu'il n'a point de plaisir que dans votre entretien.

ACTE III

SCÈNE I

MAXIMIN, PORPHIRE, CORVIN.

MAXIMIN

Je sais assurément que ton intelligence
Pénètre l'avenir, quand tu vois l'occurrence[1].
Comme oracle divin, tu peux bien de mon sort
Découvrir le naufrage et me montrer le port :
Le songe [le] plus obscur est pour toi un emblème
Qui nous dépeint la mort sur un visage blême.
Alors que le sommeil a ravi à nos sens
Toute cette chaleur qui les rend agissants,
Et que l'âme du corps nous semble être enlevée,
Un grand embrasement de flammes sans fumée
A paru devant moi, par mes commandements :
Nos livres y brûlaient avecque nos savants.
L'impétuosité(6) de ce feu me réveille
Et trouble tous mes sens d'une ardeur nonpareille.
J'en suis encore ému. Tiens ! Touche-moi le cœur.

PORPHIRE

Il ne peut être ému que pour être vainqueur.
Les objets qui nous sont restés en la mémoire,
Par les vapeurs[2], la nuit, causent cet accessoire[3] :
Dans leurs confusions(4), ils brouillent les portraits,
Et nous font voir d'abord* des tableaux imparfaits.
La qualité aussi, qui dans nos corps excède,
Contribue(4) beaucoup, car si l'humeur est froide,
Le songe tient toujours de ce tempérament :
La nuit, comme le jour, elle en fait jugement.

---

1 « quand tu en vois le présage ».

2 Référence à la théorie des humeurs, où les états physiologiques et psychiques (flegmatique, sanguin, bilieux et atrabilaire) correspondaient aux quatre éléments (eau, air, feu, terre). Ces humeurs (froides, chaudes, sèches ou humides) s'exprimaient aussi à travers les songes.

3 « effet ».

Le flegme fait songer la mer ou les rivières[1],
Qui brisent les maisons et les villes entières :
Il imprime toujours le chagrin et l'horreur,
Ennemis conjurés de tout notre bonheur.
Le sanguin veut toujours étudier[(4)] la grâce,
Et dans ses visions[(3)], l'amour a souvent place.
Le bilieux, tout de feu, produit un même effet,
Et son cœur généreux* lui dépeint le portrait
Des belles actions[(3)] que, pendant la journée,
Avec quelque dessein, il a déterminées ;
À l'heure du sommeil, les sciences[(3)] lui sont,
Ou le métier de Mars, toujours un hameçon[2].
Je crois de celle-ci votre humeur animée,
Et votre songe vient de la guerre passée,
De ses embrasements pour punir les mutins,
Qui voulaient sous vos lois se rendre souverains.

MAXIMIN

Non, ce songe d'ailleurs prend bien son origine.
C'est la précaution[(4)][3] de la bonté divine :
Étant le lieutenant de nos dieux ici-bas,
Ils [me] commandent ainsi de donner le trépas
Aux infâmes chrétiens qui, par outrecuidance,
Enseignent hautement une fausse science[(2)].
Leurs livres et leurs corps, s'ils ne sont point changés,
Seront en peu de jours au feu purifiés[(4)] :
J'y suis tout résolu. Jupiter, de ce foudre
Qu'il lance par mes mains, les veut réduire en poudre.
Comme un arrêt fatal, on ne peut éviter
Cet édit que je viens de faire publier.

PORPHIRE

Ah ! Seigneur, vos bontés s'opposeront sans doute,

---

1 « fait rêver de la mer ou des rivières ».

2 Autrement dit, le sommeil du bilieux est traversé de rêves portant sur les pensées philosophiques ou les actions militaires qui ont occupé sa journée.

3 « l'avertissement ».

Et votre seul vouloir les peut mettre en déroute :
Les condamner sitôt, c'est ôter le loisir
De voir les deux partis et de pouvoir choisir[1].

MAXIMIN

Il ne faut d'examen dedans mon ordonnance,
Je tiens toujours en main une juste balance.
À mes lois, l'équité[2] ne règle jamais rien :
Je considère en dieu et commande en humain.
De ces êtres divers, mon esprit participe :
Comme dieu, je connais l'effet de son principe.
L'empereur qui permet d'examiner sa loi
Accuse son esprit et fait manquer de foi*.
J'ai en main le timon, je gouverne l'Empire :
Tous doivent arriver dans le lieu où j'aspire.

PORPHIRE

Les femmes et enfants doivent bien être exempts
De répondre sitôt à vos commandements,
Car leur élection[(4)] n'a jamais d'habitude,
Que le temps à la fin ne détruise l'étude[3].

MAXIMIN

Non ! Je veux étouffer cette race au berceau,
Et dresser des autels à Mars sur leur tombeau.
Je veux faire éclater le bruit de ma vengeance,
Aux faibles et aux forts, sans épargner l'enfance.

PORPHIRE

Ô dieux !

1 C'est-à-dire : « votre bonté s'y opposera, et plutôt que les armes, seule votre volonté peut les faire changer d'avis : au lieu de les condamner sans procès, il vaut mieux leur laisser la possibilité de choisir en connaissance de cause ».

2 C'est-à-dire : la justice considérée non pas dans l'application stricte et rigoureuse de la loi, mais dans une réflexion modérée et raisonnée.

3 Autrement dit, leur condition de femme ou d'enfant les laisse susceptibles de changer leur foi, car ils sont sous l'emprise masculine.

MAXIMIN

Dans ce discours, tu parais interdit.
As-tu de l'intérêt à ce méchant parti ?

PORPHIRE

Le désir d'attirer aux dieux toutes ces âmes
Fait quitter aussi bien que reprendre les armes.
S'il se pouvait trouver un remède plus doux
Pour satisfaire aux dieux et à votre courroux ?
Tous leurs cris aujourd'hui dans cette belle fête
Troubleront le plaisir que le public apprête[1].

SCÈNE II

LES MÊMES, LÉPIDE.

LÉPIDE

Catherine, Seigneur, vous demande l'honneur
De venir saluer[(3)] ici votre grandeur.

MAXIMIN

Je le veux. Dites-lui qu'une grande princesse
Doit venir hardiment.

(À Porphire.)

Quelque chagrin te presse,
Je le vois dans tes yeux. Que je sache pourquoi :
Qu'est-ce, mon cher Porphire ? Encore dis-le moi,
Je veux bien prendre part… Ah ! voici Catherine !
Son éclat me ravit. Dieux ! qu'elle a bonne mine !

SCÈNE III

LES MÊMES, CATHERINE.

MAXIMIN

J'estime mon bonheur de voir, dedans ma cour,
Un esprit qui paraît comme l'astre du jour :

1 « auquel le public s'apprête ».

Vos belles qualités, et du corps et de l'âme,
Vous font déifier[4] dedans ce lieu, Madame.

CATHERINE

Seigneur, à ce discours je n'ai point de repart*.
Je sais ce que je suis.

MAXIMIN

Je vous parle sans fard*.

CATHERINE

Seigneur, dedans l'état où ma raison m'a mise,
Je vous parlerai donc dans la même franchise ;
Et pour ne point flatter un noble sentiment,
Votre édit, Empereur, m'étonne extrêmement.
Je ne puis concevoir que le dessein d'un homme
Veuille abolir l'honneur du fils de Dieu dans Rome
Et dans Alexandrie, et, à ce qu'on m'a dit,
Verser dans tous les lieux le sang de Jésus-Christ.
En cela, vous montrez avoir peu de lumière,
De vos meilleurs sujets faisant un cimetière,
De qui la mort sera fatale à votre État,
Car le Ciel punira ce cruel attentat.

MAXIMIN

Madame, vous parlez avec trop de licence,
Mais je pardonne au[1] sexe et à votre naissance.

CATHERINE

Ne regardez en moi d'autre condition[4],
Que le rang où je suis en ma religion[4].

MAXIMIN

De quelque grand esprit dont vous soyez pourvue,
L'erreur de vos chrétiens vous rend par trop émue.

1 « à votre ».

CATHERINE

Quoi ! si vos passions[(3)] d'un dieu vous font le choix,
Saturne ou Jupiter obtiendront votre voix[1] ?
Leur ordre, qui conduit dedans un précipice,
Vous couvre le danger de quelque faux délice,
Et vous fait oublier la vraie divinité.
Une fausse lueur obscurcit sa clarté :
Si votre âme, Seigneur, peut fendre cette nue[2],
Examinant le lieu d'où elle est {re}venue,
Elle reconnaîtra son centre et son soutien
Entre les mains du Dieu qu'adore le chrétien.
Cependant, le métal fait pour votre service
Reçoit sur vos autels un pieux[(2)] sacrifice[3] !
Ce mouvement guerrier qui conduit votre bras,
Ce n'est pas un concours qui vous vienne de Mars ;
Son pouvoir limité n'accorde aucune grâce[4].

MAXIMIN

N'appréhendez-vous pas d'attirer ma disgrâce ?
Mais vos yeux, animés de votre vaine* erreur,
Pénètrent malgré vous jusqu'au fond de mon cœur :
Joignez à ce beau corps une âme pure et saine,
Et faites-la marcher dans la loi plus certaine.

CATHERINE

La vérité vous est un mystère odieux[(3)],
Et votre illusion[(4)] vous éblouit les yeux.

---

1 Catherine reproche à Maximin de choisir comme modèles, parmi tous les dieux romains qu'il vénère, ceux qui symbolisent la lutte acharnée du père et du fils pour le pouvoir, et qui ont fait preuve de la plus grande cruauté, l'un en dévorant ses enfants, l'autre en châtrant son père. L'esprit de vengeance de ces dieux païens s'oppose ici à la providence paternelle du Dieu chrétien.

2 C'est-à-dire : cette illusion.

3 Le même métal utilisé pour les armes et pour d'autres objets pratiques servait à fabriquer les idoles (*cf. Lévitique* 19,4).

4 Autrement dit : « ce n'est pas Mars, dieu de la guerre, qui conduit ici votre bras ; ce lâche emploi que vous faites de vos armes sur l'autel des dieux pour sacrifier des chrétiens n'aura donc aucune valeur ».

MAXIMIN

J'aime la vérité, et je la sais connaître.

CATHERINE

Si vous la connaissez, vous lui êtes donc traître,
Car elle vous fait voir qu'il n'y a qu'un seul Dieu.

MAXIMIN

Et c'est donc Jupiter, qu'on adore en ce lieu.

CATHERINE

Un homme comme vous peut avoir la puissance
De passer pour un dieu ? Quelle extrême ignorance !

MAXIMIN

Je souffre* trop de vous, et vous en abusez,
Mais que nos dieux ici ne soient point méprisés.
Si vous continuez[4] en cette extravagance,
Vous lasserez enfin toute ma patience[3].

PORPHIRE

Madame se plait fort dans le raisonnement ;
Ce n'est pas que ce soit là son vrai sentiment.

CATHERINE

C'est mon vrai sentiment. Vous vous trompez, Porphire.
Confesser Jésus-Christ, c'est ce que je désire.

MAXIMIN

Ce que je dois aux dieux, en cette occasion[4],
Combat trop lâchement mon inclination[5].
Non, non, ma piété[3] ne peut se démentir !

PORPHIRE

Seigneur, de son erreur on la peut convertir.

CATHERINE

C'est trop vous abuser, et sachez que mon âme

Porte des qualités qui m'ôteront ce blâme.
La crainte m'ôterait ce dessein généreux* ?
Et je ferais pâlir le sang de mes aïeux ?
L'Égypte n'a point vu troubler sa renommée
Par aucune action[(3)] du sang de Ptolémée[1] ;
Par moi, sa branche au tronc correspondra si bien,
Que j'aurai par moi-même un très ferme soutien.

MAXIMIN

Un soutien contre moi, qui suis au plus haut faîte ?
Est-il rien que les dieux au-dessus de ma tête ?
Et encore comme eux, j'ai le foudre en mes mains,
Qui selon mon vouloir va frapper les humains !
Depuis peu, l'Allemagne, à mes pieds asservie[2],
Confesse qu'elle tient de ma bonté sa vie :
Tout l'Empire aujourd'hui confesse que mon bras
Se délivre toujours des dangereux hasards*.
Une religion[(4)] sortie[(3)] de la lie
Veut me contrarier[(4)] et conserver sa vie ?
Si vous êtes le chef de ces esprits perdus,
Leurs projets ruineux[(3)] seront mal défendus.

CATHERINE

Leurs projets généreux* ont une autre défense,
Qui les garantira de votre violence[(3)] :
Notre religion[(4)] a de tels fondements,
Que la mort d'un chrétien lui produit mille enfants.
La persécution[(5)] a toujours fait la gloire :
Les actes glorieux[(3)] illustrent notre histoire,
Tant de siècles passés à cette cruauté
N'ont pu diminuer[(4)] sa gloire et sa beauté.
Au nom de Jésus-Christ, on voyait les idoles

1 Souverains macédoniens qui régnèrent en Égypte entre 323 et 30 av. J.-C. : Ptolémée Ier (v. 367-v. 283 av. J.-C.) fit d'Alexandrie sa capitale, lui donnant un essor culturel et économique considérable. En outre, il a existé un astrologue et astronome grec de ce nom, qui vécut à Alexandrie (v. 90-v. 168 ap. J.-C.).

2 Une licence dramatique de l'autrice : l'Allemagne ne fut jamais totalement conquise durant l'Empire romain.

Qu'un chrétien renversait à ses moindres paroles,
Et confesser tout haut leur pouvoir être vain[1]
[Là] Où Jésus Christ était tenu pour souverain.
Les plus fiers* éléments[2] n'ont-ils pas fait connaître
Que le Dieu des chrétiens leur avait donné l'être ?

MAXIMIN

Tous ces fameux débris* montrent que vos esprits
Ont pouvoir d'enchanter ceux qui en sont surpris :
Par ma précaution[(4)], j'éviterai ces charmes
En vous faisant passer promptement par les armes.
Je veux, en attendant, dedans une prison,
Par un raisonnement[3] purger votre raison.
Lépide, conduisez cette belle abusée !
Résolvez-vous, Madame, à changer de pensée.

LÉPIDE

Seigneur, où vous plaît-il d'ordonner sa prison ?

MAXIMIN

Allez dans mon palais, ce lieu est de saison[4].
Qu'on la traite en princesse.
[*Lépide sort avec Catherine.*]

SCÈNE IV

MAXIMIN, PORPHIRE, CORVIN.

MAXIMIN

Ô dieux ! mon cher Porphire,
Que l'amour est puissant !

---

1 « Un chrétien prêchant la parole du Christ suffisait à renverser les idoles et à faire reconnaître leur vacuité devant le pouvoir qu'apporte la foi en Jésus ».

2 Ces éléments indomptables peuvent évoquer soit les apôtres, martyrs et pères de l'Église, soit les forces les plus violentes de la nature, c'est-à-dire les sept fléaux cités dans la Bible.

3 C'est-à-dire : en la forçant à écouter des discours qui lui feront entendre raison, pratique couramment utilisée dans les cas de controverses religieuses.

4 Autrement dit, il conviendra à sa condition de princesse.

PORPHIRE

Bien moins que votre Empire.

MAXIMIN

Plus que tout l'univers, plus même que les dieux,
Qu'il a si souvent fait descendre des hauts Cieux !
Que je ressens ses traits… Si c'était pour ma ruine ?
Dieux, pourquoi souffrez-vous qu'une beauté divine
Parût devant mes yeux et me perçât ce cœur,
Qui n'a jamais souffert un si rude vainqueur ?

PORPHIRE

Vous aimez la princesse ?

MAXIMIN

Oui, c'est peu dire encore,
Car, malgré ma raison, ma passion(3) l'adore.
Il semble que l'Amour se serve du Courroux
Pour m'unir à son cœur en me rendant ces coups,
Que son feu dévorant ne produise des flammes
Que pour aider Amour à consumer mon âme.
Cette confusion(4) donne tant de plaisir,
Que je ne voudrais pas m'en pouvoir affranchir.

PORPHIRE

L'aimer en son erreur, c'est choquer* votre gloire.

MAXIMIN

Je m'en soucie(3) peu, quoi qu'on en veuille croire.
Son cœur n'ôtera rien à sa rare beauté.
Et si je puis fléchir son opiniâtreté,
Qu'on la voie adorer les dieux de notre Empire,
T'aurai-je pour censeur ? Parle-moi donc, Porphire.

PORPHIRE

Seigneur, puisque l'amour a tout gagné chez vous,
Que même la raison lui fléchit les genoux,
Mon esprit balancé ne sait quelle réponse

Doit suivre promptement une telle semonce.

MAXIMIN

Ne me contrarie plus par un nouveau discours,
Aide-moi seulement à porter mon amour.
Et pour l'entretenir, aide à ma fantaisie*
À faire le portrait de ce qui l'a ravie.
Mes sens agissent tous avecque tant d'amour,
Que mes conceptions[4] n'ont assez de discours.
Dépeins-moi tous ses traits, ce qui la rend aimable,
Et dis avecque moi qu'elle est toute adorable !
Si tu veux m'obliger, loue[2] mon sentiment ;
Un confident ainsi se rend toujours charmant.
Pourtant ne pense pas que je me précipite,
Et qu'en vain ta vertu parle et me sollicite :
Non, non, de quelque feu* que mon cœur soit épris,
Je n'ai pour son erreur que haine et que mépris.
Mais pour l'en divertir[1], je veux tout entreprendre.

PORPHIRE

Sans doute vous verrez son corps réduit en cendre,
Plutôt que son esprit change de sentiment.

MAXIMIN

Porphire, tu te plais à croître mon tourment.

PORPHIRE

Seigneur, si de ce mal mon âme était capable,
Je la voudrais priver du nom de raisonnable.

MAXIMIN

Si tu veux me priver du céleste flambeau,
Si tu veux travailler à creuser mon tombeau,
Persiste à me blâmer et dire que ma flamme
Ne me peut attirer que la honte dans l'âme.
Cependant, je te laisse et vais seul y songer.

1 C'est-à-dire : pour faire revenir Catherine de son erreur.

Adieu, tu sais comment il me faut obliger.
[*Maximin et Corvin sortent.*]

SCÈNE V

PORPHIRE, *seul.*

Fortune, tu m'as mis au plus haut de ta roue[1] :
Est-ce de ma vertu que ton orgueil se joue ?
Penses-tu qu'elle cède en cette occasion[(4)],
Me donnant pour rival, dedans ma passion[(3)],
Mon souverain ? Ô dieux ! que feras-tu, Porphire ?
Regarde où l'empereur t'a mis dans son Empire :
Oui, j'y vois tant d'éclat qu'un homme ambitieux[(4)]
Aurait à ses côtés partout des envieux[(3)].
Je rends grâces aux dieux que ma fortune est telle,
Qu'elle n'a point rendu mon âme criminelle :
Je dois à ma valeur ce qu'elle m'a donné ;
Si je suis élevé, les dieux l'ont ordonné.
Si j'aime ma princesse avec quelque avantage,
Dois-je m'en rendre indigne en manquant de courage ?
Mais… avec avantage ? Ô dieux ! c'est vainement
Qu'un espoir suborneur m'ôte le jugement.
Il est vrai qu'autrefois cette belle inhumaine
Ne me paraissait pas insensible à ma peine :
Lorsqu'un ruisseau de pleurs tomba dessus mes yeux,
Il en coula des siens, que je nommai mes dieux.
Et pour me consoler en me séparant d'elle,
[Elle] Me dit : « allez, Porphire, où l'honneur vous appelle.
Ne vous affligez point, les dieux seront pour vous,
Et vous conserveront pour être mon époux ».
Hélas ! m'est-il permis, dans le mal que j'endure,
De m'en ressouvenir et vous faire une injure ?
Puisque votre inconstance, ou votre cruauté,
Après m'avoir ravi ma chère liberté,
Après avoir comblé mon âme d'allégresse…

1 Porphire s'adresse à la personnification féminine du sort, la Dame Fortune, souvent représentée dans l'iconographie comme la maîtresse de la roue de la fortune.

Vous me perdez ainsi, ma divine princesse ?
À quoi suis-je réduit ? Que mon sort serait doux,
Si je pouvais avoir un sentiment jaloux !
Si mon affliction[4] naissait de cette source,
Votre vertu divine arrêterait sa source
Dans cette extrémité, quel que fût mon rival,
Dût-il vous élever au trône impérial[4] !
Hélas ! que ce malheur me serait agréable !
Que celui que je souffre est bien moins supportable !
Ma peine est sans exemple, et s'il en faut mourir,
Sauvons au moins l'objet* qui me fera périr.

ACTE IV

SCÈNE I

L'IMPÉRATRICE, CORVIN, LÉONOR.

L'IMPÉRATRICE

Ô Dieu ! est-il possible ? Et puis-je bien le croire ?
Me préférer une autre aux dépens de sa gloire ?

CORVIN

Madame, votre esprit peut faire adroitement
Changer à l'empereur ce nouveau sentiment.
Sans peine vous pourrez étouffer en naissance
Cet amour qui un jour vous ferait une offense :
De l'amour conjugal il troublerait la paix ;
On doit bien éviter ses étranges effets.
À ma fidélité je ne fais point d'injures
De couper à ses maux le fil de la tissure[1].

L'IMPÉRATRICE

Je connais votre esprit. Mais, Corvin, dites-moi,
Sans discours superflus, a-t-il donné sa foi* ?
Et Catherine aussi, par amour réciproque,
Reçoit-elle ses vœux* ?

CORVIN

Non pas, elle s'en moque.

L'IMPÉRATRICE

Ah ! infidélité, tu es donc en son cœur.
Du plus parfait amour tu te rends le vainqueur,
Tu triomphes ici aux dépens de ma gloire :
Mon bonheur [le] plus parfait ne sert qu'à ta victoire.
Amour, qui nous promets toujours relation[(4)][2],

---

1 Autrement dit, Corvin ne sera pas infidèle à son roi en coupant le mal à son origine, c'est-à-dire en agissant contre l'amour qu'il ressent pour Catherine.

2 « un amour partagé ».

Ta chaîne manque ici, car mon affection[(4)]*,
Dans son cœur inconstant, n'a point de réciproque.
Je l'aime, il aime ailleurs ! Ô dieux, elle s'en moque ?
Réjouis[(3)]-toi mon cœur… Non, je ne le veux pas.
Son amour en autrui a pour moi des appas :
L'infidèle qu'il est, son cœur dans une autre âme
Lui servira d'appui pour encourir le blâme
De tenir en ce lieu, par excès de bonté,
Le monstre dangereux de l'infidélité[1].
Si j'ai pitié de lui, je me vengerai d'elle.

CORVIN

Madame, elle n'est pas envers vous criminelle.
Elle a pour vous beaucoup d'honneur et de respect,
Et son mépris en est un infaillible effet.

L'IMPÉRATRICE

Faut-il[2] que sa vertu, et non pas mon mérite,
Rende ce qui m'est dû ? Ce procédé m'irrite.
Maximin, ne crois pas que mon cœur généreux*
Reçoive à son défaut[3] ton amour et tes vœux !
Cet éclat qu'ils avaient, retournant à leur cendre,
Au détour ont perdu ce qu'on ne peut leur rendre[4],
Car l'infidélité revenant avec eux
Me les rendra toujours imparfaits et honteux.
Pleurez, pleurez, mes yeux, maintenant ! Que vos larmes
Éteignent cette ardeur des infidèles flammes !
Afflige-toi mon cœur, car tu n'aimeras plus :
Ton amour désormais est du tout* superflu.

---

1 Passage très obscur. Nous modifions les vers 1065-66 (orig. : « mon cœur », « de blâme ») et proposons cette lecture : « Tout infidèle qu'il est, je lui pardonne, car l'amour qu'il éprouve pour une autre le rend suffisamment blâmable aux yeux de tous, et c'est la bonté de son cœur qui le rend ainsi vulnérable aux charmes d'une chrétienne, dont il veut sauver l'âme ».

2 Orig. : « Quoi ! faut… ».

3 « par défaut ».

4 Autrement dit : « les cendres de ton amour et de tes promesses passées ont fait perdre à jamais l'éclat qu'ils revêtaient à mes yeux ».

Non, tu n'aimeras plus ; il n'est plus de constance,
Car l'amour est un fard*, qui n'a que l'apparence.

CORVIN

Madame, assurez-vous par un prompt changement
Que[1] l'empereur viendra vous aimer constamment.

L'IMPÉRATRICE

Eh bien ! quand il viendrait, et son feu* et sa flamme
Ne purifieraient pas cet infidèle blâme.
Je le tiendrais toujours pour réconcilié[(5)][2] ;
On ne peut pas aimer ce qui n'est assuré.
Mon amour, limité par cet acte infidèle,
En ne l'aimant qu'un peu me rendrait criminelle.
Puisqu'il est mon époux, je le dois bien aimer ;
Mais étant inconstant, j'en puis diminuer[(4)].
Cette nécessité dans une amour parfaite[3]
Me vient former ici une rude tempête :
L'amour et le dédain font un cruel effort.

LÉONOR

Ah ! Madame, l'amour doit être le plus fort.

L'IMPÉRATRICE

Oui, j'aimerai l'honneur, mon devoir et ma gloire !
J'aimerais mieux mourir que ternir ma mémoire.
Je dis encore plus : j'aimerai l'empereur
Dedans son inconstance et même en sa fureur.
Quand son cœur passerait du mépris à la haine,
Que son âme pour moi se rendrait inhumaine,
J'aimerai mon époux jusques dans le tombeau,
Quand ses mains de ma vie éteindraient le flambeau…
Ou plutôt, j'aimerai la vertu toute pure.
Je dois bien prendre garde à cette conjecture :

---

1 « Soyez sûre que d'ici peu… »
2 Autrement dit, ce ne serait que par l'effet du repentir.
3 « Cette exigence d'un parfait amour ».

De veiller tellement dessus mes passions[3],
Qu'elles ne changent point mes résolutions[3].

LÉONOR

Madame, on a bien vu, en quelque autre hyménée,
De l'infidélité une foi* violée[3],
Par un prompt changement, retourner à la paix.

L'IMPÉRATRICE

Notre hymen sans égal n'aura pas ces effets.
Pour un amour commun, ce n'est pas un obstacle
Qui puisse ruiner[3], à moins que d'un miracle ;
Le nôtre, qui n'a rien avec eux de pareil,
Était hors de l'exemple ainsi que le soleil[1].
Cette chute aujourd'hui nous met dedans leur classe :
C'est ce qui me tourmente, et c'est ce qui me glace.
Soupire donc, mon cœur, mais ne murmure plus :
À cet amour commun va régler tes vertus.
Si l'héroïque objet* pour toi change de face,
La générosité* occupera sa place.
Aime toujours le bien, pratique ton devoir,
Mais ne te laisse plus à l'amour décevoir.
Que la seule vertu soit toute ma pensée ;
Que du souverain bien* elle soit caressée !
Alors* que sur la terre on trouve l'inconstant,
On ne s'arrête plus à un bien* apparent.
Sans mentir, depuis peu, contre mon ordinaire
Je sens un mouvement à mon repos contraire,
Qui me fait mépriser ce qui est ici-bas,
Et me promet un bien* que je ne connais pas.
Dans ce raisonnement, une mélancolie
Me donne un sérieux[3] qui méprise la vie.

CORVIN

Le démon* favorable émeut* ces mouvements,

1 Autrement dit, aucun obstacle, pas même une infidélité, ne peut mettre un terme à un amour ordinaire, sauf cas rares ; mais le leur, qui n'avait rien de comparable avec celui du commun des mortels, était au-dessus des habituelles compromissions.

Pour disposer nos cœurs aux joies et aux tourments.
Un prompt événement souvent sans lui nous tue ;
L'adversité après en est bien mieux reçue[1].

L'IMPÉRATRICE

Le mal de ces chrétiens me tient fort à l'esprit,
Et leur sanglante mort sans cesse me poursuit.

CORVIN

Auprès de l'empereur, par vos grâces, Madame,
Changez à leur faveur cette ardeur de son âme.
Dans un même moment[2], changez dedans son cœur
Une infidèle amour, une injuste fureur,
Et Catherine alors, par vos soins soulagée,
Le reste de ses jours sera votre obligée.

L'IMPÉRATRICE

Ne dissimulez point : est-ce son sentiment ?

CORVIN

J'en puis vous assurer, et très certainement.

L'IMPÉRATRICE

Nous le saurons bientôt. Et si sa propre bouche
Me veut dissimuler un secret qui me touche
(Son action ou ses yeux ne me décevront* pas),
Je verrai si son cœur y trouve quelque appas.

CORVIN

Vous y verrez sans doute une âme toute sage.

L'IMPÉRATRICE

Je crois qu'elle ne peut {re}tarder davantage.
Pourtant, auparavant que tous soient en ce lieu

1 Autrement dit, l'esprit protecteur nous donne la force de supporter nos malheurs, en atténuant nos réactions aux événements imprévus. Le malheur est moins terrifiant quand on y réfléchit après coup.

2 « Par la même occasion ».

Pour décider quelle est sa doctrine et son dieu,
Dites-lui de ma part que j'ai très grande envie
De la voir en ce lieu et que je la supplie
De venir un moment avant que l'empereur…

CORVIN

Vous aurez bien le temps de connaître son cœur.

L'IMPÉRATRICE

J'ai dessein dès[1] longtemps d'entendre sa doctrine.
On dit que la science[(2)] est une œuvre divine :
Elle est fort rarement ici dedans ma cour.
La grâce marche-t-elle avecque son discours ?

CORVIN

La grâce et le savoir sans aucune contrainte,
Selon l'événement, chasse[nt] ou produi[sen]t la crainte.
Un langage poli, un bon raisonnement,
La générosité, un esprit très pressant,
À ce beau composé, donne[nt] une bienséance
Qui soumet les esprits à sa toute-puissance.
Le désir d'obliger, dedans l'occasion[(4)],
Sans se faire prier, lui est un hameçon
Qui charme doucement une âme généreuse,
Dans l'obligation[(5)] qui n'est point onéreuse[2].
Son esprit complaisant n'a point de lâcheté ;
Son discours est toujours net, sans obscurité.

L'IMPÉRATRICE

Si tout ce grand éclat est toujours nécessaire,
Le bonheur* au discours ne peut être contraire[3],
Car l'approbation[(5)] lui dispose les cœurs,
Et le fait agréer à tous les auditeurs.
Dedans une heure ou plus, on verra sa science[(2)]

1 « depuis ».
2 « sans que cela lui en coûte ».
3 C'est-à-dire : « si ces qualités oratoires sont toujours nécessaires, pour qu'un discours plaise, il faut aussi que les circonstances lui soient favorables ».

Et celle des savants être mises en balance.
En attendant, sachons quel est son sentiment
Pour ce grand empereur qui se dit son amant.

SCÈNE II

LES MÊMES, CATHERINE.

L'IMPÉRATRICE

N'aurais-je point troublé vos plus doux exercices ?

CATHERINE

À vos commandements je trouve mes délices.

L'IMPÉRATRICE

Ils ne vous seront pas du moins injurieux[(4)] ?

CATHERINE

Madame, ils me seront toujours très glorieux[(3)].

L'IMPÉRATRICE

Je n'userai point mal de votre différence :
Je sais ce que je dois à votre[(1)] haute naissance,
Aux rares qualités que vous tenez des Cieux,
Aux vertus qui vous sont des dons plus précieux[(3)],
Et j'ai peine à souffrir de vous voir prisonnière,
Mais l'empereur le veut.

CATHERINE

Il ne me punit guère.
Mon esprit assuré ne le craint du tout point.

L'IMPÉRATRICE

Vous avez bien raison : le juge souverain[1],
Étant de vos amis, jugera cette affaire,
Et n'y travaillera que pour vous satisfaire.
Il n'en veut pas à vous, ce n'est qu'à votre Dieu.

1 Sous-entendu de l'impératrice : Maximin aimant la princesse, il jugera dans son intérêt.

Mais votre vertu doit éclater en ce lieu,
Si vous savez user avecque modestie
D'un amour qui vous est donné par fantaisie[1].
Ne me le celez point, je sais que l'empereur
Vient de vous présenter sa couronne et son cœur.
Mais comme cet amour est enfant du caprice,
Sous un piège de fleurs, il fait un précipice
Qui perd les imprudents et fait bientôt savoir
Qu'on doit se maintenir aux bornes du devoir,
Que le devoir enfin fait changer toute chose,
Et rapporte toujours l'effet à sa vraie cause[2].

CATHERINE

Cet avertissement, Madame, fait juger
Que vous me connaissez pour un esprit léger.

L'IMPÉRATRICE

Nullement. Je vous crois très prudente et très sage,
Mais pour n'en point mentir, je vous vois dans un âge
Facile à décevoir* par cette impression(4)
Qui flatte nos plaisirs et notre ambition(4).
Et comme votre cœur est grand et magnanime,
Rien moins qu'un empereur ne gagne votre estime.

CATHERINE

Madame, il est encore infiniment plus haut :
Il ne peut regarder ce qui a du défaut,
L'objet de son amour a les Cieux pour Empire,
Et c'est pour Dieu(2) seul que sans cesse il soupire.

L'IMPÉRATRICE

Mais, Madame, aujourd'hui l'empereur a dessein
D'ôter absolument ce dieu de votre sein :
Il sait que votre esprit a beaucoup de lumière,

1 Autrement dit, si Catherine sait user habilement de l'amour de Maximin, elle pourra faire éclater son innocence.

2 Autrement dit, le devoir, en nous faisant songer aux conséquences et à la dimension morale de nos actions, nous dévoile les véritables mobiles qui nous animent.

Il veut par la raison vous gagner toute entière ;
Après avoir vaincu par autrui votre erreur[1],
Il espère de vaincre aisément votre cœur.

CATHERINE

S'il ne reçoit d'honneur que dans cette victoire,
On ne dressera point de trophée à sa gloire.
Me faire idolâtrer ? Que ces pensers sont vains,
Et qu'il assure mal ses perfides desseins !
Dieu ! par quelle raison pense-t-il me séduire* ?
[Mon cœur n'est pas à moi, Dieu seul peut le conduire.][2]

L'IMPÉRATRICE

Mais encore, Madame, il faut aller plus loin :
Si l'empereur un jour abandonnait ce soin,
Que votre volonté ordonnât sur la sienne,
Et qu'il vous laissât vivre à la façon chrétienne ?
Cet acte vous serait beaucoup avantageux :
Vous pourriez recevoir son amour et ses vœux.

CATHERINE

Si ce discours, Madame, est pour vous agréable,
Je veux bien l'écouter.

L'IMPÉRATRICE

Est-il déraisonnable ?

CATHERINE

Madame, quoi qu'il soit, s'il vous plaît, c'est assez.
Je n'y raisonne point.

L'IMPÉRATRICE

Non, non, vous le pouvez.
Je ne suis pas d'humeur si fort impérieuse[(4)],
Qu'il faille me cacher une âme courageuse.

1 Autrement dit, après avoir vaincu sa foi par les arguments des savants de la Cour.
2 Nous ajoutons ce vers pour rétablir la rime.

Ne vous contraignez point, parlez-moi franchement,
Et je vous jure ici très solennellement
Que si vous vous fiez[(2)] du tout* à ma prudence,
Et que vous me montriez[(2)] une vraie[(2)] confiance,
De tous vos intérêts j'en veux faire les miens,
Et les embrasserai jusque dans vos liens[(2)],
Au moins si la vertu ne leur est pas contraire[1].
Comme mon jugement me le peut faire croire,
Vous avez trop d'esprit pour ne connaître pas
Que l'offre qu'on vous fait est un mauvais appas,
Et que si l'empereur vous montre une couronne,
Le même sort qu'il ôte est celui-là qu'il donne[2].
Enfin, je vois assez dans votre sentiment
Que vous la regardez très indifféremment,
Mais je crains seulement qu'une amour violente[(3)]
Ne se change bientôt en fureur insolente.
Je crains que l'empereur, voyant trop de vertu,
Ne se voie à la fin sous le vice abattu,
Et qu'il ose attenter à vous faire une offense,
Qui détruirait du tout* sa gloire et sa puissance[3].

CATHERINE

Madame, s'il me semble, il n'en est pas ainsi.
On m'a dit que ma foi fait son plus grand souci :
Celui qui, de sa part, a tenté mon courage*,
M'a fait voir, il est vrai, que mon prince est peu sage,
Mais que pour mériter son amour et ses vœux,
Il me fallait offrir de l'encens à ses dieux.
Voilà tout mon bonheur : c'est par là que j'espère
De voir tout cet amour brûler dans sa colère,

---

1 « Je servirai tous vos intérêts, bien que vous soyez prisonnière, pourvu que vos intentions soient honorables ».

2 Autrement dit, en lui donnant la couronne, il la retirerait à une autre. L'impératrice craint ici d'être répudiée.

3 Sous-entendu : un viol. Pour faire abjurer les vierges chrétiennes qui ne craignaient pas la mort et aspiraient au martyre, les Romains préféraient attenter à ce qu'elles avaient de plus précieux, leur vertu, en les prostituant dans des lupanars (*cf.* Corneille, *Théodore, vierge et martyre*, 1646).

Et qu'avecque plaisir ses yeux verront ma mort,
Et que le Ciel sera mon asile et mon port.
Madame, toutefois, en ce péril extrême
Je dois considérer votre bonté suprême :
S'il m'arrive un malheur plus fâcheux que la mort,
Madame, à vos genoux, j'implore du support.

L'IMPÉRATRICE

Oui, je vous le promets, et de plus je vous jure
Que je m'opposerai [aus]sitôt à cette injure,
Qu'il faudra que ma mort prévienne ce malheur,
Je vous dis encor plus… Mais voici l'empereur.

SCÈNE III

LES MÊMES, PORPHIRE, MAXIMIN, LUCIUS.

MAXIMIN [*à l'Impératrice.*]

Madame, vous savez que l'ardeur de mon âme
Serait d'exterminer, par le fer et la flamme,
Une loi que j'abhorre et qui me veut braver.
Cette princesse ici, que je voudrais sauver,
Fait changer mes desseins, et m'a mis en pensée
De voir par la[1] raison son erreur renversée.
Je veux que devant vous, devant Porphire et moi,
Lucius la contraigne à rejeter sa loi.

(À Catherine.)

Puisqu'à votre naissance et à votre mérite,
Je fais céder la loi que nos dieux ont prescrite
De venger les offenses et punir les mortels[2]
Qui refusent d'offrir l'encens à leurs autels,
Il semble qu'aujourd'hui je leur fais une injure,
Moi qui suis ici-bas leur vivante peinture,
Et qui dois maintenir leur gloire et leur honneur

1 Orig. : « ma ».
2 Pour respecter la métrique du vers, « offenses » doit s'élider. Une licence poétique inacceptable à l'époque.

Avecque plus de soin que le nom d'empereur.
Enfin, j'ai fait pour vous plus que je n'ai dû[1] faire :
Vous m'avez harangué d'un air si téméraire,
Et si plein de mépris pour l'honneur de nos dieux,
Qu'il me semblait d'ouïr(2) le murmure des Cieux.
Pourtant je veux encore avoir quelque indulgence,
Et pour votre mérite et pour votre naissance :
Je veux que la raison remette vos esprits,
Que votre jugement soit dignement appris,
Et qu'il vous soit permis de dire en ma présence
Tout ce qui peut servir votre vaine créance,
Afin que Lucius vous en puisse éclaircir,
Et dedans mon dessein pleinement réussir,

(À Lucius.)

Vous, ne négligez point cette affaire importante,
Je vous donne à convaincre une fille savante.

LUCIUS

Puisque vous le voulez, je vais vous obéir.

[À *Catherine.*]

N'appréhendez-vous pas de nous entretenir ?

CATHERINE

Je ne crains point du tout. La majesté divine
Doit faire par ma voix prononcer sa doctrine.
Il est maître des cœurs ; par des ressorts divins,
Il fait souvent agir ses très puissantes mains.

(Stance.)

Grand Dieu, qui éclairez les âmes,
Et qui pouvez en un moment
Y établir un changement,
Qu'à présent vos divines flammes
Se viennent saisir de leurs cœurs.
Enfin, par ma faible éloquence,
Grand Dieu, rendez-vous le vainqueur

1 « je n'eusse dû ».

De leur orgueilleuse science[(2)].
Seigneur, qui voyez en mon âme
Que votre amour est le plus fort,
Envoyez-moi plutôt la mort,
Qu'amortir le feu de ma flamme.
Que mes péchés n'empêchent point
L'effet de la sainte parole,
Et que votre oracle divin
Ne leur soit point vain et frivole*.

MAXIMIN

C'est assez discouru, venez pour écouter.
Lucius, il vous faut premier l'interroger.

LUCIUS

Eh bien ! quels sont vos dieux ? Répondez.

MAXIMIN

Elle n'ose.

CATHERINE

Je ne connais qu'un Dieu, auteur de toute chose.

LUCIUS

Comme[nt] se pourrait-il qu'un seul pût gouverner
Ses différents États sans se beaucoup peiner ?
Dans leur distinction[(4)], on voit leur providence
Agir très justement et avecque puissance :
Jupiter dans les Cieux est le plus grand de tous,
Sans que de son pouvoir les autres soient jaloux ;
Neptune sur la Mer commande par puissance,
Les Enfers à Pluton rendent obéissance ;
Cérès pour nos moissons nous fait jaunir nos blés,
Et Bacchus par le vin nous rend tous animés ;
Mars, que nous révérons au métier de Bellone[1],

---

1 Bellone est une déesse guerrière. Selon les versions de la légende, elle est la sœur ou la fille de Mars, dont elle conduit le char, accompagnée de la Crainte et de la Terreur. Voir

Par les armes soutient à nos rois la couronne ;
Esculape[1] en nos corps maintient les qualités
Qui conservent le tout, chacune en leurs degrés.
Pour notre créateur, nous avons Prométhée,
Qui avec du limon copia[(3)] son idée[2] ;
Et tous les dieux enfin, par leur divin pouvoir,
Nous portent à leur rendre un culte de devoir.

CATHERINE

Je connais tous ces dieux, et par leur origine,
Mais je n'y trouve point une essence divine.
Je sais que Jupiter, que vous honorez tant,
Ôta par son adresse un royaume à Titan,
Que Neptune et Pluton, qui furent ses deux frères,
Prirent ainsi que lui des titres téméraires,
Que dans tous leurs États ils se nommèrent dieux[3],
Que l'on dit Jupiter le monarque des cieux,
Ce[4] qui ne doit tromper qu'une âme bien vulgaire,
Parce que son séjour était pour l'ordinaire
Dessus le mont Olympe, où tous les plus savants
N'avaient pu deviner l'origine des vents[5].
Exempt sur ce haut lieu de leur cruelle guerre,
Où ils ne vont jamais non plus que le tonnerre[6],
C'est de là qu'il feignit avoir entre ses mains

---

aussi Villedieu, *Manlius*, note 1, p. 325, et La Roche-Guilhen, *Rare-en-tout*, note 4, p. 465.

1 Dieu de la chirurgie et de la médecine. Voir aussi la note 2, p. 263.

2 Dans la mythologie grecque, Prométhée est un Titan qui créa les hommes en les façonnant avec du limon et de l'argile.

3 Après la rébellion contre leur père Saturne et les autres Titans (voir la note 1, p. 268), les victorieux frères ont partagé l'univers : Jupiter devint roi des Cieux ; Neptune commanda la Mer ; Pluton fut maître des Enfers.

4 Orig. : « Et ».

5 Catherine reproche à Jupiter d'avoir délaissé le royaume des Cieux pour ne s'occuper que de son palais olympien, où tous les dieux festoient et se divertissent. En outre, pour protéger ce lieu de la violence des vents, Jupiter les a fait enfermer dans une caverne, confiant leur garde au roi Éole. Catherine laisse probablement sous-entendre que les dieux romains se sont trompés en pensant se protéger ainsi des vents, car c'est le souffle divin du Dieu des chrétiens qui balayera leur pouvoir.

6 Autrement dit, après avoir conquis l'Olympe, Jupiter s'est réfugié dans ce lieu pacifié, isolé des intempéries. Voir la note précédente.

Les foudres qui le font redouter aux humains.
Je sais qu'il fut vaillant, qu'il fit mourir son père,
Qu'il fut fort et adroit, cruel et sanguinaire,
Enfin qu'il fut un homme[1] et eut pour ses aïeux
Saturne et Cælus[(3)][2], mais plus habile qu'eux,
Qu'il se rendit partout tellement redoutable
Qu'il méprisa les noms de juste et raisonnable,
Qu'il rendit comme lui ses frères très puissants[3],
Et qu'il se fit enfin présenter de l'encens.
Son sépulcre se voit en l'île de Candie[4],
Où sa divinité finit avec sa vie.

LUCIUS

Mais il y a laissé un temple et un autel,
Qui le rendront[5] toujours ici-bas immortel.

CATHERINE

Oui, sa vanité fit, pour montrer sa puissance,
Qu'il exigea souvent, en faisant alliance[(3)]
Avec beaucoup de rois, qu'on lui fît des autels
Pour se faire adorer ici-bas des mortels.
Et d'une vanité qui n'eut jamais d'exemple,
Il faisait que chacun lui dédia[(3)] un temple ;
Lui-même en fit bâtir, et de si somptueux[(3)],
Qu'il a rendu par là son nom très glorieux[(3)].
Depuis, ses descendants eurent autant de gloire,
Et Mars, son petit-fils, se fit dieu de Victoire,
Neptune se fit dieu des Eaux et de la Mer,
Et son frère, Pluton, se fit dieu de l'Enfer,

1 Jupiter prit l'apparence d'Amphitryon, le général des Thébains, pour séduire son épouse Alcmène.

2 Dieu du Ciel, plus connu sous le nom d'Uranus, le père des Titans, et donc le grand-père de Jupiter. Voir la note 2, p. 268.

3 Voir la note 3, p. 289.

4 En fait, c'est Otos, l'un des Géants en lutte contre Jupiter, que ce dernier fait ensevelir sous l'île de Candie (la Crète). Mais Catherine choisit probablement de faire mourir, de façon symbolique, la divinité de Jupiter dans cette île, car la Crète fut l'un des premiers lieux évangélisés au début du christianisme.

5 Orig. : « rendra ».

Parce que le premier eut pour ses héritages,
Et par le droit du sort, des îles et des plages,
Et que l'autre fut roi du pays d'Occident,
Que l'on dit un enfer au prix de l'Orient[(3)].
Ainsi ces déités me sont par trop connues :
Un rayon plus divin a dissipé ces nues,
Qui tenaient autrefois mon esprit et mes sens,
Et me faisaient offrir comme vous de l'encens
À ces divinités, dont les vaines idoles
Nous font ouïr[(2)] parfois des oracles frivoles*.
Le Démon, ennemi de toute vérité,
Établit là-dessus sa fausse autorité.
Consultez seulement la raison et lui-même,
Que[1] croire plusieurs dieux, c'est une erreur extrême.
Ces pouvoirs divisés en différents sujets
Sont toujours affaiblis et beaucoup moins parfaits.
Tous ces dieux distingués par quelque différence
Nous font[2] voir en quelqu'un plus ou moins de puissance :
Cette imperfection[(5)] ne saurait être en Dieu ;
Donc, que votre raison vous instruise en ce lieu.
À la divinité tout est indivisible,
Son être et son essence est incompréhensible[3],
Il n'a point de principe, et n'aura point de fin,
Il est auteur de tout, et n'a rien fait en vain.
Mais si votre raison est par trop obscurcie,
Voyez parmi les morts de la plus docte vie :
Aristote à sa mort n'a-t-il pas dit tout haut
Qu'il était un seul Dieu, parfait et sans défaut ?
Platon, que vous croyez être un divin génie,
L'a-t-il pas confessé tout le temps de sa vie ?
Enfin, vous le savez sans doute mieux que moi,
Et si vous ne voulez démentir votre loi[4],
Vous direz hardiment à cette compagnie

1 « pour prouver que ».
2 Orig. : « fait ».
3 Orig. : « son être et essence ». Nous corrigeons le vers incomplet, mais, en raison de l'unicité de Dieu évoquée ici, nous conservons l'accord du verbe au singulier.
4 La loi de la vérité que ces savants sont censés suivre.

Qu'il n'y a qu'un seul Dieu de nature infinie.
Pour moi, je le confesse et dis encore plus :
Que ce Dieu tout puissant est père de Jésus.
Je dis que Jésus-Christ est Dieu comme son père,
Tout puissant et tout bon, et vous le devez croire.
Les livres que dans Rome on estime sacrés,
Où les Romains ont cru leurs délits déclarés,
Ne sont-ils pas dictés d'un esprit prophétique[1] ?
La sibylle Cumène[2] en ma faveur s'explique*
Avec tant de clarté pour Jésus mon Sauveur,
Qu'elle seule pourrait détruire votre erreur.
La désavouerez-vous ? On la révère à Rome.
Elle dit clairement que Dieu sera fait homme,
Qu'il doit pour réparer le péché des humains
Soumettre à nos fardeaux ses souveraines mains.
Et vous savez aussi ce que fit Tiburtine[3],
Que les Tiburiens[(4)] ont appelé divine,
Lorsque votre César, auguste et glorieux[(3)],
Refusa les devoirs que l'on rendait aux dieux,
Et lorsque les Romains le pressaient davantage
De se faire adorer : ce roi pieux[(2)] et sage
Voulut auparavant en demander conseil
À celle qu'il croyait d'un esprit sans pareil.
Cette noble Sibylle, à sa vertu fidèle,
Lui fit voir dedans l'air une vierge très belle,
Comme sur un autel tenant entre ses bras
Un enfant dont l'éclat illuminait ses draps ;
D'un esprit prophétique elle lui fit connaître

1 Il s'agit des registres prophétiques des sibylles, mais l'allusion aux « délits » des Romains n'est pas claire : peut-être une référence aux actes impies ou aux mœurs dépravées de certains Romains retranscrits dans ces livres. Voir la note suivante.

2 Les sibylles étaient des prêtresses pourvues du don de prophétie chez les Grecs et les Romains. La sibylle de Cumes aurait prévu l'arrivée du Christ, ainsi que le Jugement dernier, d'après une tradition pieuse qui remonte à Eusèbe de Césarée et à saint Augustin.

3 Une sibylle qui résidait dans la ville de Tibur (Tivoli). Selon une légende médiévale, César Auguste (63 av. J.-C.-14 ap. J.-C.) aurait eu un entretien avec elle afin de déterminer s'il devait s'accepter le titre de « dieu des nations » que le Sénat voulait lui décerner. Lors de cette rencontre, la sibylle aurait prophétisé la naissance du Christ pendant son règne. Voir la note précédente.

Que, de cette pucelle, un enfant devait naître,
Qui serait le seigneur de la terre et des cieux,
Qui même de la mort serait victorieux[4].

MAXIMIN

Ah ! c'est trop, Lucius, lui donner audience[3] !
Détruisez ses abus avec votre éloquence.

LUCIUS

Grâces à vos faveurs, grand Dieu mon créateur,
Je connais aujourd'hui que vous êtes l'auteur
Des astres et des cieux, de la terre et de l'onde,
Qu'il n'est point d'autres dieux pour gouverner le monde.
J'adore vos grandeurs, grand Dieu : pardonnez-moi,
Et ne rejetez pas cet acte de ma foi.
Vous voyez qu'elle est vive et qu'elle me prépare
À souffrir pour sa gloire un traitement barbare.

[*À Catherine.*]

Vous, par qui j'ai connu ce souverain pouvoir,
Soutenez maintenant ce cœur à son devoir :
À ma contrition[4] joignez votre suffrage,
Et faites que Jésus reçoive mon hommage.

MAXIMIN

As-tu perdu l'esprit, justes dieux ?

LUCIUS

Nullement,
J'agis en ce[tte] rencontre* avecque jugement.

MAXIMIN

Quel est donc ton dessein ?

LUCIUS

De fuir l'idolâtrie,
Et prouver si je puis, à toute ma patrie,
Que le Dieu des chrétiens est roi de l'univers,
Que lui seul nous départ des sceptres ou des fers* ;

Vous prouver à vous-même, en cette conjecture,
Que vous le devez croire auteur de la nature,
Que Mars, et Jupiter, Mercure et tous ces dieux
Ne font que décevoir* notre esprit et nos yeux.

MAXIMIN

Insolent ! Oses-tu prononcer ce blasphème ?
Crains-tu point d'irriter leur puissance suprême ?
Quel que soit ton dessein, tu procèdes très mal,
Et ce raisonnement te doit être fatal.

LUCIUS

Je dis la vérité sans crainte et sans finesse.

L'IMPÉRATRICE

Moi, je le crois aussi.

MAXIMIN [*à Catherine.*]

Méchante charmeresse !
Ô dieux ! ô justes dieux ! où me dois-je porter ?
En vain ton œil trompeur me veut solliciter :
Non, non, de cet abus je ne suis plus capable !
Quoi ! répandre à mes yeux ton venin détestable ?
L'impératrice même a pu sentir tes traits[1] :
N'est-ce pas mériter la torture et les fers* ?

PORPHIRE

Seigneur, votre colère est beaucoup violente[(3)].
Ne vaudrait-il pas mieux ouïr[(2)] cette charmante,
Lui donner audience[(3)] et voir, par son discours,
Celui dont nous tenons la lumière et le jour ?
Si jamais votre esprit a eu quelque croyance
À mon raisonnement ou à mon éloquence,
En cette occasion[(4)] que je serais heureux
Si je vous faisais voir la vanité des dieux !

---

1 Orig. : « avait senti ces traits ».

MAXIMIN

Ô dieux ! je perds le sens… Ôtez-moi tout à l'heure
Ces quatre criminels ! Que la trompeuse meure !
Sortez tous promptement, ou je vous ferai voir
À quelle extrémité me met le désespoir.
Que dans une prison Lucius et Porphire
Attendent les tourments que je vais leur prescrire !
Que de l'impératrice on me réponde aussi !

L'IMPÉRATRICE

Non, de ma liberté n'ayez point de souci.
Adieu, modérez-vous, et songez que peut-être
Vous sentirez trop tard la main de votre maître.
Je vous réponds de moi et vous réponds encor
De cette prisonnière.

[*Tous sortent sauf Maximin.*]

SCÈNE IV

MAXIMIN

Ô dieux ! quel est mon sort ?
Quoi ! faut-il que je souffre en cette concurrence ?
Qu'une femme me brave avec tant d'insolence ?
Qu'elle emmène à mes yeux, de son autorité,
Celle qui tient déjà toute ma liberté ?
Non, non je ne suis pas de ces âmes serviles.
Me dût-elle allumer mille guerres civiles,
Sa mort me vengera d'un si cruel mépris !
J'y vais tout de ce pas, le conseil en est pris.

ACTE V

[Après l'annonce du martyre de Catherine et l'emprisonnement de Porphire, une conjuration a été menée par Magnus Centenier, un parent de Catherine, contre l'empereur.]

SCÈNE I

MAXIMIN, CLAUDIEN, TERRACINE, CORVIN.

MAXIMIN

Le temps ne permet pas d'user tant de remise,
Après avoir souffert une telle surprise.
Mes pères, vous savez que l'Empire romain
S'est toujours maintenu par le culte divin :
Lorsqu'on a vu choquer* sa puissance suprême,
On n'a pas épargné l'appui du diadème[(3)][1].
Nous imposons des lois que l'on doit observer,
Et la justice en fait que nous devons garder
Au prix de notre honneur, au prix de notre vie ;
Sans excepter aucun, faut qu'elles soient suivies.
Le crime seulement se doit considérer,
Sans la condition[(4)] de qui l'a su oser.
Ce pieux[(2)] sentiment me rend si magnanime,
Que de mon intérêt j'en fais une victime[2] :
Mon honneur partagé commande à ma raison
De vous faire juger sur une trahison
Dont je dois accuser mon épouse et Porphire.
Vous savez quel pouvoir ils ont dans mon Empire,
Et surtout ce dernier, à qui mon amitié
Partageait avec lui tous mes biens à moitié :
Cette âme déloyale et ce cœur infidèle,
Que ma gloire a rendu insolent et rebelle,
Ose bien entreprendre à soulever l'État
Et commettre envers moi un cruel attentat*.

---

1 Autrement dit, chaque fois qu'on attaque la religion, on attaque aussi le monarque, qui sert d'appui au culte.

2 Autrement dit, cette conscience de la loi le rend fort et vertueux au point qu'il lui sacrifie ses propres intérêts.

Mais ce n'est pas pour lui que je parle, ô mes pères !
Je veux votre présence à de plus grand[e]s affaires
(Je saurai le punir comme il a mérité,
Sans rien considérer que mon autorité).
C'est pour l'impératrice : il est très raisonnable
Qu'avec moi vous jugiez son crime abominable.
Vous savez de Magnus l'étrange faction[(3)]* :
Elle l'a soutenu dedans cette action[(3)],
Et sans se contenter de cette tyrannie
Qui outrage et mes biens, mon honneur et ma vie,
Elle porte son crime à un si grand excès
Qu'elle-même travaille à faire son procès[1].
Car loin de s'excuser, cette méchante femme
De ce soulèvement m'a donné tout le blâme,
A traité ma personne avec indignité ;
Sans crainte ni respect de mon autorité,
M'a contraint malgré moi de lui faire paraître
Que je suis en effet son seigneur et son maître.
Et qui plus est encor, ses plus doux entretiens
Sont ordinairement avecque les chrétiens.
Elle les a toujours soutenus dans l'Empire :
À mes yeux aujourd'hui elle a bien osé dire
Qu'elle-même trempait en leur fatale erreur,
Et nommait Jésus-Christ son vrai libérateur.
Je m'en remets à vous et vous serez ses juges,
Sans qu'elle trouve ailleurs ni support ni refuge.
Que rien ne vous retienne, et ressouvenez-vous
Que son crime avec moi vous intéresse* tous.
Parlez, qu'attendez-vous ?

CLAUDIEN

Que Madame s'excuse,
Ou qu'elle-même ici de ce crime s'accuse.

TERRACINE

La loi veut qu'on l'entende avant que la juger.

1 « Qu'elle-même travaille à sa propre condamnation ».

MAXIMIN

Eh bien, suivant les lois il faut l'interroger !
Qu'on la fasse venir ! Vous aurez de la peine
À tirer un aveu de cette humeur hautaine.

TERRACINE

Nous savons le respect qu'on doit à sa grandeur,
Et qu'elle ne dépend que de son empereur.

MAXIMIN

Parlez-lui, Claudien.

SCÈNE II

LES MÊMES, [LÉPIDE], L'IMPÉRATRICE.

CLAUDIEN

La charge que j'exerce,
Madame, auprès de vous, produit ma hardiesse[3] :
L'empereur me l'ordonne, et j'ose bien penser
Que vous ne voudriez[2] pas ici vous dispenser
De rendre témoignage à cette compagnie
Si vous avez trempé dedans la tyrannie.
La conjuration[5] que les soldats ont fait[e]
Contre notre empereur : étiez-vous du projet ?
Magnus vous a-t-il vue avant cette révolte,
Et n'a-t-il pas après paru à votre porte ?
Et Porphire aujourd'hui, avant que de mourir,
Eut-il la liberté de vous entretenir ?

L'IMPÉRATRICE

L'exemple de mes mœurs répond à la demande.

CLAUDIEN

Cela ne suffit pas. L'empereur le commande.

TERRACINE

Il importe beaucoup que vous parliez à nous :

Vous devez ce respect au soupçon d'un époux.

L'IMPÉRATRICE

Eh bien ! puisqu'il le veut, mon âme toute nue
Paraîtra dans ce lieu innocente à la vue.
La conjuration[(5)] a pris son fondement
Aux cendres des chrétiens après l'embrasement :
Le sang[1] de Catherine a crié dans la ville
Qu'on fit à l'empereur une guerre civile,
Et Magnus Centenier, qui était[2] de son sang,
Avecque ses soldats tenait le premier rang.
Tous les autres, piqués de ce cruel martyre,
Jurent qu'ils vengeraient Catherine et Porphire.
Et pour d'autres raisons, que je ne puis tirer
De crainte d'offenser qui je veux respecter,
Je l'honore toujours cruel et infidèle,
Sans manquer toutefois pour les chrétiens de zèle[3].
Mais d'un zèle si saint qu'en leur protection[(4)]
Je n'ai jamais agi avecque passion[(3)] :
Je n'ai point vu Magnus dans le soulèvement,
La mort de la princesse a fait son sentiment.
Et depuis, au palais on m'a toujours gardée :
Porphire, on le sait bien, ne m'a point abordée.
Ce favori* était par trop son serviteur
Pour vouloir attenter jamais à son honneur,
Et l'amour d'un époux est si pur en mon âme,
Que ma seule vertu a toujours fait sa flamme ;
Un Dieu seul plus que lui possède mon amour.
Ma déposition[(5)] est toute en ce discours,
Mais à son sentiment, c'est ce qui fait mon crime :
Mon crime est confessé, voici votre victime,
Je suis chrétienne enfin, le reste est superflu.
Pour me faire mourir, agissez là-dessus.

---

1 « La famille ».

2 « qui est » (licence poétique).

3 Autrement dit, ses vertus d'épouse chrétienne la conduisent désormais à honorer son époux, tout cruel et infidèle qu'il soit.

CLAUDIEN

Seigneur, cet examen marque son innocence :
Pour sa religion(4), c'est une faible offense.

TERRACINE

Elle ne consent pas, Seigneur, à l'attentat*.
On ne peut condamner sans un crime d'État,
C'est tout ce que l'on peut juger en sa personne ;
Sa conservation(5) maintient votre couronne[1].

L'IMPÉRATRICE

Si la loi des Romains fait votre autorité,
Ma condamnation(5) fera votre équité[2] :
Elle ordonne la mort aux chrétiens par justice,
Leur même jugement ordonne mon supplice,
Et si le sang royal fait changer cet effet,
Celui de Catherine exigeait ce bienfait.
On n'a point eu égard au rang de sa personne,
Comme moi elle était un brillant de couronne,
Et nous devons avoir toutes deux même sort.

MAXIMIN

L'horreur de son péché fait qu'elle veut la mort.

L'IMPÉRATRICE

Il est vrai, mes péchés me paraissent horribles,
Mais si vous les jugez du tout* irrémissibles,
Avec quelle rigueur devez-vous condamner
Ceux à qui votre erreur vous fait abandonner[3] ?
De moi j'estimerais tous mes crimes frivoles,
Si je n'avais jamais adoré les idoles.
J'estime celui-là[4] digne de mille morts :

1 Autrement dit, la maintenir en vie, c'est conserver la dignité impériale. Condamner une impératrice constituerait un scandale et une offense vis-à-vis des dieux qui l'ont choisie.
2 « Vous rendra juste en me réservant le même sort qu'à Catherine ».
3 C'est-à-dire : avec quelle rigueur il devrait alors condamner les dieux païens au culte desquels il s'abandonne par erreur.
4 « ce crime-là ».

Seigneur, vous m'obligez d'y faire vos efforts*.

MAXIMIN [*aux sénateurs.*]

Meilleur juge que vous dedans sa propre cause,
Son remords fait juger ce que personne n'ose.

CLAUDIEN

Considérant ici et l'honneur et le droit,
Nous voyons que sa mort, Seigneur, vous surprendrait*.
On n'y doit pas agir avecque violence[(3)].

L'IMPÉRATRICE

Mais je ne saurais plus vivre sous sa puissance.

MAXIMIN

Mais puisque ce censeur* a fait son jugement,
À quoi nous peut servir tant de retardement[1] ?
(Elle sort.)
Lépide, emmenez-la dans le lieu du supplice.
[*Lépide la suit.*]

TERRACINE

Seigneur, nous vous quittons à présent notre office[2].

MAXIMIN

Encor qu'intéressé dans sa punition[(4)],
Je puis juger sans vous dans cette occasion[(4)],
Et votre procédé m'ordonne de vous dire
Que ma volonté fait des lois dans mon Empire.

CLAUDIEN

Seigneur, souvenez-vous que dedans ce mépris,
La justice bientôt verra votre débris*.

---

1 Réplique ironique de l'empereur, sur le fait que Claudien a joué au censeur en lui faisant la morale et en le mettant en garde contre le supplice de l'impératrice.

2 « nous vous remettons notre démission ».

TERRACINE

On ne peut l'outrager sans se faire une injure,
Sans offenser les dieux de toute la nature.
Je les invoque ici ces dieux, ces justes dieux,
Qui nous ont établis pour juger après eux.

CLAUDIEN

Je les prends à témoins, ces dieux de la justice,
Que je ne fus jamais de cette mort complice.

TERRACINE

Si vous devez juger son crime et la punir,
Seigneur, c'est donc en vain qu'on nous a fait venir.

CLAUDIEN

Allons, c'est perdre temps puisque la chose est faite !
Allons montrer à tous notre âme pure et nette.

[*Tous sortent sauf Maximin.*]

SCÈNE III

MAXIMIN.

Allez audacieux[4], hommes sans jugement,
Vous payerez bientôt ces mots très chèrement !
Je ne souffrirai pas qu'on protège les crimes :
Mon pouvoir justement en fera des victimes.

(Stance.)

Quoi ! ce sacrifice important
En mon cœur fait du changement ?
La douleur y donne une atteinte,
Le courroux me rend furieux[3],
L'espoir m'élève dans les cieux,
Pourtant dans ce transport je ressens de la crainte.

Un démon*, qui suit tous mes pas,
Me vient annoncer le trépas,
Et fait voir que ma destinée,
Dans le plus profond des Enfers,

M'assujettit dessous les fers*,
Sans qu'on puisse couper le fil de sa fusée*[1].

Les dieux paraissent courroucés,
Il semble qu'ils soient offensés :
Après un si grand sacrifice,
Je devrais sentir les douceurs
Qu'ils impriment dedans les cœurs,
Où ils donnent repos par un regard propice.

Je sens [se] dissiper mes esprits :
Ô dieux, tous mes sens sont surpris !
Une voix sonne à mes oreilles
Et me charme si doucement,
Que je crois ouïr(2) fermement
De ce qui est au Ciel exprimer les merveilles.

SCÈNE IV

LE MÊME, LÉPIDE.

MAXIMIN

Cher ami, qu'ai-je ouï ? Cet air mélodieux(4),
Était-il une voix de la terre ou des Cieux ?

LÉPIDE

Seigneur, il est certain, ce concert est des anges,
Qui de nos criminels ont chanté les louanges.
Et si nous en croyons notre oreille et nos yeux,
Catherine est puissante aujourd'hui dans les Cieux :
Son trépas est rempli de si grandes merveilles,
Qu'on n'en saurait jamais concevoir de pareilles.
L'exécuteur, confus de voir, au lieu du sang,
Sortir comme du lait de son très noble flanc,
Crie(2) tout forcené qu'on lui ôte la vie,

---

1 Référence aux fils tissés par les Parques (voir *L'Amoureux extravagant*, note 2, p. 49). Autrement dit Maximin sent son âme torturée.

Et qu'au Dieu des chrétiens chacun se sacrifie.
D'abord* que son esprit a paru chez les morts,
Les anges aussitôt ont enlevé son corps,
Et le soleil couché est revenu de l'onde
Afin de découvrir cette merveille au monde.
Tout le peuple ravi l'adore dans ce lieu :
Cela ne se peut pas sans le mépris des dieux.

MAXIMIN

Mais dis-moi promptement : où est l'impératrice ?

LÉPIDE

Seigneur, elle a subi la rigueur du supplice :
Je crois qu'elle n'est plus.

MAXIMIN

Que je suis malheureux.

LÉPIDE

Elle s'y préparait d'un air si généreux*,
Qu'on jugeait à la voir qu'elle allait à la gloire,
Telle qu'elle a paru après votre victoire.

MAXIMIN

Elle meurt et pourquoi ?

LÉPIDE

Par votre jugement,
Qu'elle a reçu, Seigneur, fort généreusement*.

MAXIMIN

Moi ? Par mon jugement ? Cela est faux, Lépide,
Je n'ai point consenti [à] ce cruel homicide…

SCÈNE V

LES MÊMES, CORVIN.

CORVIN

Seigneur, il faut penser à conserver l'État,
Car on fait contre vous un cruel attentat*.
Mais avant ce discours où mon ardeur m'engage,
L'impératrice veut que vous voyiez ce gage :
Avant que de mourir, elle m'a commandé
De porter cette bague à Votre Majesté,
Et de vous témoigner qu'elle meurt sans tristesse,
Et que votre repos croîtra son allégresse.

MAXIMIN

L'impératrice est morte… Ah ! que me dites-vous ?

CORVIN

Quoi ! son trépas, Seigneur, ne vous paraît point doux ?

MAXIMIN

Vous me désespérez. L'impératrice est morte !

CORVIN

Seigneur, votre grandeur l'a voulu de la sorte.
Vous en souvient-il plus ? Vous l'avez ordonné.

MAXIMIN

Malheureux ! À quels maux me suis-je abandonné ?
Ô dieux ! injustes dieux, vous manquez de puissance
Si vous ne la vengez de ma cruelle offense !
Oui, oui, je dois sentir le céleste courroux…
(À Corvin.)
Dis-moi quel ennemi me sera le plus doux ?
Apprends-moi promptement les maux qu'on me prépare :
Magnus est-il encor quelqu'un qui se déclare ?

CORVIN

Seigneur, ce n'est pas là le coup [le] plus dangereux

Que l'Empire reçoit en ces jours malheureux :
La Libye a perdu son gouverneur Lactance[1]
Dans un assassinat par votre obéissance[2].
Ils ont mandé partout à tous les magistrats
De se fortifier[(4)] pour le bien des États :
On a dépossédé vos gouverneurs et princes,
On voit des sénateurs gouverner vos provinces.
Le jeune Gordien[3] est décerné prêteur,
Et reçu du Sénat avecque grand honneur :
Tous les appariteurs vont devant sa personne
En portant du laurier, chacun une couronne.
On l'amène en ces lieux dedans tous ces honneurs,
Avec les ornements qu'on donne aux empereurs,
Et Magnus est allé lui rendre son hommage :
Pour se venger, dit-il, Seigneur, de votre rage,
Il prétend lui mener plus de six légions[(3)].

MAXIMIN

Gordien est l'auteur de ces rebellions[(4)] ?
Ce sujet insolent, ce perfide, ce traître,
Je lui ferai sentir qu'il attaque son maître !

CORVIN

Il est à redouter, et je crois fermement
Qu'il vous vendra, Seigneur, sa vie[(2)] chèrement.

MAXIMIN[4]

Ah ! si pour mon malheur il est d'intelligence

---

1 L'autrice prête à ce personnage inventé le nom d'un rhéteur latin (Lactantius, v. 260-v. 325 ap. J.-C.), qui se convertit au christianisme et fut l'auteur d'une apologie chrétienne en sept livres. Dans son œuvre polémique intitulée *De la mort des persécuteurs*, écrite vers 315, il affirma que les empereurs persécuteurs étaient de mauvais empereurs et que leur mort affreuse était un châtiment divin.

2 « par votre ordre ».

3 L'autrice a probablement choisi ce nom en référence au sénateur Gordien, qui, au siècle précédant les faits, avait pris la place de Maximin Ier le Thrace à la tête de l'Empire. Celui-ci avait été assassiné par ses soldats en 238, et le sénateur devint Gordien Ier.

4 L'édition originale n'indique pas de changement d'entreparleur. Nous corrigeons en attribuant ce passage à Maximin.

Avecque ce tyran qui mord ma conscience[3],
Nous agirons en vain pour repousser ses coups,
Et je crois que les dieux me persécutent tous.
Allons sans plus tarder soutenir leur colère :
De tous les biens*, la mort m'est le plus salutaire.

MADAME DE VILLEDIEU

(1640 ? – 1683)

NOTICE

Beaucoup d'incertitudes planent sur la vie de celle qui fut l'une des autrices les plus lues, les plus jouées et les plus publiées au XVIIe siècle. Marie-Catherine Desjardins, mieux connue sous le nom de Mme de Villedieu, naquit probablement à Paris en 1640, de parents issus de la petite noblesse sans fortune. Bien qu'ils fussent au service de la puissante famille des Rohan-Montbazon, elle connut tôt des déboires d'argent. Pendant la Fronde, la famille se serait exilée à Alençon, d'où son père était originaire. En 1655, sa mère obtint une séparation financière, et Mlle Desjardins retourna à Paris. Protégée par la duchesse de Montbazon, accueillie dans les salons à la mode, elle y côtoya le beau monde, se liant avec nombre de nobles qui allaient devenir ses mécènes et les dédicataires de ses ouvrages. En 1658, elle entama une liaison passionnée, tapageuse et rocambolesque avec un séduisant officier d'armée, Antoine de Boësset de Villedieu, issu d'une importante famille de musiciens de cour, qui lui promit à plusieurs reprises le mariage devant notaire et témoins, mais se désista *in extremis*. Avant de mourir à la guerre en 1667, criblé de dettes, il vendit à l'éditeur Barbin, qui les publia, les lettres d'amour qu'elle lui avait adressées. De nombreuses zones d'ombre entourent ensuite la vie de Mlle Desjardins, telles que ses activités d'agent secret, son voyage aux Pays-Bas pour un procès qu'elle perdit, et un séjour au couvent en 1672. Enfin, en 1676, elle obtint une pension royale longuement convoitée et, en 1677, épousa un certain M. de Chaste, dont elle eut un fils. Après le décès de son mari, elle se retira à Clinchemore, dans sa famille, où elle décéda en 1683.

Mlle Desjardins connut une certaine renommée dès 1659 grâce à son *Récit de la farce des Précieuses*, où elle reconstituait la comédie de Molière ; son sonnet érotique, *Jouissance*, circulait déjà depuis un an sous forme manuscrite, colorant sa notoriété d'un succès de scandale. En 1661, elle publia son premier roman, *Alcidamie*, ainsi qu'un *Recueil de poésies*.

Prolifique, elle allait toucher à tous les genres : poésies, fables, romans, nouvelles historiques et galantes, lettres, etc.

Cependant c'est grâce à ses talents de dramaturge que sa carrière littéraire débuta véritablement. Pionnière et audacieuse, elle s'attaqua en effet au genre royal, le théâtre, et souleva une célèbre controverse avec sa première tragi-comédie *Manlius*, jouée par la troupe de l'Hôtel de Bourgogne en 1662. Attaquée pour sa déformation de l'histoire romaine, la pièce témoigne en fait de l'émergence d'une nouvelle conception de l'Histoire, que l'autrice allait formuler dans la préface de ses *Annales Galantes* (1670), que Saint-Réal théoriserait dans *De l'usage de l'histoire* (1671), et que l'on retrouve encore chez Saint-Évremond. Établissant la passion amoureuse comme l'ingrédient vital qui impulse les intrigues de l'histoire politique, elle accorde la primauté aux héroïnes, comme en témoigne encore Nitétis, la plus romanesque de ses pièces, qui fut représentée en 1663 à l'Hôtel de Bourgogne sans grand succès. Inspirée du *Grand Cyrus* de Madeleine de Scudéry et des *Histoires* d'Hérodote (livre III), cette tragédie met en scène Cambyse II, le fils cruel et incestueux du grand Cyrus, ainsi que sa vertueuse et loyale épouse, Nitétis. Derrière la galanterie des vers, se dévoile une critique de l'absolutisme confrontant l'autonomie du sujet au pouvoir absolu d'un monarque tyrannique. Un thème qu'elle aborda également dans sa troisième et dernière pièce, *Le Favori*, rédigée en 1664 et confiée à la troupe de Molière. Après cette brève incursion dans le domaine théâtral, elle adopta le nom de plume de Mme de Villedieu et repartit à la conquête du roman, genre qui lui permettait toutes les audaces et assurait sa survie financière. En faisant rebondir la fiction romanesque, elle lui infusa un nouveau souffle, et, selon le *Dictionnaire historique et critique* de Bayle (1697), ses « historiettes galantes » mirent fin à la mode des romans héroïques de longue haleine.

Goûtée jusqu'à la fin du XVIIIe siècle, son œuvre romanesque tomba ensuite en désuétude. Exhumée depuis les années 1970, elle suscite un regain d'intérêt en France, mais son théâtre reste mal connu, malgré quelques éditions étrangères. Nous rééditons donc deux pièces qui connurent du succès à l'époque et qui marquent une étape majeure dans la professionnalisation du théâtre des femmes. Elles témoignent surtout de l'originalité de la production dramatique de Mme de Villedieu. Tout en s'inspirant des pièces des frères Corneille et en puisant dans l'héritage précieux et romanesque, cette œuvre marque l'essoufflement de ce courant : en juxtaposant la grande et la petite histoire, son théâtre ne démantèle pas seulement le mythe du héros « généreux » ; il reflète également la transformation des valeurs, offrant une réflexion pessimiste sur l'homme, esclave de ses intérêts, dont témoigne encore son œuvre posthume, *Le Portrait des faiblesses humaines.*

MANLIUS

Tragi-comédie
(1662)

Première édition
Mademoiselle Desjardins, *Manlius*,
Paris, Claude Barbin, 1662.

Édition de référence
Œuvres complètes, Genève, Slatkine Reprints, 1971,
vol. I, p. 206-224
[fac-similé des *Œuvres de* Mme *de Villedieu*, Paris,
Compagnie des Libraires, 1720-1721].

PERSONNAGES[1]

CAMILLE, veuve de Decius [consul romain], son illustre époux.
PISON, licteur* de Decius.
TORQUATUS, consul de Rome, père de Manlius.
OMPHALE, captive, princesse épirote, reine du trône d'Épire[2].
MANLIUS, fils romain de Torquatus.
PHÉNICE, confidente d'Omphale.
JUNIUS, confident de Torquatus.

La scène est au camp des Romains, devant les tentes du consul.

1 À propos de la prononciation des noms romains, voir les principes éditoriaux, p. 23-24.
2 L'Épire (adj. épirote) est une région montagneuse des Balkans partagée entre la Grèce et l'Albanie. L'Épire faisait partie du complot de la ligue latine contre Rome (guerres du Latium).

Manlius, première pièce de Mme de Villedieu, fut aussi la première œuvre d'une femme représentée à l'Hôtel de Bourgogne, en mai 1662. Cette tragi-comédie en cinq actes et en vers, qui fut publiée sous son nom de jeune fille avec une dédicace à Mlle de Montpensier, avait assez bien réussi, selon Tallemant des Réaux. Elle engendra néanmoins une querelle, qui dura plusieurs années, entre l'abbé d'Aubignac (sous l'égide duquel la pièce avait été composée) et Donneau de Visé. Ce dernier reprochait à la dramaturge et à son mentor d'avoir fait une entorse à l'*Histoire romaine* de Tite Live (VIII, 6-7), en altérant – entre autres – le dénouement et en inventant le personnage de Camille. D'après l'Histoire, le consul Torquatus, en 340 av. J.-C., avait fait couper la tête de son fils pour avoir désobéi aux ordres du Sénat en livrant une bataille, pourtant victorieuse, contre les Latins. La discipline militaire des Romains, soutenait Donneau de Visé, était trop bien connue pour qu'on puisse accepter le revirement final du consul, qui gracie son fils ; en humanisant Torquatus, Mme de Villedieu enfreignait les règles de la vraisemblance. D'Aubignac, de son côté, pour légitimer les manquements à l'Histoire, insista sur la primauté de la « beauté du théâtre ». La critique, dans son ensemble, loua les vers de la pièce, et Loret en fit l'éloge dans sa *Muse historique*[1].

Démuni des qualités qui distinguent un véritable consul romain, investi de gloire et de vertu, Torquatus est représenté ici comme un barbon amoureux, jaloux et tyrannique, aux prises avec les concupiscences. De surcroît, son langage équivoque, émaillé de tournures galantes incongrues dans la bouche d'un consul, sonne comme une parodie de l'éthique romaine mise en scène dans les pièces de Corneille. Torquatus convoite Omphale, princesse épirote et prisonnière de guerre, qui aime son fils Manlius et en est aimée ; la condamnation de ce dernier n'est donc, pour lui, qu'un subterfuge pour se défaire d'un « rival favorisé ». Les infléchissements imprimés à l'Histoire vont ainsi bien au-delà des

1 Tallemant des Réaux, *Historiettes* [2e moitié du XVIIe s.], Paris, Delloye, 2e éd., 1840, t. X, p. 231 ; Donneau de Visé, « La défense de la tragédie de la Sophonisbe », Paris, Barbin, 1663, p. 10-14 ; d'Aubignac, *Deux dissertations concernant le poème dramatique*, Paris, Du Breuil, 1663, p. 14 ; *Muse historique*, 6 mai 1662, t. III, lettre 17, p. 68.

événements – et de la critique de l'absolutisme qui affleure dans la pièce. Ce qui importe ici est surtout la mise en place d'une ré-écriture de l'histoire, qui, sous l'influence des romans précieux, place le véritable motif des grandes machinations historiques dans l'univers passionnel où les femmes occupent une place primordiale.

Mme de Villedieu ne se mêla pas à la querelle qui la rendit célèbre. Son épître dédicatoire, pleine d'humour, montre toutefois qu'elle était consciente d'enfreindre les règles – et pas uniquement celles du théâtre. Elle y fit non seulement ressortir la témérité de son héros, mais surtout celle de son projet théâtral, puisqu'elle choisissait un genre où aucune autrice n'avait encore été consacrée. En bravant les interdits, elle se frayait une place parmi les « rois du théâtre ».

À MADEMOISELLE[1].

Mademoiselle,

Les hommages que votre Altesse royale reçoit tous les jours me défendent presque d'espérer que mes respects ne puissent trouver place parmi la foule des illustres adorateurs de votre vertu. Je crains avec raison, ce me semble, d'être étouffée dans cette glorieuse presse*. Mais il faut oser quelque chose pour s'acquitter de son devoir, et toutes les augustes qualités de votre personne royale ont fait une si douce violence à notre jeune Manlius que, sans considérer ses défauts, il vient audacieusement se jeter aux pieds de la plus merveilleuse princesse qui soit aujourd'hui dans le monde. En vain je lui ai représenté qu'en ces rencontres*, il faut, pour le moins, être conduit par ces grands auteurs que leur mérite a rendus les rois du théâtre ; que dans une si haute entreprise les applaudissements vulgaires sont un faible appui, et que les lumières de Votre Altesse Royale ne trouveront rien qu'elles ne pénètrent[2].

Il[3] dit que, par tout l'Univers,
On sait que Manlius était un téméraire,
Qu'il eut toujours ce caractère,
Et dans l'histoire, et dans mes vers,
Et que, dût-il servir mille fois de victime
À l'austère sévérité,
Il veut faire avouer[(3)] à la postérité
Que souvent ce n'est pas un crime
Qu'une heureuse témérité.

C'est, Mademoiselle, dans cette pensée qu'il a eu l'audace d'abuser de votre bonté en dérobant à Votre Altesse Royale quelques heures de

1 Anne Marie Louise d'Orléans (1627-1693), duchesse de Montpensier (dite la Grande Mademoiselle), cousine de Louis XIV et l'une des mécènes de Mme de Villedieu, fut une célèbre figure « amazone » de la Fronde : à cette occasion, elle prit le parti des frondeurs et tira le canon contre les troupes royales pour défendre le prince de Condé.

2 C'est-à-dire qu'aucun défaut n'échappera à la duchesse.

3 L'autrice fait parler son héros Manlius à la troisième personne. Sur la querelle que suscita la pièce et à laquelle il est fait allusion dans cette dédicace, voir p. 317

son loisir, et c'est par ce même mouvement qu'il ose aujourd'hui vous demander l'honneur de votre protection. S'il est si heureux {que} de l'obtenir, elle lui donnera une vie, dans les siècles à venir, beaucoup plus illustre que la vie que je lui ai donnée dans ce poème. Tel a blâmé mon indulgence, qui la trouvera digne d'une louange immortelle quand il saura que ce héros devait un jour être avoué de Votre Altesse Royale. Après cela, n'est-il pas vrai de dire qu'il y a des témérités si heureuses qu'elles ne sont jamais criminelles ? Et ne dois-je pas espérer que, sur un exemple si fameux, il me sera permis de me dire,

Mademoiselle,

De Votre Altesse,

La très humble, très obéissante et très soumise servante,
DES JARDINS.

ACTE I

SCÈNE I

CAMILLE, PISON.

CAMILLE

Puis-je croire, Pison, cette étrange nouvelle ?

PISON

Madame, je la tiens d'une bouche fidèle.
Cet amour prit naissance au camp de Decius,
Où servait dans ce temps le jeune Manlius ;
Mais n'osant espérer que pour cette alliance[3]
Le consul ait jamais la moindre complaisance,
Il déguise avec soin sa folle passion[3],
Sous le masque trompeur de la compassion[4].
Sur ce prétexte adroit, secrètement, Omphale
En reçoit mille effets d'une ardeur sans égale.
Pour moi, que les bontés de votre illustre époux,
Jusques à mon trépas, attacheront à vous,
Et qui dès en naissant appris de ce grand homme
Qu'il faut tout mépriser pour la gloire de Rome,
Sachant qu'à Torquatus votre cœur est promis,
Et qu'ainsi vous prenez intérêt en son fils,
J'ai voulu vous donner cette marque de zèle.

CAMILLE

Je saurai reconnaître une ardeur si fidèle,
Repose-t'en sur moi, va, j'en prends le souci* ;
Mais je vois Torquatus, laisse-nous seuls ici.

SCÈNE II

CAMILLE, TORQUATUS.

TORQUATUS

Quoi, si matin, Madame, être hors de la tente ?
Qui vous peut aujourd'hui rendre si diligente* ?

CAMILLE

Une triste moitié[(3)][1] du plus grand des héros,
Après l'avoir perdu, goûte peu de repos.
Le tumulte du camp, les cris et les alarmes*
Étant un grand obstacle à mes trop justes larmes,
Honteuse de me voir parmi tant de soldats,
Et voulant d'un époux honorer le trépas,
Pour m'acquitter dans peu de ce dernier office,
Je m'en allais presser le jour du sacrifice.
Mais puisque les effets d'un illustre souci*
Me font heureusement vous rencontrer ici,
Puis-je vous avertir que, dans votre famille,
On a fait céder Rome aux charmes d'une fille,
Et qu'Omphale a vengé tous les malheurs des siens
En mettant ses vainqueurs dans ses propres liens[(2)] ?

TORQUATUS, *bas.*

Dieux, m'aurait-on trahi ? [*Haut.*] Que dites-vous, Madame ?

CAMILLE

Que Manlius, épris d'une honteuse flamme,
Veut réparer les maux que l'Épire a soufferts,
Et que, d'une captive, il a reçu des fers*.

TORQUATUS, *bas.*

Quoi ? Mon fils, mon rival ?

CAMILLE

Les affaires publiques
Doivent-elles bannir vos soucis domestiques ?
Et pour vaincre l'effort de{s} communs ennemis,
Avez-vous méprisé la conduite d'un fils ?
J'approuve qu'un consul adopte sa patrie,
Mais de voir que par là sa gloire soit flétrie,
Et que sur son fils même on fît un attentat,
Quand il se donne entier au salut de l'État,

1 « épouse ».

C'est porter un peu loin les effets de son zèle.

TORQUATUS, *bas.*

Feignons de ne pas croire une telle nouvelle.

[*Haut.*]

Connaissant Manlius, je ne saurais penser
Qu'aux lois d'une captive il daigne s'abaisser.
Ses pareils n'ont jamais d'amour que pour la gloire
Et ne forment des vœux qu'au Temple de Mémoire[1].
Manlius est romain, il est né de mon sang,
Et n'a pas oublié ni son nom, ni son rang.

CAMILLE

Ne croyez pas, Seigneur, ces titres honorables :
Les pièges de l'amour sont presque inévitables,
Il remplit les esprits de vaines* fictions(3),
Il s'érige en auteur des grandes actions(3),
Et colore si bien ses feux et sa faiblesse,
Qu'un héros croit devoir sa gloire à sa maîtresse*.
Le jeune Manlius s'estime généreux*
Quand il sert dans les fers* un objet* malheureux,
Et ces mêmes appas pour qui son cœur soupire
Ne l'auraient pas touché sur le trône d'Épire.
Ce sont là de l'amour les nobles mouvements,
Qui ne sont inspirés qu'aux illustres amants ;
Et quand on reconnaît son injuste puissance,
Il faut fouler aux pieds le rang et la naissance.
Pensez-y donc, Seigneur : dans un pareil hasard*,
Pour peu que l'on diffère, on y songe trop tard.
Je sais de bonne part que cette affaire presse,
Manlius vient ici pour y voir la princesse.
Il arrive, dit-on.

TORQUATUS

Si c'est de cet avis
Que vous naît le soupçon de l'amour de mon fils,

1 « à la postérité ». Voir aussi La Roche-Guilhen, *Rare-en-tout*, note 1, p. 491

Perdez en ce moment cette fausse croyance :
Il vient pour réparer sa désobéissance.
Ce jeune audacieux(4), méprisant mon courroux,
Et voyant que la mort de votre illustre époux
Lui laissait dans le camp une puissance entière,
Se laissant emporter à son ardeur guerrière,
Malgré l'ordre précis de Rome et du Sénat,
A contre les Latins hasardé le combat.
Et bien qu'il ait vaincu, pour mieux faire connaître
Combien sur les Romains le Sénat est le maître,
Je crois que son trépas est la punition(4)
Qui se doit imposer à son ambition(4).

CAMILLE

Elle sera, Seigneur, sans doute plus légère.
Ce vaillant criminel a pour juge son père,
Et l'on ne mettra pas au nombre des défauts
Un peu trop de chaleur dans un jeune héros.
À ces nobles transports il joindra la prudence,
Quand il aura du temps acquis l'expérience(4) ;
Par sa bouillante ardeur sa vertu se produit,
Et vos sages conseils en mûriront le fruit.
Mais pour faire, Seigneur, que partout il les suive,
De grâce, empêchez-le de revoir la captive.
L'amour est si subtil qu'il se glisse aisément,
Il entre dans les cœurs sans qu'on sache comment ;
Une âme le nourrit longtemps sans le [re]connaître,
Et quand, par son adresse, il s'en est rendu maître,
Semblable à la vipère, il déchire le flanc
Dont il avait sucé la substance et le sang.
Dérobez votre fils à cette destinée ;
Je sais qu'il se propose un indigne hyménée.
Défiez(3)-vous de tout : les amants sont rusés,
Et surtout les amants qui sont favorisés.

TORQUATUS

Reposez-vous sur moi, l'affaire m'intéresse*.

CAMILLE

Pour vous en éclaircir, parlez à la princesse,
Elle devait me suivre ici dans un moment.
Tâchez de pénétrer un peu son sentiment.
La voici ; je vous quitte.

SCÈNE III

TORQUATUS, OMPHALE.

TORQUATUS

Eh bien, belle inhumaine,
Ne vous rendez-vous point à la grandeur romaine ?
Exécuterez-vous d'un coup d'œil enchanté
Ce que Mars et Bellone[1] ont vainement tenté ?
Ne puis-je voir cesser un si cruel martyre,
Et voyant à vos pieds un consul qui soupire,
Voulez-vous égaler par de cruels dédains
Les maîtres de la terre au reste des humains ?

OMPHALE

N'insultez plus, Seigneur, {à} cette infortunée,
Laissez borner aux fers* ma triste destinée :
Tant de discours flatteurs prononcés sans dessein
Sont des amusements indignes d'un Romain.
Je sais le peu d'attraits dont le Ciel m'a pourvue,
Et le sort m'a laissé du sens et de la vue.

TORQUATUS

Quoi ! toujours opposer cette extrême froideur
Aux sincères effets de ma bouillante ardeur ?
Vous doutez de mes feux*, adorable insensible,
Et rien ne peut toucher ce courage* inflexible ?
J'aurai donc fait pour vous cent crimes superflus,

---

1 Dans la mythologie romaine, Mars, dieu de la guerre, a pour sœur ou pour épouse Bellone. C'est cette déesse de la guerre qui attèle et conduit son char. Voir aussi La Chapelle, *L'Illustre philosophe*, note 1, p. 288, et La Roche-Guilhen, *Rare-en-tout*, note 4, p. 465.

En violant[(3)] la foi donnée à Decius
Quand, tout étincelant de la noble furie*
Qui le fit immoler au bien de sa patrie,
Pour un gage éternel d'une ardente amitié,
Il me fit un présent de sa digne moitié[1] ?
« Recevez, me dit-il, ce bien inestimable.
Camille n'eut jamais ici-bas de semblable,
Ce fut par ses vertus qu'elle engagea ma foi* :
Qu'elle recouvre en vous ce qu'elle perd en moi. »
Je lui promis, grands dieux, et sur cette promesse,
Il courut à la mort tout rempli d'allégresse ;
Et cependant, ingrate, un regard de vos yeux
Fit taire dans mon cœur ces mânes[2] glorieux[(3)].
Je méprise pour vous cette illustre Romaine,
Et mon amour n'obtient que froideur et que haine ?
Après tous ces effets de votre cruauté,
Voulez-vous mon trépas, inhumaine beauté ?
Parlez, voici ma main, si la vôtre est timide.

OMPHALE

Me préserve le Ciel d'un si grand homicide !
Le Sénat est l'auteur de tous mes déplaisirs,
Mais je le hais bien moins que les lâches désirs.
Si l'amour me déplaît, je déteste le crime,
Et de mes ennemis j'aime si fort l'estime,
Qu'un des plus puissants traits dont mon cœur vous combat,
C'est la peur d'attirer le mépris du Sénat.
Que penserait de moi cette assemblée auguste,
Si je souffrais l'effet d'un amour si peu juste ?
Non, non, contentez-vous, Seigneur, de mon respect :
D'un cœur comme le mien, l'amour serait suspect.
Les fers* que j'ai reçus ont endurci mon âme,

1 Decius, consul romain et ami de Torquatus, était célèbre pour sa bravoure et son dévouement à Rome. Avant de se jeter au milieu des rangs ennemis (le complot de la ligue latine contre Rome en 341 av. J.-C.), il fit promettre à Torquatus d'épouser sa femme, Camille. Voir aussi la note 5, p. 360.

2 Âmes des morts, chez les Romains.

Et bien loin d'approuver l'ardeur de votre flamme,
Quand je songe à l'éclat de mes honneurs passés,
Si mon cœur vous estime, il croit en faire assez.

TORQUATUS

Portez, portez plus loin cet orgueil indomptable :
Votre mépris est juste, et mon amour blâmable.
Cette noble fierté pour un[1] consul romain
Nous fait voir un courage* au-dessus de l'humain.
Je ne saurais blâmer une si belle audace,
Mais pour n'oublier rien, souvenez-vous, de grâce,
Que vous ménagez mal les désirs de mon cœur,
Et que, malgré mes feux*, je suis votre vainqueur.

OMPHALE

Mon père mort, mes fers*, votre insigne victoire
Ne sont que trop présents à ma triste mémoire :
Les destins obstinés à me persécuter
M'ont ôté pour jamais les moyens d'en douter,
Et je n'ai pas besoin que votre orgueil s'en vante.
Mais ce nom de vainqueur n'a rien qui m'épouvante,
On ne redoute rien quand on brave la mort.
Vous-même, appréhendez l'inconstance du sort :
Cette audace, Seigneur, peut être réprimée,
Le Ciel me laisse un frère, et de plus une armée,
C'en est peut-être assez pour sortir de vos mains.
Nos soldats ont eu l'art de vaincre les Romains[2] :
S'ils ne l'ont oublié, je vous ferai connaître
Que celles de mon rang n'ont point ici de maître.

TORQUATUS

Quoi ! vous n'avez espoir qu'en un malheureux roi,
Que les arrêts du sort doivent à notre loi ?
Et que peut de ses gens une faible poignée,

1 « à l'égard d'un ».
2 Alexandre Ier d'Épire, dit Alexandre le Molosse, avait remporté quelques victoires contre les Romains.

Que par pitié Decius[(2)][1] a sans doute épargnée,
Contre un peuple vainqueur et qu'on voit aujourd'hui
Traîner par l'univers la victoire après lui ?
Opposez-vous plutôt à cette vaine* audace*,
Servez-vous de vos yeux pour obtenir sa grâce ;
Du salut des vaincus tâchez d'être le prix,
Vous le pouvez encore après tant de mépris.
Ingrate, malgré moi je sens que je vous aime :
Voyez ce que je puis, aimez-moi pour vous-même.
Par un injuste orgueil ne poussez pas à bout
Un vainqueur amoureux, sur qui vous pouvez tout ;
Car je jure des dieux la puissance adorable*,
Que si je vous retrouve encore inexorable,
À la face du Ciel, avant la fin du jour,
Torquatus vengera sa gloire et son amour.

(Il sort.)

SCÈNE IV

OMPHALE, PHÉNICE.

OMPHALE

Voilà pour me charmer un aimable langage.
C'est ainsi qu'on fléchit un généreux* courage* ?
L'injure, le mépris, la menace et l'orgueil
Sont pour le cœur d'Omphale un dangereux écueil :
Fais craindre ton courroux à des âmes plus basses,
La mienne est au-dessus de toutes tes menaces.
C'est à d'autres attraits que mon cœur s'est rendu,
Et contre ton amour il est bien défendu.
Ô toi qui sus toujours le secret de mon âme,
Phénice, cher témoin d'une plus belle flamme,
Vois quelle ressemblance entre un père et son fils !
Manlius, se trouvant parmi mes ennemis,
En mille occasions[(4)] a défendu ma gloire,
Et bien loin d'abuser des droits de sa victoire,

1 Orig. : « Decie ».

Il méprise pour moi grandeurs, fortune, rang,
Et pour me protéger il expose son sang.
L'autre, dans mon malheur, insolemment me brave,
M'insulte, me menace et me traite d'esclave.
Ah, quelle différence entre ces deux amants !

PHÉNICE

Ils la trouvent pareille entre vos sentiments[1],
Car bien que leurs deux cœurs portent la même chaîne,
L'un a votre tendresse et l'autre a votre haine.

OMPHALE

Eh ! pourrais-je, Phénice, en user autrement ?
Ce vaillant défenseur, cet agréable amant,
Ose à peine parler du feu* qui le dévore :
Ses seules actions[(3)] m'apprennent qu'il m'adore.
Il s'explique en tremblant, il me parle des yeux,
Au lieu que son rival, d'un front audacieux[(4)],
Sans respecter en moi le rang d'une princesse,
Me parle insolemment de l'ardeur qui le presse,
Et se vante à mes yeux du titre de vainqueur,
Comme si sa conquête allait jusqu'à mon cœur.
Mais que semble annoncer sa dernière menace ?
Remarque par quels mots s'explique son audace :
À la face du Ciel, avant la fin du jour,
Il vengera, dit-il, sa gloire et son amour,
Dieux ! n'en voudrait-il point aux jours de ce[lui] que j'aime ?
Phénice, qu'en dis-tu ?

PHÉNICE

Consultez-le lui-même.
Le voici qui s'avance.

OMPHALE

En croirai-je mes yeux ?

1 « Ils trouvent une différence semblable dans les sentiments que vous leur portez ».

SCÈNE V

LES MÊMES, MANLIUS.

MANLIUS

Croyez-en votre cœur, s'il vous en parle mieux.
Quel sera mon bonheur, adorable princesse,
Si pour moi ce grand cœur s'émeut et s'intéresse !
Dieux, que je suis heureux si presque en même jour,
Je suis favorisé de Mars et de l'Amour !
Déjà d'un de ces dieux je tiens une couronne :
J'ai cueilli des lauriers que la gloire moissonne,
La mort des ennemis et leur captivité
M'ont ouvert le chemin de l'immortalité ;
De leurs chefs couronnés, j'ai couvert la poussière,
Et pour rendre ma gloire encore plus entière,
Il m'était défendu de donner le combat,
Et j'ai fait vaincre Rome en dépit du Sénat !
Je viens mettre à vos pieds mes lauriers et ma gloire.
Princesse, j'aime mieux vos fers* que ma victoire :
Au camp j'étais vainqueur de cent mille ennemis,
Ici je ne suis rien qu'un esclave soumis.
Mais vivre dans vos fers*, c'est l'honneur où j'aspire,
Et ce rang près de vous vaut ailleurs un Empire.

OMPHALE

Hélas ! si le courroux des destins irrités[1]
Se bornait pour jamais aux fers* que vous portez,
Le sort m'attaquerait avec de faibles armes,
Et dans ses cruautés, je trouverais des charmes.
J'apprendrais de l'Amour l'art de vous secourir :
S'il a pu vous blesser, il pourrait vous guérir ;
Ce dieu, qui par mes yeux alluma votre flamme,
Par leurs tendres regards soulagerait votre âme ;
Et vos propres tourments feraient des envieux[(3)],
Si vous n'aviez qu'Omphale à craindre dans ces lieux.
Craignez plus justement le consul votre père,

1 « si la colère des destins déchaînés contre nous ».

Vous savez à quel point son humeur est sévère ;
Sans doute il traitera comme un pur attentat*
Un combat contre l'ordre et les lois du Sénat.
Quel sera mon malheur si, par cette victoire,
La source de mes pleurs naissait de votre gloire ?

MANLIUS

Pour me vouloir du mal, il est trop généreux* ;
On n'est jamais coupable alors qu'on est heureux.
Rome aurait déclaré ma prudence honteuse[1] :
Si ma témérité la rend victorieuse(4),
Le bonheur du succès* couronne le forfait ;
Et quand on a vaincu, l'on a toujours bien fait.

OMPHALE

Soit faiblesse ou raison, je crains cette conquête.
Hélas ! si les lauriers qui couvrent votre tête
Étaient pour votre front un ornement mortel,
Ainsi qu'à la victime en allant à l'autel,
Que deviendrait, Seigneur, la malheureuse Omphale ?
De grâce, écoutez moins cette ardeur martiale(3),
Dont les bouillants transports vous font tout mépriser.
Déjà cette chaleur vous a fait trop oser :
Le mépris pour les lois est une grande offense,
Veuille le juste Ciel tromper ma défiance(3) !
Mais certains mouvements se glissent dans mon cœur,
Qui le glacent pour vous de crainte et de terreur.
Je crains les lois, l'État et même la nature :
Elle vous détruira dans cette conjoncture,
Et peut-être qu'hélas ! vos plus grands ennemis
Seront ces noms sacrés, et de père et de fils.
Ciel, détournez l'effet d'un si sanglant présage !

MANLIUS

Quoi ! la crainte surmonte ainsi ce grand courage ?
Omphale peut trembler ?

1 Sous-entendu : s'il n'avait pas livré bataille.

OMPHALE

Accusez-en mon feu* ;
Quand on aime beaucoup, on craint toujours un peu.
Mon cœur n'est alarmé que parce qu'il soupire :
J'ai vu sans m'ébranler la chute d'un Empire,
Et dans votre péril, je vous donne des pleurs
Que j'avais refusés à mes plus grands malheurs.
Prenez-vous [en] à l'amour de toute ma faiblesse :
Si j'avais moins de peur, j'aurais moins de tendresse,
Et mon superbe* cœur, par l'amour enflammé,
N'aurait jamais tremblé, s'il n'avait point aimé.

MANLIUS

Après un tel discours, qui pourrait me détruire ?
Mortels audacieux[4], conspirez pour me nuire,
Empruntez s'il se peut, pour avancer ma mort,
Les traits envenimés de la rage du sort,
Au faîte du bonheur où l'on me voit atteindre,
De vos faibles efforts, je n'ai plus rien à craindre.
La foudre désormais est au-dessous de moi,
Et le ciel tomberait sans me donner d'effroi.
Oui, princesse adorable, autant que magnanime,
Cette crainte obligeante est maintenant un crime :
Mes jours sont immortels, s'ils vous sont consacrés ;
Et puisqu'ils vous sont chers, ils sont trop assurés.
Je vais chez le consul sur cette confiance[3],
Il attend ce devoir avec impatience[4].
Sans craindre aucun péril, je cours m'en acquitter :
Un amant fortuné n'a rien à redouter.

[*Il sort.*]

SCÈNE VI

OMPHALE, PHÉNICE.

OMPHALE

Ah, que tu connais mal le destin qui t'accable !
Peut-être ton amour va te rendre coupable :

Ton esprit aveuglé choisit pour protecteur
Celui qui de tes maux sera l'unique auteur,
Et je crains bien, hélas ! que cette même flamme
Ne tranche, grand héros, ta glorieuse(3) trame* ;
Que ce soit ton bonheur qui te prive du jour,
Et que ton plus grand crime enfin ne soit l'amour.
Cependant, abusé d'une fausse apparence,
Tu mets en cet amour toute ton espérance :
« Sans crainte, me dis-tu, je cours m'en acquitter,
Un amant fortuné n'a rien à redouter. »
Comme amant fortuné, redoute toute chose :
Ce titre, de ta mort, sera la seule cause ;
Comme amant fortuné, tu sentiras les coups,
Et d'un juge rival, et d'un père jaloux.
Mais les dieux immortels protègent l'innocence :
Du séjour glorieux(3) où règne leur puissance,
Par un effet divin de leurs soins paternels,
Leurs yeux incessamment veillent sur les mortels.
Allons donc dans ce temple offrir un sacrifice,
Pour nous rendre le Ciel, s'il se peut, plus propice.

ACTE II

SCÈNE I

TORQUATUS, *seul.*

Vertu, Romains, Sénat, lois, devoir trop sévère,
Qui voulez arracher Manlius à son père !
Dure nécessité de voir couler un sang,
Dont la nature a mis la source dans mon flanc !
Dignité de consul, cruelle soif d'estime,
À qui mon propre fils doit servir de victime !
Amour de mon pays, qui me fûtes si cher,
Un père malheureux ne peut-il vous toucher ?
Dois-je vous immoler un fils couvert de gloire,
Et lui donner la mort pour prix d'une victoire ?
Ne saurais-je accorder dans ce péril mortel
L'amour de la patrie et l'amour paternel,
Et faut-il étouffer les sentiments d'un homme,
Quand on veut acquérir les louanges de Rome ?
Nature, amour, pitié, mouvements confondus,
Triomphez s'il se peut, ou ne combattez plus !
Que mon devoir vous cède, ou rendez-lui les armes :
Je n'ai que trop souffert de vos rudes alarmes,
Il est temps que mon cœur élise un souverain,
Et qu'il soit aujourd'hui tout père ou tout romain.
Qu'entre ces deux partis mon âme est balancée !
Que de troubles divers règnent dans ma pensée !
D'un et d'autre côté je vois briller un prix :
Rome offre de la gloire, et la nature un fils.
Ô dieux ! peut-on choisir dans cette conjoncture ?
Confondez vos présents, et Rome et la nature[1],
Je ne puis accepter un choix si dangereux ;
Donnez-moi l'un et l'autre, ou m'ôtez tous les deux.
Mais pourquoi balancer une mort résolue ?
La perte de mon fils n'est-elle pas conclue ?
L'amour plus que les lois a signé son arrêt,

1 « Ne m'obligez pas à choisir entre ma patrie et mon fils ».

Et je dois son trépas à mon propre intérêt.
Omphale me méprise, et l'ingrate l'adore :
C'est mon rival, on l'aime, et je consulte* encore ?
Je tremble, je frémis, ah ! c'est trop combattu !
La nature vous cède, Amour, Sénat, Vertu !
Ne me résistez plus, importune tendresse :
Vous avez contre vous et Rome et la princesse,
Cédez à mon amour, cédez à mon devoir.

SCÈNE II

LE MÊME, JUNIUS.

JUNIUS

Seigneur, c'est Manlius qui demande à vous voir.

TORQUATUS

Qu'il approche ! Ô mon cœur, garde-toi de t'abattre !

SCÈNE III

LES MÊMES, MANLIUS.

TORQUATUS

Venez-vous demander un ordre pour combattre,
Ou si vous avez[1] cru que, parmi les Romains,
Un père et le Sénat sont des fantômes vains ?
Quand vous avez risqué toute la république,
Avez-vous cru montrer un courage héroïque ?
Faire voir qu'un vainqueur est au-dessus des lois,
Et qu'on peut tout braver quand on soumet des rois,
Ces sentiments sont beaux et cette noble audace
Vous fera prendre ici pour le dieu de la Thrace[2] !
Après un tel exploit, il vous faut un autel :
Quand on méprise Rome, on doit être Immortel* !

---

1 « Ou bien avez-vous ».
2 C'est-à-dire : Mars.

MANLIUS

J'ai trop de confiance[3] en la valeur romaine,
Pour avoir cru, Seigneur, la victoire incertaine.
Mon cœur aurait tremblé pour le peuple latin,
Mais l'ardeur des Romains m'assurait du destin.
Les mener au combat, c'est courir à la gloire :
On dirait qu'ils ont l'art d'enchaîner la victoire,
Ils la traînent partout, elle suit tous leurs pas,
Et doit une conquête à leurs moindres combats.
Pouvais-je donc, Seigneur, avoir l'âme alarmée ?

TORQUATUS

On savait mieux que vous la valeur de l'armée,
Quand on vous défendit de donner le combat.
Avez-vous meilleur sens que n'a tout le Sénat ?
Depuis quand avez-vous assez d'expérience[4]
Pour être dispensé de son obéissance ?
Dites-nous votre rang, vos vertus, vos exploits,
Enfin ce qui vous met au-dessus de nos lois.

MANLIUS

Le nom de Manlius, mon sang et ma naissance
Sont, Seigneur, mes exploits et mon expérience[4].
C'est pour m'autoriser un droit assez puissant,
Les Romains de mon nom triomphent en naissant.

TORQUATUS

Les Romains de ce nom craignent sur toute chose
De ne pas observer la loi qu'on leur impose ;
À ce premier devoir, ils feraient tout céder,
Et savent obéir s'ils savent commander.
Cette règle est pour vous difficile à comprendre,
Mais avant qu'il soit peu, je saurai vous l'apprendre.
Ne quittez pas le camp sur peine de trépas.

MANLIUS

Ordonnez donc, Seigneur, qu'on ne l'attaque pas :

Si l'on vous obéit, j'observerai sans peine
Le respect nécessaire à la vertu romaine.
Faites qu'on soit en paix, et je serai soumis,
Mais je crains tout de moi s'il vient des ennemis.

TORQUATUS

Ne me répliquez plus ! Sortez !

SCÈNE IV

TORQUATUS, JUNIUS.

TORQUATUS

Quelle arrogance !
À peine obtiendra-t-il de son obéissance
De demeurer[1] au camp par mon commandement.

JUNIUS

Quoi ? Blâmez-vous, Seigneur, un si beau mouvement ?
Cette bouillante ardeur, cette héroïque audace,
Peut-elle mieux trouver, et son temps et sa place ?
Quand doit-elle briller dans nos jeunes guerriers,
Si ce n'est quand leur front est couvert de lauriers ?

TORQUATUS

Pour un brave Romain qui partage ma gloire,
Tu parles assez mal des droits de la victoire.
En allant au combat, l'orgueil nous est permis,
Mais quand on est vainqueur, on doit être soumis.
Un homme que le sort arrache de la boue,
Dont il fait une idole, et puis dont il se joue,
Qui, né dans l'esclavage et formé d'un vil sang,
Sans l'avoir mérité se trouve au plus haut rang,
Ébloui par l'éclat du bonheur qu'il possède,
Dans sa bonne fortune il veut que tout lui cède,
Et son esprit, déçu* par mille faux appas,

1 « Il saura à peine se soumettre à mes ordres en demeurant… ».

Ne saurait discerner ce qu'il ne connaît pas.
Mais un fameux héros, de qui l'âme immortelle
Voit toujours ici-bas le sort au-dessous d'elle,
Dont l'esprit, endurci contre l'adversité,
Trouve en lui son repos et sa félicité,
D'un œil toujours égal regarde la fortune,
Et même sa faveur l'accable et l'importune;
Ses propres intérêts sont pour lui les derniers,
Et s'il paraît ardent à cueillir des lauriers,
Ce n'est pas seulement pour couronner sa tête,
C'est pour voir son pays jouir[2] de sa conquête.
C'est ainsi, Junius, que doit vivre un Romain :
Plus il a de bonheur, moins il doit être vain* ;
Vainqueur de l'univers, il doit respecter Rome,
Être au camp plus qu'un Dieu, au Sénat moins qu'un homme;
Et s'il veut tout soumettre, il doit nous faire voir
Qu'il est soumis lui-même aux règles du devoir.
Cependant Manlius, le cœur plein d'arrogance,
Méprise ouvertement notre expresse défense.
Sans respecter ni lois, ni père, ni Sénat,
De son seul mouvement il donne le combat :
Une telle insolence, et si démesurée,
Par sa mort seulement peut être réparée.
L'audacieux[4] mourra, c'en est fait.

JUNIUS

Ah! Seigneur,
Sur ce funeste arrêt consultez votre cœur :
Permettez qu'il conserve une tête si chère,
Que le nom de consul cède à celui de père,
Manlius est un fils.

TORQUATUS

Je sais bien ce qu'il est.
Et j'ai tout consulté sur ce mortel arrêt,
Mon cœur m'a dit cent fois que c'est un fils que j'aime,
Mais je dois au Sénat beaucoup plus qu'à moi-même.
Puisque mon fils l'offense, il est mon ennemi,

Et jamais il ne faut servir Rome à demi :
Je lui dois Manlius, je veux le satisfaire.

JUNIUS

Si je pouvais, Seigneur, parler sans vous déplaire,
Je vous prierais de voir si certain mouvement
N'est point de cette mort la cause ou l'instrument.
Le précieux[3] honneur que j'eus, dès votre enfance,
De prendre toujours part à votre confidence,
Me fait vous conjurer de voir si, sur ce point,
Quelque fausse clarté ne vous éblouit point.
Peut-être qu'en ceci Rome agit la dernière :
Consultez là-dessus votre âme toute entière.
Que dirait-on de vous, si le chef du Sénat
Mêlait son intérêt à celui de l'État ?

TORQUATUS

Et de quel intérêt Rome accuserait-elle
Celui qui perd son fils pour lui prouver son zèle ?

JUNIUS

Si je puis m'expliquer sans sortir du respect,
Je vous dirai, Seigneur, que ce zèle est suspect.
Omphale, qui paraît moins captive que reine,
De tous vos sentiments nous informe sans peine :
Quand on la voit ici, sans gardes sur sa foi*,
L'on devine aisément qu'elle donne la loi.
On en parle tout haut, mais on ajoute encore
Qu'elle aime Manlius, que votre fils l'adore.
Jugez donc quel effet produirait son trépas.

TORQUATUS

Un bruit si mal fondé ne m'épouvante pas.
Ma vertu, Junius, est trop bien établie
Pour craindre les effets de cette calomnie.
Depuis assez longtemps on en connaît l'éclat,
Et j'ai pour mes témoins le camp et le Sénat.
Mais quand cette action[3] serait mal expliquée*,

Ma gloire sur ce point serait-elle attaquée ?
Si la beauté d'Omphale a pour moi des appas,
Mon fils en a-t-il moins mérité le trépas,
Parce qu'insolemment il sera téméraire,
Jusqu'à porter ses yeux au même lieu qu'un père ?
Cet amour, qui le rend criminel envers moi,
Pourra-t-il l'exempter des rigueurs de la loi ?
Apprenez-moi comment, et par quelle puissance,
Deux crimes confondus font naître l'innocence.

JUNIUS

Puisque vous permettez que j'ose librement
Vous dire sur ce point quel est mon sentiment,
L'amour par un effet de son pouvoir suprême
Fait les biens et les maux sans sortir de lui-même.
Souvent un même trait, par un charme puissant,
Fait un amant coupable et rend l'autre innocent ;
C'est l'ordinaire effet des yeux d'une maîtresse*
Que de remplir deux cœurs. Mais voici la princesse.
C'est mal prendre mon temps pour un tel entretien.

TORQUATUS

Voyez si, dans ce camp, il ne se passe rien.
Je vous suis.

SCÈNE V

TORQUATUS, OMPHALE, PHÉNICE.

TORQUATUS

Quel sujet dans ce lieu vous amène ?
Est-ce pitié, Madame ? Est-ce amour, est-ce haine ?

OMPHALE

C'est l'estime, Seigneur, que conservent entre eux
Les plus grands ennemis, quand ils sont généreux*.
De l'injuste destin la fière* barbarie[1]

1 C'est-à-dire : la cruauté d'un destin injuste.

Me forçant malgré moi d'être votre ennemie,
Votre vertu m'empêche au moins de vous haïr
Jusqu'à vouloir vous perdre, ou jusqu'à vous trahir.
Apprenez donc, Seigneur, que tout le camp murmure,
Et que de votre fils la funeste aventure
Jette tant de fureur dans l'âme des soldats,
Que votre gloire et vous ne s'en sauveront pas.

TORQUATUS

Quoi ! la princesse Omphale est sensible à ma gloire ?

OMPHALE

Je l'ai toujours été, si j'en crois ma mémoire,
Et c'est par ce motif[1] que j'ai tant combattu
Un amour dont l'effet blessait votre vertu.

TORQUATUS

Peut-être cet orgueil a-t-il une autre cause,
Car, de tous vos secrets, nous savons quelque chose :
Mon fils vous fait pitié, vous craignez son trépas.

OMPHALE

Il est vrai, je le crains, je ne m'en défends pas.
Si je plains d'un héros la triste destinée,
Une pitié si noble est d'une âme bien née ;
Et quand ce motif seul me forcerait d'agir,
Ce n'est pas un secret dont je dusse rougir.
Un si beau mouvement ne serait pas un crime.

TORQUATUS

Pourquoi donc le cacher, s'il est si légitime ?
Pourquoi l'envelopper d'une feinte terreur,
Et donner des avis d'une fausse rumeur ?
Que ne me dites-vous : « Je crains pour ce que j'aime ?
Accordez Manlius à mon amour extrême,
Faites-moi ce présent. »

1 « pour cette raison ».

OMPHALE

Pour conserver ses jours,
Une telle prière est un faible secours.
La mort de ce héros n'est que trop assurée :
Mes malheurs, votre amour et le sort l'ont jurée,
Je vois bien que je fais un inutile effort.
Hélas ! il périra.

TORQUATUS

Modérez ce transport.
Vous pourrez le sauver, si son trépas vous touche :
Son arrêt lui sera donné par votre bouche.
Tout mon rival qu'il est, sa mort dépend de vous.
Je vous laisse y penser. Camille vient à nous.
Un pareil entretien doit finir auprès d'elle[1].

(Il sort.)

SCÈNE VI

OMPHALE, PHÉNICE, CAMILLE.

CAMILLE

Je vous cherchais, Omphale.

OMPHALE [*bas.*]

Ah, rencontre cruelle !
Ô dieux ! n'aurai-je pas un moment pour rêver ?
[*Haut.*]
Le moindre ordre, Madame, aurait pu me trouver.
Mais pour vous obéir, que faut-il que je fasse ?

CAMILLE

Il faut vous dérober au sort qui vous menace ;
Vous suivez en aveugle un penchant dangereux,
Qui conduit dans le fond d'un précipice affreux.
Vous me faites pitié, dans ce péril extrême :
Vous aimez Manlius, vous souffrez qu'il vous aime,

1 « à son approche ».

Et votre cœur séduit, troublant votre raison,
Se remplit à longs traits d'un funeste poison.
Remarquant à quel point vous êtes jeune et belle,
Je voudrais vous tirer d'une erreur si cruelle,
Et, par un pur effet d'une tendre amitié,
Pour vous-même exciter un peu votre pitié.
On vous trompe, on vous donne une espérance vaine :
Pour avoir Manlius, il faut être romaine,
Et quoi qu'il vous promette ou qu'il vous puisse offrir,
Sans ce titre on ne peut jamais y parvenir.
Princesse, profitez d'un avis si sincère,
Recevez-le de moi, comme de votre mère :
Étouffez les désirs de votre jeune cœur,
Et n'expliquez* pas mal mon zèle et ma ferveur.

OMPHALE

Pour les mal expliquer*, ils sont trop salutaires ;
Mais pour moi, grâce au Ciel, ils sont peu nécessaires.
Je ne forme des vœux que pour briser mes fers*,
Et bien loin d'écouter ceux qui me sont offerts,
Mon cœur du consul même a méprisé la flamme,
Et refuse l'honneur d'être bientôt sa femme.

CAMILLE

Femme de Torquatus ?

OMPHALE

Oui, femme assurément.
Il est en mon pouvoir, n'en doutez nullement,
Mais n'appréhendez pas cet injuste hyménée.
Je sais qu'à Torquatus vous êtes destinée,
Et que, sans ce grand deuil qu'à présent vous portez,
Il vous aurait donné ce que vous méritez.
S'il faut pour Torquatus commettre une injustice,
Devenir d'un forfait la cause ou le complice,
Monter à ce haut rang par une lâcheté,
Torquatus à ce prix serait trop acheté.

CAMILLE

Mais aussi, par ce prix, vous rachetez l'Épire.

OMPHALE

L'innocence d'un cœur vaut bien mieux qu'un Empire.

CAMILLE

Pour le bien des États, tout semble être permis.

OMPHALE

Je crains plus un remords que tous mes ennemis.

CAMILLE

Vos peuples blâmeront ces sentiments sévères.

OMPHALE

Les dieux sans cet hymen finiront nos misères.

CAMILLE

Les dieux sont tout-puissants, mais leur secours est lent,
Quand il faut appuyer un trône chancelant.

OMPHALE

Où leur secours est vain, que peut celui d'un homme ?

CAMILLE

Sans mentir, la vertu n'est pas toute dans Rome :
Un si sage discours, qu'on ne peut trop louer[2],
À ma confusion[4] me force à l'avouer[3].
Cultivez avec soin cette vertu sublime
Qui m'inspire pour vous une si haute estime ;
Elle plaît au consul sans doute autant qu'à moi.
Je le connais trop bien, pour douter de sa foi* :
S'il feint de vous aimer, ce feu* qui vous abuse
Est pour vous éprouver une innocente ruse ;
Empêchez-en l'effet, et vous verrez un jour
Que l'amour de la gloire est son unique amour.
Mais pourrais-je, princesse, afin de mieux connaître

Cette haute vertu que vous faites paraître,
En apprendre de vous jusqu'aux moindres effets :
Les feintes du consul, ses ruses, ses projets,
De quels discours trompeurs il flatte votre attente ?

OMPHALE

Pour les apprendre mieux, entrons dans votre tente.

CAMILLE

J'y consens avec joie, allons ! Cet entretien
Me rend votre intérêt aussi cher que le mien.

ACTE III

SCÈNE I

CAMILLE, *seule.*

Qu'ai-je entendu, grands dieux ? Et que m'a dit Omphale ?
Croire que Torquatus à ce point se ravale ?
Torquatus, un vainqueur, un consul, un Romain,
De l'univers entier l'arbitre souverain,
Cède aux faibles attraits d'une jeune étrangère ?
Ce qu'on appelle amour, cette vaine chimère,
Ce caprice des sens, ce poison des vertus,
A rangé sous ses lois le cœur de Torquatus ?
L'Amour blesse un consul ? Mais c'est peu qu'il le blesse,
Il le soumet encore aux lois d'une princesse
Dont le père a coûté, pour le malheur de tous,
Au Sénat Decius, à Camille un époux.
Injuste Torquatus, tu sais que ce grand homme
A répandu son sang pour le salut de Rome :
À peine a-t-il reçu les honneurs du tombeau,
Et tu veux t'allier(3) au sang de son bourreau ?
Ô vous qui le souffrez, démons* de la patrie,
Vous à qui s'immola cette ombre si chérie,
Vous qui devez veiller sur l'État des Romains,
Êtes-vous donc des dieux ou des fantômes vains ?
Vos éloges brillants sont-ils des impostures ?
Voyez-vous sans horreur les crimes des parjures ?
N'avez-vous point de bras, ou si vous en avez,
À quel usage, hélas ! sont-ils donc réservés ?
Quel plus noir attentat mérite le supplice ?
Ah, ne retenez plus, grands dieux, votre justice !
Il est temps d'éclater, montrez votre courroux,
Et vengez d'un seul coup l'État, Camille, et vous !
Mais pourquoi battre l'air de ces vaines paroles ?
Que sont[1] à ma douleur tant de plaintes frivoles* ?
Ne puis-je sans les dieux repousser un affront,

1 Selon les éditions, le texte indique « sont » ou « font ».

Et mon bras n'est-il pas un remède plus prompt ?
Ah, ne balançons point ! La plainte est inutile :
Armons-nous d'un poignard, courons ! Mais où, Camille ?
Te charger de la mort d'un consul, d'un Romain,
Et dans un si beau sang oser tremper ta main ?
Que plutôt le consul te donne, au lieu d'Omphale,
Une esclave, une infâme, un monstre pour rivale !
Qu'il te rende plutôt le rebut du Sénat,
Que de souiller ton nom d'un si grand attentat[1] !
Les criminels désirs, que t'inspire ta rage,
Te feraient mériter ta honte et cet outrage ;
Cherche d'autres moyens pour ton soulagement.
Manlius doit se rendre ici dans un moment :
Il est jeune et bouillant, il aime la princesse,
Et son propre salut dans mon mal l'intéresse[2].
Je sais que le consul a juré son trépas.
Pour un jeune vainqueur la vie a des appas :
Offrons-lui du secours, embrassons sa défense,
Tâchons de l'irriter. Le voici qui s'avance.

SCÈNE II

LA MÊME, MANLIUS.

CAMILLE

J'ai su, jeune héros, qu'un outrageant mépris,
D'une grande victoire, avait été le prix ;
Et que le noir venin du démon de l'envie,
D'un péril évident, menaçait votre vie.
Je vous ai donc mandé pour garantir vos jours,
Et dans ce mal pressant vous offrir du secours.
De mon illustre époux, la mort encore récente,
Parmi tous les Romains, rend sa veuve puissante :

1 « Il est préférable d'être humiliée et méprisée par le Sénat en acceptant une rivale plutôt que de déshonorer mon nom en assassinant un consul ».

2 Autrement dit, Manlius, amant d'Omphale, et Camille, veuve délaissée par son futur époux pour la jeune princesse, ont des intérêts en commun.

Tant de vivants portraits, par la gloire tracés,
Du cœur de nos soldats ne sont pas effacés[1].
Il leur souvient toujours d'avoir vu ce grand homme,
Chez les peuples voisins, planter l'Aigle[2] de Rome,
Et, par le noble effet de cent exploits divers,
Rendre notre cité reine de l'univers.
Son ombre peut encor dissiper la tempête,
Dont la noire vapeur gronde sur votre tête.
D'entre les Immortels*, il peut voir aujourd'hui
Que son nom glorieux[(3)] n'est pas mort avec lui.
Pour éviter les coups d'une injuste furie,
Faites-vous un rempart de cette ombre chérie.
À qui dans ce péril pourrait avoir recours
Un vainqueur innocent ?

MANLIUS

Ah, cessez ce discours !
Ma vertu, qui ne peut en permettre la suite,
En conçoit trop d'horreur pour en être séduite.
Si mon père et l'État ont résolu ma mort,
J'en subirai l'arrêt sans me plaindre du sort.
Des plus cruels destins je puis sentir la rage,
Mais jamais je ne puis en mériter l'outrage[3] ;
Et de quelque malheur dont je sois combattu,
L'on peut m'ôter le jour, mais non pas la vertu.

CAMILLE

J'aime trop la vertu pour vouloir la détruire ;
Et si de mes desseins vous daignez vous instruire,
Bien loin d'en murmurer, peut-être verrez-vous
Que j'abhorre le vice autant ou plus que vous.
Je voudrais épargner un crime à votre père,
Et sachant à quel point son humeur est sévère,

---

1 Autrement dit, la peinture des actions héroïques de Decius est encore bien vivante dans la mémoire des Romains.
2 Symbole protecteur de l'Empire romain.
3 « en être déshonoré ».

Par pitié pour tous deux je tâche d'empêcher
Une sévérité qu'il peut se reprocher.
Si vous avez besoin de secours ou d'escorte,
Je veux vous en fournir, je vous offre main forte.
Des traits de sa fureur, daignez vous garantir ;
De grâce, épargnez-lui l'horreur d'un repentir.
Contre un père irrité la fuite est salutaire,
Et souvent la terreur est un mal nécessaire.
Servez-vous des moyens que vous offre le sort.

MANLIUS

Moi fuir ? Moi me sauver pour éviter la mort ?
Que la postérité reproche à ma mémoire
Qu'une honteuse fuite a souillé ma victoire ?
Non, si je dois mourir pour un crime si beau,
La Gloire de sa main me conduit au tombeau.
Sur la foi d'un tel guide, il est doux d'y descendre.

CAMILLE

En vain ce fol espoir tâche de vous surprendre* :
Cette mort, qui vous charme au milieu des combats,
Dans les mains d'un bourreau perdrait tous ses appas.
Jamais un tel dessein n'inspira de l'envie ;
Aussi n'avez-vous pas tant d'horreur pour la vie,
Que ce genre de mort ne vous semble odieux(3).
Mais ne pouvant laisser Omphale dans ces lieux,
Vous aimez mieux souffrir la mort la plus cruelle
Que de quitter le camp et de partir sans elle.

MANLIUS

Moi, Madame ?

CAMILLE

Oui, vous. Je sais tous vos secrets,
Les regards des amants sont toujours indiscrets.
Ils ne peuvent sentir un grand feu* dans leur âme,
Sans donner au dehors quelque marque de flamme.
Et même ce qu'ils font pour cacher leurs soupirs,

Est souvent ce qui fait deviner leurs désirs.
On ne remarque point un soupir ordinaire ;
Mais quand on le retient, et qu'on craint de le faire,
On devine d'abord* qu'un peu de passion[3]
Fait naître dans un cœur cette précaution[4].
Parlez donc, Manlius ! Bien que je sois romaine,
Et que toujours mon âme ait conçu de la haine
Pour cette illusion[4] que vous nommez amour,
Si pour vous conserver la lumière du jour
Il faut enfreindre un peu les lois de la sagesse,
Je pense que pour vous j'aurai cette faiblesse.
Omphale a du mérite, et je veux vous sauver.
Vous vous aimez ; enfin, vous pouvez l'enlever.
Voyez ce que pour vous aujourd'hui je surmonte.
Ô dieux ! ce seul discours me fait rougir de honte.

MANLIUS

Moi, former des desseins pour un enlèvement !
Me préservent les dieux d'un tel aveuglement.
Je sais trop que la gloire est chère à ma princesse
Pour concevoir jamais un désir qui la blesse ;
Et mon cœur craint bien plus d'irriter ses appas,
Qu'il ne craindrait les coups du plus cruel trépas.

CAMILLE

Je vous l'ai déjà dit, on me fait injustice
Quand on peut m'accuser de conseiller le vice.
Cet outrageant soupçon me force à vous parler
D'un mal que, par pitié, je voulais vous celer ;
Il est temps d'éclater, et c'est trop me contraindre.
Sachez que c'est ici qu'Omphale a tout à craindre,
Que le consul, épris de votre même mal,
Pour soulager ses feux*…

MANLIUS

Mon père, mon rival ?
Ô dieux ! que dites-vous ?

CAMILLE

Ce qu'il faut vous apprendre.
Oui, le cœur du consul s'étant laissé surprendre*
Aux indignes appas d'un amoureux transport,
Étant maître absolu d'Omphale et de son sort,
Peut tout exécuter contre vous et contre elle,
Si vous ne profitez d'un avis si fidèle.
Ne consultez donc plus un timide respect,
Et fuyez promptement un juge si suspect.

MANLIUS

Quelque profond respect que vous doive mon âme,
Dans cette occasion[(4)] pardonnez-moi, Madame,
Si pour un tel discours je refuse ma foi[1],
Et si tous vos conseils ne peuvent rien sur moi.
Je sais votre vertu, mais je connais mon père ;
Et j'ai peine à penser qu'un Romain si sévère,
Qui depuis si longtemps brave les passions[(3)],
Voulût ainsi ternir cent belles actions[(3)].
Dissipez cette erreur dont votre âme est saisie ;
Sans doute les vapeurs d'un peu de jalousie
Ont jeté votre esprit dans cet aveuglement.

CAMILLE

Quoi ! vous me soupçonnez d'un tel dérèglement ?
Vous pouvez m'accuser d'une crainte si vile ?
Apprenez, apprenez à connaître Camille.
La veuve d'un consul qui sauva les Romains
Peut choisir un époux parmi tous les humains.
Entre nos citoyens, on n'affecte[2] personne :
Ils n'ont que le pouvoir que la vertu leur donne,
Ils montent à leur rang par leurs nobles travaux,
Et s'ils sont tous vaillants, ils me sont tous égaux.
Allez malgré mes soins, allez tendre la tête,
Sous le tranchant mortel du couteau qui s'apprête !

1 « Si je refuse de vous croire ».
2 « on ne fait pas de différences ».

Votre seule injustice a mérité la mort,
Et je vous abandonne aux cruautés du sort.

SCÈNE III

MANLIUS, *seul.*

Ô sort vraiment cruel ! ô funeste aventure !
Ô mortel accident ! ô triste conjoncture !
Est-il rien ici-bas à ton malheur égal,
Amant infortuné ? Ton père est ton rival…
Quoi ! le cœur du consul cesse d'être insensible ?
Ô dieux ! ce changement serait-il donc possible ?
As-tu bien entendu ? Ne t'a-t-on point surpris* ?
Rappelle, Manlius, rappelle tes esprits,
Cesse de te plonger dans cette peine extrême.
Sans doute on t'a surpris* : Torquatus est le même.
Mais pourquoi m'accuser de faiblesse ou d'erreur ?
Quoi ! pour être un consul en a-t-on moins un cœur ?
Est-ce un si grand effort aux yeux de ma princesse,
Que de rendre un Romain capable de tendresse ?
Ce qu'ont pu ses appas, ne le peuvent-ils plus ?
Et n'a-t-elle des traits[1] que contre Manlius ?
Hélas ! pour mon malheur, ses adorables charmes,
À qui mon cœur rendit si promptement les armes,
Sur tous les cœurs mortels ont le même pouvoir ;
Et pour les adorer, il suffit de les voir.
Mon père les a vus, mon père a dû se rendre.
Puisqu'il avait des yeux, qui pouvait l'en défendre ?
Qui peut voir sans transport tant de divins appas ?
Qui peut connaître Omphale, et ne l'adorer pas ?
Amour, Nature, Dieux, qui la fîtes si belle,
Faites donc, par pitié, qu'on n'ait plus d'yeux pour elle !
Et si, quand on la voit, on devient mon rival,
Aveuglez les mortels pour soulager mon mal.
Seul je sais bien porter mes glorieuses(4) chaînes ;

1 Sous-entendu : les traits décochés par l'amour.

On partage mes biens* sans partager mes peines.
Seul je sais bien aimer, et tu vois comme moi[1] !
Ah ! révoquez, grands dieux, cette barbare loi !
Si je sais seul aimer, faites, s'il est possible,
Que seul je puisse voir ce miracle visible.
Mais j'aperçois les yeux dont les traits m'ont blessé !
Prends courage, mon cœur, tu seras exaucé ;
Et les dieux, attendris du tourment qui te presse,
Font exprès dans ce lieu rencontrer ta princesse.
Ranime en la voyant ton espoir abattu.

SCÈNE IV

LE MÊME, OMPHALE, PHÉNICE.

MANLIUS

Ah ! Madame, venez soutenir ma vertu.
Accablé par le sort, par l'amour, par moi-même,
J'ai besoin de secours dans ce péril extrême.
Dans quelque lieu fatal où j'adresse mes pas,
Je ne trouve que maux, que douleurs, qu'embarras.
Au milieu des assauts que le destin me livre,
Je crains également de mourir et de vivre.
Dans un mal si pressant, daignez me secourir.

OMPHALE

Que peut notre secours, si vous voulez périr,
Si vous voulez aider à votre destinée ?
Si votre âme, à sa perte, est si fort obstinée
Qu'elle semble courir au-devant de la mort,
Qui peut vous garantir des cruautés du sort ?
Pourquoi me demander un conseil inutile ?
Je viens présentement d'apprendre de Camille
Comme[nt] vous recevez ses fidèles avis,

1 Manlius se plaint de l'injustice du sort : amant idéal, dévoué et respectueux, il n'est pourtant pas privilégié par les dieux. Plongé dans les affres de la souffrance amoureuse, il apostrophe son père, ce rival dont les yeux se sont aussi épris des charmes d'Omphale.

Et de quel air par vous ses conseils sont suivis.
Vous offrir du secours, c'est vous faire une offense.
Vos désirs et le sort semblent d'intelligence :
Vous aimez le trépas, vous y voulez courir,
Après cela, Seigneur, qui peut vous secourir ?

MANLIUS

Vous, ma princesse, vous ! Un mot de votre bouche
Peut sauver Manlius, si son trépas vous touche.
Dites-moi : « Ne meurs point, et tu vas m'acquérir »,
Et rien n'est assez fort pour me faire mourir.
Que trente légions[(3)] me ferment le passage,
Que l'Enfer animé s'oppose à mon courage,
Que d'un père irrité le courroux odieux[(3)]
Arme contre mes jours la colère des dieux :
Mon bras victorieux[(4)] fera voir à leur honte
Qu'il n'est rien ici-bas qu'un amant ne surmonte,
Quand l'adorable objet* dont son cœur est épris,
De ses nobles travaux, se veut rendre le prix !
Prononcez donc l'arrêt, ma divine princesse :
Dois-je vivre ou mourir ? Parlez, le temps nous presse.
Ménageons les moments que nous laisse le sort.

OMPHALE

Cruel, demandez-vous si je veux votre mort ?
Ah ! ne balancez point, quittez ce lieu funeste.
Mon cœur* et mon amour vous répondent du reste.

MANLIUS

Moi, vous quitter ? Ô dieux ! je n'y puis consentir.
Accompagnez ma fuite, ou je ne puis partir.

OMPHALE

Gardez-vous, Manlius, d'attirer ma colère.
Souvenez-vous surtout que la gloire m'est chère,
Et que, de quelques traits dont je sente les coups,
La gloire et mon devoir me touchent plus que vous.

MANLIUS

Achevez, achevez : dites aussi, Madame,
Que l'amour du consul soumet enfin votre âme,
Que ce rang éminent, ces titres glorieux(3),
Toutes ces dignités ont ébloui vos yeux !
Si ce pompeux éclat vous avait moins flattée,
Mon discours vous aurait aussi moins irritée.
Connaissant du consul le pouvoir absolu,
Mon amoureux projet peut-être vous eût plu,
Mais j'aurais[1] dû m'attendre à cette préférence :
Je n'en murmure point, c'est un trait de prudence.
Torquatus vaut bien mieux qu'un amant malheureux
Qui ne peut vous offrir que d'inutiles feux*.
Abandonnez au sort les restes d'une vie,
Qui sans doute dans peu me doit être ravie ;
Et ne permettez pas que mon cruel tourment
Trouble votre bonheur d'un remords seulement.
Si le bûcher fatal où je perdrai la vie
Vous pouvait élever au gré de votre envie,
Je mourrais satisfait et de vous et du sort.

OMPHALE

Achève, achève, ingrat, de me donner la mort !
Poursuis cet entretien dont la rigueur me tue,
Et je m'en vais, cruel, expirer à ta vue.
Inhumain, parle donc ! Quoi ! tu ne dis plus rien ?
Après m'avoir tenu ce funeste entretien,
Tu me laisses languir au milieu du supplice ?
Barbare, par pitié, poursuis ton injustice.

MANLIUS

Amoureux, transporté, confus, triste, interdit,
Je n'ose, je ne puis.

OMPHALE

Va, va, c'est assez dit.

1 Orig. : « j'avais ».

C'est à mon désespoir à finir cet ouvrage :
Mon bras épargnera mon trépas à ta rage.
Déjà, par ce beau coup, mon cœur eût évité
La honte et les douleurs de la captivité,
Si le Ciel irrité, pour comble de misère,
Ne t'avait fait trouver le secret de me plaire.
Quand mes cruels malheurs me demandaient la mort,
Un tendre mouvement arrêtait ce transport,
Une secrète voix qui m'était inconnue
Me disait : « Si tu meurs, tu vas perdre sa vue. »
Et ne connaissant rien de plus cruel pour moi,
J'aimais mieux perdre tout, que me priver de toi.
Je craignais, par l'effet de la même tendresse,
D'accabler ton esprit d'un excès de tristesse
En t'apprenant les feux* dont ton père est épris ;
Mais je t'en vengeais bien par mes cruels mépris,
Et peut-être le fer eût eu moins de puissance
Que n'en avait, ingrat, ma seule indifférence.
Cependant, pour le prix de ma fidélité,
Ta rage me soupçonne avec impunité :
Tu m'accuses d'avoir l'âme basse et commune,
De soumettre mon cœur aux lois de la fortune.
Ah ! j'espère, cruel, que bientôt mon trépas
T'apprendra si le faste a pour moi des appas.
Sachant alors mon prix, après m'avoir perdue,
Tu mourras de regret de m'avoir mal connue,
Tu vengeras ma mort par ton propre tourment.
Adieu, barbare !

MANLIUS

Hélas ! arrêtez un moment !
Pour venger votre offense et pour punir mon crime,
Recevez s'il se peut tout mon sang pour victime.
Princesse, par l'effet d'un trop juste transport
Je vais…

OMPHALE

Ah ! Manlius, je ne veux point ta mort !

Quelque extrême douleur que ton soupçon me donne,
Malgré moi je sens bien que mon cœur te pardonne,
Et que sur les amants l'amour est si puissant
Qu'un objet* qu'on chérit est toujours innocent.
J'excuse ton transport : vis si tu veux me plaire,
Tu n'es plus de ton sang que le dépositaire,
Ce trésor m'appartient, l'amour me l'a donné.

MANLIUS

Quoi, ma princesse ! ô dieux ! m'avez-vous pardonné ?
Hélas ! est-il donc vrai que mon remords vous touche ?

OMPHALE

Crois mon cœur, Manlius, si tu ne crois ma bouche :
S'il pouvait sans témoins s'exprimer dans ce lieu,
Que ne dirait-il point ? Aime, et te sauve[1]. Adieu !

SCÈNE V

MANLIUS, *seul.*

Aime et te sauve… Hélas ! dans un sort si contraire,
Princesse, que me sert cet ordre salutaire ?
Comment puis-je accorder, dans ce funeste jour,
Les désirs de ma gloire et ceux de mon amour ?
Ce que l'une défend, l'autre me le commande.
C'est trop longtemps souffrir une peine si grande :
Il faut y succomber, c'en est fait, et mon cœur
Ne consultera plus que sa propre fureur.

1 « sauve-toi ».

ACTE IV

SCÈNE I

TORQUATUS, *seul.*

Tu mourras, tu mourras, ô fils trop téméraire,
Dont les feux* insensés ont osé me déplaire.
Le sort en est jeté, rival audacieux[(4)] :
Ton sang effacera le crime de tes yeux.
Tous les chefs du conseil, touchés par ma présence,
Semblaient d'abord pencher un peu vers la clémence ;
Mais voyant son trépas, enfin, par moi conclu,
Dune commune voix ils l'ont tous résolu.
Goûte, goûte à longs traits les fruits de ta conquête,
À l'abri des lauriers qui couronnent ta tête !
Méprise impunément l'effet de mon courroux !
Ton fragile bonheur ne me rend plus jaloux.
Expose aux yeux d'Omphale une grande victoire,
Vante-lui tes hauts faits, ton éclat et ta gloire :
Ces funestes présents de Bellone[1] et du sort,
Comme le chant du cygne, annonceront[2] ta mort.
Mais toi, que me veux-tu, ridicule tendresse,
Importun mouvement, lâche et molle faiblesse ?
Pourquoi viens-tu troubler un cœur envenimé,
Qui ne voit dans mon fils qu'un rival trop aimé ?
Va ! Ne t'expose plus au feu* qui me possède :
Où l'amour veut régner, il faut que tout lui cède.
Tendresse, tes efforts sont ici superflus :
Mon fils est mon rival, je ne le connais plus.
Je ne le connais plus… mais puis-je méconnaître
Un fils si glorieux[(3)] et si digne de l'être ?
Celui que je renonce[3] avec tant de fureur,
N'est-il pas des Latins le superbe vainqueur ?
Mon sacrilège bras peut-il réduire en poudre

1 Voir la note 1, p. 325.
2 Orig. : « annoncera ».
3 « renie ».

Un front que les lauriers défendent de la foudre ?
Et dois-je, en répandant un sang si précieux[3],
Usurper un pouvoir qui n'appartient qu'aux dieux ?
Ah ! respecte, consul, une si belle vie :
Que d'un prompt repentir ta rage soit suivie.
Oppose Rome entière à cet injuste amour
Qui veut te[1] rendre indigne et d'Omphale et du jour ;
Et, malgré cette ardeur, rends à ce fils si rare
Ce qu'il arracherait de l'âme d'un barbare[2].
Mais où m'emportez-vous, sentiment paternel ?
Avez-vous oublié que ce fils criminel
Trouve dans ses vertus ses plus cruelles armes ?
Qu'il serait moins aimé, s'il avait moins de charmes,
Et que de ses attraits l'inévitable effort*
Apporte dans mon cœur et la rage et la mort ?
Ne consultons donc plus une vertu timide,
Qui donne à cette mort l'ombre d'un parricide.
Perdons sans balancer un fils si dangereux,
Éteignons dans son sang ses téméraires feux*,
Exécutons du sort l'arrêt irrévocable.
C'est mon rival, on l'aime, il est assez coupable.
Holà, quelqu'un !

SCÈNE II
LE MÊME, CAMILLE.

CAMILLE
Seigneur.

TORQUATUS
Qu'on avance. Mais, dieux !
Quel objet importun se présente à mes yeux ?
Madame, quel dessein dans ce lieu vous amène ?

---

1 Orig. : « le ».

2 Torquatus s'apostrophe en opposant les intérêts de Rome, défendus par le bras vainqueur de son fils, à sa propre passion, qui le rend à la fois indigne de la princesse et de la vie. Il choisit de lutter contre son amour déraisonnable en épargnant la vie de son fils.

CAMILLE

Le désir de montrer que Camille est romaine.
J'attendais que le temps, ce titre et votre foi*
Vous épargnât l'honneur[1] du Sénat et de moi ;
Et croyant un reproche indigne de mon âme,
D'un œil indifférent je voyais votre flamme,
Sans que ce lâche feu* qui me prive de vous
Excitât dans mon cœur une ombre de courroux.
Mais sachant à quel point vous porte votre rage,
Que Manlius est prêt d'en ressentir l'outrage,
Je viens, pour empêcher un si grand attentat*,
Exposer à vos yeux Camille et le Sénat.
Je croyais que le temps dissipât[2] le nuage
Qui de votre raison vous dérobe l'usage,
Et que, votre vertu brisant votre prison[3],
Votre cœur se devrait[4] sa propre guérison.
Mais puisque votre mal s'aigrit quand on le flatte,
Je vois bien qu'il est temps que ma colère éclate,
Et que de mon courroux le trop sincère trait
D'un Decius mourant vous fasse le portrait.
Quand à tous vos désirs votre âme abandonnée
Veut fausser une foi* si saintement donnée,
Avez-vous oublié que mon illustre époux,
Mourant pour le public, mourut aussi pour vous ?
Qu'il était innocent et paya tous vos crimes,
Que seul il a servi de cent mille victimes,
Et que ce grand héros était si cher aux dieux,
Que son sang apaisa tout le courroux des Cieux[5] ?
Il vous a conservé vos jours, votre puissance,

1 « épargnassent ». L'édition originale (Paris, Claude Barbin, 1662) indique « horreur ».
2 « dissiperait ».
3 « l'amour dont vous êtes prisonnier ».
4 « ne devrait qu'à lui ».
5 Camille rappelle ici les circonstances de la mort de son époux. Suite à un songe commun de Decius et Torquatus, un devin avait prédit qu'un consul allait mourir de la mort la plus glorieuse. Prenant ce présage pour lui, Decius s'exposa aux coups en se précipitant dans les rangs ennemis. Son sacrifice, qui aida à la défaite des Latins, lui valut une gloire posthume. Voir aussi les notes 1, p. 326 et 1, p. 362.

Et vous vous en servez pour me faire une offense ?
Et comme si l'Amour n'était pas satisfait
D'être l'unique auteur d'un si lâche forfait,
Il demande de vous encore un parricide :
Et votre esprit, conduit par cet aveugle guide,
A juré le trépas d'un héros innocent ?

TORQUATUS

De grâce, finissez ce discours offensant.
Si Decius est mort, il est mort pour sa gloire ;
Il n'a rien fait pour nous, et tout pour sa mémoire.
Trop auraient à ce prix acheté parmi nous
La gloire de mourir pour le salut de tous ;
Et le plus heureux cours de la plus longue vie
Ne ravit pas l'honneur dont sa mort est suivie.
Si son nom vous est cher, rendez grâces au sort,
Qui seul a prononcé l'arrêt de cette mort.
Celui qui par sa mort se voit ainsi renaître
Doit plus à son bourreau qu'à l'auteur de son être.
De[1] cet heureux destin ne murmurez donc pas :
Votre époux lui doit tout, s'il lui doit son trépas.

CAMILLE

Des ingrats tels que vous l'unique récompense,
C'est de charger[2] le sort de leur reconnaissance.
Un si beau sentiment, sur tant de biens* reçus,
Est digne des désirs que vous avez conçus ;
Et je devais attendre une réponse égale[3]
D'un parjure public, et de l'amant d'Omphale.
Ingrat, n'imposez point[4] à mon juste courroux
Que le sort a causé la mort de mon époux :
Il ne voulut jamais soumettre à son caprice
Le sens de cet oracle à ses vœux si propice.

---

1 « Contre ».
2 Orig. : « changer ».
3 « une même réponse ».
4 « ne faites pas croire ».

Quand il dit : « Un consul doit mourir aujourd'hui »,
Il appliqua ce nom et prit ce sens pour lui[1].
S'il eût à son trépas apporté quelque obstacle,
Ne voyant qu'un consul condamné par l'oracle,
Le sort eût en effet décidé qui des deux
Était le plus coupable, ou le plus malheureux :
Il vous eût fait alors partager sa disgrâce,
Et peut-être le sort vous eût mis à sa place[2].
Mais une ardente soif d'acquérir de l'honneur
Lui fit précipiter ses jours et son malheur.
Si tous les vains honneurs dont sa mort est suivie
Dans le cœur des Romains excitaient de l'envie,
Il vous était permis d'avoir le même sort ;
Vous aviez même droit de courir à la mort.
Il eût été plus beau d'imiter ce grand homme,
Que de vivre, et trahir sa foi*, sa gloire et Rome.

TORQUATUS

De grâce, finissez ! Ma gloire et mon pays
Jamais par Torquatus ne se verront trahis.
Dissipez la fureur dont votre âme est saisie,
Ces bouillants mouvements de votre jalousie…

CAMILLE

Moi jalouse, Consul ? Et jalouse de toi ?
Apprends que je méprise et ton rang, et ta foi*.
N'espère pas de moi que, quoi qu'il en arrive,
Je veuille pour époux l'amant d'une captive.
Il faut être un héros pour régner sur mon cœur,
Et Decius mérite un plus grand successeur.
Cesse donc de penser qu'aux liens que tu hasardes,
Je prenne d[e l]'intérêt…

---

1 Autrement dit, Decius refusa de laisser l'oracle s'accomplir au hasard et prit sur lui de se sacrifier pour la gloire. Voir la note 5, p. 360.

2 Autrement dit, sans le sacrifice de Decius, Torquatus aurait pu être le consul désigné par le destin pour accomplir l'oracle.

SCÈNE III
LES MÊMES, JUNIUS.

JUNIUS
Manlius a des gardes :
Par votre ordre, Seigneur, je l'ai fait arrêter,
Mais tout le camp murmure et semble s'irriter.
Consultez là-dessus toute votre prudence.
Si l'on n'apaise un mal aussitôt qu'il commence,
Les remèdes, Seigneur, sont souvent superflus.

TORQUATUS
Le sort en est jeté. Qu'on ne m'en parle plus.

CAMILLE
Le sort en est jeté. Quoi ! l'aveugle furie,
Qui te fait oublier Camille, ta patrie,
Ta gloire, tes exploits, ta parole et ton rang,
Te fait encor trahir l'intérêt de ton sang !
Il faut le sang d'un fils pour assouvir ta rage !

TORQUATUS
Cessez, encore un coup, ce discours qui m'outrage !
Réglez mieux les effets de vos jaloux soupçons,
Et ne me donnez plus de frivoles* leçons.
Ces reproches, enfin, lasseraient ma clémence,
Et pourraient me porter à quelque violence(3).
Adieu, retirez-vous, et nous laissez en paix.

CAMILLE
J'y consens. Va, Consul, achève tes forfaits !
Dans ton camp tu peux tout, ose tout entreprendre ;
Mais crains que quelque jour on ne puisse t'apprendre
Ce que c'est que Camille. Adieu, penses-y bien.

SCÈNE IV

TORQUATUS, JUNIUS.

TORQUATUS

Dieux ! l'horrible tourment qu'un pareil entretien !
Sa raison est sujette à certaines alarmes[1],
Dont les noires vapeurs ternissent bien ses charmes,
Et je veux désormais éviter son courroux.

JUNIUS

Camille sur ce point ne fait rien que pour vous.
Il n'est point de Romain dont le cœur ne soupire,
Qui n'en eût dit autant, s'il eût osé le dire ;
Qui sachant qu'on est prêt d'immoler un vainqueur,
Pour ce cruel dessein n'ait conçu de l'horreur ;
Et qui, pour dire tout, sourdement ne s'apprête,
Aux dépens de son sang, à sauver cette tête.
Vous m'avez ordonné, Seigneur, expressément,
De vous dire toujours quel est mon sentiment ;
De grâce, pardonnez ce discours à mon zèle,
Je serais moins hardi, si j'étais moins fidèle ;
Mais dussé-je expirer après vous l'avoir dit,
Tout est perdu, Seigneur, si Manlius périt.

TORQUATUS

Ni la mort de cent fils, ni l'univers en armes,
Ne sont assez puissants pour donner des alarmes
À l'âme d'un consul, qui ne voit aujourd'hui
Que les dieux immortels plus élevés que lui.
Je ne m'ébranle pas pour un simple murmure.
Quand je n'aurais pour moi que la seule nature[2],
Je n'aurais pas besoin du secours de la loi
Pour ôter à mon fils ce qu'il reçut de moi.
Quand même il n'aurait pas mérité sa disgrâce,
Pour apprendre aux soldats ce que peut leur audace

1 « inquiétudes ».

2 Dans l'Antiquité, le père avait droit de vie et de mort sur ses enfants.

Et combien les consuls méprisent leur pouvoir,
Je veux que cette mort leur montre leur devoir.

JUNIUS

Si l'ardeur des soldats n'est pas considérable,
Craignez un ennemi beaucoup plus redoutable.
Appréhendez, Seigneur, un rigoureux bourreau,
Qui porte ses fureurs au-delà du tombeau ;
Une flamme invisible, un démon domestique,
Un remords (car il faut enfin que je m'explique)
Dont la secrète voix vous dira nuit et jour :
« Tu fis mourir ton fils, pour plaire à ton amour ;
Il fut de cette ardeur l'innocente victime.
Tremble, tremble, Consul, les dieux ont vu ton crime :
Le sang de ce héros injustement versé
Élève des vapeurs, dont le Ciel est percé ;
Des champs élyséens[1], il demande vengeance.
Tremble, encore une fois, ton supplice s'avance. »
Alors, pour étouffer cette étonnante voix,
Vous vous excuserez sur la rigueur des lois,
Sur la nécessité de punir ce coupable ;
Mais vous aurez en vous un juge inexorable,
Et quand vers le public vous vous excuserez,
Malgré vous, en secret, vous vous condamnerez.
Quand vous consulterez votre âme toute nue
Sur une intention[(4)][2] qui vous est trop connue,
Fussiez-vous mille fois le plus grand des Romains,
Pour vaincre vos remords, vos titres seraient vains.
Il n'est point de grandeur, de rang, de diadèmes[(3)]
Qui nous puissent, Seigneur, défendre de nous-mêmes ;
Et l'univers entier ne peut nous garantir
Des traits empoisonnés d'un juste repentir.
Pendant qu'il en est temps, évitez donc l'orage ;
On voit en vain l'écueil, quand on a fait naufrage.
Il y va d'immoler non pas des ennemis,

1 Séjour des Enfers où reposent les héros et les âmes vertueuses.
2 C'est-à-dire : sur la vraie motivation qui a guidé son geste.

Des esclaves aux fers*, mais votre propre fils ;
Un fils victorieux(4), et dont le plus grand crime
Est un peu trop d'ardeur d'[1] acquérir de l'estime.
Dieux ! est-ce donc si peu qu'une telle action(3),
Qu'on ne daigne y donner quelque réflexion(4) ?
Remettez au Sénat à juger cette affaire.

TORQUATUS

Cesse de tourmenter un misérable père,
Qui s'est dit mille fois, en condamnant son fils,
Les frivoles* raisons qu'aujourd'hui tu lui dis.
Quand un père, obligé de vaincre sa faiblesse,
S'efforce d'arracher un fils à sa tendresse,
De l'amour paternel les secrets entretiens
Ne lui tiennent que trop les discours que tu tiens.
Ce sont des nœuds si doux que ceux de la nature
Que, quand on est contraint de souffrir leur rupture,
Il n'est aucun moyen qu'une âme n'ait tenté
Pour ne pas se trouver dans cette extrémité.
Quand on voit un Romain, amoureux de la gloire,
Remporter sur ses sens une entière victoire,
Au bonheur de l'État borner tous ses plaisirs,
Et sans cesse étouffer ses plus pressants désirs,
Ce n'est pas que son cœur en soit moins accessible
À tout ce qui rendrait un autre cœur sensible.
Le plus faible mortel, le plus ferme Romain
Ont tous deux été faits par une même main ;
Et cette fermeté, qui fait leur différence,
À proprement parler, n'est que dans l'apparence.
Leurs deux cœurs sont sujets aux mêmes passions(3) ;
Ils reçoivent tous deux mêmes impressions(4).
Mais l'un cède d'abord aux efforts* de l'orage,
Et l'autre se défend avec plus de courage ;
Et le plus intrépide et le plus généreux*
Est souvent, en secret, le plus touché des deux.

1 « à ».

Sachant donc de mon fils la funeste aventure,
J'ai senti ces transports que donne la nature :
J'ai d'abord éprouvé que le cœur d'un Romain,
Pour être illustre et grand, n'en est pas moins humain,
Qu'on n'en est pas plus dur pour être né dans Rome,
Qu'un père est toujours père, et qu'un consul est homme.
Mais à tous ces effets des premiers mouvements
Ont enfin succédé de plus grands sentiments :
Je me suis souvenu, pour devenir sévère,
Que j'étais un Romain avant que d'être père,
Que mon fils est à Rome aussitôt comme à moi[1],
Que moi-même je dois tout mon sang à la loi,
Et qu'un consul ayant adopté la patrie,
Si mon fils échappait au devoir qui me lie,
Le moindre des Romains croirait impunément
Pouvoir se dispenser de mon commandement.
Voilà de son arrêt la véritable cause.
Cesse d'en accuser cet amour qu'on m'impose.
Je ne me défends point de ces bruits insensés,
Mille fameux exploits m'en défendent assez.
Quand la vertu d'Omphale aurait touché mon âme,
Mon fils ne serait pas un obstacle à ma flamme ;
Il saurait se soumettre aux lois de son devoir,
Et n'irriterait pas mon absolu pouvoir.
Plût aux dieux immortels que ce fût là son crime :
Les ordres souverains d'un pouvoir légitime
L'arracheraient bientôt aux horreurs du trépas.

JUNIUS

Pensez-y mûrement, et ne vous flattez pas[2] ;
Je vous l'ai déjà dit, dans une telle affaire,
Ce n'est pas le public qu'il faudra satisfaire.
En vain paraît-on juste au sentiment de tous,
Si notre propre cœur n'est pas content de nous.
C'est un faible secours qu'une fausse apparence,

1 « Que mon fils appartient autant à Rome qu'à moi ».
2 « ne vous bercez pas d'illusions ».

Et les yeux clairvoyants de notre conscience[3],
Malgré tous nos détours, pénètrent aisément
Au travers de la ruse et du déguisement.
Dispensez ma ferveur d'en faire davantage.
Mes fidèles conseils ont commencé l'ouvrage ;
C'est à votre vertu, Seigneur, à l'achever.
Il faut vous laisser seul, afin d'y mieux rêver :
Dans un tel embarras, un peu de solitude
Est un puissant remède à notre inquiétude[4].
Mais songez bien, surtout, que le repos du cœur
Est ce qu'on peut nommer le suprême bonheur.

SCÈNE V

TORQUATUS, *seul.*

Hélas ! que je suis loin de ce bonheur suprême !
Et que mon cœur est peu d'accord avec lui-même !
Je vois tous les malheurs dont je suis menacé,
Mais je vois beaucoup mieux les traits qui m'ont blessé ;
Et toute ma vertu n'a que de faibles armes,
Quand il faut surmonter la princesse et ses charmes.
Ne balançons donc point, et courons de ce pas
Avancer mon bonheur, en pressant ce trépas.

ACTE V

SCÈNE I

TORQUATUS, OMPHALE, PHÉNICE.

OMPHALE

Quoi donc, Seigneur, votre âme est-elle inexorable ?
Faut-il laisser mourir cet illustre coupable ?
Fait-on pour le sauver des efforts superflus ?

TORQUATUS

Consultez-vous*, Madame, et ne m'en parlez plus.
Vous savez mieux que moi quelle est sa destinée,
Et puisqu'à votre choix elle est abandonnée,
Si Manlius périt, ne m'en accusez pas :
C'est de vous que dépend sa vie, et son trépas.

OMPHALE

De moi, Seigneur ? Eh, dieux ! une triste princesse,
Qui de son propre sort ne peut être maîtresse,
Doit-elle se flatter de tenir dans ses mains
La vie ou le trépas de quelqu'un[1] des Romains ?
Depuis quand, juste Ciel, une faible captive
Donne-t-elle des lois qu'il faut que Rome suive ?

TORQUATUS

Depuis que de vos yeux le pouvoir souverain
Est reconnu pour tel par un consul romain.
Oui, Madame, vos traits, en touchant un seul homme,
Ont soumis à leurs lois et le Sénat et Rome ;
Et de ce même arrêt, de qui dépend mon sort,
Dépend de Manlius ou la vie ou la mort.

OMPHALE

Eh, de grâce, Seigneur, revenez à vous-même !

1 « de l'un ».

Parler ainsi de Rome est sans doute un blasphème.
Ce n'est pas sur mon choix que l'auguste Sénat
Juge des intérêts qui regardent l'État.
Il sait mieux observer l'ordre de la justice,
Et ne consulte pas sur ce point mon caprice.
Si le Sénat se plaint, qui serait assez vain*
Pour croire en triompher dans l'âme d'un Romain ?
Non, s'il faut à l'État cette grande victime,
Manlius doit périr, sa mort est légitime ;
Mais, Seigneur, si l'effet d'un mérite puissant
Obligeait le Sénat à le croire innocent,
Votre cœur pourrait-il lui refuser sa grâce ?
Vous seul blâmeriez-vous l'effet de son audace ?
Et serait-il, Seigneur, assez infortuné,
Pour ne voir que son père à sa perte obstiné ?
Eh ! qu'un peu de pitié s'empare de votre âme !
Songez…

TORQUATUS

Donnez-m'en donc un exemple, Madame.
Montrez-moi que je dois adoucir ma rigueur,
En laissant par l'amour adoucir votre cœur.
Par pitié pour mon fils, paraissez-lui cruelle ;
Par un excès d'amour, devenez infidèle,
Et par un prompt hymen désarmez mon courroux.

OMPHALE

La foi* que vous m'offrez ne dépend pas de vous :
Vous savez bien, Seigneur, qu'une règle sévère
Vous défend l'alliance(3) avec une étrangère ;
Et je crois qu'il faut plus que mon cœur et ma main,
Pour vous faire oublier que vous êtes romain.

TORQUATUS

Je l'oubliais pourtant, ingrate, et pour vous plaire,
J'étais prêt à sauver un vainqueur téméraire,
Dont le conseil de guerre a résolu la mort ;
Mais par ces derniers mots, vous terminez son sort.

Je sens que je commence à rentrer en moi-même,
C'en est fait, je me rends à cette loi suprême.
Holà, gardes !

SCÈNE II

LES MÊMES, PISON, [LES GARDES].

PISON

Seigneur.

TORQUATUS

Qu'on aille promptement
Exécuter…

OMPHALE

Hélas ! différez un moment !
Gardes, retirez-vous, je veux… Mais quoi ? Mon âme,
Quoi ? Voudrais-tu trahir Manlius et ta flamme ?

TORQUATUS

Que voulez-vous ?

OMPHALE

Je veux…

TORQUATUS

Achevez.

OMPHALE

Le sauver.

TORQUATUS

Et du reste ?

OMPHALE

Seigneur, je voudrais y rêver[1].

1 « réfléchir ».

TORQUATUS

Ah ! c'est trop écouter tant de discours frivoles*,
Je ne me repais point de ces vaines paroles.
Holà, gardes !

OMPHALE

Seigneur, ne précipitez rien !
Fallût-il pour son sang vous donner tout le mien,
Si Manlius le veut, j'y consens avec joie.
Mais, pour m'en informer, souffrez que je le voie ;
Que je puisse un moment lui parler sans témoins,
Et j'atteste les dieux d'employer tous mes soins
Pour contenter, Seigneur, votre pressante envie,
Quand[1] avecque ma main il vous faudrait ma vie.

TORQUATUS

Je puis donc me flatter d'obtenir votre cœur ?

OMPHALE

Je ne sais, mais au moins, je dirai : oui, Seigneur.
Ne m'en demandez pas aujourd'hui davantage,
Il n'appartient qu'au temps d'achever cet ouvrage.

TORQUATUS

Ah ! Princesse, mon cœur à vos ordres soumis…

OMPHALE

Eh ! de grâce, Seigneur, songeons à votre fils.
Avec plus de loisir nous parlerons du reste,
Révoquez seulement un arrêt si funeste.
Qu'on cherche Manlius, qu'on le fasse venir.
Nous aurons trop de temps pour nous entretenir.

TORQUATUS

Holà, quelqu'un ! Courez dans la tente prochaine,
Où l'on garde mon fils, dire qu'on me l'amène.

1 « Même si ».

Princesse, s'il consent aux plus doux de mes vœux,
Mon bonheur…

OMPHALE

Eh, Seigneur, se peut-on croire heureux,
Quand on doit la douceur d'un aveu favorable
À la nécessité de sauver un coupable ?
Ah, non, non ! pour goûter de solides plaisirs,
Il faut devoir un cœur à ses propres désirs,
Et sa possession(4) nous donne peu de joie,
Lorsque, pour l'obtenir, on prend une autre voie !
Quand on prononce un oui que le cœur ne dit pas,
Ce mot si désiré perd bien de ses appas ;
La liberté du choix d'elle-même est si chère,
Que, si sur un tel point je conseillais un frère,
Je lui dirais : « Perdez la lumière du jour,
Plutôt que d'usurper le pouvoir de l'amour. »
Mais voici Manlius, permettez-moi, de grâce…

TORQUATUS

Je vous entends, Madame, et lui cède la place.
Gardes, retirez-vous !

[*Pison et les gardes sortent.*]

OMPHALE

Ciel, soyez mon recours.

TORQUATUS [*bas.*]

Tâchons, sans être vu, d'écouter leurs discours.

SCÈNE III

OMPHALE, MANLIUS, PHÉNICE,
[TORQUATUS, PISON ET LES GARDES *cachés*].

OMPHALE

Que de trouble je sens ! Ah, Seigneur !

MANLIUS

Ah, Madame !

OMPHALE

Hélas ! en quel état réduisez-vous mon âme !
Ah ! que j'éprouve bien, dans ce funeste jour,
Qu'on peut craindre de voir l'objet de son amour !

MANLIUS

Quoi ! Princesse, ma vue est-elle si fatale ?

OMPHALE

Oui, Seigneur, aujourd'hui la malheureuse Omphale
Donnerait tout son sang pour délivrer ses yeux
De la nécessité de vous voir dans ces lieux.
Car, enfin, puisqu'il plaît au sort inexorable,
J'y cause tous les maux dont le Ciel vous accable,
Et ce n'est point assez pour assouvir mon sort,
Que de vous voir souffrir une honteuse mort :
Il faut que le destin joigne à votre supplice,
L'horrible désespoir de m'en trouver complice.
Oui, les dieux ont permis, pour augmenter mes maux,
Que mes traîtres appas soient vos secrets bourreaux.
Mes yeux, Seigneur, mes yeux ont fait tout votre crime.
Vous êtes de leurs traits l'innocente victime ;
Vous n'aurez pas si tôt détesté leur pouvoir,
Et fait céder l'amour aux rigueurs du devoir,
Que vous recouvrerez toute votre innocence.
Rachetez votre sang par un peu d'inconstance.
En vain les fiers* destins paraissent irrités[1] ;
Vous êtes innocent, si vous y consentez.
Conformez vos désirs à votre destinée,
Et renoncez au cœur de cette infortunée.
Les fruits empoisonnés de mon funeste amour
Ne valent pas, Seigneur, la lumière du jour.

1 « se montrent rebelles ».

MANLIUS

Quoi ? Vous aussi, Madame, avez juré ma perte ?
De la part du destin mon âme l'eût soufferte,
Avec tant de mépris et si peu de terreur
Qu'à mes propres bourreaux ma constance eût fait peur.
J'ai défié[(3)] le sort d'épouvanter mon âme,
Tant qu'il a respecté l'intérêt de ma flamme.
On fait pour m'accabler un impuissant effort,
Si ma princesse m'aime à l'instant de ma mort,
Disais-je, et le destin en attaquant ma vie,
Pour se bien assouvir, a manqué d'industrie*.
Ce n'est pas à ma mort qu'il doit borner ses coups,
S'il veut forcer mon cœur à craindre son courroux ;
Qu'il lance contre moi les traits de l'Enfer même,
Je brave son pouvoir, si ma princesse m'aime.
Un amant embrasé par de si nobles feux*,
Pourvu qu'il meure aimé, meurt toujours trop heureux.
Je me flattais ainsi d'une douce espérance,
Et mon cœur abusé par cette confiance[(3)],
Rempli de votre objet et de sa passion[(3)],
Attendait le trépas sans nulle émotion[(4)].
Mais, ô dieux ! j'ignorais la dernière injustice,
Qui veut faire changer de genre à mon supplice :
Quoi ! même avant ma mort, mourir dans votre cœur !
Attendre mon trépas des coups de ma douleur[1] !
Traîner languissamment une vie importune !
Et souffrir mille morts pour en éviter une !
Princesse, hélas ! qu'a fait ce misérable amant,
Pour être condamné si rigoureusement ?
Par quel crime a-t-il pu mériter sa disgrâce ?
Ah, qu'un peu de pitié retrouve ici sa place !
Aimez-moi, s'il se peut, au moins jusqu'à ma mort,
Et ne devancez pas le dernier coup du sort.
Je n'abuserai point de votre complaisance ;
Du consul irrité l'extrême impatience[(4)],

1 « des douleurs de l'amour ».

Si j'en présume bien, ne vous lassera pas[1].

TORQUATUS

Tu l'as dit, c'en est fait, qu'on le mène au trépas !

OMPHALE

Quel arrêt ! Ah, Seigneur !

TORQUATUS

N'en parlons plus, Madame.

OMPHALE

Hélas ! si la pitié toucha jamais votre âme,
Ordonnez donc, Seigneur, que je suive son sort.

TORQUATUS

Gardes ! Encore un coup, qu'on le traîne à la mort.

PISON

Obéissez, Seigneur, allons.

OMPHALE

Arrête, infâme,
Bourreau, qui veux m'ôter la moitié de mon âme !
Avant que d'arracher Manlius de ce lieu,
Cruel, souffre du moins que je lui dise adieu.
Adieu donc pour jamais, amant si magnanime,
D'un détestable amour innocente victime,
Cher et funeste objet de mes feux* innocents.
Adieu, puisqu'on t'enlève à mes vœux impuissants.
Emporte chez les morts l'espérance fatale
D'être bientôt suivi par ta fidèle Omphale.
Meurs du moins assuré qu'elle court sur tes pas.

TORQUATUS

Gardes, encore un coup, qu'on le traîne au trépas !
[*à Pison.*]

1 Autrement dit, Manlius l'accuse de vouloir bientôt céder aux désirs de Torquatus.

Voyez exécuter sa sentence mortelle,
Et revenez, Pison, m'en dire la nouvelle.

MANLIUS

Adieu, vivez, Princesse, et songez qu'il m'est doux
D'espérer en mourant de vivre encore en vous.

OMPHALE

Tourne au moins tes regards encor sur ta princesse.
[*Pison et les gardes emmènent Manlius.*]
Mais, ô dieux ! c'en est fait, on l'entraîne, il me laisse,
Je le perds pour jamais, je n'en puis plus : ô mort !
Viens soulager les coups d'un si cruel transport.
Lâche et faible douleur, impuissante furie,
Vous faut-il du secours pour m'arracher la vie ?

TORQUATUS

Madame, modérez…

OMPHALE

Monstre pernicieux[4],
Oses-tu bien encor te montrer à mes yeux ?
Entends-je les accents de ta voix détestable ?
Tigre affamé de sang, barbare inexorable !
Le juste Ciel, touché de mon cruel tourment,
M'avait fait par pitié t'oublier un moment ;
De ma juste douleur, le funeste nuage
Avait heureusement effacé ton image ;
Mais tu viens accabler mon triste souvenir
Du plus fatal objet qui puisse y revenir.
Barbare et fier* tyran, dont l'injuste furie
M'enlève en Manlius la moitié de ma vie,
Apprends qu'à quelque but que tendent tes souhaits[2],
Tu ne goûteras point le fruit de tes forfaits.
Il est des Immortels*, s'il me manque des hommes :
Fallût-il, au lieu d'une, abîmer mille Romes,
Inventer des tourments pour ta punition[4],
Et confondre avec toi toute ta nation[3],

Le sang de Manlius, ma peine, et ton offense
Vont mériter, cruel, toute cette vengeance.

TORQUATUS
Quand un peu de raison viendra vous secourir…

SCÈNE IV

OMPHALE, PHÉNICE, TORQUATUS, CAMILLE.

CAMILLE
Ah, Consul ! ah, cruel ! ton fils va donc périr !
Ta rage a triomphé, on le traîne au supplice.
Quoi ? Tu ne trembles point après cette injustice ?
Après avoir commis un si grand attentat,
Tu ne crains ni remords, ni honte, ni Sénat ?
Ton âme après ce coup n'est donc point alarmée ?

SCÈNE V

LES MÊMES, JUNIUS.

JUNIUS
Seigneur, il serait bon de veiller sur l'armée :
Tout penche à la révolte, et je ne réponds pas
Qu'un désordre public ne suive ce trépas.
Contre votre rigueur, tout le monde déteste*.
Je crains de cet arrêt une suite funeste ;
Il s'élève partout un murmure confus.

SCÈNE VI

LES MÊMES, PISON.

TORQUATUS
Voici Pison. Mon fils ?

OMPHALE, *bas* [*s'emparant d' un poignard.*]
Ah ! ne balançons plus ;

Voici de quoi me joindre à l'objet de ma flamme.

CAMILLE

Que vois-je ? Juste Ciel, ah, Princesse !

PHÉNICE

Ah ! Madame.

OMPHALE

Pour suivre Manlius, pour assouvir son sort,
Ce poignard…

PISON

Arrêtez, Madame, il n'est pas mort !

TORQUATUS

Manlius n'est pas mort ? Et quel bras téméraire
A pu le dérober à ma juste colère ?

PISON

Suivant l'ordre, Seigneur, que vous m'aviez donné,
Je le menais au lieu qu'on avait destiné
Pour séparer du corps sa glorieuse[4] tête,
Lorsqu'un gros de soldats fend la presse* et m'arrête.
Et l'un deux, s'avançant à la tête de tous :
« Romains, nous a-t-il dit, Romains, où courez-vous ?
Ces bras dont les exploits ont grossi nos Histoires,
Ces mêmes bras à qui l'État doit cent victoires,
Peuvent-ils s'employer à conduire aux bourreaux
Le chef victorieux[4] du plus grand des héros ?
Ah ! rougissez, Romains, rougissez de ce crime !
Arrachons à la mort ce vainqueur magnanime,
Et dussions-nous périr pour un crime si beau,
Mourons tous, ou sauvons Manlius du tombeau. »
Alors, n'écoutant plus que l'ardeur qui l'emporte,
Il fond sur les soldats qui nous servaient d'escorte,
Qui, loin de s'opposer à l'effort* de ses coups,
Émus de ce discours, nous abandonnent tous.

En vain, pour réprimer cette insolente audace,
J'appelle du secours, parle, frappe, menace,
Leur nomme le consul ; tous mes efforts sont vains.
Ils arrachent, Seigneur, Manlius de mes mains.
Et bien que ce héros dût à cette furie*
Les restes glorieux[3] de son illustre vie,
Ce fils obéissant, à vos ordres soumis,
Traite ses défenseurs comme ses ennemis.
Mais un si rare effet d'une vertu sublime
Augmente leur fureur augmentant leur estime ;
Et plus pour son salut il fait voir de mépris,
Plus il semble augmenter le soin qu'ils en ont pris.

TORQUATUS

Quoi ! dans mon camp ! mes gens ! et presque en ma présence !
Ah ! tant de ce vil sang va laver cette offense,
Que la punition[4] de leur témérité
Servira d'un exemple à la postérité.
Qu'on me suive…

SCÈNE VII

LES MÊMES, MANLIUS.

MANLIUS

Seigneur…

OMPHALE

Où viens-tu, misérable* ?

MANLIUS

Épargnez-vous des pas.

TORQUATUS

Dieux !

MANLIUS

Voici ce coupable.

Je n'examine point quel crime, ou quel malheur,
Vous fait dans mon trépas trouver quelque douceur ;
Je dois mourir, Seigneur, puisque ma triste vie
A duré trop longtemps au gré de votre envie.
Faites percer ce cœur, ordonnez qu'à vos yeux
On verse tout ce sang qui vous est odieux(3).
Je n'en murmure point, ma mort est légitime,
Et déplaire à son père est un assez grand crime.
Mais si le triste effet de la rage du sort
Pouvait heureusement se borner à ma mort,
J'oserais en mourant vous demander la grâce
De ces audacieux(4), dont j'ai causé l'audace.
Ordonnez donc, Seigneur…

JUNIUS

Qu'il paraît interdit.

TORQUATUS

Le cœur pressé, je sens…

OMPHALE

Ô dieux ! il s'attendrit !

TORQUATUS

Je sens que dans mon âme il se forme un murmure.

JUNIUS

Gardez-vous d'étouffer la voix de la nature ;
Elle presse, elle parle, écoutez-la, Seigneur.

TORQUATUS

Que de troubles divers s'élèvent dans mon cœur !
Je veux, je ne veux pas. La nature tremblante
Ose, craint, et se rend trop, ou trop peu pressante ;
Dans ce cruel moment, mon fils, Rome et l'Amour
Semblent tous[1] déchirer mon âme tour à tour.
Je n'en puis plus, ô dieux !

1 Orig. : « tout ».

CAMILLE

Ah, Seigneur, grâce, grâce !
Enfin votre vertu va reprendre sa place.

MANLIUS

Seigneur, je ne vaux pas le trouble où je vous vois.
Ordonnez qu'à vos pieds…

TORQUATUS

Ah, mon fils, lève-toi !

OMPHALE

Quoi ! le sang sur l'amour emporte la victoire ?

TORQUATUS

Elle n'a triomphé que trop tard pour ma gloire ;
Mais, si pour réparer les crimes que j'ai faits,
Je puis vous élever au but de vos souhaits(2),
Ou je serai déçu* dans ma juste espérance,
Ou bientôt votre hymen lavera mon offense.

MANLIUS

Ah, mon père ! ah, Seigneur ! ai-je bien entendu ?

TORQUATUS

Oui, mon fils, puisqu'enfin ton père t'est rendu.
Mais, vous qui m'écoutez, Romaine magnanime,
Me rendrez-vous aussi ce cœur et cette estime ?

CAMILLE

Puisque le Ciel vous rend la vertu d'un Romain,
Il vous redonne aussi mon estime et ma main.

TORQUATUS

Allons donc rendre grâce à la bonté suprême
De ce qu'elle a rendu Torquatus à lui-même.

LE FAVORI

Tragi-comédie
(1665)

Première édition
Mademoiselle Des Jardins, *Le Favory*,
Paris, Louis Billaine, 1665.

Édition de référence
Femmes dramaturges en France (1650-1750), vol. 1,
édition critique par Perry Gethner,
Paris/Seattle, PFSCL, 1993, p. 55-126.

PERSONNAGES

LE ROI DE BARCELONE.
MONCADE, son favori*[1].
CLOTAIRE, prince réfugié.
LINDAMIRE, maîtresse du favori*.
D. ELVIRE, dame de la Cour.
LÉONOR, autre dame de la Cour.
D. ALVAR, ami du favori*.
CARLOS, capitaine des gardes.
[LE PAGE.]

La scène est sur une terrasse, dans la maison de campagne du favori.*

1 « El valido », que l'on appelait aussi le « très puissant », fait partie intégrante de l'institution monarchique des Habsbourg d'Espagne au XVIIe siècle. La cour de France n'abritait pas de favoris aussi puissants, mais les ministres du roi, surtout sous le règne de Louis XIV, étaient très influents. Tous les favoris d'Espagne subirent le même sort : ils furent disgraciés et exilés à tour de rôle.

Pour sa troisième et dernière production théâtrale, Mme de Villedieu s'est inspirée d'une comédie de Tirso de Molina, *El Amor y la amistad* (1634). Selon *Le Registre* du comédien La Grange, cette tragi-comédie en 5 actes et en vers, intitulée au départ *La Coquette, ou le favori*, donnée en répétition à la troupe de Molière en 1664, débuta au théâtre du Palais-Royal le 24 avril 1665, où elle fut bien reçue ; elle eut en tout vingt-six représentations à Paris, la dernière datant du 17 août 1666. Grâce aux bons soins du duc de Saint-Aignan, ce fut la première pièce écrite par une femme à être représentée à la Cour, la nuit du 13 au 14 juin 1665. Molière l'avait choisie à l'occasion d'une fête organisée pour la reine mère, Anne d'Autriche, dans les jardins de Versailles et avait fait un prologue comique « en marquis ridicule », aujourd'hui disparu. Le scénographe Vigarani s'était occupé des décors, Lully avait composé la musique des intermèdes, et les morceaux chantés furent interprétés par une célèbre virtuose, Mlle Hilaire[1].

Écrite l'année de l'inauguration de Versailles, dédiée à Hugues de Lionne, ministre et secrétaire d'État (protecteur de Mme de Villedieu), la pièce renvoie à un moment crucial de la réalité politique contemporaine : la disgrâce de Nicolas Fouquet. Elle s'articule autour de celle de Moncade, le favori comblé du roi de Barcelone. Mais, sur la scène du théâtre, la disgrâce n'est qu'une feinte conçue par le roi pour démasquer les intentions perfides de ses courtisans. Il peut ainsi les circonscrire afin de rétablir Moncade, qui triomphe des médisants. Beaucoup d'érudits ont conjecturé sur le revirement du roi de Barcelone qui, dans un geste magnanime, pardonne à son ministre, alors que Louis XIV condamna le sien à la prison perpétuelle.

Comme *Manlius*, *Le Favori* est une pièce parodique qui dévoile les mutations de la société de cour. Elle stigmatise l'émergence du courtisan veule, flatteur et parasitaire, qui deviendra la cible des moralistes. Des valeurs et des mentalités très différentes opposent deux groupes. Celui

1 Loret, *Gazette*, 6, 13 et 27 mai 1662 ; *Nouveau recueil de quelques pièces galantes faites par Mme de Villedieu*, Paris, Jean Ribou, 1669, p. 75 ; *Les Continuateurs de Loret*, J. de Rothschild (éd.) Paris, Morgand et Fatout, 1881, t. I, p. 54, v. 67 ; *Le Moliériste*, n° 25, 1er avril 1881.

des « caméléons de cour » réunit les personnages emblématiques que sont Clotaire, le prince étranger dépossédé vivant à la Cour, et la coquette Elvire ; voués au culte royal, motivés par l'ambition et l'amour propre, exploitant l'art de la médisance, ils sont à la poursuite de plaisirs et de divertissements constants. À l'opposé, vibrant intensément d'une vie affective toute intérieure, les « belles âmes » aux valeurs héroïques et tendres sont imprégnées de l'idéal de l'amour précieux. Le stratagème royal permet à Moncade de découvrir les sentiments de Lindamire, la jeune femme dont il est épris. Cet amour pur, dissocié de la politique de cour, est la raison d'être du ministre. Paradoxalement le dernier mot revient à Elvire, la coquette volage et désabusée dont « l'amour pour la fleurette » annonce l'épicurisme galant du Siècle des lumières.

À MONSEIGNEUR, MONSEIGNEUR DE LIONNE, MINISTRE ET SECRÉTAIRE D'ÉTAT[1].

Monseigneur,

Ce n'est pas pour avoir l'honneur de faire votre éloge que je prends la liberté de vous dédier cette comédie, bien que ce soit la maxime* de la plus grande partie des auteurs d'en user de cette sorte. Une épître me semble de trop peu d'étendue pour un ouvrage[2] de cette importance, et je suis trop mauvaise rhétoricienne pour l'entreprendre. Je laisse à ceux qui écriront l'histoire du plus juste et du plus grand de tous les rois[3] à vous donner la place que la gloire de son choix vous a fait mériter. Et le caractère du panégyrique n'étant conforme ni à l'enjouement de ma science, ni à la faiblesse de mon génie, c'est moins pour vous louer que pour vous divertir, que mon favori* et ma coquette osent se présenter devant vous. Si Moncade est assez heureux pour dérober à l'univers une heure de votre audience, je le tiens plus honoré de cette faveur, que de toutes celles du roi de Barcelone.

Et pour notre jeune coquette,
Si son amour pour la fleurette,
Ses regards affectés, ses souris* et ses soins
Sont assez heureux pour vous plaire,
On blâme en vain son caractère ;
On peut être coquette à moins.

Quelque succès* que leur témérité puisse avoir, j'en aurai toujours un très favorable pour moi, si cette petite offrande est reçue de vous

1 Voir l'introduction, p. 385

2 Tout en faisant référence à l'art de la dédicace, l'autrice joue savamment sur le terme « ouvrage » pour valoriser sa pièce. De manière indirecte et parodique, elle laisse à d'autres, soi-disant plus habiles qu'elle, le soin de faire le panégyrique solennel et traditionnel du Secrétaire d'État. Cependant elle possède « la science » de lui offrir, outre un témoignage d'estime, une autre forme d'éloge qui va le divertir.

3 C'est-à-dire : les historiographes de Louis XIV.

comme une marque du zèle que je vous ai voué, et si, à la permission de vous présenter cet ouvrage, vous y joignez celle de me dire,

Monseigneur,

Votre très humble et très obéissante servante,
DESJARDINS.

ACTE I

SCÈNE I

MONCADE, D. ALVAR.

MONCADE

Enfin nous voilà seuls. Cette foule importune,
Qu'attache auprès de moi l'éclat de ma fortune,
Me traite ce matin si favorablement,
Que je puis, Dom Alvar, m'échapper un moment.
Donnons un temps si cher au beau feu* qui m'inspire :
C'est sur cette terrasse où[1] loge Lindamire,
Essayons de la voir.

D. ALVAR

Pour un pareil dessein,
Vous avez oublié qu'il est un peu matin.

MONCADE

Oui, mais j'avais besoin de cette diligence*
Pour tromper des flatteurs l'extrême vigilance.
Et quand un favori* qu'obsèdent tous leurs soins
Peut avoir le bonheur de sortir sans témoins,
Que l'effet empressé de leur exactitude
Lui permet de jouir(2) d'un peu de solitude,
Et de cacher sa route à leurs pas curieux(3),
Il est fort diligent* ou fort chéri des dieux.

D. ALVAR

Quoi ? Toujours dans l'esprit ce dégoût effroyable ?
Toujours votre faveur* vous gêne et vous accable ?
L'heur* de vous voir si grand, si craint et si chéri
N'a pu vous faire aimer ce nom de favori* ?

MONCADE

Bien que de ce grand nom je fasse peu de compte,

1 « que ».

J'en discerne pourtant l'honneur d'avec la honte :
Le plaisir de me voir dans un illustre emploi
Propre à servir l'État, mes amis et mon roi,
Et l'heur* d'être l'objet des bienfaits de mon maître
Trouvent mon cœur sensible autant qu'il le doit être.
Mais de tout ce bonheur je goûte peu de fruit,
Quand j'ose envisager la peine qui le suit :
Si tu pouvais savoir, par un peu de pratique,
Ce qu'est un favori* selon la voix publique,
Et quels pièges secrets chacun tend à ses pas,
Mon dégoût pour ce rang ne t'étonnerait pas.
Un homme qui parvient à ce degré suprême
Doit se garder de tous, et surtout de lui-même,
Car d'un calme apparent le plus souvent séduit,
Il s'endort sur la foi d'un vent qui le détruit.
Pour goûter tous les fruits d'une pleine sagesse,
Il s'abandonne entier à sa délicatesse[1],
Et croit dessus son roi n'avoir rien attenté
Quand il se fait chez lui roi de la volupté.
Ah ! qu'il faut, Dom Alvar, suivre d'autres maximes* !
Envers les souverains il est de certains crimes
Qui, bien qu'ils ne soient point défendus par nos lois,
Blessent jusques au cœur la personne des rois.
Un prince tient du Ciel la suprême puissance,
Le droit de commander est un bien de naissance ;
Mais cet esprit du monde et ce tendre talent,
Qui tiennent moins du roi que de l'homme galant,
Comme un prince ne peut les devoir qu'à lui-même,
Il en est plus jaloux que du pouvoir suprême.
Et c'est sur un tel point qu'un favori* prudent
Doit surtout éviter d'être son concurrent,
Qu'il doit incessamment veiller sur sa personne ;
Car {de} quelques projets qu'un monarque soupçonne,
Tout est également à redouter pour nous,
Et ses moindres désirs sont des désirs jaloux.

1 Le terme peut se traduire aussi bien par « mollesse » que par « l'art de goûter les douceurs de la vie ».

D. ALVAR

Vous m'étalez en vain cette frivole crainte,
Vous êtes au-dessus d'une telle contrainte :
Vos soins pour cet État, vos vertus, votre sang,
Tout mérite chez vous l'éclat de votre rang.
La fortune n'a fait que vous rendre justice,
Et loin que ses faveurs partent de son caprice,
Elle eût dû faire plus pour vos fameux exploits,
Et l'on sait que Moncade est sorti de nos rois[1].
Depuis que celui-ci[2] règne sur Barcelone,
Votre bras fut toujours l'appui de sa couronne,
Et quel que soit pour vous l'excès de ses bontés,
Il doit peut-être plus au nom que vous portez.
Prenez donc sur vous-même une entière assurance,
Sans fatiguer le Ciel par votre indifférence ;
Des faveurs qu'il vous fait, connaissez mieux le prix
Et ne rebutez plus le sort par vos mépris,
Car vous en faites trop, s'il faut qu'on vous le di[s]e.
La parfaite amitié, qui de tout temps nous lie,
M'oblige sur ce point à vous ouvrir mon cœur.
Chacun commence à voir avec quelle froideur
Vous recevez du roi les pressantes caresses* :
Plaisirs, fêtes, bontés, présents, honneurs, largesses,
Rien ne peut de sa part vaincre l'ennui profond
Qu'on voit incessamment dépeint sur votre front.
D'où peut naître un chagrin si peu juste et si rude ?
Vous avez votre roi dans votre solitude* ;
Il a su, pour charmer* vos secrets déplaisirs,
Vous amener aussi l'objet de vos soupirs.
Que peut faire de plus, ce prince qui vous aime,
Que de venir ici vous divertir lui-même ?
Que d'amener chez vous l'élite de la Cour,
Et parmi tout cela l'objet de votre amour ?
Vous êtes dans un lieu, dont l'art et la nature

1 Autrement dit, Moncade, issu d'une illustre famille, doit son statut de favori à son mérite, et non aux caprices du sort.

2 « le roi actuel ».

Ont à l'envi formé l'admirable structure ;
Et le roi, vous comblant d'un si rare bienfait,
Vous fit le plus beau don que prince ait jamais fait.
Cette diversité de coteaux et de plaines,
Ces superbes jardins, ces marbres, ces fontaines,
Ces refuges sacrés de l'ombre et de l'effroi,
Ces fertiles déserts*…

MONCADE

Hélas ! sont-ils pour moi,
Ces antres retirés dont le charme t'enchante,
Et tous ces autres biens que ton zèle me vante ?
Il est vrai qu'à juger de ce lieu par nos yeux,
On le croit le séjour des anciens demi-dieux.
Jamais avec tant d'art on n'assembla peut-être
La splendeur de la pompe et la beauté champêtre :
Chaque endroit différent offre à notre désir,
Pour chaque heure du jour, un singulier plaisir.
Mais, ami, que me sert ce bien de ma fortune,
Si de tant de beautés je n'en possède aucune ?
Ces fertiles déserts*, si bien dépeints par toi,
Ont-ils quelques attraits qui soient connus de moi ?
Il n'est antre si noir, ni grotte si profonde
Où je ne sois toujours étouffé du grand monde.
Le silence est un dieu que je ne connais pas,
En vain d'un bois épais l'on vante les appas :
De tous mes courtisans, une foule sans nombre
Me prive incessamment de la fraîcheur de l'ombre,
Du souffle des zéphyrs, du murmure des eaux,
Des parfums du printemps et du chant des oiseaux.
Si quelquefois l'écho, surmontant cet obstacle,
Me fait ouïr[2] sa voix, pour moi c'est un miracle !
Et de l'air dont le sort jusqu'ici m'a traité…
Mais voici de sa part nouvelle cruauté :
Il ne me manquait plus que le prince Clotaire.

SCÈNE II

LES MÊMES, CLOTAIRE.

CLOTAIRE

Ah, ah, je vous y prends, notre cher solitaire !
Toute la Cour chez vous attend votre réveil,
Et vous êtes levé plus tôt que le soleil :
C'est pour vous préparer à venir à la chasse ?

MONCADE

Je n'en suis pas, Seigneur.

CLOTAIRE

Cruel ! Quelle disgrâce
Venez-vous m'annoncer ? Ô dieux ! quel désespoir !
Quoi ? Je vais donc passer tout un jour sans vous voir ?
Ah ! cela ne se peut !

MONCADE, *bas.*

Quelle bassesse extrême !

CLOTAIRE

Et je serais plutôt séparé de moi-même[1] !
Je ne puis vous quitter, et je vais dire au roi
Que, si vous ne venez, il peut aller sans moi.

MONCADE

Gardez-vous bien, Seigneur…

CLOTAIRE

Il faut qu'il vous l'ordonne,
Dût-il même venir l'ordonner en personne.
Je cours l'en supplier.

1 « Autant me couper la main ». Autrement dit Clotaire fait mine de considérer Moncade comme un autre lui-même.

SCÈNE III

MONCADE, D. ALVAR.

MONCADE

Ne prenez pas ce soin,
Seigneur, car… Mais ô dieux ! il est déjà bien loin.
Voyez en quel état il va mettre mon âme !
J'espérais de donner tout ce jour à ma flamme,
Et j'ai fait cent efforts pour me le ménager[1],
Qu'il va tous rendre vains feignant de m'obliger.
Ah ! de tous mes flatteurs, le plus insupportable…

D. ALVAR

Il est vrai qu'il a tort de vous trouver aimable ;
Son zèle vous offense, à le dire entre nous.
Quoi ? Ne pouvoir passer un seul jour loin de vous ?
Ce malheur est sensible[2], il faut qu'on vous l'avoue.

MONCADE

Eh bien donc, je consens que ta bonté le loue !

D. ALVAR

Non, non, puisqu'il vous aime, il vous fait trop de mal !

MONCADE

Il m'aime ? Eh ! justes dieux, ce lâche est mon rival !
Les yeux de Lindamire ont embrasé son âme,
Mais il n'ose avouer(3) une si belle flamme
Par la crainte qu'il a de choquer* ma faveur*,
Et de s'ôter en moi peut-être un protecteur.
Une terreur si basse a sur lui tant d'empire,
Qu'il me cède en tous lieux la main de Lindamire,
M'accable des effets de son zèle indiscret,
Et le traître qu'il est me poignarde en secret !

1 « pour bien disposer de ce temps ».
2 « Perceptible ».

D. ALVAR

Un homme tel que lui doit peu donner de crainte.
Que pourront contre vous son amour et sa feinte ?
Vaincu, dépossédé, fugitif, malheureux,
Et venant implorer du secours en ces lieux,
Que peut-il espérer d'une si vaine flamme ?

MONCADE

Il est amant et prince, et Lindamire est femme ;
Et d'ordinaire, ami, ce beau sexe est trompeur.
S'il faut même aujourd'hui que je t'ouvre mon cœur,
Je commence à juger que l'amour de Clotaire
Est un puissant obstacle à l'hymen que j'espère.
Lindamire avec art veut le dissimuler,
Cherche un autre prétexte à pouvoir reculer :
Le soupçon supposé d'un peu de méfiance(3),
Et son deuil qu'elle oppose à mon impatience(4),
L'ont su jusques ici défendre adroitement ;
Mais en vain l'on se cache aux regards d'un amant.
Elle attend, elle attend le succès* de nos armes !
Le nom de souveraine a de soi tant de charmes
Que, si dans ses États Clotaire est rétabli,
Elle mettra bientôt tous mes soins en oubli ;
Voilà de ses longueurs la cause véritable.

D. ALVAR

Ne la soupçonnez pas d'un dessein si blâmable ;
Vous devez la connaître, et vous lui faites tort.

MONCADE

Hélas ! nul ne connaît ce qui dépend du sort.
La loi du changement est une loi commune,
Et l'amour a sa roue ainsi que la fortune.
Mais Lindamire sort, laisse-nous seuls. Amour,
Ôte-moi mes soupçons, ou la vie en ce jour !

SCÈNE IV

MONCADE, LINDAMIRE.

LINDAMIRE

Ces champs, ces bois, cette verdure,
Les plus farouches animaux,
Les doux oiseaux,
Tout aime en la nature.

MONCADE [*à part.*]

Elle lit.

LINDAMIRE

Puisque l'amour sait enflammer
Les objets les plus insensibles,*
Si nos cœurs en sont susceptibles,
Hélas ! faut-il les en blâmer ?

MONCADE [*à part.*]

Ce soupir en fait assez comprendre.
Ah ! qu'heureux est l'objet d'un mouvement si tendre !
Mais elle m'aperçoit. [*Haut.*] À cette heure, en ces lieux,
Madame ? Je doutais du rapport de mes yeux.
Quoi ! cette diligence* est-elle sans mystère ?

LINDAMIRE

Oui, sans doute, Seigneur, et de plus ordinaire.
Je prends tous les matins un plaisir sans pareil
À voir dans ce beau lieu le lever du soleil :
Il embellit alors, se mêlant à l'aurore,
D'un émail naturel tous les endroits qu'il dore.
Dans ces moments, on voit les folâtres zéphyrs
Pousser autour des fleurs mille faibles soupirs,
Et parfumant les airs de leurs douces haleines,
Reverdir, et sécher le gazon des fontaines.
Je vous en fais, Seigneur, un fidèle tableau,
Jugeant bien que pour vous il doit être nouveau :
Un homme qui soutient le poids d'une couronne

Goûte peu ces plaisirs que la campagne donne.

MONCADE

Il est vrai que les soins où m'attachent les dieux
Sont un puissant obstacle au plaisir de mes yeux ;
Mais si, contre ces soins, mon triste cœur murmure,
Ce n'est pas pour ces biens qu'étale la nature.
Il m'importerait peu de voir naître le jour,
Si je pouvais donner plus de temps à l'amour,
Si mille effets pressants du feu* qui me dévore
Vous prouvaient à quel point Moncade vous adore.
Qu'une faveur* contraire à mon juste désir
Me laissât pour vous voir un peu plus de loisir,
Et qu'enfin…

LINDAMIRE

En amour chacun a sa manière,
Celle d'un favori* doit être singulière.
Tous ces pas superflus, tous ces empressements,
Tous ces soins affectés des vulgaires amants
Sont interdits, Seigneur, à ceux de votre espèce.
L'inutile tribut de leur vaine tendresse,
Leurs pleurs et leurs soupirs, leur assiduité[(5)]
Sont proprement des fruits de leur oisiveté.

MONCADE

Mais un amant oisif est souvent plus aimable
Qu'un toujours occupé, que l'embarras accable.
La patente[1] plaît moins à l'Amour qu'un poulet*,
Et ce dieu n'aime point les soins du cabinet.

LINDAMIRE

Vous apercevez-vous qu'il dédaigne les vôtres ?

MONCADE

Ah ! nous ne voyons point ce qu'on sent pour nous autres,

---

1 Écrit public émanant du roi qui établissait un droit ou un privilège.

Et c'est d'un favori* le plus pressant ennui
Que d'avoir comme il a tant d'attraits hors de lui.
Sa gloire a plus d'amis bien souvent que lui-même :
Quelquefois on le hait au même temps qu'on l'aime ;
On ne peut discerner, dans ce qu'il a d'appas,
Ce qu'il a d'étranger, de ce qui ne l'est pas[1] ;
Et tel est amoureux de ce qui l'environne,
Qui n'a jamais pensé peut-être à sa personne.

LINDAMIRE

C'est être sur ce point un peu trop délicat.
Vous êtes proprement jaloux de votre éclat,
Sans savoir si c'est vous, ou si c'est lui qu'on aime :
Si quelqu'un les confond, faites-en tout de même.
Pourvu qu'on soit heureux, je soutiens, quant à moi,
Qu'on peut bien se passer de s'enquérir pourquoi.

MONCADE

Ce précepte me semble utile et raisonnable,
Mais, Madame, en amour il n'est pas recevable.
L'amour est de lui-même et le but et l'objet,
Il renferme et produit la cause et son effet,
Et sitôt que son feu se glisse dans une âme,
Si quelque autre intérêt se mêle à cette flamme,
Que dans l'objet aimé l'on trouve des appas
Qui ne soient point de lui, dès lors on n'aime pas.
Jugez donc sur ce point si ma peine est extrême,
Moi de qui les appas sont tous hors de moi-même.
Peut-être mon respect, mon amour, et ma foi*
Sont les moindres attraits…

1 C'est-à-dire : si on l'aime pour lui-même ou à cause de sa faveur auprès du roi.

SCÈNE V
LES MÊMES, D. ALVAR.

D. ALVAR
Seigneur, voici le roi.

MONCADE
Le roi ?

D. ALVAR
Oui.

MONCADE
Juste Ciel !

LINDAMIRE
Adieu, je me retire.

D. ALVAR
Il est seul et chagrin.

MONCADE
Cours après Lindamire,
Pour savoir en quel lieu je puis tantôt la voir.
Qu'on fait malaisément l'amour* et son devoir,
Et qu'au cœur délicat se trouve de faiblesse,
Quand il sert à la fois son maître et sa maîtresse*.

SCÈNE VI
MONCADE, LE ROI.

LE ROI
Ce n'est donc qu'à dessein de nourrir votre ennui*
Que vous vous dispensez de me suivre aujourd'hui ?
C'est pour être chagrin, rêveur, mélancolique
Que vous me supposez une affaire publique[1] ?

1 « Que vous prétextez une affaire d'État ».

Et le bien* d'être seul touche plus votre esprit
Que les empressements d'un roi qui vous chérit ?
Ce procédé m'étonne, et pour ne vous rien taire,
Cette fâcheuse humeur commence à me déplaire.
Je suis jaloux de voir que toute ma faveur*
N'ait pu jusques ici vaincre votre froideur ;
Que les dieux nous ayant formés ce que nous sommes,
Les rois puissent si peu pour le bonheur des hommes,
Puisqu'avec tout l'effort* du pouvoir souverain,
Je ne puis rendre heureux l'ouvrage de ma main.
Souhaitez[3], demandez, éprouvez mon estime
Par tout ce qu'un sujet peut souhaiter[3] sans crime ;
Ne me déguisez rien, ouvrez-moi votre cœur,
Parlez, que vous faut-il ?

MONCADE

Pardonnez-moi, Seigneur,
Si, sur un tel discours, je ne sais que répondre.
Cet excès de bontés doit si fort me confondre
Que je croirais, grand Roi, l'avoir peu mérité,
S'il laissait mon esprit dans quelque liberté[1].
Il le faut toutefois, mon silence est un crime.
Il faut qu'à vos genoux, Monarque magnanime,
Je jure que mes yeux ont démenti mon cœur,
S'ils n'ont pas assez bien exprimé mon bonheur :
Oui, j'atteste...

LE ROI

Arrêtez, ou soyez plus sincère,
Ces frivoles* serments aigriraient ma colère.
Parlez avec franchise, et sachez qu'aussi bien
Tous vos déguisements ne serviraient de rien :
Cent soupirs échappés, et cent plaintes secrètes
Ont été de vos maux d'assez bons interprètes.
Je ne demande pas votre aveu là-dessus.

---

1 Pris de court et ne croyant pas mériter l'offre du roi (un roi n'est pas censé être à l'écoute de ses sujets), il doit cependant se plier à l'injonction royale et lui livrer ses pensées.

Apprenez, pour finir des discours superflus,
Que je veux cet effet de votre obéissance,
Qu'il y va de ma joie et de ma bienveillance,
Et qu'en vous obstinant à trahir mes souhaits(2),
Vous perdez aujourd'hui ma faveur* pour jamais.

MONCADE

Ah, Seigneur, quel arrêt !

LE ROI

Il est irrévocable.

MONCADE

Où me réduisez-vous, Monarque incomparable ?
Qu'exigez-vous de moi, juste Ciel ? Et comment
Puis-je oser de mon roi faire mon confident ?
Ô dieux ! à ce nom seul tout mon respect s'étonne,
Il ne peut consentir…

LE ROI

Mais enfin je l'ordonne !

MONCADE

Eh bien, Seigneur, eh bien il faut vous obéir !
Je va[i]s vous satisfaire, et je va[i]s me trahir,
Vous me le commandez.

LE ROI

Ta longueur m'importune.
Parle !

MONCADE

Je suis jaloux de ma propre fortune.
Ce n'est pas moi qu'on aime, on aime vos faveurs,
Et vos bienfaits, Seigneur, m'enlèvent tous les cœurs.
Ce serait pour mon âme un sujet d'allégresse,
Si le sort me laissait le cœur de ma maîtresse* ;
Je sens bien qu'il est doux et glorieux(3) pour moi

De devoir mes amis aux bontés de mon roi.
Je voudrais dans l'ardeur du zèle qui m'inspire
Que je vous dusse aussi tout l'air que je respire ;
Que je ne pusse agir ni vivre que par vous,
Tant d'un devoir si cher les nœuds me semblent doux.
Mais, Seigneur, en amour c'est un plaisir extrême
De ne devoir qu'à soi le cœur de ce qu'on aime,
Et l'on meurt mille fois quand un objet* chéri
Peut confondre l'amant avec le favori*.

LE ROI

Quoi ! de votre chagrin c'est là l'unique cause ?

MONCADE

Pour qui n'aimerait point, ce serait peu de chose ;
Mais l'amour eut toujours sa politique à part.
Une chimère, un rien est tout à son égard,
Et puisqu'il faut ici vous dire ma faiblesse :
Si mon rang partageait le cœur de ma maîtresse*,
Quand par lui je serais au comble de mes vœux*,
Dans mon âme en secret je serais malheureux.
Un véritable amant de tout se fait ombrage,
Et l'on détruit l'amour sitôt qu'on le partage.

LE ROI

Quoi ! toute ma tendresse et toute ma faveur*
Ne sauraient l'emporter sur cette folle ardeur ?
Donc je ne puis remplir ce cœur insatiable[4],
Et comblé de mes biens, vous êtes misérable ?
Quand je verse sur vous mes plus tendres bienfaits,
Devrait-il rien manquer, ingrat, à vos souhaits[2] ?
Quoi ! je me donne entier à ce cœur téméraire,
Et je suis moins pour lui qu'une vaine chimère,
Qu'une vapeur d'amour dont il est enflammé ?

MONCADE

Ah, Seigneur ! ah, Seigneur ! vous n'avez point aimé.

LE ROI

Non, je n'aimais que toi, cruel, je le confesse,
Mais puisque pour ton cœur c'est peu que ma tendresse,
Qu'étant tout pour ton roi, tu te crois malheureux,
Je t'abandonne entier à tes indignes feux*.
Donne-toi pleinement aux devoirs de ta flamme :
Je saurai désormais faire choix de quelque âme
Si sensible aux effets que produit ma faveur*,
Que j'en ferai tout seul la peine ou le bonheur.

MONCADE

Daignez, Seigneur…
[*Le roi sort.*]
Mais, dieux ! après cette menace,
Il me laisse accablé d'ennuis et de disgrâce.
Ne l'abandonnons pas et faisons un effort
Pour modérer l'excès de ce bouillant transport.

ACTE II

SCÈNE I

LEONOR, D. ELVIRE.

LEONOR

Vous vous moquez de moi, Done Elvire, ou [que] je meure,
De me faire sortir de ma chambre à cette heure !
Tout le monde repose, on se rira de nous.

D. ELVIRE

Eh venez, Léonor !

LEONOR

Mais où donc allez-vous ?
Apprenez-moi, du moins, la belle matineuse*,
Si c'est pour ménager une intrigue amoureuse,
Ou bien pour consulter le mouvement des cieux,
Que vous me conduisez à cette heure en ces lieux ?
Qu'est-ce donc ?

D. ELVIRE

Son chagrin me fait pâmer de rire !
C'est pour m'accompagner jusque chez Lindamire :
Elle doit me donner pour prix un bracelet,
Si je la trouve au lit en portant ce bouquet.

LEONOR

Sans mentir, sur ce point nulle ne vous[1] égale.
À quoi bon tous ces soins envers votre rivale ?
Avec empressement, vous suivez tous ses pas.

D. ELVIRE

Ce sont ruses d'amour que vous n'entendez pas.

1 Orig. : « nous ».

LEONOR

Non, j'en tombe d'accord, mais veuillez me les dire,
Nous trouverons toujours assez tôt Lindamire ;
Et puis de tels soucis ne sont pas importants,
Jouissons[3] un moment de la beauté du temps.
Pour ne rien déguiser, je ne puis vous comprendre.
J'ai quelquefois aimé, car qui peut s'en défendre ?
Vous savez qu'ici-bas tout s'enflamme à son tour,
Et qu'enfin la plus prude a son heure en amour ;
L'amour m'a donc aussi comme une autre enflammée,
Et j'avais comme vous une rivale aimée.
Mais, ou vous n'aimez pas comme les autres font,
Ou mon cœur n'est pas fait comme les autres sont,
Car sitôt qu'à mes yeux sa flamme fut connue,
Cent fois plus que la mort j'appréhendais sa vue.
À son nom seulement je frémissais d'horreur,
Et si je l'avais pu, j'aurais mangé son cœur.

D. ELVIRE

C'est aussi pour servir la haine qui m'inspire,
Que l'on me voit sans cesse auprès de Lindamire :
Par là je lui ravis le doux contentement
D'oser entretenir Moncade librement.
Sur le prétexte adroit de ma fausse tendresse,
Je trouble ses plaisirs avec tant de finesse
Que, sans qu'on s'en défie, à peine en tout un jour
Trouve-t-il un instant pour lui parler d'amour.
Est-il pour une amante une peine plus rude ?
Je la contemple alors dans son inquiétude[4] :
Elle devient chagrine et presque en un moment
Son visage et ses yeux changent visiblement ;
Son humeur devient sombre, et sa mélancolie
Fait que Moncade même auprès d'elle s'ennuie.
Il croit l'importuner, il en devient jaloux,
Et moi dans ces moments je lui darde mes coups :
Je fais tous mes efforts pour en être louée[2],
J'anime mon esprit, je deviens enjouée[3],

Et dans ma belle humeur, j'étale des appas
Que, sans trop me flatter, Lindamire n'a pas.
Est-ce l'entendre[1] ?

LEONOR

Oui, mais aussi, notre[2] chère,
Si c'est l'entendre bien, c'est être peu sincère.
Et si Moncade vient à s'en apercevoir,
Croyez-moi, bannissez pour jamais votre espoir.
Si l'amour n'est fondé sur une haute estime…

D. ELVIRE

Eh, la ruse en amour ne passe point pour crime !
Ce sont vieilles erreurs et soucis superflus.
Tant d'estime ne sert que quand on ne plaît plus :
Quand on n'a plus d'appas pour paraître agréable,
Il est bon de tâcher à se rendre estimable,
Il faut charmer l'esprit ne pouvant faire mieux.
Mais quand un jeune amant se rend à de beaux yeux,
Il borne à ce qu'il voit son estime et sa flamme,
Et ne s'avise pas d'aller jusques à l'âme.
Le secret est de plaire, et l'on voit en effet
Que chacun croit toujours ce qu'il aime parfait ;
Plaisons donc dans le temps d'une belle jeunesse,
Et laissons sans regret l'estime à la vieillesse.
Se pique qui voudra de grande probité,
Pour moi je ne veux point de cette qualité ;
Et comme par le temps elle m'est destinée,
J'attends pour l'obtenir ma cinquantième année.

LEONOR

Voilà d'une coquette à peu près la leçon.

D. ELVIRE

Certes je ne sais pas si je la suis ou non,
Mais je m'aime beaucoup et j'aime fort à plaire.

1 « N'est-ce pas bien s'y entendre ? ».
2 « ma ».

J'aime assez le grand bruit, et je hais le mystère,
Je fais moins pour autrui que je ne fais pour moi,
Et la joie est en tout et ma règle et ma loi.
Si c'est ce qu'on appelle à présent des coquettes,
Il est vrai, je la suis.

LEONOR

Oui, sans doute vous l'êtes,
Et je dois, par les lois d'une pure amitié,
Vous donner là-dessus un avis par pitié.
Qu'il vous profite ou non, je ne saurais le taire :
Elvire, croyez-moi, devenez plus sincère,
Il n'est jamais trop tôt de faire son devoir.
Aussi bien vous formez un inutile espoir :
Lindamire est aimable, et Moncade est fidèle,
Ne troublez point le cours d'une amitié* si belle.
Mais il vient…

SCÈNE II

LES MÊMES, MONCADE.

D. ELVIRE

Observez un peu notre entretien,
Vous verrez si je feins et si je l'[1]entends bien.

MONCADE

Éviter de me voir ! Quel crime ou quelle audace
Peut attirer sur moi cette grande disgrâce ?

D. ELVIRE

Il ne m'aperçoit pas.

MONCADE

Qu'ai-je fait ? Qu'ai-je dit ?
Dieux, qui voyez mon cœur…

1 « m'y ».

LEONOR

Qu'il paraît interdit !

MONCADE

Comment permettez-vous ce revers de fortune ?

D. ELVIRE

Léonor, il nous voit.

MONCADE

Ah, rencontre importune !
Que je hais cette femme !

D. ELVIRE

Ainsi triste et rêveur ?

MONCADE

Vous voyez.

D. ELVIRE

D'où vient donc cette fâcheuse humeur ?
Au faîte des grandeurs où l'on vous voit atteindre,
Qui pourrait vous donner juste lieu de vous plaindre ?

MONCADE

Hélas !

D. ELVIRE

Vous soupirez. Serait-ce bien l'amour
Qui causerait, Seigneur, vos ennuis en ce jour ?
Ah ! je ne le crois pas, vous que chacun adore.
Quel que soit votre objet*, votre flamme l'honore ;
Et de votre conquête, on sait trop bien le prix
Pour payer votre amour d'un injuste mépris !

MONCADE [*à part.*]

La flatteuse ! [*Haut.*] Il est tant de misères humaines,
Que l'amour ne fait pas toujours toutes nos peines.
Tel croit souvent un homme au faîte du bonheur,

Qui ne pénètre pas le secret de son cœur ;
Et l'aveugle fortune a si peu de constance
Que jamais nul ne doit juger sur l'apparence,
Tout éprouve ici-bas son instabilité.

D. ELVIRE

De grâce, épargnez-vous cette moralité.
À quoi bon, dans l'éclat où l'on vous voit paraître,
Rêver sur un futur que nul ne peut connaître ?
Jouissez(3) du présent qui vous est glorieux(3),
Et laissez l'avenir entre les mains des dieux.

MONCADE

Qui veut de sa raison faire un parfait usage,
Dans le calme du port doit penser à l'orage :
C'est là qu'envisageant les malheurs qu'on prévoit,
Le sage s'y prépare et souvent y pourvoit.
De même les sujets qui remplissent ma place
Doivent incessamment rêver à leur disgrâce,
Regarder le présent comme un moment qui fuit
Et qu'on voit effacer par celui qui le suit :
De mille favoris*, les chutes étonnantes
Nous font voir à quel point le sort les rend fréquentes.
L'image du passé nous prédit l'avenir.

D. ELVIRE

Effacez ce portrait de votre souvenir.
Pour moi je vous prédis, sans le secours des charmes[1],
Que vous n'aurez jamais à craindre que nos armes[2].
Et, Seigneur, pour les gens qui sont faits comme vous,
Ce n'est pas un grand mal que de sentir nos coups ;
Si je sais bien juger des regards de nos belles,
Ils ne vous feront pas des blessures mortelles.

MONCADE

Je crois que sur ce point, et ma vie et ma mort

1 « de la magie ».

2 Métaphore classique, dans le langage amoureux, pour évoquer les attraits féminins.

Dépend{e}raient assez des caprices du sort :
Selon qu'il me serait contraire ou favorable,
Je serais en amour heureux ou misérable[1].
Et pour ne rien celer, je ne m'y connais pas,
Ou les bontés du roi sont mes plus grands appas.

D. ELVIRE

Vous pouvez dire vrai, Seigneur, pour quelques-unes,
Car il est parmi nous des âmes bien communes.
Quand j'y songe pour moi, je ne le cèle point,
J'ai honte d'avouer(3) mon sexe sur ce point :
Quand on m'appelle femme en certaine aventure,
Mon visage en rougit comme de quelque injure.

MONCADE

Vous seriez donc constante, et malgré le malheur…

D. ELVIRE

Vous vous souciez(3) bien de le savoir, Seigneur.
Ayant si peu d'attraits, mon zèle et ma constance
Sont pour vous, à mon sens, d'assez peu d'importance.
Mais qu'ils le soient ou non, j'atteste tous les dieux
(Et consens, si je mens, de mourir à vos yeux)
Que si le sort cessait de vous rendre justice,
Ni conseils, ni tourments, ni crainte du supplice
N'ébranleraient mon cœur… Mais pourquoi cet aveu ?
De la bouche d'Elvire, il vous importe peu ;
Il faudrait des attraits de plus grande efficace*.

SCÈNE III

LES MÊMES, D. ALVAR.

D. ALVAR

N'avez-vous point appris d'où vient qu'on rompt la chasse ?

1 Autrement dit, l'amour qu'on lui porte dépend de son fragile statut de favori, et non de son mérite.

Et quel est le chagrin que témoigne le roi ?

MONCADE

Non, qu'est-ce ?

D. ALVAR

Tout le monde en conçoit de l'effroi.
Il se promène seul dans cette galerie
Si plein de sa douleur et de sa rêverie,
Qu'à peine il voit l'objet qui lui frappe les yeux.

MONCADE

Seul, rêveur, et chagrin. Ah ! c'en est fait, grands dieux !

SCÈNE IV

LES MÊMES, CLOTAIRE.

CLOTAIRE

Qu'a le roi, cher ami ? Quelle douleur l'accable ?

MONCADE

Je l'ignore, Seigneur. Que je suis misérable !

CLOTAIRE

Vous l'ignorez, cela ne peut se concevoir.
Si vous ne le savez, qui pourrait le savoir ?
Vous avez dans son cœur une trop grande place
Pour ne pas être instruit de tout ce qui s'y passe.
Vous nous faites finesse ; ami, dites-le-nous.
Ne vous défiez[3] point d'un prince tout à vous :
Si vous pouviez savoir à quel point je vous aime,
Vous me regarderiez comme un autre vous-même.
Que ne faut-il pour vous répandre tout mon sang !
Dieux ! avec quel plaisir, je percerais ce flanc !

MONCADE

Ciel ! peut-on si bien feindre ?

CLOTAIRE

Au défaut de ma vie[1],
Que mille embrassements vous prouvent cette envie !
Mais le roi va m'ôter mon unique bonheur,
Carlos vient vous chercher.

SCÈNE V

LES MÊMES, CARLOS.

MONCADE

Que fait le roi ?

CARLOS

Seigneur,
Il est seul dans sa chambre, et par moi vous ordonne
De quitter dans[2] demain sa cour et Barcelone,
Et de vous retirer à votre autre maison,
Que je viens de sa part vous donner pour prison.

D. ELVIRE, *bas.*

Quoi, Moncade exilé !

LEONOR, *bas.*

Dieux !

CLOTAIRE, *bas.*

Que viens-je d'entendre ?

D. ALVAR

Dites-vous vrai, Carlos ?

CARLOS

Ce coup doit vous surprendre,
Et j'en ai comme vous paru tout interdit ;
Mais mon ordre est exprès.

1 « Faute de pouvoir vous donner ma vie ».

2 « dès ».

MONCADE

C'est assez, il suffit.
De quelque rude coup dont je sente l'atteinte,
J'obéirai, Carlos, sans murmure et sans plainte.
Vous pouvez de ma part en assurer le roi :
Je ne méritais pas le choix qu'il fit de moi,
Il a connu du sort l'erreur et le caprice,
Et ma disgrâce enfin témoigne sa justice.

(Carlos sort.)

SCÈNE VI

MONCADE, CLOTAIRE, D. ALVAR,
D. ELVIRE, LEONOR.

MONCADE [*à Clotaire.*]

Vous, Prince…

CLOTAIRE

Un différend de deux de mes amis,
Et qu'ils m'ont aujourd'hui l'un et l'autre remis,
M'est depuis un moment venu dans la mémoire.
Il faut y donner ordre, il y va de ma gloire,
Je dois les accorder, l'heure me presse, adieu.

D. ELVIRE

Léonor, ôtons-nous promptement de ce lieu,
On ne peut y durer, tant le chaud est terrible,
Et déjà je me sens une migraine horrible.
Ô dieux ! quelle chaleur ! Sauvons-nous, on y cuit.

MONCADE

Voilà de ces amis que la faveur* produit !
Dans le fragile cours d'un bonheur chimérique,
Tout porte son encens à l'idole publique :
Une œillade, un bienfait, une faveur du roi
Entraîne[nt] avec éclat tous les cœurs après soi ;
On court où va la foule, on suit en abondance

Le vent impétueux(4) de cette bienveillance ;
Ce rapide torrent apporte nuit et jour
Aux pieds d'un favori* tous les soins d'une cour ;
Et dès le premier coup que le destin lui donne,
Cet éclat se dissipe, et chacun l'abandonne ;
Et pour unique fruit de ce vaste bonheur,
Il ne lui reste rien qu'une juste douleur.
Ah ! que je tiens, ami, celui digne d'envie,
Qui[1] ne met qu'en lui seul le bonheur de sa vie !
Qui, fuyant des grandeurs l'appas pernicieux(4),
Ne connaît que ses sens, son devoir et les dieux !
Qu'un homme sans amis, et qui vit solitaire…

D. ALVAR

Tout beau ! Distinguez-moi d'Elvire et de Clotaire :
Je ne sais pas comme eux me régler sur le sort,
Et je vous suis partout, ami, jusqu'à la mort.

MONCADE

Me suivre ? Ah ! que plutôt la mort la plus cruelle…

D. ALVAR

Vous refusez en vain ces marques de mon zèle ;
Je vous suivrai.

MONCADE

Quoi donc ! la disgrâce du roi…

D. ALVAR

J'en vois toute l'horreur, et la vois sans effroi.
Le roi ne peut m'ôter que mes biens et ma vie,
Je vous dois l'un et l'autre, et vous les sacrifie ;
Ne me résistez plus.

MONCADE

Mais au moins…

1 « que je tiens comme digne d'envie celui qui… ».

D. ALVAR

C'en est fait.

MONCADE

Ah ! de tous les amis l'ami le plus parfait !
Eh bien donc, puisqu'il faut que le destin m'accable,
Et dans mes faux amis, et dans le véritable,
Que l'excès de tendresse et l'excès de froideur
Déchirent tour à tour également mon cœur :
Il faut bien me résoudre à ce dernier supplice,
Et creuser sous vos pas moi-même un précipice.
Le sort le plus cruel m'aurait été trop doux,
S'il n'avait exposé que moi seul à ses coups :
Il faut, pour ajouter un comble à ma misère,
Que tout ce qui m'est cher éprouve sa colère.
Puisque vous m'arrachez ce dur consentement,
Sachez si je puis voir Lindamire un moment :
Je veux lui dire adieu. Grâces au Ciel, mon crime
Doit m'acquérir chez elle une plus haute estime ;
Et pour l'en informer, venez savoir de moi
D'où naît ce grand courroux que témoigne le roi.

ACTE III

SCÈNE I

LINDAMIRE, D. ALVAR.

LINDAMIRE

Ce que vous m'apprenez est à peine croyable.
Quoi ! ce crime est le seul dont Moncade est coupable ?
Ce grand courroux du roi, cet exil de la Cour,
N'a pour tout fondement que cet effet d'amour ?

D. ALVAR

Non, Madame…

LINDAMIRE

À mon sens, la cause en est légère,
Et l'on met aisément un monarque en colère.

D. ALVAR

Les rois sur leurs bienfaits sont toujours délicats,
La faveur* pour Moncade avait trop peu d'appas :
Cette extrême froideur et cette indifférence,
D'un mépris criminel ont souvent l'apparence.
Les princes sont jaloux de leur autorité,
Et veulent faire seuls notre félicité.

LINDAMIRE

J'ignorais jusqu'ici que le pouvoir suprême
Dût asservir un cœur aux droits du diadème[3].
Je savais qu'on doit craindre et qu'on doit obéir,
Mais pour la liberté d'aimer et de haïr,
Je croyais que les rois la laissaient à nos âmes,
Et que l'amour dût seul se mêler de nos flammes.
Cette erreur se dissipe, et je commence à voir
Qu'un roi peut ce qu'il veut, et n'a qu'à tout vouloir.
Toutefois, je ne sais s'il perd sans répugnance
Un homme de ce poids, et de cette importance :

Son cœur devrait du moins à Moncade un combat[1],
Il est depuis dix ans l'appui de cet État.
Deux fois nous avons vu Barcelone troublée,
Et lui seul raffermir la couronne ébranlée :
Tant de fameux exploits parlent en sa faveur,
Tant de fidélité, de respect, de ferveur,
Ses biens, les vœux publics, son crédit, sa naissance !
Rien n'a porté son cœur à la moindre licence,
Il fut toujours soumis aux ordres de son roi,
Et de tous ses désirs, il se fit une loi.
Se peut-il que ce prince ait perdu la mémoire
De tant de grands exploits, de mérite et de gloire ?

D. ALVAR

Quoi que fasse un sujet, son roi ne lui doit rien.
Nous lui faisons toujours un présent de son bien ;
Et l'on ne peut jamais sans être téméraire,
En faisant son devoir, espérer un salaire.
Ne murmurons donc point, et voyez seulement
Si Moncade pourra vous parler un moment.

LINDAMIRE

Oui, je l'attends ici, vous pouvez l'y conduire.
Dans mon appartement, quelqu'un nous pourrait nuire,
On se peut des fâcheux* ici mieux garantir.

D. ALVAR

Ne vous éloignez pas, je cours l'en avertir.

SCÈNE II

LINDAMIRE, *seule.*

Ne m'importunez plus, fierté trop écoutée ;
Taisez-vous, votre force est enfin surmontée.
Orgueil, crainte, soupçons, déguisements, froideur,
Sortez tous pour jamais de mon timide cœur ;

1 Autrement dit, l'âme du roi aurait dû se livrer à un combat intérieur en faveur de Moncade.

Vous avez trop longtemps tyrannisé mon âme.
Éclatez, éclatez, pure et secrète flamme,
Noble et fidèle amour si longtemps combattu !
Esclave infortuné d'une austère vertu,
Ne cache plus tes feux* à qui les a fait naître.
Parle, innocent amour, il est temps de paraître :
Moncade est malheureux ; dans cette extrémité,
Tu seras moins amour que générosité.
Fais-toi voir tout entier ; la pitié qui te montre
Dérobe aux yeux suspects… Ah ! fâcheuse rencontre.

SCÈNE III
LA MÊME, CLOTAIRE.

CLOTAIRE
Madame, ayant appris qu'un long bannissement
Dans ce jour vous allait dérober un amant,
Je viens pour réparer cette perte cruelle
Apporter à vos pieds un cœur tendre et fidèle ;
Un cœur, un faible cœur tout percé de vos coups,
Et qui n'avait jamais soupiré que pour vous.

LINDAMIRE [*à part.*]
Dieux, quelle lâcheté ! [*Haut.*] L'offre est considérable,
Et c'est prendre à propos le moment favorable :
Un cœur qui suit la haine, ou la fureur du roi,
Est un présent honnête et fort digne de moi !
Qui pour les bons amis à ce point s'intéresse,
Persuade(3) aisément l'esprit d'une maîtresse* ;
Et je dois m'assurer de l'ardeur de vos feux*,
Par l'air dont vous traitez Moncade malheureux.

CLOTAIRE
Oui, Madame, en effet ma haine pour Moncade
Vous découvre ma flamme, et vous la persuade(3).
Quand un cœur sait haïr fortement un rival,
Il doit être embrasé d'un amour sans égal ;

Et plus vous connaissez que ma haine est extrême,
Plus vous devez juger que Clotaire vous aime.

LINDAMIRE

Votre cœur a tenu ce grand feu* bien secret :
S'il n'est de bonne foi, du moins il est discret.
Vous avez de l'esprit, si vous n'êtes sincère,
Et savez feindre enfin, si vous ne savez plaire.

CLOTAIRE

Il est vrai qu'un respect contraire à mon ardeur
A longtemps renfermé ce beau feu* dans mon cœur.
J'ai caché mes soupirs, j'ai retenu ma plainte,
Mais enfin mon amour est plus fort que ma crainte :
Il faut me déclarer, c'est pour vous que je meurs.
À ce mot, armez-vous de toutes vos rigueurs,
Il n'importe : je meurs avec moins de souffrance
Par votre cruauté, que par mon long silence.

LINDAMIRE

Le roi pour votre mal est un grand médecin,
Le respect eût dans peu tranché votre destin[1] ;
Mais le prompt appareil d'un moment de disgrâce
Est contre le silence un remède efficace,
Et la fortune sait de merveilleux secrets
Pour prolonger les jours des amants trop discrets.

CLOTAIRE

Quoi, railler à mes yeux d'une ardeur si sincère !
Ah ! montrez-moi plutôt toute votre colère,
En amour le courroux est moins injurieux[(4)]…

LINDAMIRE

Ah ! vous me demandez un plus grand sérieux[(3)] ?

---

1 Remarque ironique de Lindamire, qui prend Clotaire au mot : à force de devoir cacher sa passion par respect pour le favori, il aurait fini par mourir de douleur, si le roi n'avait mis fin à ses souffrances en disgraciant Moncade.

J'exauce avec plaisir une telle prière,
Et veux bien vous montrer mon âme tout entière.
Osez-vous bien porter le nom que vous portez,
Et montrer à mes yeux toutes vos lâchetés ?
Esclave du destin, prince indigne de l'être,
Après la lâcheté que vous faites paraître,
Osez-vous bien m'offrir vos vœux et votre amour ?
Allez, vil courtisan, caméléon de cour,
Cachez-moi pour jamais vos feux* et votre audace,
Et faites vos présents à quelque âme plus basse.
Apprenez…

CLOTAIRE

C'en est trop, cette extrême fureur
Va jusques au mépris, et passe la rigueur.
Vous laissant emporter à cette violence[3],
Vous donnez un champ libre à ma juste vengeance ;
Je sais plus d'un moyen pour la bien exercer,
Je ne dis rien de plus et vous laisse y penser.

LINDAMIRE

La haine ou l'amitié* d'un homme de ta sorte…
Aïe ! Elvire paraît.

SCÈNE IV

LINDAMIRE, D. ELVIRE.

D. ELVIRE

Quel courroux vous transporte ?

LINDAMIRE

La douleur de trouver notre siècle infecté
Par tant de perfidie et tant de lâcheté,
De voir si peu d'amis dans le temps où nous sommes,
Et de voir l'intérêt le dieu de tous les hommes.

D. ELVIRE

C'est là votre douleur ? À ce que je puis voir,

L'amour pour le prochain a sur vous grand pouvoir.
Que vous importe ou non le mal qui se pratique ?
Répondez-vous aux dieux de la candeur publique ?

LINDAMIRE

Non, mais si notre siècle était plus généreux*,
On n'accablerait pas mes amis malheureux.
Clotaire qui trahit Moncade en sa disgrâce,
Si c'était un forfait, n'en aurait pas l'audace ;
Le nom de faux ami le comblerait d'horreur,
S'il était abhorré parmi les gens d'honneur ;
Mais son âme à ce crime aisément se dispense[1],
Parce qu'en général il passe pour prudence.

D. ELVIRE

C'en est une en effet, et je tiens, quant à moi,
Que c'est un grand fardeau que le courroux d'un roi.
Il le faut éviter avec un soin extrême,
Et le premier amour est l'amour de soi-même.

LINDAMIRE

Vous vous aimez beaucoup ?

D. ELVIRE

Quoi ! vous aimez-vous moins ?
Pour moi, mon bonheur fait le premier de mes soins ;
Ici-bas le bon sens gît[2] à se rendre heureuse.

LINDAMIRE

Certes, je vous croyais l'âme plus généreuse.
Et sachant à quel point Moncade vous fut cher,
Je croyais que son sort dût au moins vous toucher.

D. ELVIRE

Vous en jugez par vous à ce que j'en puis croire ?

1 « s'abandonne ».
2 « consiste ».

LINDAMIRE

Oui, son malheur me touche, et de plus j'en fais gloire,
Je plains sensiblement l'état où je le vois.

D. ELVIRE

Le Ciel vous fit le cœur plus sensible qu'à moi.

LINDAMIRE

Clotaire en fait voir un si fort semblable au vôtre,
Que je crois que les dieux les ont faits l'un pour l'autre.
Je trouve en vos humeurs un merveilleux rapport :
Comme lui vous suivez l'inconstance du sort,
Votre sincérité l'une à l'autre ressemble,
Et ce couple parfait est digne qu'on l'assemble.

D. ELVIRE

Avec juste raison, votre esprit est aigri :
On vole à vos bontés les soins d'un favori*.
Grondez pour soulager un si cruel martyre ;
Là, je suis votre amie, et vous pouvez tout dire.

LINDAMIRE

Osez-vous sans rougir… ?

D. ELVIRE

Dieux, quel emportement !
Voyez-vous ce que c'est que de perdre un amant !
J'ignorais que ce mal eut tant de violence(3),
Ne l'ayant jamais su par mon expérience(4).
On me l'avait bien dit qu'il était fort pressant…
Mais j'avais quelques vers pour un amant absent,
Où sont-ils ?

LINDAMIRE

Juste Ciel !

D. ELVIRE

Je les tiens. *Élégie :*

Destins qui m'enlevez la moitié de ma vie…
Oui, ce les sont sans doute, écoutez.

LINDAMIRE

Ah, grands dieux !

D. ELVIRE

Ciel qui viens d'ordonner qu'un cœur vive en deux lieux…
Le style en est fort tendre.

LINDAMIRE

Âme double et volage !

D. ELVIRE

Quoi ! cela vous aigrit encore davantage ?
Je ne sais rien de mieux pour calmer votre ennui*.
Je vois bien qu'il vous faut laisser seule aujourd'hui.

LINDAMIRE

Eh, bons dieux ! dans le rang où cette femme est née,
Son cœur peut-il…

D. ELVIRE

Adieu, l'amante infortunée.

SCÈNE V

LINDAMIRE, *seule.*

Si tu pouvais juger combien il est honteux
D'insulter lâchement aux faibles malheureux,
Quels que soient les tourments que mon âme doit craindre,
Tu croirais de nous deux être la plus à plaindre.
Mais Moncade paraît…

SCÈNE VI

LA MÊME, MONCADE.

LINDAMIRE

Hélas, Seigneur, hélas !
Il est donc vrai que rien n'est durable ici-bas.
Mes yeux m'apprennent donc que vous êtes le même
Que, ce jour, ils ont vu dans un bonheur extrême ;
Et que tout cet éclat, quand il plaît au destin,
Passe comme une fleur dans le cours d'un matin.
Par quel charme faut-il que je me persuade[3]
De vous voir malheureux, et de vous voir Moncade ?

MONCADE

Par un sort dont mon cœur adore le courroux,
Puisqu'il peut se flatter de l'éprouver pour vous.
Oui, Madame, le Ciel ne m'a paru propice
Qu'en vous offrant pour moi ce faible sacrifice ;
Cet éclat, ce crédit, cette vaste grandeur,
Ne m'avaient fait goûter que l'ombre du bonheur.
Ce qui seul ici-bas peut le rendre suprême,
C'est d'abandonner tout pour un objet* qu'on aime :
Je le goûte à présent, ce bonheur si parfait,
Et je me sens aussi pleinement satisfait.

LINDAMIRE

Oui, soyez-le, Seigneur, tant d'heur* et tant de gloire
Ne seront pas perdus : ils sont dans ma mémoire.
C'est là que la fortune, avec tous ses efforts,
Ne peut plus vous ôter ces précieux[3] trésors.
Ils graveront sans cesse, en dépit de sa rage,
De ce que je vous dois une vivante image :
Mon cœur, de ce portrait se laissant enflammer,
Se va faire un devoir, Seigneur, de vous aimer.
Si vous perdez pour moi cette vaste puissance,
Vous ne perdez qu'un bien sujet à l'inconstance ;
Et je vous donne ici, pour vous en consoler,
Un cœur que mon trépas pourra seul vous voler.

MONCADE

Ah ! digne récompense ! Ah ! gloire sans seconde !
Quoi donc ? Quand je me trouve haï de tout le monde,
Quand la peur d'attirer la colère du roi
Chasse tous mes amis, vous vous donnez à moi ?
Pour être malheureux, en suis-je plus aimable ?
Et mes sens m'ont-ils fait un rapport véritable ?

LINDAMIRE

Oui, oui, votre disgrâce attire mon amour.
Vous n'étiez pas à moi, Seigneur, avant ce jour :
Les soins de cet État vous occupaient sans cesse,
Et vous étiez à lui plus qu'à votre maîtresse* ;
Votre cœur, possédé par tous ces soins divers,
Me confondait souvent avec tout l'univers.
Cette confusion[4] en amour est fatale.
Je te rends grâce, exil, tu m'ôtes ma rivale :
Aujourd'hui je triomphe, il n'est plus de faveur*,
Et Moncade pourra me donner tout son cœur.
Que d'innocents plaisirs cet exil nous prépare !
La fortune est, Seigneur, inquiète[3] et bizarre,
Et jette dans l'esprit des soins* tumultueux[4]
Qui chassent, bien souvent, et l'amour et ses feux ;
La disgrâce, au contraire, et sensible et touchante,
Nous met dans une assiette* et tendre et languissante,
Qui dispose bien mieux notre cœur à l'amour
Que le faste et le bruit d'une nombreuse cour.

MONCADE

Ô dieux ! de quels transports de plaisir et de flamme,
Ce discours amoureux embrase-t-il mon âme !
Quoi ! vous m'aimez ? Hélas ! quelle félicité !
Mais, Madame, est-ce amour, ou générosité ?
Je tremble, car enfin cette grande tendresse
S'est cachée à mes yeux avec tant de finesse,
Et vous m'avez permis si longtemps d'en douter,
Que mon cœur n'ose encor qu'à peine s'en flatter.
Je ne sais quel soupçon, à mon repos funeste,

Me dit que malgré nous l'amour se manifeste,
Et qu'on ne peut si bien régler tous ses désirs,
Qu'il n'échappe à l'amour au moins quelques soupirs.
Cependant, tout l'effort d'une ardeur légitime
Ne m'a fait découvrir au plus que de l'estime ;
Ce que deux ans de soins ont obtenu de vous,
C'est seulement l'espoir d'être un jour votre époux.
Accepter une foi* sans grande répugnance
N'est pas toujours d'amour une forte assurance,
Et j'en ai dû douter jusques à ce moment,
N'ayant pour mon espoir que ce seul fondement.

LINDAMIRE

Eh bien, n'en doutez plus, que votre crainte cesse !
Il est vrai que l'excès de ma délicatesse
M'a fait appréhender d'offenser mon amour,
En confondant ses vœux avec ceux de la Cour :
Je craignais qu'on ne crût mon âme assez commune,
Pour m'accuser d'aimer en vous votre fortune.
Votre exil ôte enfin cet obstacle à mes feux* :
Je vous aime, il est vrai, croyez-le, je le veux.

MONCADE

Eh bien, Madame, eh bien j'oserai donc le croire,
Ce précieux[3] amour qui fait toute ma gloire !
Mais, dieux ! pour mon malheur je le croirai bien tard,
Puisque je touche enfin l'heure de mon départ.

LINDAMIRE

Nous serons peu de jours éloignés l'un de l'autre.
J'ai des maisons, Seigneur, tout proches de la vôtre :
Mettez-vous en repos, j'irai m'y retirer
Lorsque je le pourrai sans faire murmurer.
Laissez-moi ménager un peu de bienséance,
Et du reste…

MONCADE

Ah, grands dieux ! après cette assurance,

Que puis-je demander ? Souffrez qu'à vos genoux,
Mon cœur d'aise et d'amour…

LINDAMIRE

Ah ! Seigneur, levez-vous !
Si l'on vous voit, hélas ! que pensez-vous…

MONCADE

Madame,
En quel ravissement avez-vous mis mon âme !

LINDAMIRE

Je crains qu'on nous ait vus, ôtons-nous de ce lieu.
Partez. Adieu, Moncade…

MONCADE

Adieu, Madame, adieu.

ACTE IV

SCÈNE I

D. ELVIRE, LEONOR.

LEONOR

Dussé-je être pour vous une amie incommode,
Non, je ne puis souffrir cette étrange méthode :
En[1] une heure, Moncade est par vous oublié,
Cet homme si parfait…

D. ELVIRE

Il est disgracié[(4)].

LEONOR

Et pour cette disgrâce, en est-il moins le même ?
Quoi ! votre cœur ressent une tendresse extrême,
Et puis, sans autre peine, il n'a qu'à le vouloir,
Vous changez d'un amant comme on fait d'un mouchoir.

D. ELVIRE

Et vous ne trouvez pas ma méthode admirable ?
Mon cœur aima Moncade autant qu'il fut aimable,
Quand sa faveur* rendait son amour précieux[(3)],
Que les jeux et les ris le suivaient en tous lieux.
Moi qui cherche partout la joie et l'allégresse,
À pouvoir l'acquérir je m'efforçais sans cesse ;
Mais dans ce grand revers où l'on ne voit en lui
Qu'un esprit accablé de chagrins et d'ennui*,
Qu'il est moins un objet de plaisir que de larmes,
Pourrais-je sans erreur lui voir les mêmes charmes ?
Où seraient mon esprit et mon discernement ?
Là, soutenez un peu votre raisonnement !

LEONOR

Il serait à montrer un courage intrépide,

1 Orig. : « Dans ».

Une grande constance…

D. ELVIRE

Eh, cherchons du solide !
Fi de votre constance ! On en est revenu,
Ce n'est qu'une chimère habillée en vertu ;
Si nos pères ont eu cette folle manie,
Le siècle est bien guéri de cette maladie.
Croyez-moi, Léonor, à présent à la Cour,
On ne sait plus donner de chaînes à l'Amour :
Comme il est un enfant, on croit qu'il aime à rire,
Et l'on traite de jeu ce qui fut un martyre.

LEONOR

Il est vrai qu'à vous voir traiter ainsi son feu*,
L'on ne peut vous nier[2] que ce ne soit un jeu.
Mais il faut sur un point que je me satisfasse :
N'aimiez-vous pas Moncade avant cette disgrâce ?
Était-ce feinte, ou non ?

D. ELVIRE

Vous me connaissez bien !
Je hais tout ce qu'on aime, et n'aime jamais rien ;
Tout ce qui peut m'ôter le nom de la plus belle
M'inspire aveuglément une haine mortelle.
Lindamire parut plus charmante que moi,
Quand elle assujettit le favori* d'un roi :
Sitôt qu'elle reçut ce glorieux[3] hommage,
Elle attira sur soi dès lors toute ma rage ;
Mais quoi que m'inspirât ce courroux véhément,
Je haïs la maîtresse*, et n'aimai point l'amant.
Et pour mieux vous montrer comme j'aimais Moncade,
J'ai fait une conquête à cette promenade ;
Car sans trop me flatter, je ne m'y connais pas,
Ou Dom Lope a senti l'effet de mes appas.
J'ai surpris par hasard un certain regard tendre.

LEONOR

Certes, plus vous parlez, moins je puis vous comprendre.
Cette façon d'aimer, et ces prompts changements,
Pour des gens tels que moi sont des enchantements ;
Mais passe pour ce point, l'amour a des mystères
Qu'il ne profane pas aux amants ordinaires.
Vous pouvez le charger[1], vous pouvez le haïr,
Mais vous joindre à Clotaire, Elvire, et le trahir,
C'est le dernier effet d'une âme faible et basse.

D. ELVIRE

Devrais-je {point} plutôt partager sa disgrâce,
Et passer en exil le plus beau de mes jours
Par un zèle indiscret* qui n'est d'aucun secours ?
J'ai fait penser à tous, avec un soin extrême,
Que j'aimais Lindamire à l'égal de moi-même ;
Elle adore Moncade, et peut dans son ennui*
Former quelque murmure, et se perdre avec lui.
Si son amour la porte à cette extravagance,
On me soupçonnera d'être d'intelligence,
Et le moindre envieux(3) que j'aurai près du roi
Peut d'un mot attirer tout son courroux sur moi.
Il faut donc me parer de[2] cette calomnie,
En montrant que je suis leur plus grande ennemie,
Et me tirer ainsi finement du danger
Par mon empressement à les désobliger.
Car c'est un beau recours pour une malheureuse
De penser : « on dira que je suis généreuse » !
La belle ambition(4) ! Grâces au Ciel, mon cœur
Ne veut point à ce prix de ce titre d'honneur.
Pénètre qui voudra ces sublimes mystères,
Je ne me repais point de ces vaines chimères ;
Je sais ce qu'est la gloire et le parfait amour,
Mais je crains la disgrâce, et j'aime fort la Cour.
Les yeux les plus brillants sont ternis par les larmes,

---

1 Orig. : « changer ».
2 « contre ».

Et trois jours de chagrin moissonnent bien des charmes :
Moi j'aime un peu les miens, et pour les voir durer,
Dès longtemps j'ai fait vœu de ne jamais pleurer.
Voilà mon sentiment ; à quoi qu'on me l'impute,
Je ne veux point avoir là-dessus de dispute.
Si le chagrin vous plaît, partageons entre nous :
Vous pleurerez pour moi, moi je rirai pour vous.
Le parti vous plaît-il ?

LEONOR

On ne peut davantage,
Et vous m'obligez trop. Mais que nous veut ce page ?

D. ELVIRE

C'est au[1] nouvel amant. Que veux-tu ?

SCÈNE II

LES MÊMES, UN PAGE.

LE PAGE

Ce billet
Vous l'apprendra, Madame.

D. ELVIRE

Il sent bien son poulet*.

BILLET

Depuis ce moment d'entretien,
Je m'aperçois, sans que j'y pense,
D'une certaine impatience[(4)],
Que je ne discerne pas bien.

Je sens des mouvements tout nouveaux pour mon âme,
Mon cœur a des désirs tumultueux[(4)] *et doux ;*
Je ne sais ce que c'est, mais je pense, Madame,
Que ce mal ne saurait finir qu'auprès de vous.

---

1 « C'est celui de mon… ».

D. ELVIRE, *continue.*

Ah ! rien n'est plus galant. De grâce, notre amie,
Ce billet plairait-il à votre prud'homie* ?
Je ne sors point ce soir, page, il me trouvera.
Dis-lui qu'il peut venir, et qu'il m'obligera.
[*Il sort.*]

SCÈNE III

D. ELVIRE, LEONOR.

D. ELVIRE

Eh bien, notre constante ! Un amour à ma mode
Est-il le plus aimable, ou le plus incommode ?
Parlez, qu'en dites-vous ?

LEONOR

Qu'un cœur si tôt épris
Se refroidit de même, et n'est pas de grand prix.

D. ELVIRE

La bonne illusion(4) ! Là, là, je m'en contente,
Il suffit qu'il occupe une place vacante,
Je mets le reste au sort[1]. Il viendra quelque instant[2] ;
Qu'il m'embarrasserait s'il était plus constant !
Il m'épargne du moins la disgrâce cruelle
D'être un jour sans amant, et d'être jeune et belle[3].
Mais Clotaire paraît. Eh bien, Seigneur ?

SCÈNE IV

LES MÊMES, CLOTAIRE.

CLOTAIRE

Le sort
Pour nous favoriser semble faire un effort.

1 « Pour le reste, je m'en remets au sort ».
2 « Il restera un moment ».
3 « bien que jeune et belle ».

Apprenez un projet d'une extrême importance,
Et qui nous eût perdus sans un peu de prudence :
Lindamire, au mépris de la fureur du roi,
Suit l'exil de Moncade et lui donne sa foi*.

D. ELVIRE

Ô dieux ! qui l'eût pensé d'une prude semblable ?
Mais comment savez-vous ce projet incroyable ?

CLOTAIRE

Par un homme des siens qui m'aime chèrement,
Et que chez elle exprès j'entretiens sourdement[1].
Or l'exil de Moncade est dans une province
Où Lindamire peut presque autant que le prince[2] :
Elle fut autrefois à ceux de sa maison*,
Et peut-être ceci cache une trahison.
S'il est ainsi, Madame, une telle aventure
Nous va mettre à la Cour en très haute posture,
Le roi tenant[3] de nous cet avis important.
De grâce, envisagez le rang qui nous attend :
Il n'est point de faveurs dont on ne nous accable,
Et nous pourrons remplir la place du coupable.

D. ELVIRE

Ô ciel ! courons donner cet avis précieux[(3)].

LEONOR

Quoi ! vous vous résoudrez à ce crime odieux[(3)] ?
Quoi ! cette trahison… ?

D. ELVIRE

Voyez-vous l'héroïque ?
Est-ce un crime aujourd'hui que d'être politique ?

---

1 « En secret ».

2 « le roi ». Allusion assez claire à la Fronde, où plusieurs grandes dames de la noblesse, telle la duchesse de Montpensier, dite la Grande Mademoiselle, cousine germaine de Louis XIV et mécène de Mme de Villedieu, prirent les armes contre le roi. Voir *Manlius*, note 1, p. 319.

3 « Si le roi tient… ».

Savez-vous quels malheurs et quelle adversité
Traîne le nom d'ami d'un sujet révolté ?

CLOTAIRE

Elvire le prend bien : oui, c'est une maxime*
Qu'ici tous ses amis pâtiront de son crime.
Croyez-moi, Léonor, le point est délicat,
Et nous raisonnons trop sur un tel attentat*.
Courons trouver le roi ! Mais au reste, Madame,
Il me serait honteux d'accuser une femme :
C'est à vous…

D. ELVIRE

Oui, Seigneur, j'en prends tout le souci.

CLOTAIRE

Allons ! Mais à propos ce prince vient ici.

SCÈNE V

LES MÊMES, LE ROI, CARLOS.

LE ROI

Ah, juste Ciel ! faut-il qu'en ce siècle barbare,
Un véritable ami soit devenu si rare ?

D. ELVIRE

Oserais-je, Seigneur, sans trop de liberté,
Apprendre une nouvelle à votre Majesté ?

LE ROI

Vous le pouvez.

D. ELVIRE

Elle est fort difficile à croire.
Cette fière personne au cœur si plein de gloire,
Cette âme impénétrable aux flèches de l'amour,
Lindamire en un mot est amante à son tour.

Elle accompagnera Moncade en son voyage,
Et la pitié surmonte enfin ce grand courage* :
C'était un cœur d'acier, l'amour lui faisait peur,
Mais la compassion[(4)] peut tout sur un grand cœur.

LE ROI

Est-il possible ? Ô dieux ! quoi ! cet orgueil suprême,
Cette fière beauté ?

D. ELVIRE

Oui, Seigneur, elle-même,
Elle partagera l'exil de son amant.

LE ROI

Qui l'eût pu soupçonner d'un tel emportement ?

D. ELVIRE

Ah ! Seigneur, de tout temps ces vertus exemplaires
Sont des masques adroits pour cacher les affaires ;
Ne vous fiez[(2)] jamais à ces cœurs de rocher,
Qu'il semble que l'amour n'oserait approcher.
On n'en aime pas moins pour savoir un peu feindre,
Et ce feu* qu'on renferme en est bien plus à craindre.

LE ROI

Comme l'aimant[1] beaucoup, son départ de ces lieux…

D. ELVIRE

Moi, je l'aime, Seigneur ? M'en préservent les dieux !
Elle va mériter votre juste colère :
Elle suit un banni qui vous a pu déplaire,
Et mon cœur à l'aimer oserait consentir ?
Encore un coup, le Ciel veuille m'en garantir !
De grâce, jugez mieux des sentiments d'Elvire.
Pour m'en justifier[(4)], Seigneur, j'ose vous dire
Que, si je juge bien sur ce pressant départ,

1 « Comme vous l'aimez… ».

Plus d'une passion[3] y peut avoir sa part.
Mon esprit n'est pas grand, mais je connais les femmes,
Je sais que le dépit peut beaucoup sur leurs âmes.
Vous blessez celle-ci par un lieu* délicat :
Je ne m'entends pas trop aux maximes* d'État,
Mais je craindrais tout d'elle, étant en votre place.
Voyez ce qu'elle peut, et pensez-y, de grâce.

CLOTAIRE

Si j'ose sur ce point dire mon sentiment,
Cette crainte, Seigneur, n'est pas sans fondement.
Des grands rois tels que vous, la noble inquiétude[4]
S'abaisse rarement jusqu'à la multitude :
Leurs esprits, occupés par d'illustres projets,
Ne songent qu'en passant aux vœux de leurs sujets.
Mais nous autres oisifs, dont on voit d'ordinaire
Que l'examen d'autrui fait la plus grande affaire,
Nous prenons garde à tout, rien n'échappe à nos yeux.
Et c'est en qualité d'un oisif curieux[3],
Que j'ose sur ce point m'avancer de vous dire
Qu'il est bon de veiller un peu sur Lindamire.
Ce voyage, Seigneur, a plus d'une raison :
Songez en quel pays Moncade a sa maison.

LE ROI

Vous me donnez sans doute un avis d'importance,
Et vous en jugerez par ma reconnaissance.
Cette bonté m'étonne, et j'avoue, entre nous,
Que je n'attendais pas ce grand zèle de vous,
N'étant pas mon sujet.

CLOTAIRE

Seigneur, votre personne
Vous soumet plus de cœurs que ne fait la couronne ;
Et du bien* d'être à vous on se fait un devoir,
Lorsqu'on a seulement le bonheur de vous voir.

LE ROI

Vous me rendez confus, Prince, et mon bon génie*
A dans cette rencontre* une force infinie,
Car Moncade aurait dû séduire votre cœur.
Il parut vous servir avec tant de chaleur :
Ce fut, je m'en souviens, à sa seule prière
Que je vous secourus la campagne dernière ;
Et depuis, c'est encor son zèle officieux[4]*
Qui vous fit obtenir un asile en ces lieux.
Un service pareil, et de cette importance,
Semblait devoir tenir votre cœur en balance,
Et vous m'étiez suspect quand j'osais y penser.

CLOTAIRE

Moi, vous être suspect ! Moi, Seigneur, balancer !
Si j'ai reçu des biens par la main de quelqu'autre,
Je n'ai pas ignoré qu'ils partaient de la vôtre ;
Quel que soit le canal qui les conduit à nous,
Vous en êtes la source, et je vous les dois tous.

SCÈNE VI
LES MÊMES, LINDAMIRE.

LE ROI

Oui, mais cette amitié, que vous faisiez paraître…

LINDAMIRE, *bas.*

Écoutons.

CLOTAIRE

Moi, j'aimais la faveur* de son maître ;
Et jamais il n'eut rien de plus charmant pour moi,
Que l'heur* d'être l'objet des bontés de son roi.
S'il faut même aujourd'hui que je vous le déclare,
Mon cœur vous souhaitait[3] envers lui plus avare :
Tout le monde voyait sa faveur* à regret,
Et vos meilleurs sujets murmuraient en secret.

D. ELVIRE

Il vous donne, Seigneur, un avis véritable :
En effet, son orgueil était insupportable.

LINDAMIRE, *bas.*

Lâche !

CLOTAIRE

Tout le royaume en était mécontent.

LINDAMIRE

Oui, Seigneur, il est vrai, l'avis est important.

CLOTAIRE

Ô dieux ! c'est Lindamire.

LINDAMIRE

Et de telles personnes
Sont d'un très grand secours pour le bien des couronnes.
Poursuivez, poursuivez, conseillers généreux*,
Achevez d'accabler un ami malheureux :
Étalez à nos yeux un crime imaginaire,
Tel qu'on doit l'espérer d'Elvire et de Clotaire.
Ah ! grand Roi, se peut-il que Votre Majesté
Souffre tant de bassesse et tant de lâcheté ?
Prince, l'honneur de tous, Monarque incomparable,
Voyez-vous sans horreur ce couple détestable ?

LE ROI

Modérez, modérez ce courroux véhément,
Nous savons d'où provient ce grand emportement :
C'est par eux que je sais ce bienheureux voyage,
Où l'amour de Moncade aujourd'hui vous engage.
Vous l'avez entendu sans doute, et ce courroux
Vient de voir un obstacle à des desseins si doux.

LINDAMIRE

J'ignorais jusqu'où va leur noire perfidie,

Et n'ai rien entendu de cette calomnie.

LE ROI

Quoi ! ce voyage est donc quelque conte inventé ?

LINDAMIRE

Je ne veux pas nier(2) à Votre Majesté
Qu'aimant à me trouver tranquille et solitaire,
J'avais fait le dessein d'un exil volontaire ;
Mais pour me délasser du monde et de la Cour,
Et par un pur dégoût plutôt que par amour.

LE ROI

Je n'en demande pas sur ce point davantage,
Il suffit : on voit peu de filles de votre âge
S'exiler de la Cour sans peine et sans regret,
Si l'amour n'a sa part de ce dégoût secret.
Je vois tous vos desseins, et j'en prévois les suites ;
Et comme rarement l'amour a des limites,
Il est bon de songer d'abord à se parer
Des malheurs que ce feu* pourrait nous attirer.
Je vais y travailler.

CLOTAIRE

Suivons le roi, Madame,
Et ménageons un peu l'assiette* de son[1] âme.

LINDAMIRE

Ciel qui lis dans nos cœurs, touche celui du roi,
Ou fais que son courroux ne tombe que sur moi !

1 Orig. : « notre ».

ACTE V

SCÈNE I

LINDAMIRE, D. ALVAR.

LINDAMIRE

Quoi ? Moncade arrêté ! Ah, disgrâce cruelle !
Dois-je croire, bons dieux, cette triste nouvelle ?

D. ALVAR

Plût au Ciel qu'il nous fût plus aisé d'en douter ;
Mais, Madame, à mes yeux on le vient d'arrêter.

LINDAMIRE

Ah ! pour ce nouveau mal il n'est point de remède,
Et je sens bien qu'il faut que ma constance cède.
Ce dernier coup s'achève : hélas ! il est perdu,
Et tout espoir nous est sur ce point défendu.
Son exil me laissait encor quelque espérance,
On semblait y garder un peu de bienséance,
On l'envoyait chez lui sans bruit et sans éclat ;
Mais si le roi le traite en criminel d'État,
Croyez-moi, Dom Alvar, sa perte est assurée.
L'envie et mon malheur de concert l'ont jurée.

D. ALVAR

Mais que résolvez-vous dans ces profonds ennuis* ?

LINDAMIRE

Eh ! que puis-je résoudre en l'état où je suis ?

D. ALVAR

Votre fuite, pendant qu'elle vous est permise.

LINDAMIRE

Où fuir une fureur que le sceptre autorise ?
Où se pouvoir cacher d'un monarque irrité ?

Non, non, j'attendrai tout avec tranquillité.

D. ALVAR

Mais votre perte ici devient inévitable :
On se rend criminelle en aimant un coupable.
Ignorez-vous les droits d'une raison d'État,
Et quel empire elle a sur un roi délicat[1] ?

LINDAMIRE

Si de cette raison Moncade est la victime,
Au prix de tout mon sang, j'achèterais un crime ;
Le roi, me condamnant à suivre son trépas,
Épargnerait du moins un forfait à mon bras ;
Et de peur que, du Ciel, le courroux implacable
Ne me prive du bien*de paraître coupable,
Allons apprendre au roi le secret de mon cœur.
C'est trop vous écouter, dangereuse pudeur,
Je veux malgré vos lois, par un aveu sincère,
Perdre cette innocence à mes vœux* si contraire ;
Et par l'heureux effet d'un juste emportement,
Partager pour jamais le sort de mon amant.
Courons, courons au roi, qu'une espérance vaine…

SCÈNE II

LES MÊMES, CARLOS.

CARLOS

Madame, épargnez-vous, s'il vous plaît, cette peine.
Attendez-le chez vous, il sort pour y venir,
Et vient de m'ordonner de vous y retenir.

LINDAMIRE

On donne un beau prétexte à cette violence(3).

CARLOS

J'exécute à regret une telle ordonnance,

1 « exigeant ».

Mais les ordres du roi…

LINDAMIRE

Dans cette occasion[(4)]
Semblent d'intelligence avec ma passion[(3)].
Le roi m'oblige plus qu'il ne se persuade[(3)][1],
De me traiter ici d'égale avec Moncade :
Ce rang ne m'est pas dû, mais pour le mériter,
Je ferai mes efforts pour le bien imiter.
Je sais que ce héros ne fut jamais coupable
Que d'avoir trop aimé ce qu'il jugeait aimable ;
J'en veux suivre l'exemple, et jusques à ma mort
J'espère partager et son crime et son sort ;
Assurez-en le roi. Vous, de qui j'ose croire
Que le cœur généreux* porte envie à ma gloire,
Recevez, pour bannir ces mouvements jaloux,
Les conseils que tantôt je recevais de vous :
Fuyez, illustre ami, fuyez de cette terre.
Je vois bien que le Ciel lui déclare la guerre :
Ses habitants, sans doute, ont irrité les dieux,
Ils ne peuvent souffrir de vertu dans ces lieux ;
Et puisqu'il faut ici que les vertueux[(3)] tremblent,
Le péril est pressant pour ceux qui vous ressemblent.

D. ALVAR

Ah ! Madame, cachez ce bouillant mouvement,
Et modérez l'excès de cet emportement.

LINDAMIRE

Non, non, cher Dom Alvar, il n'est plus temps de feindre.
Quand on n'espère plus, on n'a plus rien à craindre.

CARLOS

Mais, Madame, le roi nous aura devancés :
Il faudrait, s'il vous plaît…

1 « qu'il ne le pense ».

LINDAMIRE

Oui, Carlos, c'est assez,
Allons.

CARLOS

Pardonnez-moi… mais, dieux ! le roi s'avance,
Et nous aurons lassé sa juste impatience[4].

SCÈNE III

LES MÊMES, LE ROI, CLOTAIRE.

LINDAMIRE

Vous le voyez, Seigneur, je vais me retirer,
Et Carlos m'est témoin que c'est sans murmurer.

LE ROI

Arrêtez, arrêtez ! Vous m'êtes nécessaire.
Vous avez trop de part dans toute cette affaire,
Pour vous priver du bien* d'en être le témoin.
Vous, Carlos, écoutez…

[*Le roi donne un ordre en privé à Carlos.*]

CARLOS

J'en vais prendre le soin.

[*Il sort.*]

SCÈNE IV

LE ROI, LINDAMIRE, CLOTAIRE, D. ALVAR.

CLOTAIRE

Malgré tous vos mépris, je vous jure, Madame,
Que je prends grande part aux ennuis de votre âme.

LINDAMIRE

Votre cœur d'un tel soin pourrait se dispenser,
Ils ne sont pas si grands que vous l'osez penser.

LE ROI

Tout beau ! Nous avons su, de votre propre bouche,
Jusques à quel excès ce coupable vous touche ;
Vous tâchez vainement à nous cacher l'ardeur…

LINDAMIRE

Non, non, si vous voulez, je l'avouerai, Seigneur ;
Est-ce un crime d'aimer un héros magnanime,
Qui de tout l'univers s'est attiré l'estime ?

CLOTAIRE

Après un tel discours, Seigneur, qu'attendez-vous ?

LE ROI [*à Lindamire.*]

Vous nommez de ces noms[1] l'objet de mon courroux.
Le surprenant effet d'une ardeur téméraire
Ose jusqu'à ce point défier[(3)] ma colère ?

LINDAMIRE

Eh quoi, Seigneur ! C'est vous qui l'avez allumé,
Ce feu* dont malgré moi mon cœur s'est enflammé ;
C'est en mettant Moncade au faîte de la gloire,
En lui faisant gagner victoire sur victoire,
En faisant éclater ses exploits glorieux[(3)],
Que vous l'avez rendu si charmant à mes yeux !
Si vous ne l'eussiez point comblé de votre grâce,
Son extrême douceur, sa foi*, son peu d'audace*,
Son zèle et son respect pour Votre Majesté,
À mes yeux pénétrants, auraient moins éclaté.
La plus haute vertu sous la faveur*[2] succombe :
C'est un penchant glissant où le plus ferme tombe,
Et je l'ai vu porter toute votre faveur,
Sans avoir un moment vu chanceler son cœur.
Je l'ai vu conquérant sans être téméraire,

---

1 C'est-à-dire : les noms des qualités que Lindamire a attribuées à Moncade, « héros magnanime » et digne d' « estime ».

2 Orig. : « fureur ».

Favori* sans orgueil, courtisan et sincère ;
Vous l'avez connu tel, et vous êtes surpris
Qu'après cela, Moncade ait charmé mes esprits.

CLOTAIRE

Mais, Madame, aujourd'hui, de toute cette gloire,
Il n'en conserve plus que la triste mémoire.
Ce n'est plus cet objet des bontés d'un grand roi,
Dont l'amour l'éleva presque jusques à soi :
C'est le funeste but d'une colère auguste,
Que par soumission[4] chacun doit croire juste,
Et pour qui, connaissant* ce prince[1] glorieux[3],
Vous devez démentir votre cœur et vos yeux.
Oui, vous devez juger qu'un monarque équitable
Ne traite point sans cause un sujet en coupable ;
Et connaissant le roi, quand je vois ce revers,
Je crois Moncade atteint de cent crimes divers ;
Je le crois téméraire, ambitieux[4] et traître,
Je crois que la vertu qu'il nous a fait paraître
Est un masque trompeur, dont il cachait à tous…

D. ALVAR

Ah ! Seigneur, ce discours peut-il venir de vous ?
Qu'ai-je entendu ? Grands dieux ! quoi ! cette calomnie
Vient du prince Clotaire ? Ah ! noire perfidie !

LE ROI

Dom Alvar, quel transport…

D. ALVAR

Pardonnez-moi, Seigneur,
Si malgré mon respect il échappe à mon cœur :
Lorsque je vois Moncade accusé par un prince
Dont il a conservé la vie et la province,
Et pour qui tant de fois, avec tant de bonté,
Il tira des bienfaits de Votre Majesté :

1 « roi ».

Je ne le puis nier[2], votre auguste présence
Ne saurait me contraindre à garder le silence.
Moncade m'est connu, c'est moi, Seigneur, c'est moi
Qui vous puis mieux que tous répondre de sa foi* :
Seul j'ai vu ses desseins, seul j'ai lu dans son âme.
On cache ses défauts à l'objet de sa flamme :
Adorant Lindamire, on pourrait présumer
Qu'il feignait des vertus pour se faire estimer ;
Mais moi qui l'observais avec un soin extrême,
Et qu'il aima toujours à l'égal de lui-même,
C'est moi qui, le voyant accusé à mes yeux,
Dois repousser, grand Roi, ce trait injurieux[4].

CLOTAIRE

Seigneur, cette colère et cette véhémence
Marquent leurs factions[3]* et leur intelligence :
Je vous le disais bien qu'il achetait des cœurs,
Et gagnait vos sujets au prix de vos faveurs.
Jugez de ce qu'il peut par cette seule marque,
Et ce que sert ici votre rang de monarque.

LINDAMIRE

Oui, traître, les faveurs qu'il recevait du roi,
En faisant éclater son mérite et sa foi*,
Ont fait naître en effet l'ardeur qui nous inspire.

CLOTAIRE

Après cela, grands dieux ! que pourrait-elle dire ?

LINDAMIRE

Mais s'il eut sur nos cœurs un absolu pouvoir,
Ce fut parce qu'il fit pleinement son devoir.

D. ALVAR

Oui, Seigneur, il le fit, je sais son innocence ;
Et si j'ose à vos yeux en prendre la défense,
Je me livre, grand Prince, à Votre Majesté,
Comme une caution[3] de sa fidélité.

Oui, s'il est convaincu de la moindre pensée
Dont votre autorité soit justement blessée,
Je me soumets, Seigneur, au plus cruel trépas…

LINDAMIRE

Ah ! cet honneur m'est dû, ne me l'enlevez pas.
Oui, Dom Alvar, c'est moi, qu'il adore et qu'il aime,
À répondre de lui comme un autre lui-même.
Roi tout juste et tout bon, souffrez qu'à vos genoux…

LE ROI

Nous vous allons régler : le voici, levez-vous.

SCÈNE V

LES MÊMES, MONCADE, [CARLOS].

LE ROI

Viens, malheureux, viens voir, par cent preuves publiques,
Ce que font naître ici tes secrètes pratiques* ;
Viens voir ceux de ma cour les plus chéris de moi
S'efforcer à l'envi d'être immolés pour toi.
Regarde Dom Alvar. Approche et considère
Celle de qui je suis moins le roi que le père,
Et de qui j'ai pris soin depuis son premier jour,
Qui fait céder mes droits à ceux de son amour :
Lindamire, l'objet de toute mon estime,
Veut suivre ton exil et partager ton crime.
Elle aime qui m'offense, elle m'en fait l'aveu,
Et trahit mes desseins pour ce coupable feu*.
Aurait-on jamais cru qu'une pareille flamme…

MONCADE

Ah ! Seigneur, jugez mieux des désirs de son âme,
Et ne condamnez pas avec sévérité
Un faible mouvement de générosité.
Elle seule, Seigneur, fait agir Lindamire :
L'amour n'a point de part au zèle qui l'inspire,

Et quel que soit l'éclat qu'elle fait dans ce jour,
C'est pitié, c'est bonté, mais ce n'est point amour.

SCÈNE VI

LES MÊMES, D. ELVIRE, LEONOR.

D. ELVIRE [*s'approchant.*]

Voyez-vous, Léonor ? Que cela vous suffise.
Toujours en tout, partout la joie est ma devise,
Mais ce n'est pas ici que je dois la prêcher :
Retirons-nous.

LE ROI [*à D. Elvire.*]

Venez, vous pouvez approcher.
Votre présence ici nous sera nécessaire,
J'ai besoin de témoins pour ce que je veux faire.

LINDAMIRE

Oui, pour faire éclater ma gloire aux yeux de tous,
Approchez-vous, Elvire, on a besoin de vous.
Sachant de quel secret est capable votre âme,
On vous rend aujourd'hui le témoin de ma flamme.
Je rends grâces, Seigneur, à cet obligeant soin,
Et j'en voudrais avoir l'univers pour témoin.

MONCADE, *bas.*

Ô dieux ! elle se perd.

LINDAMIRE

J'avouerai donc sans crainte…

MONCADE

Ah ! ne la croyez pas, Seigneur, c'est une feinte !
Connaissant le pouvoir qu'elle a sur votre cœur,
Elle feint par bonté cette obligeante ardeur,
Présumant que, peut-être, un monarque qui l'aime
Accordera ma grâce à son amour extrême.

LINDAMIRE

Va, va, j'en ai trop dit, tu fais un vain effort.
Grâces à mon aveu, nous aurons même sort.

LE ROI [*à Moncade.*]

Qu'as-tu fait pour séduire une telle personne ?
A-ce été sur l'espoir d'usurper ma couronne ?
Car, enfin, ce grand cœur ne s'est point asservi[1].

LINDAMIRE

Il a fait son devoir, et vous a bien servi.
C'est ainsi qu'on séduit les âmes magnanimes,
Et non pas par l'espoir de commettre des crimes.
Connaissez-moi, Seigneur : ce qui peut m'enflammer,
C'est sa haute vertu qui me le fait aimer.
Seule d'un feu* si pur, elle est l'illustre cause.

D. ELVIRE

Que le parfait amour est une sotte chose !
Vive l'amour commode et la bonne amitié* !

MONCADE [*à Lindamire.*]

Madame, au nom des dieux, ayez moins de pitié !
Vous aigrissez mes maux quand votre zèle augmente :
Soyez moins généreuse, et soyez plus prudente !
Hélas ! qui m'aurait dit, avant ce triste jour,
Que mon plus grand malheur serait son trop d'amour ?

LINDAMIRE

Je sais que cet excès me rendra criminelle,
Mais mon plus grand désir est de paraître telle.
Seigneur, si j'en ai fait un coupable aujourd'hui,
Je prétends à mon tour la devenir pour lui :
Son amour vous déplut, le mien en fait de même ;
S'il l'a dit, je l'avoue[2], et s'il m'aima, je l'aime.
Ordonnez même peine, et de semblables feux*…

1 Sous-entendu : le cœur de Lindamire est trop fier pour se rendre esclave des passions.
2 Sous-entendu : « S'il a déclaré son amour, moi j'avoue le mien ».

LE ROI

Eh bien, après cela Moncade est-il heureux ?
Goûtera-t-il encore une joie imparfaite,
Et son roi lui sait-il donner ce qu'il souhaite[2] ?

MONCADE

Quoi, Seigneur ! ce courroux n'est que feinte… ?

LE ROI

Et comment
Avez-vous pu, Moncade, en juger autrement ?
Vous êtes innocent, je vous traite en coupable ;
Et vous qui me savez un monarque équitable,
Vous me voyez injuste, et vous l'osez penser !
Ah ! c'est de ce soupçon que je dois m'offenser !
Et si Moncade en tout n'avait l'art de me plaire,
C'est là ce qui devrait attirer ma colère.

LEONOR

Quel revers !

D. ELVIRE

Qu'ai-je fait ?

CLOTAIRE

Vaines prétentions[4] !

LE ROI

Apprenez le secret de mes intentions[4].
Comme depuis dix ans vous m'avez fait connaître
Que jamais plus que vous sujet n'aima son maître,
Aussi jamais sujet ne fut chéri d'un roi
Avec plus de ferveur que vous l'êtes de moi ;
Je vous ai vu saisi d'une mélancolie
Qui seule s'opposait au repos de ma vie ;
J'en ai connu la cause, et je la fais cesser.
Aucun doute à présent n'a droit de vous blesser :
J'ai juré, par les droits du sacré diadème[3],

De montrer si c'est vous ou ma faveur* qu'on aime.
Je vous tiens ma parole et dans ce jour fameux,
Ami, maîtresse*, roi, tout va vous rendre heureux.

LINDAMIRE

Ah ! Roi, de tous les rois le plus incomparable,
Qu'à jamais ce grand jour vous rende mémorable !

MONCADE

Puissé-je mériter cet excès de bonté,
En versant tout mon sang pour Votre Majesté !
[*À D. Alvar.*]
Et vous, illustre ami, dont l'âme peu commune
Paraît impénétrable aux traits de la fortune,
Partageons désormais la faveur de mon roi.

D. ALVAR

J'ai satisfait mon cœur, et n'ai servi que moi.

LE ROI

Allons par votre hymen achever notre ouvrage.

CLOTAIRE

Qu'entends-je ? Qu'ai-je fait ? Ah, désespoir ! ah, rage !
[*Il sort.*]

SCÈNE VII

LE ROI, MONCADE, LINDAMIRE, D. ALVAR,
D. ELVIRE, LEONOR, [CARLOS].

MONCADE

Prince…

LE ROI

Non, laissez-le dans ces justes transports,
Il a bien mérité de si cuisants remords.
Et son exemple à tous doit servir d'une marque,

Que nul ne voit bien clair dans le cœur d'un monarque ;
Et que pour bien sortir d'un pas si dangereux,
Il n'est jamais rien tel que d'être généreux.
Mais allons achever.

SCÈNE VIII

D. ELVIRE, LEONOR.

LEONOR

Et vous, la politique,
Prenez-vous grande part en la fête publique ?

D. ELVIRE

Tout cela ne vaut pas la peine d'en parler,
Et Dom Lope m'attend qui m'en va consoler.

ANNE DE LA ROCHE-GUILHEN

(1644-1707)

NOTICE

Anne de La Roche-Guilhen, baptisée à Rouen en 1644, est la fille aînée de Charles de Guilhen et de Marie-Anne d'Azémar, tous deux descendants de riches familles huguenotes. Les Azémar étaient des gentilshommes verriers et hommes de lettres ; Anne compte donc parmi ses parents Jean Chardin, Tallemant des Réaux et Saint-Amant, son grand-oncle. Sa vie et ses écrits sont profondément marqués par l'instabilité politique qui régnait alors sur la scène internationale. Si rien ne permet d'attester sa présence dans la capitale, ses traductions de l'espagnol et ses fictions historiques furent toutefois publiées à Paris par Claude Barbin, notamment son premier roman, *Almanzaïde*, en 1674. Ses débuts littéraires furent sans doute motivés par le besoin : son père serait mort indigent et, au contraire de beaucoup d'autrices issues de familles protestantes, elle n'abjura jamais sa foi. En outre, elle reconnut ouvertement, dans une de ses préfaces, qu'elle écrivait pour gagner sa vie. Les dédicaces de ses premiers romans à des femmes importantes à la Cour (*Arioviste* à Marie-Anne Mancini ; *Astérie, ou Tamerlan* à la comtesse de Quintin, elle-même protestante) témoignent d'ailleurs de ses efforts – restés vains – pour trouver l'appui d'une mécène. À cette époque, Anne de La Roche-Guilhen se rendit au moins deux fois à Londres, où elle fit sans doute la connaissance de Saint-Évremond. Elle fréquenta vraisemblablement le cercle des exilés réunis autour d'Hortense Mancini, puis la cour de Charles II. C'est à l'occasion de l'anniversaire du roi, en 1677, qu'elle écrivit, probablement sur commande royale, sa comédie-ballet, *Rare-en-Tout*. Elle collabora également avec des libraires-imprimeurs français installés à Londres afin de traduire plusieurs de ses livres. Le 10 avril 1686, six mois après la révocation de l'Édit de Nantes, Anne de La Roche-Guilhen s'installa définitivement à Londres. Elle y éleva ses deux sœurs grâce à ses revenus littéraires et à l'aide financière de la communauté huguenote d'Angleterre, avant d'y mourir en 1707.

Anne de La Roche-Guilhen se consacra surtout au récit historique, le plus souvent sous la forme de contes moraux et dans les genres à la mode : traductions, romans et nouvelles. Après 1686, son œuvre adopta un ton et une sensibilité davantage marqués par son appartenance à la cause huguenote. Tous ses écrits furent alors publiés à Amsterdam, carrefour intellectuel et culturel de l'Europe des pré-Lumières. La précarité économique et politique dans laquelle elle se trouvait l'incita à se tourner vers les réseaux de publication mis en place par les expatriés huguenots et les libraires clandestins. Le parcours de cette œuvre, écrite à Londres, imprimée en Hollande, diffusée clandestinement en France et ailleurs, nous retrace les principaux circuits d'échanges et d'influence de l'Europe protestante.

Au sein d'un corpus important dont l'attribution est en partie incertaine, deux textes révèlent plus particulièrement l'importance d'Anne de La Roche-Guilhen dans l'histoire littéraire. *Rare-en-Tout*, sa seule pièce de théâtre qui nous soit parvenue, est un hommage aux tonalités européennes rendu à la culture française qui a dû ravir les coteries exilées à Londres. Quant à son plus grand succès, l'*Histoire des favorites* (1697), il témoigne de la portée de l'œuvre littéraire de l'autrice : rédigé en français, publié d'abord à Amsterdam puis réédité au moins huit fois en vingt ans, traduit en anglais, en néerlandais et en russe, il a été saisi par les autorités françaises, republié sous de fausses adresses et intégré à des éditions semi-pornographiques. Cette série de dix brefs contes (des éditions postérieures en ajoutèrent d'autres) est consacrée à des courtisanes et favorites célèbres à travers l'histoire. En dévoilant l'influence insoupçonnée de ces femmes sur de puissants souverains, l'autrice met en évidence le rôle joué par les institutions féminines (couvents, œuvres caritatives) et le mariage dans la politique des États.

Jusqu'à peu, Anne de La Roche-Guilhen a été victime de deux phénomènes qui ont façonné les études littéraires de l'Ancien Régime : la relégation des femmes aux marges de l'histoire littéraire et l'exclusion quasi-totale des protestants. Elle n'a été mentionnée qu'en tant que demi-sœur littéraire de Mmes de Lafayette et Villedieu (avec qui on la confond fréquemment). Aujourd'hui, grâce aux études féministes et à un regain d'intérêt pour l'histoire du livre et de la culture huguenote, Anne de La Roche-Guilhen est reconnue comme emblème d'une génération d'écrivaines : leurs vies, marquées par les difficultés économiques, les scandales, la persécution religieuse et l'itinérance qui en découla, ont transformé, au fur et à mesure qu'elles se sont déplacées à travers l'Europe, les modèles de l'écriture en tant que mode de sociabilité.

RARE-EN-TOUT

Comédie-ballet
(1677)

Première édition
Mlle de La Roche-Guilhen, *Rare-en-Tout*,
comedie meslée de musique et de balets représantée devant Sa Majesté sur le theatre royal de Whitehall,
À Londres, chez Jacques Magnes & Richard Bentley, 1677.

Édition de référence
Femmes dramaturges en France (1650-1750), vol. 1,
édition critique par Perry Gethner,
Paris/Seattle, PFSCL, 1993, p. 127-180.

PERSONNAGES[1]

RARE-EN-TOUT, gascon.
LA TREILLE, valet de Rare-en-tout.
ISABELLE, chanteuse anglaise.
CLIMÈNE, chanteuse française.
FINETTE, suivante d'Isabelle.
TIRSIS, chanteur français.

[PERSONNAGES DU PROLOGUE, DE L'ÉPILOGUE ET DES INTERMÈDES

LA TAMISE.
L'EUROPE.
L'AMOUR.
CHŒUR DE NATIONS, TRITONS, NAÏADES, *deux* AMANTS, *un groupe d'*HOMMES *et de* FEMMES, BERGERS, BERGÈRES, SATYRES.]

La scène est à Londres.

1 Au XVIIe siècle, les rôles se distribuaient entre chanteurs et acteurs. Parmi les personnages principaux, seuls Rare-en-tout, La Treille et Finette parlent ; les autres, ainsi que tous les personnages secondaires, se contentent de chanter. Puisque l'unique représentation de cette pièce eut lieu en Angleterre, un spectacle presque entièrement chanté s'est peut-être imposé faute de comédiens capables de jouer en français ou d'un public apte à les comprendre.

L'unique représentation de *Rare-en-tout* au théâtre royal de Whitehall devant la cour d'Angleterre, lors de l'anniversaire du roi Charles II en mai 1677, laissa très peu d'informations sur ses conditions. Pour la plupart des critiques littéraires, cette comédie-ballet, qui met en scène les mésaventures sentimentales et musicales d'un petit-maître et son valet français dans un Londres où l'on est aimé selon sa capacité de chanter, reste donc une anomalie formelle. Témoignant du goût pour les spectacles hybrides sous la Restauration et de l'évolution de l'opéra anglais, *Rare-en-tout* présente pourtant de multiples intérêts.

En premier lieu, les conditions d'écriture de cette œuvre illustrent le parcours d'une jeune autrice qui profita de la renaissance culturelle sous la Restauration anglaise. À la recherche d'un mécène, elle tenta sans doute de profiter de l'essor des arts scéniques pour se faire connaître auprès des milieux mondains, à une époque où la scène anglaise admettait ses premières actrices et dramaturges : le roi venait en effet de réouvrir les théâtres anglais, fermés par les puritains, et régnait sur une cour libertine, fervente de musique, de danse et de spectacles dramatiques.

Cette comédie nous conduit surtout au cœur d'une communauté francophone protestante qui s'intégra à une aristocratie souvent anti-Catholique, et donc anti-Français, mais sous les ordres d'un roi conservant un souvenir chaleureux de son exil à Saint-Germain. Le prologue, où Europe fait appel à la Tamise pour l'abriter, met ainsi en scène le contexte géo-politique de l'époque, évoquant la lassitude d'un peuple européen ravagé par les multiples guerres menées par ses monarques. Il offre une critique sous-jacente de l'absolutisme de Louis XIV, qui menace la paix en Europe par sa volonté impérialiste et sa politique intérieure visant à éliminer les protestants de France. Il est enfin un éloge au roi anglais, et invite Charles II à être un monarque éclairé et généreux, au service des peuples et des arts. Anne de La Roche-Guilhen signe un spectacle prônant le cosmopolitisme et les échanges culturels : les arts ont un rôle diplomatique à jouer, et la musique en particulier. Ce langage universel, qui ne connaît pas les frontières, permet de réconcilier les peuples et de pacifier les États, fût-ce le temps d'une soirée…

Anne de La Roche-Guilhen se chargea elle-même des répétitions en collaboration avec le compositeur Jacques Paisible et fit appel à des musiciens français. Le fait que la partition a été perdue et la mauvaise impression du texte chez les éditeurs anglais rendent la lecture de certains passages quelque peu problématique[1], mais *Rare-en-tout* n'en conserve pas moins toute sa saveur, en illustrant une époque charnière dans l'histoire des arts vivants : cet exemple tardif de comédie-ballet est aussi l'une des premières pièces à parodier la vogue récente de l'opéra et marque l'émergence du personnage du petit-maître, incarné ici par un Français prétentieux et ridicule dont la soif de conquêtes semble sans limites… Musique et théâtre, chant et amour, art et politique s'entremêlent ici comme pour mieux se jouer des ambitions et hégémonies qui menacent l'Europe et la liberté de ses individus.

1 Par souci de clarté, nous avons adapté notre protocole éditorial. Voir les principes éditoriaux, p. 23.

À MADAME LA DUCHESSE DE GRAFTON[1].

Madame,

L'inclination respectueuse que j'ai pour Votre Grandeur m'a inspiré le dessein de mettre son nom à la tête de cet ouvrage. Comme il est destiné à divertir Sa Majesté et toute son illustre cour, et que vous vous faites distinguer d'une manière surprenante dans un âge où l'on est ordinairement inconnu au monde, je ne doute point qu'il ne soit favorablement reçu si vous l'honorez de votre protection. Il est si rare, Madame, de trouver toutes les belles qualités que vous possédez dans un si petit nombre d'années, qu'il faut avoir une sincérité* bien établie pour en persuader les vérités à ceux qui n'ont point l'avantage de vous approcher[2]. La mienne ne doit pas être suspecte, puisque ce ne sont ni des mouvements intéressés, ni des dispositions flatteuses qui me font parler :

Je n'ai connu l'éclat de vos jeunes beautés
Que d'une assez grande distance ;
Mais vos yeux ont une puissance
Qui, de près et de loin, surprend les libertés[3].

Mais, Madame, quoique je n'aie vu votre aimable personne que dans une foule qui ne me laissait rien de particulier[4], elle n'a pas fait moins d'impression sur mon cœur. Il y a mille raisons qui vous rendent recommandable : le choix équitable qu'un des plus grands rois de l'Europe a fait en votre faveur pour un prince qui a l'honneur d'être de

1 Isabella Bennet (1667-1723) devint duchesse de Grafton lors de son mariage avec Henry Fitzroy Palmer, enfant naturel du roi Charles II et de Barbara Villiers, duchesse de Cleveland. Puisque Isabella n'avait que dix ans en 1677, l'intérêt de cette dédicace portait plus sur les considérations qu'auraient pu accorder et la famille royale de son mari, et les réfugiés nobles français qui s'y attachaient.

2 « Il est si rare de réunir autant de vertus à un si jeune âge qu'il faudrait avoir la réputation d'être d'une honnêteté irréprochable pour en convaincre les gens qui ne vous connaissent pas ».

3 « rend captifs même les cœurs les plus affranchis ».

4 « qui ne me permettait pas de me distinguer des autres ».

son sang, les dignités que le mérite de monseigneur votre père remplit si avantageusement, l'éducation admirable que vous recevez dans votre famille, et une infinité d'autres. Mais vous avez quelque chose qui touche plus sensiblement et qui ne vient que de vous seule :

Oui, l'on découvre en vous tout ce qui peut charmer :
La beauté, la douceur, l'esprit, la connaissance,
Et vous n'avez rien de l'enfance,
Que cet air innocent si propre à faire aimer.
On dépeint l'Amour de votre âge[1]*,*
Il touche les cœurs comme vous ;
Mais en voyant votre visage,
S'il ne l'adorait pas, il en serait jaloux.

Je ne veux point tomber, s'il m'est possible, dans le défaut qui rend la plus grande partie des épîtres désagréables : je crains que Votre Grandeur ne soit déjà fatiguée de la longueur de la mienne, et le malheur d'ennuyer est presque toujours inséparable de ces sortes de choses. Mais, Madame, c'est le faible des cœurs tendres : quand la matière leur plaît, ils finissent malaisément, et si j'en croyais le mien, je vous importunerais encore. Faites-moi la grâce d'être persuadée que si les sentiments tenaient lieu de quelque chose, ceux que vous m'avez inspirés répareraient tous les défauts du présent que je prends la liberté de vous faire, puisque je suis avec tout le respect et la passion possible,

Madame, de Votre Grandeur,

La très humble et très obéissante servante,
La Roche-Guilhen.

---

1 Autrement dit, « on donne au dieu Amour le même âge que vous ».

PROLOGUE[1]

L'EUROPE, LA TAMISE.

La scène représente un paysage où l'on découvre le Palais de Whitehall[2]. La nymphe de la Tamise, appuyée sur son urne[3], est abordée par l'Europe qui la vient conjurer de disposer le roi à être l'arbitre de la paix entre tous ses princes.

L'EUROPE

C'est sur ton rivage tranquille,
Que contre Bellone[4] en fureur,
Je viens à ton Héros demander un asile[5],
Et pour mon vaste Empire implorer sa faveur.
De tant de rois que j'ai vu naître,
Lui seul règne aujourd'hui sur des peuples heureux :
Tout l'univers sait qu'il est généreux,*
Et la Gloire a pris soin de le faire connaître.
Pendant que de tes sœurs les flots sont agités,
Que le Rhin[6] effrayé se cache sous son onde,

---

1 Selon P. Gethner (voir le Complément bibliographique), au XVIIe siècle, dans les livrets d'opéra, le décalage est évident entre les passages en récitatif, entièrement en vers pairs (surtout des alexandrins et octosyllabes), et les divertissements, où l'on note une plus grande variété métrique. En raison également des critères de distribution (voir la liste des personnages, note 1, p. 460), nous en déduisons que le prologue, les intermèdes, l'épilogue et la tirade de Climène sont chantés.

2 Situé sur le bord de la Tamise, ce palais, où se déroulèrent de nombreuses représentations théâtrales, fut la principale résidence des souverains anglais au XVIIe siècle.

3 Dans les beaux-arts, les nymphes sont souvent représentées allongées sur une urne renversée, d'où s'écoule l'eau.

4 Bellone, déesse romaine de la guerre (voir La Chapelle, *L'Illustre philosophe*, note 1, p. 288, et Villedieu, *Manlius*, note 1, p.325, semble représenter Louis XIV. Elle pourrait aussi symboliser tout le continent européen en perpétuel conflit. Ce prologue fait en effet allusion à un contexte géo-politique troublé : l'Europe était menacée par l'hégémonie militaire, politique et religieuse de Louis XIV.

5 Ce « Héros » est le roi Charles II d'Angleterre, fils de Charles Ier exécuté à Whitehall en 1649. Après son exil en France suite à la Révolution anglaise, il reprit le pouvoir en 1660. L'Angleterre accueillit alors les réfugiés protestants persécutés par la politique de Louis XIV.

6 Cette région était devenue le terrain d'affrontements militaires perpétuels entre la France et le Saint-Empire romain germanique.

Tu vois couler les tiens dans une paix profonde,
Et tes bords ne sont pleins que de prospérités.
Dans cet heureux État de l'Europe troublée,
Porte les pleurs à ton illustre roi ;
Nymphe, peins-lui les maux dont je suis accablée,
Et fais que son grand cœur s'intéresse pour moi.

LA TAMISE

Je l'ai vu soupirer au récit pitoyable
Du bruit de tes malheurs qui s'épand jusqu'à lui ;
Sa générosité plaint l'état déplorable
Où l'orage de Mars te réduit aujourd'hui.
Reine, si sa prudence égale son courage,
Conserves-tu quelque terreur ?
De tes champs désolés il va bannir l'horreur,
Et son soin favorable écartera l'orage.
Par ses sages conseils nous verrons terminer
Cette guerre longue et sanglante[1] *;*
Nous te verrons encor, paisible et florissante,
De nos myrtes te couronner.
Mais par la seule renommée,
Tu connais ce Héros dont j'adore les lois ;
Et quand tu le verras dans ton âme charmée,
Tu le préféreras au reste de tes rois.
Quand il peut soulager les maux d'un misérable,
Il goûte des félicités,
Et l'on ne peut de ses bontés
Tarir la source inépuisable.
On ne vient point ici, consterné de refus,
Grossir mes eaux avec des larmes :
Sous son autorité nous vivons sans alarmes,
Et ne nous employons qu'à louer[(2)] *ses vertus.*
De ces précieux[(3)] *avantages,*
Quelle nymphe, quel fleuve[2] *oseraient se vanter ?*

1 Référence à la Guerre de Hollande menée par Louis XIV contre les Provinces-Unies et ses alliés (1672-1678).

2 Sous-entendu : « à part toi ».

L'Océan de leurs flots méprise les hommages,
Depuis que tant de sang est venu l'infecter.
Je n'ai point le chagrin d'en être dédaignée,
Seule dans son palais je fais passer les miens :
La puissante Thétis[1] *me comble de ses biens,*
Lorsque contre mes sœurs elle s'est indignée.
Mais ne t'y trompe pas : si j'ai tant de douceur,
Si je vois sur mes bords, dans un riche mélange,
Les trésors de l'Inde et du Gange,
Aux travaux de mon roi j'en dois tout le bonheur[2].

L'EUROPE

Tu flattes mes inquiétudes*(4)
Par un entretien si charmant ;
Dans tes aimables solitudes,*
Je prétends désormais vivre tranquillement.
Mais si je me consacre à cette île si chère,
Où je vois déjà tant d'appas,
Nymphe, il me reste encor des sentiments de mère,
Auxquels je ne renonce pas.
Il faut que ton monarque, arbitre de nos princes,
Redonne enfin le calme à nos peuples troublés ;
Que, n'étant plus captifs dans leurs tristes provinces,
Ils triomphent du sort qui les tient accablés.
À mon repos la paix est nécessaire,
Et si de ce grand roi je l'obtiens aujourd'hui,
Mettant toute ma gloire à la tenir de lui,
Pour la sienne il n'est rien que je ne veuille faire.

LA TAMISE

Je vois qu'il porte ici ses pas,
La fortune te favorise.
Déjà de son aspect tu me parais surprise :

1 Divinité marine, elle est la plus célèbre des Néréides. Celles-ci, au nombre de cinquante, sont les filles de Nérée, dieu de la Mer, et de Doris, fille d'Océan.

2 Fondée en 1599 par la reine Elizabeth Ire d'Angleterre, la Compagnie anglaise des Indes prit son essor, grâce à Charles II, entre 1662 et 1689.

Quand tu le verras mieux, que ne sera-ce pas ?
Puisque le destin nous l'envoie,
Profitons d'un temps précieux(3),
Et pour le divertir par d'agréables jeux,
Faisons éclater notre joie.

L'EUROPE

Vous qui suivez mes lois, paraissez, Nations(3) *!*
Venez signaler votre adresse,
Et mêlez à vos actions
Des cris et des chants d'allégresse.
Que le bruit de son nom remplisse l'univers !
Unissez-vous sur la terre et sur l'onde,
Chantez, en mille endroits divers,
Que sa vertu doit charmer tout le monde.

(Une foule de Nations sortent des deux côtés du théâtre, et ferment le prologue par des chants et des danses.)

LE CHŒUR

Que le bruit de son nom remplisse l'univers !
Unissons-nous sur la terre et sur l'onde,
Chantons, en mille endroits divers,
Que sa vertu doit charmer tout le monde.

UNE VOIX SEULE, *à la Tamise.*

Si l'Europe aujourd'hui paraît sur ton rivage,
Si nous nous empressons d'accompagner ses pas,
Nymphe, ne t'en étonne pas :
Ton illustre héros mérite cet hommage.

UNE AUTRE VOIX

J'ai quitté les bords de l'Ibère[1],
Pour suivre l'Europe en ces lieux.
De tes bontés tu sais ce qu'elle espère :
Grand Roi, favorise ses vœux.

---

1 Référence probable à l'Èbre, le plus puissant fleuve d'Espagne, pays catholique alors ennemi de l'Angleterre.

TROIS VOIX

Lui seul peut nous satisfaire,
Peuples, cherchons à lui plaire :
Que le bruit de son nom remplisse l'univers !
Unissons-nous sur la terre et sur l'onde,
Chantons, en mille endroits divers,
Que sa vertu doit charmer tout le monde.

LE CHŒUR

Que le bruit de son nom remplisse l'univers !
Unissons-nous sur la terre et sur l'onde,
Chantons, en mille endroits divers,
Que sa vertu doit charmer tout le monde.

ACTE I

SCÈNE I

LA TREILLE, *seul.*

Quoique simple valet, Madame la Tamise,
Souffrez que sur vos bords mon âme moralise ;
Je n'y viens point, chagrin et las de soupirer,
Apprendre à vos amants à se désespérer.
Un soin plus raisonnable occupe ma pensée,
De l'Amour cependant ma poitrine est blessée ;
Et comme assez d'amants, en poussant des regrets,
Vous ont souvent appris leurs amoureux secrets,
Je sens qu'à cet instant pareil désir me presse.
Vous voyez un objet tout rempli de tendresse :
Écoutez mon histoire et la retenez bien,
Je veux parler par ordre, et ne vous cacher rien.
Je ne me pique point d'une illustre naissance :
Mon père était portier d'un hôtel d'importance,
D'un brevet de laquais il me fit possesseur,
Et j'exerçai ma charge avec assez d'honneur ;
Mais mon maître en huit ans, pour toute récompense,
De quelques vieux habits me donna l'intendance.
J'avais déjà du cœur* et, rompant avec lui,
J'entrai dans le service où je suis aujourd'hui :
Ce fut l'hiver passé, sur la fin de décembre,
Que Monsieur Rare-en-tout me fit valet de chambre.
Rare-en-tout, ce grand nom, ne vous surprend-il pas ?
Vous le verrez bientôt, il marche sur mes pas :
Nous avons rendez-vous sur votre beau rivage.
C'est un Gascon[1] bien fait, adroit, plein de courage,
Noble, mais si facile à se laisser charmer,
Qu'une simple chanson le peut forcer d'aimer.

1 Le Gascon dans cette pièce est à la fois un type littéraire (son accent, ses mœurs rustiques, parfois peu honnêtes, et son don de l'exagération sont risibles) et une allusion historique : l'Opéra, à Paris, engageait beaucoup de chanteurs d'origine gasconne (voir, dans le Complément bibliographique, P. Gethner, 1993, p. 153, n. 18).

Je vais vous en donner un assez bel exemple :
En passant une nuit par le Marais du Temple,
Une voix l'arrêta* jusques au point du jour,
Et pour une inconnue il conçut de l'amour.
J'enrageais de bon cœur : je suis un peu timide[1],
Le froid était piquant et la nuit fort humide.
À ne vous point mentir, j'étais épouvanté,
Car naturellement je crains l'obscurité.
J'eus beau pour l'entraîner draper* sur la musique[2],
Je perdis fort longtemps toute ma rhétorique.
Nous partîmes enfin de ce lieu malheureux,
Mais jamais Céladon[3] ne fut plus amoureux :
Il fallut employer ma tête ingénieuse[(4)]
À découvrir l'endroit où gisait* la chanteuse.
Mon zèle réussit, et Dieu sait quels discours
Signalèrent* d'abord ses naissantes amours !
Il ne les perdit pas[4] : la nymphe était humaine,
L'espérance prit soin de soulager sa peine.
Quelque bien* plus réel peut-être s'en mêla,
Mais monsieur le Destin n'en demeura pas là :
Aux feux de ces amants, il déclara la guerre.
Climène, un beau matin, partit pour l'Angleterre :
Aux volontés d'un père, il fallut déférer.
On eut beau s'attendrir, on eut beau soupirer,
Le départ fut si prompt qu'un billet de la belle
À mon maître trop tard en porta la nouvelle.
Je crus qu'il s'allait pendre ou bien s'empoisonner,
Et jamais un amant ne sut moins raisonner.
Il fallut aussitôt faire notre équipage,
Son trépas était sûr s'il n'eût fait le voyage.
Il fut assez heureux, mais arrivant ici,

1 « peureux ».

2 « me moquer de son engouement pour la musique ».

3 Héros du roman pastoral *L'Astrée* d'Honoré d'Urfé (1607-1628), qui possède toutes les vertus de l'amant parfait et qui lança la mode du personnage de l'amoureux transi (voir aussi Pascal, *Le Vieillard amoureux*, v. 565 et note 2, p. 205).

4 C'est-à-dire qu'il ne fit pas ces discours en vain.

Son chagrin augmenta bien loin d'être adouci :
Nous ne pûmes savoir quelle maison heureuse
Possédait dans son sein notre belle chanteuse.
Je cherchais nuit et jour, mais ayant découvert
Que souvent un Français avait[1] chez lui concert,
J'y fus adroitement et j'y trouvai Climène.
Le concert se faisait une fois la semaine :
Que mon maître eut de joie, combien d'embrassements
M'exprimèrent l'ardeur de ses empressements !
Quels transports, quels plaisirs, lorsque je fus l'instruire
De l'endroit où dans peu je voulais l'introduire !
J'avais tout disposé pour ouvrir les chemins,
Un valet enivré secondait mes desseins :
Du logis de Climène on nous donnait l'entrée,
Et Monsieur Rare-en-tout se la vit assurée.
Mais ses yeux, éblouis par un nouvel éclat,
À sa fidélité livrèrent un combat :
Le père de Climène avait fait connaissance
Avec un vieil Anglais d'assez bonne naissance,
Qui n'avait qu'une fille et l'aimait chèrement.
Belle, jeune, et chantant miraculeusement,
Elle était au concert : que mon maître eut de peine
À jeter un regard sur la pauvre Climène !
Il sortit dans la presse* à dessein d'éviter
De l'entretenir seule ou de la visiter.
J'avais lu dans ses yeux toute son inconstance,
Je crus que je devais l'en gronder d'importance ;
Mais il me conjura, tout le reste du jour,
De n'être point contraire à ce nouvel amour,
Et de vouloir encore employer mon adresse
Pour le faire parler à sa jeune maîtresse*.
Je cherchai sa suivante, et j'en fus si charmé,
Que mon maître jamais n'avait plus tôt* aimé :
Mon cœur, qui n'est formé de bronze ni de roche,
Soupira pour ses yeux à la première approche,

1 « donnait ».

Je sentis naître un feu* qui se glissa partout,
Et qui de ma vigueur viendra bientôt à bout.
Je la trouvai d'humeur assez accommodante,
Et sur le fait d'amour passablement savante :
C'est pour l'entretenir que je viens en ces lieux.
Mais j'aperçois mon maître : il paraît sérieux[3]…

SCÈNE II

LE MÊME, RARE-EN-TOUT.

RARE-EN-TOUT

Eh bien, n'as-tu point vu l'adorable Isabelle ?
Que j'en suis amoureux, La Treille ! Qu'elle est belle !

LA TREILLE

Cela ne va pas mal. Mais Climène, Monsieur,
Perd donc tout le pouvoir qu'elle eut sur votre cœur ?

RARE-EN-TOUT

Oui, pour l'aimable Anglaise aujourd'hui je la quitte.

LA TREILLE

C'est fort bien fait à vous.

RARE-EN-TOUT

Je suis plein d'un mérite
Qui me fait triompher des plus charmants appas :
Mon nom seul, ma valeur…

LA TREILLE

Ah ! je n'en doute pas.
Mais raisonnons un peu : que prétendez-vous faire ?
Vous croyez-vous ici fort bien dans votre affaire ?
Climène d'un tel coup est fille à s'irriter,
Et je prévois des maux qu'il faudrait éviter :
Craignez de son courroux…

RARE-EN-TOUT

Moi, craindre ? Tu m'offenses.
Je prétends à ses yeux vanter mon inconstance.

LA TREILLE

Et par là vous croyez vous immortaliser.

RARE-EN-TOUT

T'a-t-elle commandé de me tyranniser ?
Je lui baise les mains[1] : le passé fut pour elle,
Mais l'avenir sera pour l'aimable Isabelle.

LA TREILLE

Et dans quelque concert, Isabelle à son tour
Pourrait bien essuyer un semblable retour* !
Voilà jeunes beautés le sort qui vous menace :
Quand vous croyez régner, vous êtes en disgrâce ;
l'Amour vous promet tout pour ne vous rien tenir,
Et chez lui le présent vaut mieux que l'avenir.

RARE-EN-TOUT

Tous tes raisonnements ne font pas mon affaire :
Isabelle me plaît, et je prétends lui plaire.
Que Climène gémisse et répande des pleurs,
Le temps pourra donner remède à ses douleurs.
Nous sommes à deux pas du logis d'Isabelle,
Quand elle sortira je veux m'approcher d'elle.
Que dis-tu de mon air ? Il est assez vainqueur,
Et je n'ignore pas comme[nt] l'on prend un cœur…
Tu ne me réponds rien ?

LA TREILLE

Non.

RARE-EN-TOUT

Pourquoi ?

1 C'est-à-dire : « je lui dis adieu », ou encore « je lui rends hommage ». Employée sur le ton de la raillerie, l'expression signifiait aussi que l'on désapprouvait ou rejetait une personne.

LA TREILLE

Que vous dire ?
Puisque vous captivez tout objet* qui respire,
Profitez d'un talent qui vous doit être cher.
Isabelle paraît : courez donc l'approcher !
Avec votre bel air, vous allez faire rage.
L'occasion[4] vous rit, elle est seule. Courage !
Mais Finette la suit, que son œil est fripon !

SCÈNE III

LES MÊMES, ISABELLE, FINETTE, [TIRSIS].

RARE-EN-TOUT, *à Isabelle.*

Madame, vous voyez un illustre Gascon,
Percé de mille coups et si couvert de gloire,
Qu'un jour ses actions[3] honoreront l'histoire ;
Mais tout cela pour lui n'aura rien de si doux,
Que l'avantage heureux de soupirer pour vous.
Ne lui refusez pas l'aveu qu'il vous demande :
Je sais bien qu'en effet la grâce sera grande.

(Isabelle regarde dédaigneusement Rare-en-tout, et s'éloigne de lui sans parler.)

LA TREILLE

De cet accueil, Monsieur, vous êtes interdit.
Avez-vous bien compris ce qu'elle vous a dit ?
N'êtes-vous point charmé d'une telle éloquence ?
C'est assez galamment payer votre inconstance.

RARE-EN-TOUT

Tu t'étonnes de peu. Voudrais-tu que d'abord*,
De ce que je demande, elle tombât d'accord ?
Je ne m'attendais point à d'autre repartie :
Une fille à son âge a de la modestie,
Et mon air martial[3] imprime du respect.

LA TREILLE

En matière d'amour, pareil cas m'est suspect.
Ses yeux sont dédaigneux, je la crois méprisante.

RARE-EN-TOUT

Pour nous en éclaircir, consulte sa suivante :
Tâche de découvrir d'où vient cette froideur,
Si c'est haine, mépris, innocence ou pudeur.
Enfin, sers mon amour et vante mon mérite.

LA TREILLE, *en riant.*

Parlez, elle revient… Non, elle vous évite !

(Isabelle revient avec un homme [*Tirsis*], *qui lui donne la main, elle chante :)*

ISABELLE

Cessez, cœurs languissants de prétendre à me plaire :
J'aime l'heureuse liberté,
Et si l'amour est un mal nécessaire,
Je ne me soumets point à sa nécessité.

TIRSIS *chante.*

En vain, pour paraître insensible,
Vous voulez résister au pouvoir de l'amour ;
Mais croyez-moi, lui seul est invincible,
Et vous pourrez aimer un jour.

(Après avoir chanté, Isabelle et Tirsis rentrent chez elle[1], [*suivis de Finette*].*)*

LA TREILLE

Ce chantre assurément menace votre amour :
C'est quelque heureux rival, il a l'air de la Cour.

RARE-EN-TOUT

Et moi celui de Mars. Cadébiou*, je m'en moque !

LA TREILLE, *entre ses dents.*

À ne vous point mentir, sa présence me choque*.

1 Une partie du décor doit représenter la maison d'Isabelle.

RARE-EN-TOUT

Je te laisse. Pour moi, n'épargne point tes soins.

LA TREILLE

Allez, mon zèle ici ne veut point de témoins.
(Seul.)
De son nouvel amour fort peu je m'embarrasse,
Mais le mien veut enfin que je le satisfasse.
Bon, Finette revient… Morbleu, qu'elle a d'appas !

SCÈNE IV

LA TREILLE, FINETTE.

LA TREILLE

Ma chère, un mot ou deux.

FINETTE

Ah ! ne m'arrête pas !
Il faut à quelques soins m'occuper sans remise :
On régale Madame au bord de la Tamise
D'instruments concertés avec de belles voix ;
Ensuite nous verrons, au son de six hautbois,
Danser quelques pêcheurs sur un air agréable.
Cela n'a-t-il pas l'air d'une fête admirable ?
Laisse-moi donc aller, ne deviens point fâcheux :
Il faut nous ajuster et friser nos cheveux.

LA TREILLE

Quand je devrais risquer à te mettre en colère,
Tu ne passeras point.

FINETTE

Eh bien, que veux-tu faire ?

LA TREILLE

Te conter mes raisons, te parler de mes feux*,
Te dire tout le mal que m'ont fait tes beaux yeux.

FINETTE

Tu parles comme un livre, et ton discours m'enchante.

LA TREILLE

Sans vanité, ma flamme est assez éloquente...
Mais il ne suffit pas de se bien exprimer.

FINETTE

Et que faudrait-il donc ?

LA TREILLE

T'obliger de m'aimer.

FINETTE

Mon cœur déjà pour toi n'est que trop favorable.

LA TREILLE

Tu me fais trop d'honneur, ou je me donne au diable[1] !
Si l'on mourait de joie, je serais déjà mort.

(Bas.)

En faveur du Gascon, il faut faire un effort.

(Haut.)

Dis-moi par quel motif la sévère Isabelle,
Au discours de mon maître, a paru si rebelle.
Il en est amoureux jusques à la fureur :
Si ta dame le fuit, je crains pour son honneur.
Ces diables de Gascons ont l'âme furibonde,
C'est un des plus fripons qui coure par le monde.
Mais, dis-moi, s'il venait à la tarquiniser[2],
Serait-elle visage* à se martyriser ?
Suivrait-elle aussitôt les traces de Lucrèce ?

FINETTE

Je ne crois pas encor sa vertu si tigresse :
Notre siècle a peu vu de ces rares transports.

---

1 Locution employée quelquefois pour donner plus d'énergie à ce qu'on affirme.

2 Allusion au viol par Sextus Tarquinius, fils du roi de Rome, de Lucrèce (VIe siècle av. J.-C.), dont le suicide provoqua la révolte populaire et la fin de la monarchie romaine.

L'âme à l'extrémité[1] justifierait le corps :
L'intention[(4)] tient lieu d'excuse légitime,
On n'est point criminel sans consentir au crime[2].

LA TREILLE

Peste, quel jugement ! Qui t'en a tant appris ?

FINETTE

J'ai toujours conversé parmi les beaux esprits.
Je servais à Paris une jeune comtesse,
Qui savait toute chose et qui lisait sans cesse ;
Tous les savants étaient de ses admirateurs,
On voyait autour d'elle une foule d'auteurs,
Qui lui venaient souvent consulter leurs ouvrages,
Et je ne perdais pas de si grands avantages.
Mais pour en revenir à ton brave Gascon,
Il aborde Madame avec un plaisant ton :
Fût-il, en quatre mots, des amants le plus tendre,
Eût-il plus de valeur que le grand Alexandre,
Eût-il plus que l'Amour de grâces et d'appas,
S'il ne sait point chanter, il perdra tous ses pas.
Sans musique chez nous personne n'entre en grâce,
Et mon clavecin seul m'y procure une place.
Pour ton tarquiniseur[3]…

LA TREILLE

S'il ne faut que chanter,
Mon maître assurément…

FINETTE

Dieu nous veuille assister !
S'il chante comme il parle, il va faire merveille…
Il nous faut du sublime, oh mon pauvre La Treille !
Son accent seul rebute et chagrine.

1 Sous-entendu : poussée à…
2 Finette fait la différence entre l'époque de Lucrèce, où le déshonneur d'un viol conduisait au suicide, et son époque, où on reconnaît l'innocence de la victime non consentante.
3 Voir la note 2, p. 478.

LA TREILLE

Aujourd'hui,
Tous ceux de l'Opéra sont gascons[1] comme lui.

FINETTE

Tant pis.

LA TREILLE

Pourquoi tant pis ? Tu fais la dédaigneuse.

FINETTE

Moi ? Tu te trompes fort, mais je suis connaisseuse,
Et ma délicatesse est souvent un malheur[2].

LA TREILLE

Mon maître chantera, morbleu, pour son honneur.

FINETTE

Eh bien, nous l'entendrons ! Pour peu qu'il sache faire,
La musique pourra mettre ordre à son affaire.
Mais toi, qui d'un tel maître est le digne valet,
Régale-nous un peu de quelque air de ballet :
Tu chante[s] apparemment, et quand mon épinette[3]
Sera jointe à ta voix…

LA TREILLE

Ah, ma chère Finette !
Si je pouvais un jour concerter avec toi,
Que de charmants plaisirs, que de douceurs pour moi !

FINETTE

La Treille est de bon goût.

LA TREILLE

Finette est adorable.

---

1 Voir la note 1, p. 470.
2 Autrement dit, elle a la critique facile.
3 Petit clavecin.

FINETTE

Peut-on louer[(2)] les gens d'un air plus agréable ?

LA TREILLE

Tu mériterais mieux, et tu dois m'avouer[(3)]
Que, qui[1] te connaîtra, ne peut trop te louer[(2)].

FINETTE

Tu me gâtes l'esprit : je me croirais trop belle.

LA TREILLE

Ah ! crois-le hardiment.

FINETTE

Ma maîtresse m'appelle,
Il faut que je te quitte. Adieu, jusqu'au revoir !

LA TREILLE

Si tu me le permets, je reviendrai ce soir.
Parle un peu de mon maître et protège sa flamme.

FINETTE

Je n'y manquerai pas.

LA TREILLE

Adieu donc, ma chère âme.

SCÈNE V

LA TREILLE, *seul.*

Ma foi, le cœur me bat ! Amour, pour un moment,
Souffre que je respire. Ah, cruel, doucement !
Je blâmais autrefois mon maître d'être tendre,
Et de le devenir je n'ai pu me défendre :
Voyage infortuné, pays contagieux[(4)] !
Mais je me désespère, et je n'en suis pas mieux.
Allons, ferme, La Treille ! Arme-toi de constance :

1 « quiconque ».

Finette assurément flatte ton espérance.
Qui pourrait t'alarmer ? Eusses-tu cent rivaux,
La friponne a des yeux et voit ce que tu vaux.
Courons chercher mon maître et lui faisons entendre,
Pour être heureux un jour, le chemin qu'il doit prendre.

[INTERMÈDE
TRITONS, NÉRÉIDES, LE CHŒUR.]

L'intermède du premier acte est une dispute amoureuse de Tritons et de Néréides, sur les bords de la Tamise. Des pêcheurs qui tirent leurs filets sur le rivage, charmés de voir des divinités, témoignent leur joie par une danse agréable.

UN TRITON *chante.*

Naïades jeunes et belles,
De notre humide séjour,
Chassez les fiertés cruelles,
Suivez les lois de l'Amour !
Tous ses jeux sont agréables,
Les plaisirs suivent ses pas ;
Et vous êtes trop aimables,
Pour ne les connaître pas.

UNE NÉRÉIDE

Thétis ne veut point qu'on soupire,
Et défend dans les flots cet usage fâcheux.

UN TRITON

Elle n'a garde de vous dire
Qu'elle fit autrefois un mortel bienheureux[1].

UN AUTRE TRITON

On voudrait paraître sage,
Quand l'Amour, ennemi de l'âge,
Fuit les objets qui sont comblés de jours ;*

1 Thétis, déesse marine, fut mariée à un mortel, Pélée, roi de Phthie (Thessalie). Ils eurent plusieurs enfants, dont Achille.

Mais souvent les noms de prudes
Laissent de petits retours
À de vieilles habitudes[1].

UNE NÉRÉIDE

Quoi ! vous portez jusques aux dieux
Les traits de votre satire ?

UN TRITON

Pour être du céleste Empire,
N'a-t-on pas un cœur et des yeux ?

TROIS TRITONS

Quand l'agréable jeunesse
Vous prête de ses appas,
Profitez du temps qui presse :
Un bien perdu ne se recouvre pas.*
Dès que l'on voit la vieillesse
Chasser vos jeunes attraits,
L'*Amour dégoûté vous laisse,*
Et porte ailleurs le pouvoir de ses traits.

UNE NÉRÉIDE

Amants qui cherchez à plaire,
Savez-vous ce qu'il faut faire
Pour toucher de jeunes cœurs ?
Nous voulons de la constance,
Et bien souvent nos faveurs
Suivent la persévérance.

UN TRITON

Vous nous faites tort,
Belle Néréide :
L'Amour qui nous guide
À vos charmants appas attache notre sort.

1 « n'empêchent pas les anciennes habitudes galantes de revenir ».

UNE NÉRÉIDE

Vous jurez d'être fidèles,
Et dans le même moment,
À quelques naïades plus belles,
Vous allez quelquefois faire un pareil serment.

TROIS TRITONS

Aimez, suivez nos leçons !
À celles de Thétis, gardez bien de vous rendre :
Chez l'Océan, nymphes, tritons,
Tout se pique d'être tendre.

UN TRITON

Serez-vous toujours sévères,
Pendant que nous languissons ?

DEUX NÉRÉIDES

L'Amour veut qu'on lui défère,
En vain nous lui résisterions.

LE CHŒUR

Qu'une si belle victoire
Augmente aujourd'hui sa gloire !

ACTE II

SCÈNE I

RARE-EN-TOUT, LA TREILLE.

RARE-EN-TOUT

Tu dis que pour lui plaire il faut savoir chanter ?
Nous avons, grâce au Ciel, de quoi la contenter,
La Treille, et si ses yeux ne me sont pas propices,
Ses oreilles peut-être auront moins d'injustices.

LA TREILLE

Je le crois comme vous, mais ce n'est pas jeu sûr.

RARE-EN-TOUT

Ma voix assurément répond de mon bonheur,
Et Lambert[1] m'a trouvé chantant comme les anges.

LA TREILLE

Vous savez encor mieux vous donner des louanges[(2)].

RARE-EN-TOUT

Peut-être que tu crois que c'est par vanité,
Mais je connais mon prix, et j'ai de l'équité[2].

LA TREILLE

Phébus[3] en soit loué[(2)] ! Phébus et les neuf Muses !
Gens, comme vous savez, qui ne sont pas des buses,
Et que pour la musique il est bon d'invoquer,
Car sur le point d'honneur ils se pourraient piquer.
S'ils voulaient de leurs dons me faire quelque hommage,
Finette m'aimerait mille fois davantage :

---

1 Allusion à Michel Lambert, chanteur et compositeur à Paris et à la Cour. En 1661, il fut nommé maître de musique de la chambre du roi.

2 « du jugement ».

3 C'est-à-dire : Apollon, qui est, entre autres, le dieu de la musique et le protecteur des Muses.

Elle sait la musique et voudrait qu'un amant
Pût préluder du moins avec un instrument.

RARE-EN-TOUT

Avec sa passion[3], ce coquin me fait rire.

LA TREILLE

Aïe !

RARE-EN-TOUT

Te trouves-tu mal ?

LA TREILLE

Non, c'est que je soupire.

RARE-EN-TOUT

Soupirer ? Cadébiou* ! tu te moques de moi ?
Les soupirs sont-ils faits pour des gens comme toi ?

LA TREILLE

Pourquoi non, s'il vous plaît ? N'ai-je pas une haleine,
Un cœur, des sentiments pour exprimer ma peine ?
Il semble à ces Messieurs les gens de qualité
Qu'un pauvre domestique est sans humanité,
Que seuls ils sont en droit de tenter l'aventure,
Et que nous n'avons rien de madame Nature.
Mais ils se trompent fort, et nous sommes, comme eux,
Propres à cultiver un commerce amoureux,
Et très souvent choisis par la bonne fortune
Pour de grandes faveurs !

RARE-EN-TOUT

Tais-toi, tu m'importunes.
Isabelle est longtemps[1] : je brûle de la voir.
La nuit vient cependant.

1 « se fait attendre ».

LA TREILLE

J'en suis au désespoir.
Vous allez rester seul : je n'aime point son ombre,
Et je crains pour mon dos quelque fâcheux encombre[1].

RARE-EN-TOUT

Poltron ! Craindre avec moi ! Ne me connais-tu pas ?
Chaque coup de ma main est suivi d'un trépas.
Demeure ici, faquin, avec toute assurance[2].

LA TREILLE

Faites-vous assommer, mais loin de ma présence :
J'y consens de bon cœur, vous êtes un guerrier.
Quant à moi, j'aime mieux le vin que le laurier[3].
Cueillez-en dans ces lieux, et priez la Tamise
Que de ses plus touffus elle vous favorise ;
Si vous ne les payez que cent coups de bâton,
Ce n'est, ma foi, pas cher.

RARE-EN-TOUT

Ah ! Monsieur le fripon,
Vous épuisez enfin toute ma patience[(3)],
Et je vais sur le champ vous frotter* d'importance.

LA TREILLE

N'en prenez pas la peine. On vient : remettez-vous
Et quittez la fureur pour prendre un air plus doux.
C'est votre cher objet*, la divine Isabelle.

RARE-EN-TOUT

La reine des amours ne fut jamais si belle.
Puisque c'est en chantant qu'il la faut aborder,
Commençons par un air propre à persuader[(4)].

---

1 La Treille craint d'être attaqué par les brigands qui rôdent la nuit.

2 « en toute confiance ».

3 Les feuilles de laurier couronnent les héros de la guerre.

SCÈNE II

LES MÊMES, FINETTE, ISABELLE.

RARE-EN-TOUT *chante.*

Jeune merveille,
À d'illustres soupirs
Daignez prêter l'oreille,
Et favorisez mes désirs :
Dieux, quelle gloire
D'avoir triomphé de mon cœur !
Jamais victoire
Ne fut plus digne du vainqueur.

LA TREILLE

Finette, qu'en dis-tu ? Chante-t-il ?

FINETTE

À miracle,
Et pour sa passion[3] je ne vois plus d'obstacle.

LA TREILLE

Nous pourrons donc nous voir ?

FINETTE

Oui, sans doute.

LA TREILLE

Et de près.
D'un grand concert, chez nous, on fait tous les apprêts :
Mon maître y prétend bien inviter Isabelle,
Et toi pareillement.

FINETTE

Apprends une nouvelle.

LA TREILLE

De qui donc[1] ?

---

1 « Au sujet de qui ? ».

FINETTE

De Climène. Elle sort de chez nous,
Et ma maîtresse vient d'essuyer son courroux :
Elle dit que ton maître est un traître, un parjure,
Qui fait à ses serments une honteuse injure,
Et qu'Isabelle craigne, en souffrant son amour,
D'un infidèle cœur le volage retour.

LA TREILLE

Laisse-la déclamer contre la perfidie,
C'est un joli sujet pour une comédie.
[*Rare-en-tout s'approche d'Isabelle.*]
Mais le Gascon s'avance, et l'on ne le fuit plus.

FINETTE

La musique, La Treille, a de grandes vertus.

LA TREILLE

Jusque dans les Enfers de chanter on se pique,
Et le chien Cerberus fait des cris en musique[1].

FINETTE

Il a sans doute appris pour réjouir(3) Pluton.

LA TREILLE

À l'opéra d'*Alceste*, il secondait Charon[2].
Son rôle était fort beau, quoique la médisance
En ait voulu jaser.

FINETTE

Qu'on est critique en France !
Mais Isabelle chante, approchons-nous sans bruit.

1 Allusion à l'*Alceste* de Lully (1674), opéra d'après Euripide. L'aboiement de ce chien tricéphale, gardien de l'Enfer, fut rendu en musique par des voix masculines, effet jugé ridicule et éliminé après la première représentation en 1674 (voir, dans le Complément bibliographique, P. Gethner, 1993, p. 160, n. 23). Parmi les personnages, étaient Pluton (basse) et Charon (ténor).

2 Voir la note précédente.

ISABELLE *chante.*

Quand je vois l'aimable Tirsis,
Mes yeux se troublent, je rougis ;
Quand il est absent, je soupire.
J'y pense la nuit et le jour,
Je crains tout ce que je désire,
Voilà les mouvements qui naissent de l'amour.

RARE-EN-TOUT

Que de charmants accents ! Trois fois heureuse nuit,
De grâce continue à m'être favorable.
[*À Isabelle.*]
Ma foi, de tous côtés vous êtes adorable,
Et mon ardent amour ne peut me pardonner
De n'avoir pas au moins cent cœurs à vous donner.
Puisque ma voix vous plaît, je vous en fais hommage :
Comme maître de l'art j'exécute un ouvrage[1],
Je sais des airs anglais galants et fort nouveaux,
Je vais vous en chanter quelques-uns des plus beaux.
(Il chante un air anglais, Isabelle lui répond.)

FINETTE, *à La Treille.*

Que dis-tu de cela ?

LA TREILLE

Je n'entends point la langue.

FINETTE

Tais-toi, ton maître va[2] reprendre sa harangue.

RARE-EN-TOUT, *pendant qu'Isabelle chante.*

Quels charmes ! Quelle voix ! Quel port ! Quelle fierté !
Que je sens de plaisir et de félicité !
Dans les ravissements, mon âme s'extasie.
Madame, je me meurs : taisez-vous, je vous prie.
Avec encor deux tons, vous me faite[s] expirer :

1 Autrement dit, « je chante comme un virtuose ».
2 Nous ajoutons ce terme pour rétablir l'alexandrin.

Donnez à mon amour le temps de respirer.
Je suis charmé, vaincu, soumis, tendre, fidèle,
Par les yeux, par la voix, par l'esprit d'Isabelle ;
Ma noblesse, mon bien, mon crédit, ma valeur,
Mon mérite, mon bras, mes soupirs, ma grandeur,
Je lui consacre tout, et je veux à sa gloire
Faire graver nos noms au Temple de Mémoire[1].
Ne sais-tu point où c'est, La Treille ?

LA TREILLE, *en riant.*

Non, Monsieur.
Qui me l'aurait appris[2] ?

RARE-EN-TOUT

Vous faites le rieur.
Je vous en dois déjà[3], je paierai bien ma dette.

FINETTE

Devez-vous vous fâcher dans l'état où vous êtes ?
Madame est pacifique, elle aime la douceur,
Et les emportements ne touchent point son cœur.

RARE-EN-TOUT

Je lui pardonne donc, mais qu'il t'en rende grâce.
La nuit, qui nous surprend, me fait quitter la place.
L'on répète ce soir un beau concert chez moi :
Ta dame y viendra-t-elle ?

FINETTE

Assurément.

RARE-EN-TOUT

Et toi ?

---

1 Lieu légendaire où sont conservés les noms des grands personnages. Voir aussi Mme de Villedieu, *Manlius*, note 1, p. 323.
2 Sous-entendu railleur de La Treille : « ce n'est pas vous qui m'y avez déjà mené ».
3 Sous-entendu : des coups de bâton.

FINETTE

Je ne la quitte pas.

RARE-EN-TOUT

Il faut que je l'en prie.
[*À Isabelle.*]
Mon amour vous prépare une galanterie :
Elle est de votre goût, ce sont des airs charmants
Chantés et soutenus de quelques instruments.
Ma maison de la vôtre est à peu de distance,
Pourra-t-on espérer votre chère présence ?

FINETTE

Madame ne dit rien de peur de s'engager,
Mais je vous le promets.

RARE-EN-TOUT

Tu me fais enrager !
Laisse-la décider de ce que je demande.

FINETTE

Je parle par son ordre, elle me le commande.

RARE-EN-TOUT

Ah ! cela me suffit, je ne résiste plus :
Son silence toujours ne m'est point[1] un refus.
La Treille, reste ici pour amener Madame.
Si tu veux m'obliger, parle aussi de ma flamme.

LA TREILLE

Cela vous est acquis.

RARE-EN-TOUT

Adieu pour un moment.
Je vais de mes chanteurs exciter l'agrément.
[*Il sort, tandis qu'Isabelle rentre chez elle.*]

1 « je n'interprète plus son silence comme un refus ».

SCÈNE III
FINETTE, LA TREILLE.

FINETTE
Parle un peu du Gascon : ne t'a-t-il point fait rire ?

LA TREILLE
Je n'ai pas le loisir, il faut que je soupire.

FINETTE
Si ton amour est triste, il me chagrinera.
L'enjouement me fait vivre, et lui seul me plaira.
La Treille, mets plutôt un peu d'eau dans ta braise.

LA TREILLE
Ton cœur indifférent en parle bien à l'aise !
Mais puisque pour te plaire il faut te divertir,
Parlons de Rare-en-tout.

FINETTE
À ne te point mentir,
C'est un original qui n'a point de semblable :
Ma maîtresse pourtant n'est plus inexorable,
La musique chez nous le va mettre en crédit.

LA TREILLE
Où diable a-t-elle pris ce qu'elle nous a dit[1] ?
Ne point parler aux gens, quelle sotte manie !
Pour moi, ce me serait une peine infinie.

FINETTE
J'y suis accoutumée, et je n'en souffre plus.

LA TREILLE
Est-ce une déité féconde en jacobus* ?
Est-elle libérale*, et sa main bienfaisante

1 Sous-entendu : « ce qu'elle nous a fait dire par ton intermédiaire ».

Les fait-elle à grands flots tomber sur sa suivante ?

FINETTE

De quoi te mêles-tu ? Ce n'est pas l'intérêt
Qui m'attache auprès d'elle.

LA TREILLE

Et quoi donc s'il te plaît ?
Tu serais la première et l'unique Française
Qui donnerait son temps aux beaux yeux d'une Anglaise.
Ne te pique point tant de générosité :
Plus que les autres maux, je crains la pauvreté.
Mais ne serais-tu point de ces beautés fardées
Qui, perdant de ces fleurs qu'elles ont mal gardées,
Passent en Angleterre et, s'armant de pudeur,
Vont au premier parti qui peut leur faire honneur[1] ?
Il en est tant ici qui n'ont quitté la France
Que par de vrais motifs de pareille importance.

FINETTE

C'est raisonner fort juste, et je vous trouve bon :
Vous m'honorez beaucoup avec un tel soupçon.
Insulter de la sorte une fille fort sage !

LA TREILLE

Excuse la franchise.

FINETTE

Il n'est plus temps.

LA TREILLE

J'enrage.
Ma chère, par l'amour que tu m'as inspiré,
Ne pousse point à bout un cœur désespéré :
Tes froideurs sont pour moi d'effroyables supplices.
Tu sais qu'il est des feux, des fers, des précipices,

1 Sous-entendu : Finette aurait perdu son honneur et serait partie à Londres chercher un époux qui ignore tout de sa réputation.

Et si j'allais pour toi me donner le trépas,
Verrais-tu par ma mort augmenter tes appas ?

FINETTE

Tu fais l'extravagant*, quand tu m'as outragée.

LA TREILLE

Je m'empoisonnerai.

FINETTE

Je veux être vengée.

LA TREILLE

Tu l'es assez déjà, tigresse, et ta fierté
Pour ton fidèle amant n'a point d'humanité.
Écoute mes soupirs, vois le cours de mes larmes :
J'en veux laver l'affront que j'ai fait à tes charmes,
Je n'en puis plus.

FINETTE

Hélas ! je crois que tu te meurs.

LA TREILLE

Oui, je vais chez les morts déplorer mes malheurs.

FINETTE

Mon âme s'adoucit, tu peux prendre courage,
Et pour une autre fois remettre ton voyage.

LA TREILLE

Tu me pardonnes donc, Finette ?

FINETTE

Assurément.

LA TREILLE

Ma foi, j'allais déjà faire mon testament,
Je te laissais mon bien en sortant de la vie.

FINETTE

Va, garde-le pour toi, je n'en ai point d'envie.
Pour ton crime, en un mot, si tu veux l'effacer,
Ne me dis jamais rien qui me puisse offenser.

LA TREILLE

Non, je ne prétends plus parler que de ma flamme.

FINETTE

Il faut aller donner les coiffes de Madame.
Nous allons revenir, ton maître nous attend.
Ne veux-tu plus rien ?

LA TREILLE

Non, je suis plus que content.

[*Finette rentre dans la maison d'Isabelle.*]

SCÈNE IV

LA TREILLE.

De pareils animaux ont la bile bien prompte.
Mais aussi j'avais tort, c'était lui faire honte :
Soupçonner sa vertu, c'est être bien brutal,
Et le lui dire en face encor plus animal.
J'avais perdu l'esprit de parler de la sorte,
Et je méritais bien une peine plus forte.
Il n'en faut plus parler, elle m'a pardonné.
La voici qui revient…

SCÈNE V

LE MÊME, FINETTE, [*accompagnée d'*] ISABELLE.

FINETTE

As-tu bien raisonné ?

Allons, marche devant au logis de ton maître.
Madame ne veut point qu'on la fasse connaître.

LA TREILLE

Ne t'inquiète(4) point, je serai fort discret,
Et je vais à mon maître imposer le secret.

INTERMÈDE

[AMANTS, HOMMES ET FEMMES, LE CHŒUR.]

La scène change ici et représente la maison de Rare-en-tout qui donne à sa maîtresse le divertissement d'un concert fort agréable et d'une entrée de matassins*[1].

UN AMANT *chante.*

Ombres charmant[e]s, nuit trop heureuse,
Venez protéger mon amour !
Donnez-moi par pitié les plaisirs que le jour
Refuse à ma flamme amoureuse.
On dit que vous favorisez
Tous les tendres secrets qu'un amant vous confie :
Hélas ! si vous me refusez,
Prenez aussi le reste de ma vie.

UN AUTRE AMANT

*Si ta maîtresse**
Ne fait pas ce que tu veux,
La mienne est une tigresse
Qui méprise mes vœux.*
Depuis longtemps je soupire
Sans adoucir sa rigueur,
Et les douceurs de l'amoureux empire
N'ont point encor favorisé mon cœur.

UNE FEMME

C'est ainsi que dans le monde
Vous chantez nos cruautés ?
À peine vos feux sont contés,*
Que vous voulez qu'on y réponde.

---

1 Depuis la Renaissance, les matassins (terme emprunté de l'italien, *mattaccini*) sont des bouffons parodiant des danses guerrières à l'aide d'épées et de boucliers.

Et si vous vous faites[1] *écouter*
À[2] *des cœurs sans expérience*(4),
Vous les payez d'indifférence
Dès qu'ils ne peuvent résister.

DEUX FEMMES
Quand la constance
Suit l'espérance,
On est heureux sous les lois de l'Amour :
Tout plaît, tout charme,
Jamais alarme
Ne prédit un fâcheux retour.*

TROIS HOMMES
Quand l'espérance
Suit la constance,
On n'a jamais de volages désirs.
Sans chagrin on porte sa chaîne :
L'amour ne cause point de peine,
Où l'on ne trouve des plaisirs[3].

UN HOMME SEUL
Cessez, cessez d'être cruelles,
Quand on soupire pour vous.

UNE FEMME
Amants, devenez fidèles,
Votre sort sera plus doux.

LE CHŒUR
Aimons ! L'Amour nous y convie,
Sans lui tout languit dans la vie.

1 Terme à élider pour rétablir l'alexandrin.
2 « Par ».
3 Autrement dit : « sans peine, point de plaisirs ».

ACTE III

La même décoration qui a paru au prologue*
et au premier acte paraît encore ici.

SCÈNE I

CLIMÈNE, *seule.*

Noires fureurs, mortelle jalousie,
Contre l'ingrat qui vient de m'outrager
Apprenez-moi comme il faut me venger,
En m'apprenant qu'il m'a trahie !
S'il me fut doux de me laisser charmer,
Me le sera-t-il moins de punir son offense ?
Non, non, à chercher ma vengeance,
Justes ressentiments, venez donc m'animer !

Barbare Amour, qui répands ton poison
Dans les plus innocentes âmes,
Je vivais en repos quand tes trompeuses flammes
Triomphèrent de ma raison.
Bien loin de songer à me plaindre,
Mon mal me donnait du plaisir,
Je croyais n'avoir rien à craindre.
Mais tu trompais mon cœur, et je dois en rougir.

Sexe sans foi, lâches amants,*
Vous méritez les plus cruels tourments
Qui soient sous l'amoureux empire.
Pour punir un cœur criminel,
Il faut le plus rude martyre :
La mort n'a rien d'assez cruel.

SCÈNE II

LA MÊME, RARE-EN-TOUT.

RARE-EN-TOUT

Avez-vous quelque mal ou quelque inquiétude[4],

Qui vous fasse chercher ainsi la solitude,
Madame ? Ou venez-vous dans ces lieux reculés
Pour cacher aux mortels tout ce que vous valez ?
Pour moi, de tout mon cœur, je consens qu'on me voie :
Si mon mérite est grand, je le montre avec joie.
Il fait ici du bruit, et je crois qu'à la Cour
Les belles pourront bien s'en sentir plus d'un jour.

(Climène, irritée d'un pareil discours, s'éloigne de Rare-en-tout sans parler, qui poursuit de cette sorte :)

Par quel égarement me fuit cette donzelle ?
Quel était son dessein et que prétendait-elle ?
Avait-elle espéré qu'un lâche repentir
À ses fers* de nouveau viendrait m'assujettir ?
Que prompt à m'excuser, je pourrais, tout en larmes,
Sacrifier[(4)] l'amour d'Isabelle à ses charmes ?
Ce n'est pas là mon air, et j'agis autrement.
Je voulais à ses yeux vanter mon changement,
Et par bonnes raisons lui prouver que mon âme
Peut, quand il lui plaira, disposer de sa flamme ;
Qu'un homme comme moi, libre en ses actions[(3)],
Doit pour son plaisir seul suivre ses passions[(3)] ;
Que si le cœur m'en dit, je peux être volage.
Verrait-on Rare-en-tout réduit à l'esclavage ?
Verrait-on son grand nom soumis à cet affront ?
Non, d'un pareil opprobre il faut sauver mon front.
Je suis présentement amoureux d'Isabelle,
Mais je pourrai changer pour une autre plus belle ;
Et selon que l'Amour guidera mes regards,
Mes victimes pourront courir quelques hasards*.

(Pendant que Rare-en-tout parle, Isabelle [*sort de chez elle,*] *l'écoute et témoigne par ses actions le mépris qu'elle a pour lui. Elle se retire ensuite, et il continue.* [*Climène la suit chez elle.*]*)*

Quand je jette les yeux sur toute ma personne,
Il n'en faut point mentir, mon[1] mérite m'étonne :
Les dames ont raison de me favoriser,

1 Orig. : « leur ».

Et leur facilité[1] n'est pas à mépriser…
Mon valet vient ici qui chancelle. La Treille,
Je crois que vous avez consulté la bouteille.

SCÈNE III

RARE-EN-TOUT, LA TREILLE.

LA TREILLE

Moi, Monsieur ! Point du tout.

RARE-EN-TOUT

Il n'importe, passons.
L'Amour, pour faire boire, a de grandes raisons.
Je n'ai point encor vu paraître ma maîtresse*…
D'ailleurs j'ai rendez-vous avec une comtesse.
Finette peut sortir : ne quitte point ces lieux,
Je t'y vais laisser seul.

LA TREILLE

J'en suis ravi, tant mieux.
Vous ne feriez ici qu'une sotte figure :
Garder tant le mulet* n'est pas de bon augure.
Ce procédé fait honte à votre qualité,
Et l'on doit en tout temps garder sa dignité.

RARE-EN-TOUT

Adieu donc.

LA TREILLE, *seul.*

Bien, Monsieur[2], le Ciel vous favorise !
Pour moi, je me consacre aux bords de la Tamise,
C'est assez bien choisir, je n'ai pas tant de tort :
La fortune m'y suit, déjà Finette sort.
Ne me trompé-je point ? Je vois sur son visage
De quelque déplaisir l'infaillible présage.

---

1 C'est-à-dire : « la facilité avec laquelle elles m'accueillent ».
2 Nous ajoutons cette locution pour rétablir l'alexandrin.

SCÈNE IV

LA TREILLE, FINETTE.

LA TREILLE

Doux objet de mes vœux*, tes yeux sont languissants.
N'est-ce point un effet des peines que je sens ?
Quel mal te peut troubler ? Ta fantasque chanteuse
Ne t'a-t-elle point fait de harangue fâcheuse ?
Ne me déguise rien si tu veux m'obliger,
Apprends-moi des chagrins que je veux soulager.
Pour un amant aimé, l'on n'a point de mystère.
Songe à ma passion[3].

FINETTE

Et toi, songe à te taire.

LA TREILLE

Ouais ! Quels yeux, quel discours, quel ton, quelle fierté !

FINETTE

Tu n'abuseras plus de ma crédulité :
Qui me trompe une fois n'y revient de sa vie.

LA TREILLE

Finette, railles-tu ?

FINETTE

Ce n'est point raillerie.

LA TREILLE

Parle plus clairement, ou je suis hors de moi.

FINETTE

Tu fais encore ici l'homme de bonne foi :
Il le faut avouer[3], l'impudence est hardie.
Ton maître ne t'a point appris sa perfidie ?
C'est un amant à pendre, à noyer !

LA TREILLE

Ah ! tout beau,
Finette ! Qu'a-t-il fait ?

FINETTE

Son artifice est beau !
Protester de l'amour, se dire tout de flamme,
Peut-être se placer dans le cœur de Madame,
Et déclarer après qu'il l'abandonnera,
Dès qu'à son inconstance un autre objet plaira.

LA TREILLE

Finette, sur ma foi, ce n'est que médisance.

FINETTE

Madame l'écoutait, c'était en sa présence.

LA TREILLE

Ce témoignage est fort, je n'y puis repartir.

FINETTE

Tu devais bien au moins m'en venir avertir.
Mais nous laisser duper, va, n'as-tu point de honte ?
Quel amour ! Quel amant !

LA TREILLE

Mais, Finette, à ton compte
Je suis bien criminel pour n'avoir point parlé :
Il aurait donc fallu qu'on m'eût tout révélé,
Puisque je l'ignorais.

FINETTE

À d'autres !

LA TREILLE

Quoi ! cruelle,
Tu veux de ta maîtresse embrasser la querelle ?
Si mon maître l'abuse, est-ce ma faute à moi ?

FINETTE

Oui ! D'un plus digne amant, elle reçoit la foi* :
L'hymen l'unit ce soir, et demain je m'engage
Sous l'agréable joug d'un autre mariage[3].
Tu peux porter ailleurs tes soupirs et tes vœux*,
Te plaindre, te fâcher, t'étrangler si tu veux :
Je ne m'informe point de ce que tu dois faire.
Puisque ton brave maître a manqué son affaire,
La tienne s'il te plaît aura même destin.
Ma noce aura grand air : je t'invite au festin,
C'est la seule faveur que ma pitié t'accorde.
Adieu, console-toi.

SCÈNE V

LA TREILLE, *seul.*

Détestable Discorde !
Peste de la douceur, haine de la raison !
Ainsi dans tous les cœurs tu répands ton poison ?
Pour charmer tes serpents, il faut que l'on déplaise[1] ?
Par tes infâmes soins, je suis bien à mon aise !
Et toi, cruel Amour, que mon cœur innocent
Peut bien nommer l'auteur de tous les maux qu'il sent,
Si j'attrape jamais ton carquois et tes flèches,
Ma vengeance y fera de furieuses[4] brèches.
Tu souffres que Finette ait pu m'abandonner ?
Ah ! que de coups de poing je te voudrais donner !
Si je te tiens un jour, sur la terre ou sur l'onde,
Je ferai bonne chère à ta perruque blonde,
Petit chien de fripon, ennemi du repos !
Mais voici l'infidèle, il vient fort à propos.

1 Allusion aux serpents qui recouvrent la tête d'Éris, la déesse de la discorde. N'ayant pas été invitée au mariage de Thétis et Pélée, elle lança la pomme d'or censée revenir « à la plus belle », qui fut à l'origine de la guerre de Troie.

SCÈNE VI

LE MÊME, RARE-EN-TOUT.

RARE-EN-TOUT

Me voilà de retour. Qu'as-tu vu ? D'Isabelle
Ne puis-je point de toi savoir quelque nouvelle ?
As-tu trouvé Finette, et n'as-tu rien appris ?
Mais tu ne me réponds que par des yeux surpris.
D'où viennent ces soupirs ? Pourquoi cette tristesse ?

LA TREILLE

Peut-on être autrement quand on perd sa maîtresse* ?

RARE-EN-TOUT

Qu'est-ce que tu me dis ? Je n'ai pas bien ouï[2].

LA TREILLE

Je suis désespéré, je suis évanoui !
Aïe ! rendez-moi mon cœur.

RARE-EN-TOUT

Que diable veux-tu dire ?

LA TREILLE

Que j'ai perdu mon cœur, cela vous doit suffire.

RARE-EN-TOUT

Je ne te comprends point, parle plus clairement.

LA TREILLE

Vous me l'avez ôté par votre emportement.
Mais pareil ascendant gouverne votre étoile :
Si Finette me fuit, vous perdez Isabelle.
Voilà de vos erreurs l'insupportable fruit,
Voilà l'effet cruel du malheur qui me suit !
Se vanter hautement d'être traître, volage,
Aux yeux de sa maîtresse* en tirer avantage,
Dire qu'on est perfide et s'en glorifier[4] !

Allez, tous les amants devraient vous châtier[(3)].
D'une infidélité, d'un trait abominable
Vous prétendiez vous faire un mérite agréable,
Mais l'on vous écoutait, et Climène aujourd'hui
Contre votre inconstance a trouvé de l'appui.
N'espérez plus de grâce : Isabelle en furie,
Pour se venger de vous, dès ce soir se marie.
Un amant plus discret lui va donner la main,
Et Finette, morbleu, se mariera demain.
Vous l'avez bien voulu. Ah ! que vos gasconnades
Auraient bien mérité cinquante bastonnades !

RARE-EN-TOUT

Bastonnades, dis-tu ? Pour un discours pareil,
Mon bras de mon courroux pourrait prendre conseil.
Qu'on m'abandonne ou non, penses-tu qu'il m'importe ?
Si je suis amoureux, c'est de la bonne sorte[1] :
Sois sage à mon exemple et demeure d'accord
Qu'un amant qui s'afflige est digne de son sort !
Je renonce à l'Amour puisqu'il fait tant de peines ;
J'aime bien mieux de Mars aller faucher les plaines.
Vingt campagnes ont moins de fatigues pour moi,
Qu'un jour d'attachement sous l'amoureuse loi.
Dès que je voudrai plaire, il n'est pas difficile :
On me court dans les champs, on me suit dans la ville ;
Je suis toujours pressé d'une foule de cœurs,
Et mes moindres regards sont d'assurés vainqueurs.

LA TREILLE

Le beau raisonnement ! De pareilles chimères,
Dans l'état où je suis, ne font pas mon affaire.
Mon pauvre cœur, hélas ! je ne te trouve plus :
Finette te retient, pourquoi ?

1 « façon ».

RARE-EN-TOUT

C'est un abus[1].
Sers-toi pour te guérir de ma philosophie,
Crois-moi.

LA TREILLE

Si désormais ma prudence s'y fie,
Je veux bien qu'on m'étrille : il m'a coûté trop cher.
La mort…

RARE-EN-TOUT

À sa douleur, il faudrait l'arracher…
La Treille, il faut sortir de ce trouble funeste :
Fais un petit effort, le temps fera le reste.
Et pour te consoler, ma foi, je te promets,
Quand tu me fâcheras, de ne gronder jamais,
Et de plus, dès demain, te donnant vingt pistoles…

LA TREILLE

Vous avez beaucoup moins d'effets que de paroles[2].
L'or a de la vertu : ce métal précieux[(3)]
Peut-être adoucirait mon tourment rigoureux.

RARE-EN-TOUT

Va, je te les promets, foi de héros.

LA TREILLE

Courage !
Vous voyez bien déjà que l'espoir me soulage.

RARE-EN-TOUT

J'en ai bien de la joie. Ne songeons qu'à partir,
Et le reste du jour à nous bien divertir.
Voilà comme en amour un grand cœur se gouverne !
Un amant du commun mérite qu'on le berne :

---

1 « Tu exagères ».

2 Autrement dit, les belles paroles de Rare-en-tout sont rarement suivies d'effet, et La Treille préfère s'en tenir à du concret…

Soupirer et gémir, quel usage fâcheux !
Pour moi, je ne sais point tyranniser mes feux*.
Il est vrai que, partout où je les distribue,
L'offrande en est payée aussitôt que reçue.
Les dieux me sont amis, j'en suis assez chéri :
Mars depuis plusieurs ans m'a fait son favori* ;
Quand l'Amour veut charmer, il choisit mon visage ;
Des Muses, galamment, je parle le langage ;
Je m'exerce souvent dans les jeux d'Apollon,
Et je mêle ma voix avec son violon[(3)][1].
Puisque pour son malheur Isabelle me quitte,
Allons en d'autres lieux répandre mon mérite.

1 Voir la note 3, p. 485.

ÉPILOGUE
[AMOUR, BERGERS ET BERGÈRES, SATYRES, LE CHŒUR.]

Le théâtre change à la fin du dernier acte, et représente un bocage. L'Amour fait un discours aux dames qui sert d'épilogue, et ensuite, appelle des bergers et des satyres, pour venir terminer le divertissement par une fête pastorale.

L'AMOUR, *aux dames.*

Charmé de voir tant de beautés,
Je renonce aux soins de ma mère,
Et quitte l'île de Cythère[1]
Pour goûter en ces lieux d'autres félicités.
Dans le doux transport qui m'anime,
Pour témoigner qu'un choix si beau
N'a qu'une excuse légitime,
Je viens avec plaisir de rompre mon bandeau.
Que vos appas ont grossi mon Empire !
Que vous m'avez donné de fidèles sujets !
Je vous dois mon pouvoir, agréables objets,*
Trop dignes que pour vous l'Amour même soupire ;
Aussi, je vous promets que les plus tendres cœurs
Viendront avec plaisir vous offrir leurs hommages,
Et que mes plus grandes douceurs
Seront vos moindres avantages.
Ne prétendez pas vous armer
D'une sévérité farouche :
La vertu ne fait point un scrupule d'aimer,
Et quand il me plaît je la touche.
Le commerce des cœurs n'a rien de criminel
Quand l'usage en est bien sincère,
Et qui s'engage à moi par un vœu solennel
Ne fait qu'un innocent mystère.
Ne rougissez donc point d'obéir à mes lois,

1 L'île grecque consacrée à Aphrodite, la mère d'Éros (assimilés à Vénus et Amour chez les Romains).

Jeunes beautés, amants fidèles :
*On s'y soumet parmi les Immortelles**,*
Et rien n'en dispense les rois.
[*Aux bergers et bergères.*]
Venez, bergers, que rien ne vous arrête :
Laissez pour un moment le soin de vos troupeaux,
Inventez des plaisirs nouveaux,
Et célébrez ici ma fête.
[*Aux satyres.*]
Satyres, sortez de ces bois,
Quittez vos sombres retraites,
Et venez mêler vos voix
À la douceur des musettes.

(Des bergers, des bergères et des satyres paraissent des deux côtés du théâtre, et finissent la comédie par des chants et des danses.)

DEUX BERGERS

Courons où l'Amour nous appelle,
Suivons la douceur de ses lois !
Allons, bergers, d'une fête nouvelle
Divertir le plus grand des rois.

LE CHŒUR

Allons, bergers, d'une fête nouvelle
Divertir le plus grand des rois.

UN BERGER

Venez, aimables bergères,
Mêler vos tendres chants à nos danses légères.

UNE BERGÈRE

Si nos concerts innocents
Lui dérobent quelques moments,
Gloire, n'y porte point d'envie.
Souveraine de ses désirs,
Laisse un peu de temps aux plaisirs,
Et jouis(2) *en repos du reste de sa vie.*

UN BERGER

Que l'Amour est charmant,
Qu'il est doux de le suivre !
Un cœur indifférent
N'est pas digne de vivre.
Mêlons nos tendres soupirs
Au bruit de nos musettes,
Et faisons parler nos désirs
Par d'amoureuses chansonnettes.

UN SATYRE

Pourquoi suivre l'Amour,
Nous qui n'aimons qu'à rire ?
Sous son rigoureux empire,
On[1] *souffre la nuit et le jour ;*
À Bacchus, je veux faire la cour,
Lui seul est le fait d'un satyre.

UNE BERGÈRE

Les plaisirs du dieu des amants
Ne sont point faits pour les âmes farouches :
Il laisse les profanes bouches
Mépriser ses plus doux moments.
Mais si l'on sait médire,
Ses traits savent punir,
Et quelquefois nous voyons le satyre
Pour ses faveurs soupirer et gémir.

UN SATYRE

Qu'une coquette est fière !
Pour peu qu'elle ait d'appas,
Elle se désespère
Quand on ne s'y rend pas.

UN BERGER

Porte dans les déserts ton insensible cœur,

1 Nous ajoutons ce terme.

Ennemi de l'Amour, cherche de tes[1] *semblables.*
Charmés de ses lois adorables,*
Nous chérissons jusques à sa rigueur.

UN [AUTRE] BERGER
Qu'il est doux de plaire,
Qu'il est agréable d'aimer !
Jeunes cœurs, laissez-vous enflammer :
L'Amour aime qui le révère.

UN SATYRE
Ah ! que Bacchus a de charmants appas,
Qu'il est agréable de boire !
Heureux qui peut suivre ses pas !
À le servir, je mets toute ma gloire.

UN BERGER
Les plaisirs de l'Amour causent mille douceurs.

UN SATYRE
Et les vapeurs du vin de plaisantes fureurs.

BERGER ET SATYRE, *ensemble.*
(BERGER :) *Aimons !* / (SATYRE :) *Buvons !*
Passons ainsi la vie
Sans chagrin, sans envie.
(BERGER :) *De l'Amour,* / (SATYRE :) *De Bacchus,*
/ [Ensemble :] *suivons les leçons.*

UN BERGER
Pendant que notre âge
Nous permet d'aimer,
D'un si doux usage
Laissons-nous charmer.
N'attendons point que la vieillesse
Nous apporte de ses froideurs :

1 « recherche tes ».

Donnons nos soins à la tendresse,
C'est le destin des plus grands cœurs.

UN [AUTRE] BERGER

Obéissez à l'amoureux empire,
Venez honorer ses autels :
Tout s'y soumet, dieux et mortels,
Prince, berger, faune, satyre.

LE CHŒUR

Obéissez à l'amoureux empire,
Venez honorer ses autels :
Tout s'y soumet, dieux et mortels,
Prince, berger, faune, satyre.

ANTOINETTE DESHOULIÈRES

(1637-1694)

NOTICE

Antoinette Du Ligier de la Garde, fille d'un maître d'hôtel d'Anne d'Autriche, est née fin décembre 1637 à Paris. Elle reçut une éducation très sérieuse et apprit le latin, l'italien et l'espagnol. Douée d'une grande beauté ainsi que d'une intelligence vive et d'une facilité pour les vers, elle allait cultiver toute sa vie la compagnie des gens de lettres. À treize ans et demi, elle épousa Guillaume de La Fon de Bois Guérin, seigneur Deshoulières, lieutenant-colonel d'un régiment au service du prince de Condé, l'un des principaux ligueurs de la Fronde. Le mari partit bientôt pour la guerre et ne demanda à sa femme de le rejoindre qu'en 1653, à Rocroy, puis à Bruxelles. Quand la Fronde prit fin, elle l'encouragea à quitter le parti de Condé et à accepter l'amnistie offerte par Louis XIV. Mais Condé, averti de leurs projets, les fit arrêter et les enferma dans la forteresse de Vilvorden. En août 1657, ils s'évadèrent, regagnèrent la France et furent reçus à la Cour. Le roi nomma son époux gouverneur de Sète en Languedoc, mais Antoinette Deshoulières préféra rester à Paris. Son salon devint l'un des plus brillants de la capitale, réunissant beaucoup d'hommes et de femmes de lettres éminents. Le couple eut quatre enfants, mais seule Antoinette-Thérèse – qui allait elle aussi devenir une poétesse reconnue – survécut à ses parents.

Les vers de Mme Deshoulières circulaient depuis sa jeunesse en manuscrit, mais elle hésita longtemps à tenter l'épreuve de la publication, empêchée par les préjugés associés à son rang et par peur des critiques. En 1672, Donneau de Visé publia deux de ses poèmes dans le tout premier numéro du *Mercure galant*. D'autres vers y parurent à partir de 1677. Cette même année, en tant que championne de Corneille, elle appuya la *Phèdre* de Pradon contre celle de Racine, et composa un sonnet malicieux qui lui valut l'hostilité de ce dernier et de Boileau. En 1678, poussée par ses amis, elle obtint un privilège pour la publication de ses œuvres, mais elle attendit plus de neuf ans pour s'en servir, avec la première édition d'un recueil intitulé *Poésies*. En 1683, Mme Deshoulières, disciple depuis longtemps du mouvement libertin[1], se réconcilia avec l'Église catholique, conversion probablement inspirée par celle de son ancien maître, le poète Dehénault, et par ses problèmes de santé, suite à un cancer au sein qui la fit souffrir pendant les quinze dernières années de sa vie. Elle composa quelques poèmes religieux, allant même jusqu'à louer la révocation de l'Édit de Nantes. Sa réputation grandit à tel point qu'elle fut élue à l'Académie des Ricovrati à Padoue (1684) et nommée membre d'honneur de l'Académie d'Arles (1689). En 1690, l'Académie française fit lire un de ses poèmes pendant une séance. Elle participa à quelques querelles littéraires : ainsi, Moderne avant la lettre, elle préconisa l'utilisation du français, au lieu du latin, pour les inscriptions sur l'arc de triomphe que le roi projetait de se faire construire. Celui-ci lui accorda une pension en 1693 ; mais, lorsqu'elle mourut le 17 février 1694, un an après son mari, elle était, selon certains biographes, assez déshéritée.

En dehors de sa tragédie *Genséric*, jouée et publiée en 1680, ses quelques essais théâtraux sont restés inachevés : à la suite des premiers succès de Quinault et Lully, elle commença vers 1675-78 le livret d'un opéra, *Zoroastre et Sémiramis*, puis s'intéressa à la comédie de mœurs en donnant l'ébauche d'une pièce intitulée *Les Eaux de Bourbon*. Quelques fragments d'une deuxième tragédie, *Jules-Antoine*, inspirée du roman *Cléopâtre* de La Calprenède, nous sont également parvenus. Mais la plupart de ses écrits consiste en petits poèmes familiers (idylles, vers adressés à ses amis, vers sur la vie domestique et sur ses animaux) et vers de circonstance (louanges du roi et des ministres). La partie la plus durable de cette œuvre est la série de poèmes philosophiques et moraux, où elle dénonce l'hypocrisie et la vanité du monde, prône la probité, l'amitié et la paix, exprimant avec une douce mélancolie la brièveté de la vie et le bonheur supérieur des plantes et des animaux comparés aux humains. Ses vers gracieux et élégants témoignent de son amour de la nature et de l'humanité, parfois agrémenté d'un regard malicieux et non dénué d'humour. L'œuvre poétique de Mme Deshoulières, très admirée de ses contemporains, a continué à être lue tout au long du XVIIIe siècle. Mais au siècle suivant, elle sombra dans l'oubli, malgré l'effort de quelques lecteurs enthousiastes, tel Sainte-Beuve. Elle est redécouverte aujourd'hui pour sa poésie nostalgique du quotidien et de la nature. Sa tragédie, qui

1 Courant de pensée, clandestin à l'époque, qui s'affranchissait de la religion traditionnelle et qui prônait un hédonisme raffiné souvent teinté de pessimisme.

fut vite oubliée malgré le succès qui accueillit sa représentation, peut s'interpréter comme une tentative de rénover le genre après la retraite de Corneille et de Racine, en faisant valoir un refus pessimiste de toutes les valeurs héroïques.

GENSÉRIC

Tragédie
(1680)

Première édition
Madame ****, *Genséric*,
Paris, Claude Barbin, 1680.

Édition de référence
Femmes dramaturges en France (1650-1750), vol. 2,
édition critique par Perry Gethner,
Tübingen, G. Narr, 2002, p. 157-234.

PERSONNAGES[1]

GENSÉRIC, roi des Vandales et d'Afrique.
L'IMPÉRATRICE EUDOXE[2], veuve de Valentinien troisième.
LA JEUNE PRINCESSE EUDOXE[3], amante du prince Trasimond, fils aîné de Genséric.
TRASIMOND, fils de Genséric, amant de la jeune Eudoxe.
HUNÉRIC, second fils de Genséric, promis à Sophronie.
SOPHRONIE, fille du comte Boniface, autrefois gouverneur d'Afrique, promise au prince Hunéric, et amante du prince Trasimond.
ISPAR, confident de Genséric, et dans les intérêts de Sophronie.
JUSTINE, confidente de Sophronie.
CAMILLE, confidente de l'impératrice et de la jeune Eudoxe.
AMILCAR, capitaine des gardes de Genséric.
NARBAL, confident de Trasimond.
UN GARDE.

La scène est à Carthage[4], dans le palais de Genséric.

---

1 À propos de la graphie des noms romains, voir les principes éditoriaux, p. 23.

2 L'impératrice Licinia Eudoxia (ou Eudoxie) était la fille de Théodose II, empereur de l'Empire romain d'Orient. Elle épousa Valentinien III, empereur de l'Empire romain d'Occident, dont le règne fut marqué par l'éclatement de cet Empire et la conquête de l'Afrique romaine par les Vandales. Après l'assassinat de son mari (455), elle fut forcée d'épouser son meurtrier et successeur, Maxime Pétrone. Pour se venger, elle crut bon de s'allier avec Genséric, roi des Vandales, et l'invita en Italie. Il saccagea Rome et l'emmena en Afrique.

3 Également connue sous le nom d'Eudocia (ou Eudocie), elle était la fille de Licinia Eudoxia et de Valentinien III.

4 Cette ville d'Afrique du Nord, proche de l'actuelle Tunis, avait été conquise par les Vandales en 439.

Créé en janvier 1680, *Genséric* fut l'une des dernières tragédies montée par l'Hôtel de Bourgogne avant sa fusion avec la troupe de l'Hôtel Guénégaud pour former la Comédie-Française. Le célèbre acteur Michel Baron y tenait le rôle de Trasimond. Bien que l'identité de l'autrice fût connue à l'époque, elle fut publiée anonymement quelques mois après sa création sous le nom de « Madame **** », mais réimprimée en 1695 dans le recueil des *Poésies* de Mme Deshoulières et de sa fille.

L'intrigue s'inspire assez librement d'un fond historique. Genséric régna entre 428 et 477. Ce chef habile, qui conduisit les Vandales d'Espagne en Afrique du Nord, conquit un Empire immense, défit les Romains à plusieurs reprises, et envahit Rome en 455. Il pilla la ville, et emmena prisonnières l'impératrice Eudoxie et ses filles, Eudoxe et Placidie. Cette dernière fut libérée avec sa mère en 462, mais la jeune Eudoxe, forcée d'épouser Hunéric, ne put s'évader que dix ans plus tard.

La principale source littéraire de la pièce est la cinquième partie de *L'Astrée* (1628), composée par Balthazar Baro après la mort de d'Urfé. Mais, alors que dans le roman tous les personnages sont motivés par l'amour, chez Mme Deshoulières, c'est au contraire le cynisme et l'ambition qui prédominent. Genséric n'est plus qu'un tyran avide de pouvoir politique, et l'impératrice semble animée par le seul désir de vengeance. Placidie et les deux chevaliers romains, un trio de personnages qui incarnaient dans le roman l'héroïsme galant, sont supprimés. La fin heureuse tourne ici au tragique : loin de restaurer les valeurs héroïques et morales, elle sacrifie les personnages vertueux, laissant le tyran triomphant et invincible. Enfin, Mme Deshoulières inventa un nouveau personnage, Sophronie, calquée sur les héroïnes violentes et déraisonnables de Racine, mais plus lucide sur son conflit intérieur et plus active dans la sphère politique.

La dramaturge dépeint le démantèlement de l'univers galant célébré par d'Urfé et les auteurs de la génération de Corneille. Elle signe également une des rares pièces qui renvoient dos à dos barbares et Romains, sans glorifier l'un ou l'autre parti. Écrite après la retraite de Corneille et de Racine, *Genséric* est surtout remarquable par la place qu'elle occupe dans l'évolution de la tragédie française : en rejetant la conception de l'héroïsme qui avait dominé les Lettres jusqu'alors, elle marque la quête d'une nouvelle expression tragique.

Malgré son succès initial, la pièce ne fut jamais reprise. Le pessimisme très sombre du dénouement, qui rebuta certains spectateurs dès la création, allait susciter les commentaires hostiles des historiens du théâtre au cours des siècles suivants. Souvent citée défavorablement en raison de sa cabale contre Racine, cette poétesse, si appréciée pour ses idylles et églogues, fut aussi victime des préjugés : elle était en effet l'une des premières à se risquer sur une scène professionnelle en s'attaquant à la tragédie, genre noble par excellence. En s'écartant volontairement des modèles consacrés, la pièce de Mme Deshoulières nous offre une précieuse réflexion sur la société de son temps, étouffée sous l'absolutisme royal et en perte d'idéal.

ACTE I

SCÈNE I

EUDOXE, CAMILLE.

EUDOXE

Pour charmer mes ennuis*, cherche d'autres discours :
Les exemples pour moi sont de faibles secours.
Si la fortune a fait plus d'une malheureuse,
Ma misère doit-elle en être moins affreuse ?
Par le malheur d'un autre amoindrir son malheur,
Est un soulagement indigne d'un grand cœur.
D'ailleurs, de tous les maux, le mien est le plus rude :
La mort vaut cent fois mieux que mon incertitude.
Hélas ! Camille, hélas ! où sont ces jours heureux
Qui du prince et de moi virent naître les feux*,
Quand, de la paix jurée entre Rome et Carthage,
Il fut dans notre cour envoyé pour otage[1] ?
Tristes réflexions(4) ! Tendres {res}souvenirs !
Augmentez, s'il se peut, mes cruels déplaisirs.
À toute ma douleur aujourd'hui je me livre,
Et dans les fers* enfin je ne saurais plus vivre.

CAMILLE

Madame, pressez moins…

EUDOXE

Non, de notre destin
Je veux avec Ispar m'éclaircir ce matin.
Il a de Genséric l'entière confidence,
Et je perdrai par lui la crainte ou l'espérance.
L'as-tu fait avertir que je l'attends ici ?

---

1 Comme dans le roman *L'Astrée* (voir l'introduction à la pièce, p. 523), il s'agit ici de Trasimond, mais, historiquement, ce fut Hunéric, le véritable fils aîné, qui y fut envoyé comme otage. Genséric avait voulu ainsi s'attirer la bienveillance des Romains à la suite du traité de paix qu'il venait de signer avec l'empereur Valentinien III, le père d'Eudoxe, pour mettre fin aux guerres de conquête de l'Afrique (voir la liste des personnages, note 2, p. 522, et, ci-dessous, note 1, p. 537).

CAMILLE

Il sait votre dessein, Madame, et le voici.

SCÈNE II

LES MÊMES, ISPAR.

EUDOXE

Le roi retiendra-t-il longtemps l'impératrice ?
N'est-il point encor las de nous faire injustice ?
Prend-il tant de plaisir à voir couler nos pleurs ?
Et nous destine-t-il à d'éternels malheurs ?
Ministre de ce prince orgueilleux et barbare,
Vous savez bien, Ispar, tout ce qu'il nous prépare.

ISPAR

Madame, je voudrais vous le cacher en vain.
Oubliez, s'il se peut, jusques au nom romain :
Soumettez-vous, Madame, à votre destinée.

EUDOXE

Je ne verrai donc plus les lieux où je suis née,
Cette superbe Rome, où tant et tant de fois
Mes aïeux à leur char ont attaché des rois ?
Et le Ciel souffrira[1], dans les murs de Carthage,
La fille des Césars languir dans l'esclavage !
Non ! Quoique contre nous il paraisse irrité,
Il n'est point protecteur de l'infidélité ;
Genséric, par la foudre, ou par la main d'un homme,
Verra venger sur lui le pillage de Rome.

ISPAR

Ne prendrez-vous jamais de justes sentiments* ?
L'impératrice et vous, dans vos emportements,
Vous oubliez toujours qu'en l'état où vous êtes,
Vous devriez parler moins haut que vous ne faites.
Tant d'orgueil convient mal…

---

1 Sous-entendu : « de voir… ».

EUDOXE

Détrompez-vous, Ispar.
Ma mère est en tous lieux la veuve de César,
Et peut-être qu'un jour on pourra vous apprendre
À ce sublime rang quels respects on doit rendre.
Au bruit que font nos fers*, il n'est point de héros
Qui puisse s'endormir dans un honteux repos ;
Pleine de cet espoir, je vois leurs armes prêtes…

ISPAR

Le Ciel détournera ces fâcheuses tempêtes.
J'ai laissé chez le roi le prince Trasimond :
Si le succès*, Madame, à son zèle répond…
Mais le voici qui vient.

[*Il sort.*]

SCÈNE III

EUDOXE, CAMILLE, TRASIMOND, NARBAL.

TRASIMOND

Ah, Madame ! ah ! mon père…

EUDOXE

Eh bien, Seigneur, je vois ce qu'il faut que j'espère[1] !
Le cruel Genséric ne m'est que trop connu.

TRASIMOND

Je l'ai pressé, Madame, et n'ai rien obtenu.
En vain j'ai fait parler la gloire, la justice,
Le respect des serments faits à l'impératrice,
Les droits des souverains en elle violés(3),
Son sexe, sa maison*, ses pays désolés.
Excepté le beau feu* qui consume mon âme,
J'ai contre Genséric tout employé, Madame.
La peur de l'irriter m'a fait cacher ce feu*,
Dont je laisse brûler mon cœur sans son aveu*.

1 « que j'attende ».

EUDOXE

Pourquoi faut-il, Seigneur, que, pour tirer vengeance
Du crime de Maxime et de son insolence[1],
Ma déplorable mère ait demandé secours,
Entre tant de voisins, à l'auteur de vos jours ?
Ou si c'était par lui que l'aveugle fortune
Devait ne nous laisser qu'une vie importune,
Pourquoi, Prince, pourquoi les destins ennemis,
Du cruel Genséric, vous ont-ils fait le fils ?

TRASIMOND

Qu'entends-je, ma princesse ? Hélas ! j'osais prétendre
Que l'amour le plus pur, le plus fort, le plus tendre,
Dont un sensible cœur puisse être consumé,
Vous ferait oublier le sang qui m'a formé.
Mais je m'étais flatté d'une vaine espérance :
Vous oubliez mes feux* et non pas ma naissance,
Madame. Et quand l'amour, dans quelque heureux moment,
Ne vous laisserait voir en moi qu'un tendre amant,
L'impératrice en pleurs, chez qui rien ne fait taire
Les violents(3) transports d'une juste colère,
Détruirait aisément ce que l'amour…

EUDOXE

Hélas !
Dans le fond de son cœur, vous ne pénétrez pas.

TRASIMOND

J'y verrais des mépris…

EUDOXE

Dans sa douleur amère,
Elle ne confond point le fils avec le père,
Et c'est pour moi, Seigneur, quelque chose de doux
De la voir soupirer sans se plaindre de vous.

1 Voir la liste des personnages, note 2, p. 522.

TRASIMOND

Et d'où me peut venir tant de bonheur, Madame ?

EUDOXE

Le jour que Genséric, par le fer et la flamme,
Désola Rome entière, elle vous vit, Seigneur,
Arrêter du soldat l'insolente fureur,
Et touché du destin de cette auguste ville,
À son peuple innocent accorder un asile.
Elle sait qu'en ces lieux on vous voit chaque jour,
Auprès de Genséric, presser notre retour ;
Et séparant en vous l'innocence du crime,
Loin de vous mépriser, Prince, elle vous estime.

TRASIMOND

Que toutes ses bontés ont de charmes pour moi !
Sa haine remplissait mon triste cœur d'effroi.
Je me suis dit cent fois : « Que fera ma princesse ?
Elle n'a pour secours qu'une faible tendresse,
Contre tout ce que peut assembler de plus fort,
Pour désunir les cœurs, la cruauté du sort ;
Ses sentiments suivront ceux de l'impératrice,
Elle en fera sans doute un entier sacrifice,
Et je demeurerai fidèle et malheureux. »
Ce que vous m'avez dit a rassuré mes feux*.
On m'estime, il est vrai ; mais quand on me voit faire
De votre liberté ma plus pressante affaire,
Quand je hasarde tout, ce soin n'est-il compté
Que pour un pur effet de générosité* ?

EUDOXE

Aux soins que rend l'amour on ne se trompe guère :
Ce qu'il fait a toujours un tendre caractère,
Qui distingue aisément tous les cœurs amoureux
De ceux que le bonheur n'a faits que généreux*.
L'impératrice en voit toute la différence,
Et si j'osais ici trahir sa confidence,
Je vous dirais, Seigneur… Mais pourquoi vous conter

Un dessein qui ne peut jamais s'exécuter ?

TRASIMOND

Quel trouble venez-vous de jeter dans mon âme !
Au nom de notre amour, expliquez-vous, Madame.
Quel dessein, quel secret voulez-vous me cacher ?
Hélas ! pour le savoir, faut-il vous l'arracher ?

EUDOXE

Ah ! que vous me pressez… Si le roi votre père
Vous avait accordé le départ de ma mère,
Elle me destinait… La rougeur de mon front,
Mon embarras… Seigneur, mon esprit se confond.

TRASIMOND

Ma Princesse, parlez.

EUDOXE

On n'a plus rien à dire
Quand on rougit, Seigneur, qu'on fuit, et qu'on soupire.

TRASIMOND

Ah ! ne me cachez point ce désordre charmant :
Faites mourir d'amour un trop heureux amant.
Dieux ! par quel important, par quel rare service,
Pourrai-je m'acquitter envers l'impératrice ?
Flatté par un espoir qu'elle daigne remplir,
Courons la délivrer, courons la rétablir.
Il m'en reste un moyen : la fière Sophronie
À mon frère Hunéric est prête d'être unie,
Elle a toujours fait voir mille bontés pour moi,
Et mon frère est moins fils, que favori* du roi.
Madame, trouvez bon qu'aujourd'hui je confie
En de si sûres mains le bonheur de ma vie.

EUDOXE

Le secret de mon cœur n'était su que de vous :
Mais s'il faut, pour vous faire un sort un peu plus doux,

Apprendre à Sophronie à quel point je vous aime,
Je consens qu'elle en soit instruite par vous-même.
Veuille le juste Ciel qu'elle fasse, Seigneur,
Plus que je n'attends d'elle et de notre bonheur.
[*Elles sortent.*]

SCÈNE IV

TRASIMOND, NARBAL.

TRASIMOND

Ah ! que soupçonnez-vous, Princesse trop timide ?
Sophronie aurait-elle un cœur lâche et perfide ?
Et ce que vous voulez me faire appréhender,
Avec ce que je vois pourrait-il s'accorder ?
Tout ce qu'elle me dit me paraît si sincère,
Et vous ne voulez pas cependant que j'espère.

NARBAL

Ses frayeurs ont peut-être un trop sûr fondement :
L'amour sous l'amitié se déguise aisément,
Et Sophronie enfin, quand vous êtes près d'elle,
Aux yeux de tout le monde est mille fois plus belle.
Un mélange charmant de flamme et de langueur
Redouble de ses yeux l'éclat et la douceur :
Vous en êtes aimé…

TRASIMOND

N'en dis pas davantage,
Respecte une vertu qu'adore tout Carthage ;
Chasse de ton esprit ce soupçon plein d'horreur.
Ne te souvient-il plus qu'elle est presque ma sœur ?
L'engagement public qu'a mon frère avec elle
Autorise pour moi tout ce qu'elle a de zèle.
On n'en peut rien penser d'odieux[(3)] ni de bas :
S'il blessait[1] son devoir, il ne paraîtrait pas,

1 « Si son zèle pour moi allait contre… ».

Le crime fuit le jour…

NARBAL

Le temps fera connaître
Qui se trompe, Seigneur. Mais je la vois paraître.

SCÈNE V

LES MÊMES, SOPHRONIE, JUSTINE.

TRASIMOND

Vous me voyez, Madame, interdit et confus,
Faire de vains projets de ne me taire plus.
Tout prêt à vous parler du malheur qui m'accable,
Je crains de vous trouver une âme impitoyable ;
Vos bontés, je le sais, devraient me rassurer,
Et cependant je tremble, et je n'ose espérer.

SOPHRONIE

Eh ! de grâce, perdez un soupçon qui m'offense !
Prenez en moi, Seigneur, un peu de confiance(3) :
Pouvez-vous ignorer combien vous m'êtes cher ?

TRASIMOND

Mon triste cœur pour vous ne peut plus se cacher.
Malgré tout mon respect, je le sens qui m'entraîne
À vous apprendre enfin son secret et sa peine.
Si l'horreur de mes maux vous touche faiblement,
Si vous n'avez pitié d'un malheureux amant,
Je vais mourir, Madame…

SOPHRONIE

Ah ! Prince, quel langage !
Que vois-je dans vos yeux et sur votre visage ?

TRASIMOND

La plus vive douleur dont on puisse être atteint.
Jamais amant n'a mieux mérité d'être plaint.

SOPHRONIE

Vous amant ! Eh ! Seigneur, comment est-il possible ?
Votre cœur à l'amour peut-il être sensible ?
Né parmi des soldats, nourri dans les hasards*,
La beauté n'a jamais attiré vos regards.

TRASIMOND

Je fuyais de l'amour les trompeuses amorces :
Mais est-il quelque chose au-dessus de ses forces ?
Je crus, plein de la gloire où mon cœur aspirait,
Qu'au milieu des dangers ce cœur s'endurcirait :
Né parmi les soldats, nourri dans les alarmes*,
En ai-je moins appris à répandre des larmes ?

SOPHRONIE

Quand on est fait pour plaire, on n'en doit point verser.
De tourments et de pleurs, l'amour peut se passer.
Les soupçons, les dépits, le désespoir, la rage
Sont des maux dont jamais vous ne ferez d'usage.
Les cœurs prédestinés, quels que soient leurs désirs,
Ne doivent soupirer qu'au milieu des plaisirs,
Et votre âme au chagrin trop vite s'abandonne.
Vaillant, jeune, héritier de plus d'une couronne,
Pourrait-on refuser l'hommage de vos vœux* ?
Non ! Croyez-moi.

TRASIMOND

Sans vous, je ne puis être heureux.
Mais, Madame, je suis peut-être un téméraire,
Et vos refus…

SOPHRONIE

Pour vous, Seigneur, que faut-il faire ?

TRASIMOND

Ah ! souffrez qu'à vos pieds…

SOPHRONIE

Non, Prince, levez-vous.

TRASIMOND

Mon frère doit bientôt devenir votre époux.
Et ce fer par ma mort finira ma misère,
Si vous ne le pressez d'obtenir de mon père
Qu'il mette, pour calmer mon esprit agité,
La princesse et sa mère en pleine liberté.

SOPHRONIE

Ô dieux…

TRASIMOND

C'est pour mon cœur la grâce la plus grande
Que vous lui puissiez faire, et je vous la demande.
Eudoxe m'a charmé, l'amour unit nos cœurs,
Et vous seule pouvez…

SOPHRONIE

Justine, je me meurs.

TRASIMOND

Madame…

SOPHRONIE

Je ferai mes intérêts des vôtres :
Fiez[2]-vous-y, Seigneur, je n'en connais point d'autres.
De pressantes douleurs m'empêchent d'écouter
Un discours… En parlant, je les sens augmenter.
Vous adorez Eudoxe, elle a de la tendresse :
Prince, l'effet ira plus loin que ma promesse,
Allez l'en assurer.

TRASIMOND

Sensible à vos bienfaits,
Le tendre souvenir ne s'en perdra jamais.

[*Ils sortent.*]

SCÈNE VI

SOPHRONIE, JUSTINE.

SOPHRONIE

Je ne vous retiens plus, et vous pouvez paraître,
Rage que dans mon cœur un ingrat a fait naître !
Forcez-moi d'oublier ce qu'il a de charmant,
Et ne me laissez voir que son engagement.
Il aime ! Et ce n'est pas la tendre Sophronie !
Ciel ! quel crime ai-je fait pour être ainsi punie ?
Aimer seule ! Ah ! Justine, ai-je bien entendu ?
Et pour jamais enfin l'espoir est-il perdu ?
Tu ne me réponds point ! Hélas ! que dois-je faire ?
À qui m'en prendre ? À qui d'Eudoxe ou de sa mère
Dois-je faire payer mes mortelles douleurs ?
« Eudoxe m'a charmé, l'amour unit nos cœurs »,
M'a-t-il dit. De ce nom l'une et l'autre s'appelle,
L'une ou l'autre lui plaît, et l'une et l'autre est belle[1].
Inutiles fureurs ! Sur qui venger l'affront
Que fait à mes appas le cruel Trasimond ?
Mais pourquoi tant chercher cette beauté fatale ?
Perdons-les toutes deux pour perdre ma rivale.
L'amour excuse tout…

JUSTINE

Madame, songez-vous
Jusqu'où vous fait aller un aveugle courroux ?
Qu'a fait l'impératrice, et qu'a fait la princesse ?

SOPHRONIE

Elles m'ont enlevé l'espoir de ma tendresse,
Le cœur de mon amant, mon bonheur ! Non, jamais
L'amour n'a pardonné de semblables forfaits.
Pour les punir, Justine, on doit tout entreprendre.

1 L'impératrice, née en 422, fiancée à deux ans, mariée à quinze, doit avoir trente-trois ans au moment des faits.

JUSTINE

Il n'était point à vous ce cœur qu'on a su prendre.

SOPHRONIE

Il n'était point à moi ? Je le connais* trop bien :
Mais avant cet amour, Justine, il n'aimait rien,
Je n'avais à souffrir aucune préférence.
Qu'un moment à mes maux a mis de différence !

JUSTINE

Si la raison pouvait…

SOPHRONIE

C'est un faible secours,
On ne l'écoute point ; et l'on voudrait toujours,
Quand un rigoureux sort à quelque ingrat nous livre,
Que son cœur ne servît que pour le faire vivre[1].
Je goûtais, en aimant, ce funeste bonheur :
Respirer était tout ce que faisait son cœur ;
Il lui sert maintenant à de plus doux usages.
Que de plaisirs pour lui ! Pour moi combien d'outrages !
Que d'horreurs à la fois ! Justine, j'en mourrai,
Mais avant mon trépas… Oui, je me vengerai.

JUSTINE

Eh ! que feriez-vous donc, s'il était infidèle ?

SOPHRONIE

Mon aventure, hélas ! en serait moins cruelle.
Il m'eût aimée, et dans mon dévorant ennui*
J'aurais un vrai sujet de me plaindre de lui[2].
Le Ciel m'a refusé les disgrâces communes,
C'est moi seule qui fais toutes mes infortunes.
Tyrannique devoir ! Fallait-il si longtemps
Cacher à Trasimond mes tendres sentiments ?
Sans vous, hélas ! sans vous, peut-être que son âme

1 Autrement dit, qu'il ne batte pas pour une autre.

2 « S'il m'avait aimé, j'aurais sujet, dans mon malheur, de me plaindre de son inconstance ».

Aurait brûlé pour moi d'une éternelle flamme.
Toute pour Hunéric, pouvait-il deviner…

JUSTINE

Toute pour Hunéric, vous pouviez-vous donner ?
Respectez-vous si peu la foi* qui vous engage ?
Hunéric eût-il pu supporter cet outrage ?
Lui qui contre son sort si souvent mutiné
Ne peut en Trasimond souffrir un frère aîné,
Se verrait-il par lui ravir tout ce qu'il aime,
Sans sacrifier[(4)] tout à son orgueil extrême ?
Non, Madame…

SOPHRONIE

En amour, tu ne te connais pas.
Son cœur n'est pas touché de mes faibles appas.
Étrangère en ces lieux, tu ne sais pas, Justine,
Quelle ardeur a pour moi l'époux qu'on me destine.
Apprends que tant de soins rendus avec éclat
Ne sont chez Hunéric que des raisons d'État :
Quand pour se garantir d'une lâche pratique*,
Mon père[1] fit venir Genséric en Afrique,
Il lui fit proposer, pour avoir son appui,
De partager un jour l'Afrique avecque lui.
Ce Vandale, attiré par ces grands avantages,
Avec mille vaisseaux aborde nos rivages,
Relève notre espoir, chasse nos ennemis ;
Mais loin d'être content du partage promis,
Le cruel, dépouillant mon infortuné père,
Le force de quitter cette Afrique si chère
Pour aller des Romains implorer le secours
Et terminer chez eux ses misérables jours.
Le peuple, qui m'aimait, à mon sort s'intéresse,
Contre l'usurpateur se révolte sans cesse,
Lorsque pour l'apaiser, l'habile Genséric

1 Boniface, général romain et gouverneur d'Afrique, en disgrâce à la cour de Rome suite à une cabale menée contre lui, forma une alliance avec Genséric et invita les Vandales à émigrer dans cette région. Genséric en profita pour y prendre le pouvoir.

S'engage de me faire épouser Hunéric.
Je n'avais que six ans : une si tendre enfance
Des maux de ma maison* m'ôtait la connaissance.
En femme d'Hunéric on m'élevait toujours,
Mais, hélas ! je voyais Trasimond tous les jours...
Le reste tu le sais : à peine t'ai-je vue
Que je t'ai laissé voir mon âme toute nue.
J'ai trouvé du plaisir à te conter des maux
Que personne ne sait, et qui n'ont point d'égaux.

JUSTINE

Je sens comme je dois l'honneur que vous me faites,
Et je prends part, Madame, aux chagrins où vous êtes.

SOPHRONIE

Il faut plus faire encor dans ce pressant danger,
Et plaindre mon malheur n'est pas le soulager.

JUSTINE

Vous n'avez qu'à parler, vous serez obéie.

SOPHRONIE

Ispar doit à mon père et l'honneur et la vie :
Il n'en est point ingrat, il gouverne le roi,
Et j'imagine enfin quelque douceur pour moi.
Il faut pour me venger de l'ingrat que j'adore,
Il faut pour éviter un hymen que j'abhorre,
Employer aujourd'hui tout le crédit d'Ispar.
Va le trouver, Justine, et lui dis de ma part
Que, dans mon cabinet, dans une heure, il se rende.
Tu peux lui confier[3] tout ce que j'appréhende.
Peins-lui bien le besoin que j'ai de son secours,
Excuse si tu peux mes cruelles amours
Dans l'état malheureux où le sort m'a réduite.

JUSTINE

De tout cela pour vous, quelle sera la suite ?
En rompant un hymen qui s'oppose à vos feux*,

En rendant pour jamais Trasimond malheureux,
L'en aimerez-vous moins ?

SOPHRONIE

Moi l'aimer ! Le tonnerre
Puisse-t-il m'accabler, Justine, ou que la terre
Sous mes pas, à tes yeux, s'ouvre pour m'engloutir,
Si l'on me voit jamais cesser de le haïr !

JUSTINE

Je crains bien…

SOPHRONIE

Ne crains rien du cœur de Sophronie :
De ce cœur pour jamais la tendresse est bannie.
Mais va trouver Ispar, et me laisse pleurer
Les honteuses douleurs qui m'ont fait soupirer.

ACTE II

SCÈNE I

SOPHRONIE, JUSTINE.

SOPHRONIE

Ispar a tout promis pour servir ma colère :
Trasimond va trouver un rival dans son père,
Car je ne pense pas que son cœur soit charmé
D'un objet* dont l'esprit est à peine formé.
Son cœur, n'en doutons plus, est à l'impératrice.
Pour un si tendre amant, quel effort, quel supplice,
Quand, pour suivre d'un fils le devoir scrupuleux,
Il faudra renoncer à l'espoir d'être heureux !
Si pour s'en consoler, si pour se venger d'elle,
Le prince Trasimond devenait infidèle,
S'il venait à mes pieds plein de nouveaux désirs,
Justine…

JUSTINE

Loin d'avoir pitié de ses soupirs,
Par d'éclatants mépris vous sauriez le confondre.

SOPHRONIE

De ce que je ferais, je ne saurais répondre.

JUSTINE

Quoi ! vous…

SOPHRONIE

Ce grand courroux à qui tout semble aisé
N'est peut-être chez moi qu'un amour déguisé.
Eh ! quelle sûreté crois-tu que puisse prendre,
Sur la foi du dépit, un cœur fidèle et tendre ?
Je sens, tu me contrains à t'en faire l'aveu,
Que tant qu'on hait beaucoup, on aime encore un peu.

JUSTINE

J'entends du bruit, on vient. Et c'est le roi, Madame…

SOPHRONIE

Dérobons à ses yeux le trouble de mon âme.

SCÈNE II

LES MÊMES, GENSÉRIC, HUNÉRIC, ISPAR.

GENSÉRIC

Vous me fuyez, Madame, et je vous vois toujours
Certains airs mécontents. Pourquoi tant de détours ?
Si vous croyez avoir des sujets de vous plaindre,
On vous écoutera, parlez sans vous contraindre.
Je sais que votre hymen, dès[1] longtemps résolu,
À mon retour ici devait être conclu,
Que ce retardement vous alarme peut-être,
Mais de bonnes raisons…

SOPHRONIE

Vous en êtes le maître,
Rien ne presse, Seigneur, et je ne sais pourquoi
Vous cherchez des sujets de chagrin contre moi.
Je fuis ceux que je sais qu'irrite ma présence.

[*Elles sortent.*]

SCÈNE III

GENSÉRIC, HUNÉRIC, ISPAR.

GENSÉRIC

Qu'à travers ta douceur je vois de violence[3] !
Mais craigne qui voudra ton impuissant courroux,
Un autre soin m'occupe ; Hunéric, l'aimez-vous ?
Sans réserve avec moi, que votre cœur s'explique.

1 « depuis ».

S'est-il trouvé d'accord avec ma politique ?
Pour désarmer le peuple animé contre moi,
Je dus à Sophronie engager votre foi*,
Mais ce temps est passé, je ne crains plus les brigues :
La ville est sans mutins, la Cour est sans intrigues,
Et quel que soit le sang que ce calme ait coûté,
Je ne croirai jamais l'avoir trop acheté.
Profitez-en, mon fils ; et sans gêner* votre âme,
Au gré de vos désirs, choisissez une femme.

HUNÉRIC

Choisissez-la, Seigneur, je ne sais qu'obéir :
Mon cœur attend vos lois pour aimer ou haïr,
Il ne reconnaît point de pouvoir que le vôtre.
Joignez à mon destin Sophronie, ou quelque autre,
Laissez-moi de l'hymen ignorer les plaisirs :
Vous me verrez toujours soumis à vos désirs.
J'ai de l'ambition(4), et non de la tendresse.

GENSÉRIC

Je n'attendais pas tant d'une ardente jeunesse :
J'aime à ne voir en vous qu'un prince ambitieux(4).
Cependant Trasimond régnera dans ces lieux,
Et quoique à cet aîné mon âme vous préfère,
Vous serez malgré moi sujet de votre frère,
Si nous n'allons ravir un sceptre à nos voisins
Pour réparer en vous la faute des destins.
Nous pouvons tout oser dans l'état où nous sommes :
Nous avons des vaisseaux, de l'argent et des hommes.
Les princes nos voisins, par la guerre affaiblis,
Dans un lâche repos semblent ensevelis ;
Mais il faut, pour aller envahir leurs provinces,
Un prétexte qui serve à dépouiller leurs princes.
Le peuple, qui toujours redoute les tyrans,
Ne se laisse éblouir qu'à des droits apparents :
Ils nous manquent, mon fils. Étrangers dans Carthage,
L'hymen nous peut donner un si grand avantage.

Celui qui doit unir Sophronie avec vous
Ne nous apportera rien qui ne soit à nous,
Le temps en a rendu l'alliance[(3)] inutile.
L'empereur d'orient[(3)] n'a ni nièce, ni fille,
Et je ne vois qu'Eudoxe : en vous donnant la main,
Elle peut vous conduire à l'Empire romain[1].
Vous aurez à venger et la mort de son père,
Et l'hymen de Maxime où l'on força sa mère.
Tous ces crimes déjà semblent être punis :
Rome s'est vue en proie à des maux infinis,
Elle a vu par nos mains ses maisons désolées,
Ses temples embrasés, leurs richesses pillées,
Mais on peut redoubler la peine des forfaits
Autant qu'elle est utile aux desseins qu'on a faits.
Et des séditieux[(4)], quelque malheureux reste
Peut encore une fois lui devenir funeste[2].

HUNÉRIC

Et consentira-t-elle à voir régner le fils
D'un roi, le plus mortel de tous ses ennemis ?

GENSÉRIC

Ce nom peut se confondre avec celui de gendre
Des empereurs dont Rome adore encor la cendre[3].
D'ailleurs j'ai des amis et puissants et secrets
Qui, quoiqu'ils soient Romains, sont dans mes intérêts.
Ménagez seulement l'esprit de la princesse :
Vous aurez là besoin de toute votre adresse,
Jamais orgueil ne fut aussi grand que le sien.

1 Pulchérie, cousine de Valentinien III, avait été régente du trône de l'Empire romain d'Orient, lors de la minorité de son frère Théodose II, le père de l'impératrice Eudoxia (voir la liste des personnages, note 2, p. 522). Après la mort de celui-ci, c'est Pulchérie qui plaça Marcien sur le trône en l'épousant. Elle était alors âgée de cinquante ans, et ils n'eurent pas d'héritiers. Dans ce contexte, sa petite-nièce, la princesse Eudoxe, apparaît donc comme l'unique héritière de tout l'Empire romain réuni.

2 Voir la liste des personnages, note 2, p. 522. Après la mort de Maxime (455), Rome resta longtemps plongée dans un interrègne anarchique.

3 Autrement dit, Hunéric peut encore devenir le gendre du défunt Valentinien, et d'ennemi, se faire l'ami des Romains. Dans les faits, Hunéric épousa en effet la princesse.

HUNÉRIC

Elle ne sait donc pas…

GENSÉRIC

Non, elle ne sait rien.
Ispar même, pour qui j'ai tant de confiance[(3)],
N'entre que d'aujourd'hui dans cette confidence.
Non que je m'en défie : il a toujours été
Plein de respect, de zèle et de fidélité.
Séparant Genséric de ce qui l'environne[1],
Il ne s'est attaché qu'à ma seule personne ;
Mais incertain des vœux que formait votre cœur,
J'ai dû ne proposer rien en votre faveur.
S'il s'était trouvé plein d'une folle tendresse,
J'aurais, au lieu de vous, épousé la princesse,
Plutôt que de laisser perdre une occasion[(4)]
Qui peut mettre le comble à mon ambition[(4)].
Mes vaisseaux sont déjà dans les mers d'Italie,
La place du tyran n'est point encor remplie,
Et quoique dans la Gaule on proclame Avitus[2],
Rome est encor sans maître ; et le Sénat confus,
D'abord* qu'avec Eudoxe il vous verra paraître,
D'une commune voix vous choisira pour maître.
Flattons de cet espoir son cœur ambitieux[(4)],
C'est tout ce qui nous reste à faire dans ces lieux.
Allez donc à ses pieds chercher une couronne.

SCÈNE IV

GENSÉRIC, ISPAR.

GENSÉRIC

Que de soins* dévorants ma tendresse me donne !
Ispar, j'achèterais de cent et cent hasards*

1 Autrement dit, Ispar, entièrement voué à son roi, ne se mêle pas des intrigues de la Cour.

2 En 455, Avitus, général d'origine gauloise, fut proclamé empereur d'Occident par les troupes romaines établies en Gaule, mais sans être reconnu par l'empereur d'Orient et les Italiens. Peu après son arrivée à Rome, il fut détrôné par Ricimer et mourut l'année suivante.

Le plaisir de le voir au trône des Césars.
Trasimond, je l'avoue, a l'âme grande et forte,
Mais un secret penchant vers Hunéric m'emporte.
Crois-tu que la princesse ose le dédaigner ?
Crois-tu qu'avec chagrin Rome le vît régner ?

ISPAR

Pour rendre l'une et l'autre à vos vœux plus propices,
Vous pourriez épouser aussi l'impératrice.
Sa beauté, son grand cœur* et son illustre sang
N'ont rien qui ne réponde à l'éclat de son rang,
Et vous…

GENSÉRIC

Moi ! L'épouser ? je n'aurais qu'à le faire
Pour rendre l'Italie à mes desseins contraire.
On l'y déteste, Ispar : on sait que par nos mains
Elle a porté le fer dans le cœur des Romains[1].

ISPAR

Leur haine s'étendra sur toute sa famille.

GENSÉRIC

Rome n'impute point ses malheurs à sa fille.
Trop jeune pour former un important dessein,
Elle n'attira point l'ennemi dans son sein.
De plus, j'ai des raisons contre un tel mariage(3)
Que me fourni[ssen]t, Ispar, mon humeur et mon âge.
L'impératrice est fière : on ne la toucherait
Que par l'excès des soins qu'un amant lui rendrait,
Et si quelques désirs s'élevaient dans mon âme,
Je voudrais que sur l'heure on partageât ma flamme.
Tant d'égards ne sont bons qu'aux vulgaires amants,
Et ce n'est pas aux rois à soupirer longtemps.

---

1 Allusion à l'alliance que l'impératrice fit avec Genséric pour se venger de Maxime. Voir la liste des personnages, note 2, p. 522.

ISPAR

Ne craignez point, Seigneur, qu'elle vous soit cruelle :
Dites-lui seulement que vous brûlez pour elle,
Et laissez-moi le soin de lui faire valoir
Un amour soutenu du souverain pouvoir.
Le temps ne vieillit point les têtes couronnées,
Leurs charmes ne sont point dépendants des années,
Et sans…

GENSÉRIC

Pour m'enflammer, tes soins sont superflus :
On ne doit point sentir ce qu'on n'inspire plus.
Va la trouver, Ispar, il est temps qu'elle apprenne
Que j'ai dessein d'unir ma famille à la sienne.
Mais je la vois paraître : essayons de flatter
Cet orgueilleux esprit qu'on ne saurait dompter.
Nous le pouvons sans honte, et les plus grandes âmes
S'embarrassent le moins des outrages des femmes[1],
Et pour mon fils j'irais jusques à me trahir.

SCÈNE V

LES MÊMES, L'IMPÉRATRICE, CAMILLE.

GENSÉRIC

Madame, nous allons cesser de nous haïr.
Tous vos vœux sont remplis, vous serez bientôt libre,
Bientôt vous reverrez le rivage du Tibre[2] :
Cent mille hommes choisis vous y ramèneront[3],
Qui tous perdront le jour, ou vous rétabliront.
J'irai, n'en doutez point, les commander moi-même,
Et j'atteste du Ciel la puissance suprême…

1 Autrement dit, les insultes que les héros reçoivent de la part des femmes ne portent pas atteinte à leur honneur.

2 Fleuve d'Italie qui arrose Rome.

3 Orig. : « remèneront ».

L'IMPÉRATRICE

Pour un crédule esprit, réservez vos serments,
Ils n'endormiront point mes vifs ressentiments.
Assez et trop longtemps, ces serments m'ont trompée ;
Mais après la Libye et Carthage usurpées,
Me devais-je, Seigneur, fier[(2)] à votre foi*[1] ?

GENSÉRIC

La foi* ne doit point faire un esclave d'un roi :
Aux besoins de l'État cette chimère cède.
Mais, Madame, vos maux ne sont pas sans remède :
Je vous ramène[2] à Rome, et j'y vais travailler…

L'IMPÉRATRICE

Rome aurait-elle encor des trésors à piller ?

GENSÉRIC

Je n'y va[i]s que pour vous, et dût toute la terre…

L'IMPÉRATRICE

Je ne veux plus servir de prétexte à la guerre :
Pour revoir les Romains, cherchez d'autres raisons.

GENSÉRIC

Le dessein que j'ai fait d'unir nos deux maisons*
Vous fera bientôt voir combien je suis sincère.

L'IMPÉRATRICE

Unir nos deux maisons* ?

GENSÉRIC

Madame, je l'espère.
Pour mon fils Hunéric, je viens vous demander
Un bien qu'avec plaisir vous devez m'accorder.

---

1 Nouvelle allusion aux manœuvres de Genséric qui, à force d'intrigues, de promesses non tenues et de guerres incessantes, s'était rendu maître de toute l'Afrique du nord (voir la liste des personnages, note 2, p. 522, et ci-dessus, note 1, p. 537).

2 Orig. : « remène ».

De l'Empire romain je vous rends la maîtresse,
Si l'hymen peut unir mon fils et la princesse.

L'IMPÉRATRICE

J'enfoncerais plutôt un poignard dans son sein.
Changez, Seigneur, changez ce généreux* dessein,
Trop de gloire aujourd'hui suivrait notre misère.
Hunéric épouser l'esclave de son père !
Il ne descendra point à cette indignité,
Et j'aime mieux la mort qu'une telle bonté.

GENSÉRIC

Ah ! c'en est trop, craignez d'allumer ma colère.
Recevez mieux l'honneur qu'un vainqueur vous veut faire.
D'un seul mot, je pourrais…

L'IMPÉRATRICE

Je bénirais le sort
Si ce courroux allait jusqu'à vouloir ma mort.
Hélas ! vous n'en seriez, dans l'ennui* qui m'accable,
Ni guère plus cruel, ni guère plus coupable.

GENSÉRIC

Ce dégoût de la vie et ces sombres transports,
Dans les coupables cœurs, sont l'effet du remords.

L'IMPÉRATRICE

Il n'est point de remords pour qui n'a point de crime.

GENSÉRIC

Comment nommez-vous donc le trépas de Maxime[1] ?
Il était…

L'IMPÉRATRICE

Il était un tyran comme vous,

1 Genséric insinue que l'impératrice fut directement responsable du meurtre de Maxime, déchiré par la populace romaine (voir la liste des personnages, note 2, p. 522). Mais, dans les faits, il n'est pas clair si l'action de la foule fut spontanée ou incitée par Eudoxia.

Et j'ai vengé sur lui la mort de mon époux.
Assisté des mutins, poussé par son audace*,
À son trône, à mon lit, il osa prendre place ;
Et si j'ai regardé cet hymen sans frémir,
Ce fut comme un moyen de le faire périr.
Je l'ai fait, et je laisse un grand exemple à suivre :
Qui vit sans se venger est indigne de vivre.

GENSÉRIC

Je vous entends, Madame, et ces cruels discours…

L'IMPÉRATRICE

À ma fille, Seigneur, je les tiens tous les jours.
J'imprime dans son cœur qu'une sensible offense
Exige des grands cœurs une grande vengeance.

GENSÉRIC

À ces fiers sentiments remplis de cruautés,
Madame, on reconnaît le sang dont vous sortez.
Cet esprit de vengeance où votre cœur s'applique
Est le même qui fit périr Thessalonique[1] ;
À toute l'Italie, il vient d'être fatal.

L'IMPÉRATRICE

Et Carthage pourrait un jour s'en trouver mal.
Tremblez, tremblez, Seigneur ! La princesse est ma fille,
Refusez-lui l'honneur d'être en votre famille :
Le sang de Théodose[2], ardent à se venger,
Pourrait mettre en ces lieux une tête en danger.

GENSÉRIC

Madame, laissez-moi le soin de cette tête.
Qu'à mes ordres demain la princesse soit prête.
La voici ; je vous laisse ensemble.

---

1 Le massacre de cette ville grecque en 390, où plus de dix mille Thessaloniciens furent égorgés pour s'être révoltés contre leur gouverneur, avait été ordonné par l'empereur d'Orient de l'époque, Théodose Ier, arrière-grand-père de l'impératrice.

2 Voir la note précédente.

SCÈNE VI

L'IMPÉRATRICE, EUDOXE, CAMILLE.

L'IMPÉRATRICE

Savez-vous
Que le fier Genséric vous choisit un époux ?

EUDOXE

Non, Madame. Et d'où peut lui venir cette audace ?
Est-ce à lui qu'appartient…

L'IMPÉRATRICE

Il croit vous faire grâce,
Alors* qu'il vous destine à l'un de ses deux fils.

EUDOXE

Madame, à Sophronie, Hunéric est promis.

L'IMPÉRATRICE

Je vous entends, ma fille, une douce espérance
A flatté votre cœur…

EUDOXE

Pleine d'obéissance,
J'écoutai Trasimond. Vos ordres absolus…

L'IMPÉRATRICE

Ne vous défendez point d'avoir fait un peu plus :
Aimez, vous le pouvez par l'ordre d'une mère,
Un prince qui, malgré l'excès de la misère
Où nous réduit du sort l'effroyable revers,
Est assez généreux* pour alléger nos fers*.
Mais, préparez votre âme à l'ennui* le plus rude
Qu'on puisse ressentir après la servitude :
Malgré tous ses serments, le traître Genséric
Rompt avec Sophronie, et vous donne Hunéric.

EUDOXE

Madame, ah ! pourriez-vous…

L'IMPÉRATRICE

Le prince qui vous aime
Peut seul vous garantir de ce péril extrême.
Implorez son secours : on l'adore en ces lieux,
Et rien contre un rival ne paraît odieux[3].

EUDOXE

Au lieu de hasarder une tête si chère,
Ne vaudrait-il pas mieux m'expliquer à son frère ?
Madame, croyez-vous qu'il voulût abuser
Du malheureux état…

L'IMPÉRATRICE

Il pourra tout oser.
À votre hymen je vois que ce prince n'aspire
Que pour avoir par là quelque droit à l'Empire.
On le connaît partout pour un ambitieux[4],
Et nous savons qu'il est cruel, audacieux[4] :
Il a de Genséric tous les vices ensemble,
Et je le hais enfin parce qu'il lui ressemble.
Ma fille, encore un coup, usez bien du pouvoir
Qu'auprès de Trasimond l'amour vous fait avoir.
Sans lui, je ne saurais assez vous le redire…

EUDOXE

Quoi ! de tant de pays alliés[3] de l'Empire,
Pas un n'armera-t-il pour nous tirer des mains…
Mais qu'est donc devenu le grand cœur* des Romains ?
Cette ancienne valeur que partout on renomme ?

L'IMPÉRATRICE

Rome que nous voyons n'est que l'ombre de Rome :
Les Romains d'aujourd'hui, cent et cent fois vaincus,
N'ont que de lâches cœurs, que des cœurs corrompus.

Il n'est plus de grandeur, plus de vertu* romaine[1].
D'un nom qui n'est plus rien, fais un peu moins la vaine*,
Misérable Italie, à qui dans mes malheurs
Je donne si souvent des soupirs et des pleurs.
Veuille le juste Ciel, que pour toi j'importune,
Te redonner un jour ta première fortune,
Rendre encor tes Romains les arbitres des rois,
Et l'univers entier esclave de tes lois !
Quand je t'ai fait les maux qui causent ta ruine[(2)],
Par moi s'exécutait la vengeance divine :
Oui, ce feu qui brûla tes temples, tes palais,
Genséric l'alluma bien moins que tes forfaits[2].
J'en souffre cependant, malgré mon innocence,
Sans qu'aucuns* alliés[(3)] embrassent ma défense.
Personne n'est touché des périls que je cours :
Esclave d'un serment fait pour sauver ses jours,
Marcien[(3)] dans ces lieux n'ose porter la guerre[3] ;
Et fille et femme enfin des maîtres de la terre[4],
Je n'y saurais trouver un asile assuré
Contre l'affreux destin qui nous est préparé.

EUDOXE

Ah ! qu'une prompte mort m'eût épargné d'alarmes !

L'IMPÉRATRICE

À Trasimond, ma fille, allez montrer vos larmes.
Faites-lui bien sentir tout ce qu'il perd en vous,
Et par quelques soupirs allumez son courroux.

---

1 Rome, impuissante à protéger les frontières de l'Empire contre les avances des Huns, des Goths et des Vandales, s'était déjà laissé piller par Alaric en 410, puis par Genséric en 455. Elle était effectivement proche de sa chute définitive (476).

2 Autrement dit, ce sont surtout les crimes des Romains et leur décadence qui ont été la cause de la destruction de Rome.

3 Voir la note 1, p. 543. L'empereur d'Orient, capturé par Genséric, avait dû jurer qu'il ne combattrait jamais plus contre les Vandales.

4 Voir la liste des personnages, note 2, p. 522.

SCÈNE VII

L'IMPÉRATRICE, CAMILLE

L'IMPÉRATRICE

Qu'un jeune et tendre cœur à tromper est facile !

CAMILLE

Quoi ! Madame, en effet…

L'IMPÉRATRICE

Connais-moi bien, Camille.
Du prince Trasimond, j'ai mal payé les soins :
Quoi qu'il ait fait pour moi, je ne l'en hais pas moins.
Pour être généreux* autant qu'il est aimable,
En est-il moins le fils d'un prince détestable ?
Et me pourrais-tu croire un assez lâche cœur
Pour aimer un des fils de mon persécuteur ?
Si je feins d'approuver le feu* qu'il fait paraître,
Si j'engage ma fille à l'oser reconnaître,
Ce n'est que pour servir ma vengeance. Et je veux
Qu'un long embrasement s'allume par leurs feux* :
Par là je vais armer un frère contre un frère.
Des droits du sang, l'amour ne s'embarrasse guère,
Il détruit tous les jours des obstacles plus grands,
Et l'on ne compte point des rivaux pour parents.
Oui ! Je verrai bientôt de sanglantes batailles
Du cruel Genséric déchirer les entrailles,
Et tandis qu'il sera d'affreux soucis rongé,
Je jouirai[3] des maux où je l'aurai plongé.
Je sais que je trahis un prince que j'estime,
Que de mes passions[3] ma fille est la victime,
Que si pour Hunéric se déclare le sort,
Je perds en Trasimond mon unique support,
Et que, si Trasimond est maître de Carthage,
Je n'en aurai pas moins de douleur et de rage.
Mais mon cœur ne connaît ni honte ni danger,
Dès que d'un ennemi je trouve à me venger :

Je verrai d'un œil sec cette guerre intestine
Qui du père et des fils causera la ruine(2).
Et quand j'aurais le sort et du père et des fils,
Il est doux de périr avec ses ennemis.

ACTE III

SCÈNE I

TRASIMOND, NARBAL.

TRASIMOND

Hélas ! à quels ennuis* mon cœur est-il en proie ?
Ne saurais-je goûter une tranquille joie ?
Ô ciel ! injuste Ciel ! Mon frère est mon rival !
Ne me trompé-je point ? M'as-tu dit vrai, Narbal ?
Il veut m'ôter Eudoxe, il quitte Sophronie,
Et le roi jusque-là pousse la tyrannie !
Quel usage, grands dieux ! fait-il de ses serments ?
Mais n'as-tu point appris avec quels sentiments
L'impératrice a vu ce dessein téméraire ?
Ma princesse à leurs vœux sera-t-elle contraire ?
Prétend-on se servir du souverain pouvoir ?

NARBAL

D'elle-même, Seigneur, vous le pourrez savoir.

SCÈNE II

LES MÊMES, EUDOXE.

EUDOXE,

à Trasimond, qui est quelque temps à la regarder sans lui rien dire.

Vous ne me dites rien, Seigneur. Ah ! tout conspire…

TRASIMOND

Je cherche dans vos yeux ce que je dois vous dire.

EUDOXE

Ne le trouvez-vous pas toujours dans votre cœur ?
Mais sans doute pour moi ce cœur se tait, Seigneur :
Il ne partage point l'ennui* qui me dévore.
Si votre cœur pour moi s'intéressait encore,

Vous n'auriez pas besoin, pour faire un long discours,
De chercher dans mes yeux d'inutiles secours.
Quel changement en vous s'est fait depuis une heure !
Ah ! je ne vois que trop qu'il est temps que je meure.
Rien ne doit maintenant m'empêcher de périr :
Quand on n'est plus aimée, ingrat, il faut mourir.

TRASIMOND

Je ne vous aime plus ! Que fais-je donc, Madame ?
Lorsqu'incertain, confus, le désespoir dans l'âme,
Et retenant des pleurs qui sont prêts à couler,
Je cherche dans vos yeux à pouvoir démêler
Si c'est comme à ma sœur ou comme à ma princesse
Que je vous dois parler…

EUDOXE

Eh ! de quelle faiblesse
Soupçonnez-vous mon cœur ? Dieux ! ne savez-vous pas…

TRASIMOND

Votre crainte a fini mon funeste embarras.
Eudoxe m'aime encor, je n'ai plus rien à craindre :
Rival, roi, père…

EUDOXE

Hélas ! que nous sommes à plaindre !
On ne s'amuse point à soupirer pour moi :
Les brutales fureurs, les menaces du roi
Sont du prince Hunéric les redoutables armes,
Contre qui vous savez que je n'ai que mes larmes.

TRASIMOND

Vous comptez donc pour rien le secours de mon bras ?

EUDOXE

Contre un frère, Seigneur, je ne le compte pas.
Quelque forte que soit la haine qui m'anime,

Je ne voudrai jamais qu'elle vous coûte un crime.

TRASIMOND

Eh ! vous aimerez mieux rendre heureux mon rival ?
Adorable Princesse, ah ! que vous aimez mal !
Mais malgré vos raisons, s'il pousse l'insolence
Jusqu'à vous faire un jour la moindre violence(3),
Il saura, ce rival, ce que peut le courroux
D'un frère assez heureux pour être aimé de vous.
Vos beaux yeux dans mon cœur font taire la nature :
Je punirai l'ingrat, l'insolent, le parjure,
Aux yeux de Genséric, au milieu de sa cour ;
Et je ne connais plus de maître que l'Amour.

EUDOXE

De grâce, retenez un mouvement si tendre :
Genséric vient à nous, il pourrait vous entendre.
Dissimulez, Seigneur, votre ressentiment.

SCÈNE III

LES MÊMES, GENSÉRIC, ISPAR.

GENSÉRIC

Je vous allais chercher dans votre appartement.
Sous d'agréables lois je prétends vous réduire :
L'impératrice a dû tantôt vous en instruire,
Et sans doute, Madame, elle vous a conté,
Pour finir vos malheurs, jusqu'où va ma bonté.

EUDOXE, *à part.*

Quelle bonté, grands dieux !

TRASIMOND, *à part.*

Ah ! rigueur inhumaine !

GENSÉRIC

D'où vient que vous pleurez, Madame, et quelle peine…

EUDOXE

Accablée à la fois de crainte et de douleurs,
Peut-on me demander la cause de mes pleurs ?
Hélas ! quand je remets dans ma triste mémoire
Des maux de ma maison* la déplorable histoire,
Lorsque je me peins Rome en proie à vos soldats,
Lorsque je sens mes fers*, puis-je ne pleurer pas ?

GENSÉRIC

Rome que vous pleurez, vous doit-elle être chère ?
Elle est fumante encor du sang de votre père.
Perdez le souvenir de cet ingrat pays,
Devenez africaine en épousant mon fils.

EUDOXE

Les larmes qu'a versées la coupable Italie
Ont effacé le sang dont on l'avait remplie :
Si ses forfaits sont grands, ses maux sont infinis,
Et je n'y vois enfin que des crimes punis.
La mort aux trahisons a servi de salaire.
À ce prix-là, Carthage aura droit de me plaire[1].

GENSÉRIC

Madame, abusez moins de toutes mes bontés.

EUDOXE

Je ne puis oublier toutes vos cruautés.

GENSÉRIC

Vous lier[(2)] à mon fils d'une chaîne éternelle
N'est pas avoir, Madame, une âme bien cruelle.
Ce généreux* dessein, en vous tirant des fers*,
De l'Empire vous rend tous les chemins ouverts.

EUDOXE

Eh ! que m'importe à moi que devienne l'Empire ?

---

1 Autrement dit, elle ne pourra pardonner à Carthage que lorsque cette ville aura payé pour ses crimes, ainsi que Rome l'a fait avant elle.

Le repos est, Seigneur, le seul bien où j'aspire :
Laissez-le-moi goûter. L'état où je me vois
Pour toutes les grandeurs me donne de l'effroi :
Tant et tant de Césars que pour aïeux je compte
Ne servent aujourd'hui qu'à redoubler ma honte.
Je sentirais bien moins l'excès de mon malheur
Si j'avais d'une esclave et le sang et le cœur.

GENSÉRIC

Ces nobles sentiments, ce superbe langage
Dans votre jeune cœur font voir un grand courage ;
Épousez Hunéric, je le veux, c'est assez.
Je m'en suis expliqué ; si vous n'obéissez,
Rien ne m'empêchera de vous faire connaître,
Malgré tant de fierté, que vous avez un maître.

EUDOXE

Quelque droit que sur moi vous donne le bonheur*,
Je n'en serai pas moins fille d'un empereur.
De cet illustre rang, de ce grand héritage,
Je n'ai que la fierté, c'est là tout mon partage :
Je la conserverai jusqu'au dernier moment.
Tout le reste, Seigneur, sujet au changement,
Peut suivre à votre gré la fortune infidèle,
Mais pour mon triste cœur, il ne dépend point d'elle.
(Elle sort.)

GENSÉRIC

Craignez de me porter à des extrémités !
Je respecterai peu ces aïeux tant vantés.
De votre orgueil enfin ma patience[3] est lasse…

TRASIMOND

Si j'osais à genoux demander une grâce :
Votre gloire, Seigneur…

GENSÉRIC

Un sage potentat

Doit immoler sa gloire au bien de son État.

TRASIMOND

Vous [vous] devez à l'État, mais, Seigneur, il me semble
Qu'ici la gloire et lui s'accordent bien ensemble.
Mon frère est-il à vous après l'avoir donné[1] ?
Ne vous souvient-il plus du jour infortuné
Où le peuple en fureur vous donna tant d'alarmes ?
Il ne succomba point sous l'effort* de vos armes :
L'hymen de Sophronie et du prince Hunéric
Au trône de Carthage affermit Genséric,
On vous le fit jurer. L'âge de Sophronie
Fit différer le temps de la cérémonie ;
Si vous ne l'achevez, contre vous je prévois…

GENSÉRIC

Le Ciel a pris le soin de dégager ma foi*.
S'il avait un moment approuvé ma promesse,
Il eût fait dans leurs cœurs naître quelque tendresse.
Sur notre volonté vainement nous comptons ;
C'est au Ciel à tenir ce que nous promettons.

TRASIMOND

Dussé-je m'attirer toute votre colère…

GENSÉRIC

Pour Sophronie enfin, tout ce que je puis faire,
C'est de lui procurer chez les princes voisins
De quoi la consoler de mes premiers desseins.
Elle y consentira.

TRASIMOND

Par cette politique,
À des maux infinis vous livrerez l'Afrique.
Vous serez odieux[(3)] à la postérité,
Et vos serments rompus…

1 Autrement dit, le sort d'Hunéric n'appartient plus à son père depuis que celui-ci l'a donné à l'État en scellant son mariage avec Sophronie, ainsi que le souhaitait le peuple.

GENSÉRIC

Quelle témérité !
Qui vous rend assez vain* pour régler ma conduite ?
Est-ce à vous que je dois la glorieuse(4) suite
De tant de longs travaux, de tant de grands exploits
Qui m'ont mis au-dessus de tous les autres rois ?
Est-ce votre valeur, est-ce votre prudence
Qui font dans mes États révérer ma puissance ?
Avez-vous oublié le respect qui m'est dû ?
Fils ingrat…

TRASIMOND

Non, Seigneur, je ne l'ai point perdu.
Je connais mon devoir : comme roi, comme père,
De tous côtés, Seigneur, votre gloire m'est chère.
Sophronie a des droits qu'on ne peut contester :
Qui sera son époux en saura profiter[1].
Le peuple, qui toujours pour elle se partage…

GENSÉRIC

Eh bien, il la faudra marier(3) dans Carthage.

TRASIMOND

Elle ne voudra point d'un sujet pour époux.

GENSÉRIC

Je le crois.

TRASIMOND

Qui, Seigneur, l'épousera donc ?

GENSÉRIC

Vous.

TRASIMOND

Moi ! Grands dieux ! Qui, Seigneur ? Qui venez-vous de dire ?
Sophronie !

---

1 Autrement dit, il pourra faire valoir ses droits sur le trône de Carthage usurpé par Genséric.

GENSÉRIC

Et d'où vient que votre cœur soupire ?
L'héritière d'Afrique est-elle à mépriser ?
Vous êtes trop heureux de pouvoir l'épouser.

TRASIMOND

Moi, j'irais épouser qui doit être à mon frère !
Sophronie à mon cœur a toujours été chère,
Avec quelque raison je m'en crois estimé,
Mais à ce nom de sœur mon cœur accoutumé
Ne pourrait s'émouvoir, ni soupirer pour elle
Sans se croire rempli d'une ardeur criminelle.
Si vous n'avez dessein, Seigneur, de me haïr,
Ne me contraignez point à vous désobéir.

GENSÉRIC

De pareilles raisons sont des raisons frivoles*.
Mais pour ne perdre point trop de temps en paroles,
J'attacherai demain, par les nœuds les plus doux,
Eudoxe à votre frère, et Sophronie à vous.
N'irritez point un roi jaloux de sa puissance.

TRASIMOND

Je vous dois une aveugle et prompte obéissance :
Mon devoir, ma raison me le font assez voir,
Mais le cœur ne connaît ni raison ni devoir.

GENSÉRIC

Ispar, disposez tout pour cette grande fête.
[*À Trasimond.*]
À ne pas obéir, il y va de la tête,
Songez-y. Je vous laisse ; et sans plus différer,
Pour cet hymen, allez, Prince, vous préparer.
[*Il sort, suivi d'Ispar.*]

SCÈNE IV

TRASIMOND, NARBAL.

TRASIMOND

Quel supplice, grands dieux ! Quoi ! je verrai sans cesse
Mon père d'un côté, de l'autre ma princesse !
Des plus sacrés devoirs, je serai combattu !
Malheureux Trasimond, à quoi te résous-tu ?
Écoute ta raison, arrête* et considère
[Ce] Que tu dois à ton roi, [ce] que tu dois à ton père.
Mais hélas ! si je dois beaucoup à tous les deux,
Ne dois-je rien enfin à l'objet de mes vœux* ?
Ah ! je sens que vers lui ma tendresse m'emporte.
Nature, c'en est fait, vous êtes la moins forte :
Mais n'en murmurez pas, on voit également[1]
Tous les devoirs céder au devoir d'un amant.
Ne balançons donc plus dans ce péril extrême.
Quittons ces lieux, Narbal, pour sauver ce que j'aime.
Mais, dieux ! je ne ferai que changer de malheurs,
Et j'aurai des rivaux dans tous mes protecteurs[2].
Par où donc m'arracher au soin qui m'importune ?
N'est-ce pas d'Hunéric que vient mon infortune ?
Je ne le [re]connais plus pour mon frère, Narbal,
Je ne vois plus en lui qu'un odieux[(3)] rival :
Faisons, faisons tomber sur sa coupable tête
Cette foule de maux que son amour m'apprête[3].
Quand ce juste dessein me coûterait le jour,
Il faut que dans son sang j'éteigne cet amour.
C'est laisser trop longtemps son audace impunie :
Vengeons de cet amant Eudoxe et Sophronie.
Pour ma belle princesse, il ose soupirer ?

---

1 « partout ».

2 Sous-entendu : Eudoxe étant un beau parti permettant d'accéder à la tête de l'Empire romain, tous les princes auprès desquels Trasimond peut trouver refuge sont susceptibles de vouloir l'épouser.

3 « me prépare ».

NARBAL

Attenter à ses jours !

TRASIMOND

Cesse d'en murmurer.
Dans l'affreux désespoir où me réduit mon père,
Me venger et mourir est tout ce que j'espère.
N'était-ce pas assez des maux que j'ai soufferts,
En voyant accabler ma princesse de fers* ?
N'était-ce pas assez d'avoir reçu la vie
D'un roi son ennemi, d'un roi qui l'a trahie !
N'était-ce pas assez de m'en voir rebuté
Quand j'allais à ses pieds chercher sa liberté !
N'était-ce pas, enfin, assez pour sa colère
De m'avoir fait trouver un rival dans un frère,
Sans m'avoir, le cruel, commandé que demain
Je donne à Sophronie et mon cœur et ma main ?
Le parjure à ses yeux ne paraît point un crime :
Pour me faire souffrir, rien n'est illégitime,
Et grâce au soin qu'il prend de me persécuter,
Je ne vois plus, Narbal, de maux à redouter.
Je puis en sûreté défier[3] la fortune.

NARBAL

Si vous n'aviez, Seigneur, une âme peu commune…

SCÈNE V

LES MÊMES, SOPHRONIE, JUSTINE.

SOPHRONIE

Je viens… En me voyant, vous êtes interdit !
Dois-je croire, Seigneur, ce que le roi m'a dit ?

TRASIMOND

Ah ! pour votre malheur, il n'est que trop sincère :
Il rompt la foi donnée entre vous et mon frère.
J'ai su qu'il vous destine un prince pour époux,

Dont le cœur ne saurait être digne de vous.

SOPHRONIE

Pleine d'une charmante et dangereuse idée,
Dont, depuis le berceau, j'ai l'âme possédée,
Peut-être aurai-je mal entendu son discours ;
Quand on aime, Seigneur, on se flatte toujours.
J'aurai sans doute cru, dans l'ardeur qui m'enflamme,
Que le roi pénétrait le secret de mon âme,
Et qu'il me destinait pour ce jeune héros
Que l'amour a rendu fatal à mon repos.
Je me faisais un sort plein de bonheur, de gloire,
Mais vous-même jugez si je devais le croire :
Cet époux, dont j'ai cru qu'on flattait mon espoir,
Est un de ces mortels redoutables à voir ;
Un seul de ses regards porte jusque dans l'âme,
Avecque le plaisir, le désordre et la flamme ;
Certain air tendre et fier qui touche, qui surprend,
Un mérite, un esprit, dont rien ne se défend,
Une âme grande et belle, une valeur insigne,
De l'empire des cœurs rendent ce prince digne.

TRASIMOND

Je pensais que mon frère était assez heureux
Pour fixer votre cœur et remplir tous vos vœux,
Et je nommais déjà la fortune cruelle,
Qui rompait le dessein d'une union(3) si belle.
Mais à ce que je vois…

SOPHRONIE

Si vous pouviez savoir
Les efforts que j'ai faits pour suivre mon devoir[1],
Vous condamneriez moins ce que je fais paraître.
De ses égarements, hélas ! est-on le maître ?

---

1 Rappelons que les mariages se concluaient sans consulter les sentiments privés des futurs époux.

Le cœur se mêle-t-il d'aimer ou de haïr[1] ?
Aux ordres du destin, il ne fait qu'obéir.
Tant qu'a duré la foi* que l'on m'avait jurée,
J'ai caché les ennuis* dont j'étais dévorée ;
Et vous ne sauriez point mes secrètes douleurs,
Si le prince Hunéric ne s'engageait ailleurs.
J'aurais sacrifié[(4)] le bonheur de ma vie
À la tranquillité dont jouit[(2)] ma patrie,
Mais puisqu'un heureux sort me rend la liberté,
Vous opposerez-vous à ma félicité ?
Vous avez tout pouvoir, Seigneur, sur ce que j'aime :
Vous ferez mon destin.

TRASIMOND

Moi, Madame !

SOPHRONIE

Vous-même.

Je ne vous dirai rien davantage, Seigneur :
Il n'est pas encor temps de vous ouvrir mon cœur.
Sauvez-moi cependant de l'indigne hyménée
Où le roi, dites-vous, m'a tantôt condamnée.
Étrange et tendre effet de ces impressions[(4)]
Que font sur les amants les fortes passions[(3)] !
Quoi que vous me disiez, il me paraît encore
Que le roi m'a parlé du prince que j'adore.
Pour me désabuser, de grâce apprenez-moi
Quel est l'indigne époux dont m'a parlé le roi,
Que contre ses défauts ma colère s'irrite.

TRASIMOND

Il a de la naissance, il a quelque mérite ;
Il n'est indigne enfin d'être un jour votre époux
Que parce que son cœur ne saurait être à vous.

---

1 « Le cœur ne choisit pas d'aimer ou de haïr ». Ce discours sur le déterminisme des passions et le rôle du destin permet à Sophronie de justifier ses égarements amoureux, qui s'opposent à la raison et au devoir d'obéissance.

Il brûle pour une autre, et rien ne peut, Madame,
Éteindre dans son cœur cette sincère flamme.
La puissance du roi, celle de vos appas,
La mort même, la mort ne la détruira pas.
Voilà quel est l'époux…

SOPHRONIE

Ah ! qu'ai-je fait, Justine ?
Seigneur, je reconnais l'époux qu'on me destine,
Vainement je voudrais déguiser plus longtemps ;
Vous m'avez entendue, et moi je vous entends.

[*Elles sortent.*]

SCÈNE VI

TRASIMOND, NARBAL.

NARBAL

Ses yeux font voir, Seigneur, un courroux effroyable.

TRASIMOND

Des caprices du sort dois-je être responsable ?
Sophronie a donc cru… Quelle subite horreur
Ce nom vient de porter jusqu'au fond de mon cœur !
Malgré moi je le sens qui frémit, qui se trouble ;
Plus je la veux chasser, plus ma crainte redouble.
Qu'a d'odieux(3) ce nom ? De quoi suis-je alarmé ?
Et qu'ai-je à craindre enfin de qui je suis aimé ?
Ne sacrifions(4) point à des terreurs si vaines,
L'amitié… Tout mon sang se glace dans mes veines.
Dans ce que me présage un si pressant effroi,
Ciel ! garantis Eudoxe, et n'accable que moi.

ACTE IV

SCÈNE I

HUNÉRIC, ISPAR.

ISPAR

Ne vous rebutez point, Seigneur, quoi qu'elle fasse,
Il faudra bien qu'un jour elle vous satisfasse.
Voyez-la sans chagrin s'emporter contre vous :
Il faut laisser pleurer une femme en courroux.

HUNÉRIC

Non, je ne suis point né pour l'indigne faiblesse
De pleurer, de languir aux pieds d'une princesse.
Écoute qui voudra ses insolents refus !
Quoi qu'ordonne le roi, je ne la verrai plus.

ISPAR

Quoi, si facilement vous cessez de prétendre
Au plus glorieux[3] sort qu'un mortel puisse attendre !
Le courroux d'une fille étonne* ce grand cœur,
Qui trouve que, sans trône, il n'est point de bonheur ?
Renoncer à l'espoir de posséder l'Empire,
Sur ce qu'une princesse ose vous contredire !
Le roi condamnera tant de timidité :
Il vous croyait, Seigneur, bien plus de fermeté.

HUNÉRIC

Et moi, je penserais avoir peu de courage*
Si je rendais des soins, Ispar, à qui m'outrage.
Il est d'autres moyens et plus sûrs et plus courts,
Et si le roi m'en croit, avant qu'il soit deux jours…

SCÈNE II

LES MÊMES, TRASIMOND.

TRASIMOND

Prince, je vous cherchais.

HUNÉRIC

Qu'auriez-vous à me dire,
Seigneur ?

TRASIMOND

Vous le saurez : faites qu'on se retire.
Mon cœur pour s'expliquer ne veut point de témoins.

HUNÉRIC, *à Ispar.*

Allez apprendre au roi le succès* de mes soins.

TRASIMOND

Vous savez l'amitié que j'ai pour Sophronie ?
Vous savez qu'avec vous elle doit être unie ?

HUNÉRIC

Je sais que, pour calmer des mutins en fureur,
On me fit lui promettre et ma main et mon cœur.

TRASIMOND

Cependant dans ces lieux on sème une nouvelle :
On dit qu'à Sophronie, à vous-même infidèle,
Vous aimez la princesse[1], et que vous prétendez
Obtenir aujourd'hui ce que vous demandez.

HUNÉRIC

On n'est pas bien instruit de l'état de mon âme.
Quelques traits qu'ait Eudoxe, ils n'ont rien qui m'enflamme.
Et lorsqu'à son hymen je borne tous mes vœux,
Mes projets ne sont pas des projets amoureux.

1 Sous-entendu : Eudoxe.

TRASIMOND

Quels sont donc ces projets ? Quoi ! pour cette princesse…
Pour Sophronie enfin, Prince, je m'intéresse :
Sans me faire un outrage, on ne peut l'offenser,
Je vous l'ai déjà dit, c'est à vous d'y penser.
Dût ce ressentiment m'entraîner à ma perte,
J'irai pour la venger jusqu'à la force* ouverte,
Et dans l'Afrique un jour il ne sera pas dit…

HUNÉRIC

Le roi ne se plaint pas, et cela me suffit.

TRASIMOND

Avez-vous oublié que le Ciel m'a fait naître
Dans un rang qui permet que je vous parle en maître ?

HUNÉRIC

Vous faites bien valoir le peu que je vous dois.

TRASIMOND

Vous faites bien valoir le caprice du roi.

HUNÉRIC

Ce qu'il nomme raison, vous l'appelez caprice.

TRASIMOND

Je vous connais tous deux, et je vous rends justice.

HUNÉRIC

Ce n'est pas d'aujourd'hui que votre esprit jaloux
Ne saurait supporter qu'il me préfère à vous.

TRASIMOND

Le Ciel m'a consolé de cette préférence,
En mettant entre nous quelque autre différence.

HUNÉRIC

Le Ciel mit autrefois de Gontaris[1] au roi
Cette inégalité qu'on voit de vous à moi.
Genséric, méprisé par cet orgueilleux frère,
N'avait que le bonheur d'être aimé de son père :
Le Ciel en sa faveur enfin se repentit,
Et d'un superbe* aîné pour jamais le défit.

TRASIMOND

D'un sort pareil au sien cet exemple vous flatte :
Votre haine pour moi dans cet espoir éclate,
Il faut la satisfaire. Et pour vous agrandir,
Allons voir si le Ciel s'osera repentir[2] !

HUNÉRIC

Allons, Seigneur, allons… Mais voici la princesse.
Pour vous débarrasser, employez votre adresse,
De certaines raisons me la font éviter.
Nous nous retrouverons.

TRASIMOND

Rien ne peut m'arrêter ;
Je vous suis.

[*Hunéric sort.*]

SCÈNE III

TRASIMOND, EUDOXE, CAMILLE.

EUDOXE

Vous fuyez pour ne me pas entendre !
Est-ce là d'un amant ce que je dois attendre,

---

1 Connu sous le nom de Gundéric, ce demi-frère et prédécesseur de Genséric mourut en 428. Selon les Vandales, il fut capturé par les Germains pendant une bataille et mis à mort ; mais selon les Romains, Genséric l'assassina pour s'emparer du trône.

2 Sous-entendu : Trasimond invite son frère à combattre avec lui pour vérifier si les dieux montreront ou non du regret d'avoir précédemment sacrifié un aîné aux ambitions du cadet.

Quand je viens tout en pleurs lui demander secours
Contre un nouveau malheur qui menace mes jours ?
Ah, Seigneur !

TRASIMOND

Dieux ! on ose attaquer votre vie ?
Ah ! Madame, il n'est rien que je ne sacrifie.
Ne me ménagez point, parlez sans différer :
Contre quels ennemis faut-il me déclarer ?

EUDOXE

Contre le désespoir, où me met la nouvelle
D'un hymen qui vous fait devenir infidèle.
Par des discours remplis de la plus vive ardeur,
Par de tendres regards, affermissez mon cœur :
Forcez-moi d'oublier tout ce que j'appréhende.
Seigneur, c'est le secours qu'Eudoxe vous demande.

TRASIMOND

Je ne vous ferai point des serments odieux[(3)]
Pour détruire un soupçon qui m'est injurieux[(4)].
Je dédaigne, Madame, une si lâche voie :
C'est sur mes actions[(3)] que je veux qu'on m'en croie,
Elles vous parleront, et peut-être aujourd'hui
L'excès de mon amour fera seul votre ennui*.
Peut-être le succès* de ce que je médite…
Mais malgré moi, Madame, il faut que je vous quitte.
Je perds auprès de vous des moments précieux[(3)],
Qu'ailleurs, pour notre amour, j'emploierai beaucoup mieux.

EUDOXE

Où courez-vous, Seigneur ? Ma mère qui s'avance…

TRASIMOND, *à part.*

Quoi ! toujours quelque obstacle à ma juste vengeance !

SCÈNE IV

LES MÊMES, L'IMPÉRATRICE.

L'IMPÉRATRICE

Quel inquiet[3] chagrin paraît sur votre front ?
Votre Afrique est, Seigneur, dans un calme profond :
Des princes vos voisins l'âme basse et craintive
Laisse depuis longtemps votre valeur oisive,
Vos vaisseaux tous les ans amènent dans vos ports
Tout ce qu'a l'Orient[3] de plus rares trésors,
Le peuple vous chérit, toute la Cour l'imite,
Le Ciel a mis en vous un éclatant mérite,
Et pour combler vos vœux des plaisirs les plus doux,
Le flambeau de l'hymen va s'allumer pour vous.

TRASIMOND

Que plutôt contre moi tout l'univers s'unisse !
Que plutôt par ma main à vos yeux je périsse !
Madame, il n'est plus temps de vous dissimuler
Le violent[3] amour dont je me sens brûler :
Rassemblez sur moi seul toute votre colère,
Vengez-vous sur le fils des outrages du père,
Méprisez, punissez un prince audacieux[4],
Qui jusqu'à la princesse ose porter les yeux.
Je l'adore… Frappez… Ma mort serait trop belle :
Je mourrais à ses pieds, et j'y mourrais fidèle.
Loin de punir l'amour…

L'IMPÉRATRICE

Ne me soupçonnez pas
D'avoir un sentiment si cruel et si bas.
Seigneur, loin que sur vous éclate ma vengeance,
Je ne vous dois qu'estime et que reconnaissance,
Et quand d'Eudoxe un jour je vous rendrais l'époux,
Je ne penserais pas être quitte envers vous.

TRASIMOND

Combien à ses appas faites-vous d'injustices !

Ah ! Madame, à mes soins, à mes faibles services,
Pouvez-vous comparer le glorieux(3) espoir
Qu'à mon cœur amoureux vous laissez concevoir ?
Qu'ai-je fait, que pour vous un autre n'eût pu faire ?
Mais que pouvais-je plus contre un roi, contre un père ?
Et pourquoi n'avez-vous enfin pour ennemis
Des princes contre qui tout pût m'être permis ?
Sans vouloir que l'honneur de vous avoir servie,
J'irais leur arracher la couronne et la vie,
Et quand j'y trouverais un assuré trépas,
D'un sort si glorieux(3) je ne me plaindrais pas.

L'IMPÉRATRICE, *à Eudoxe.*

Partagez cette ardeur, vous qui l'avez fait naître :
Aussi bien pouvez-vous seule la reconnaître.
Quoi que mon cœur pût faire, il devrait du retour[1] :
L'amour ne se saurait payer que par l'amour.

TRASIMOND [*à Eudoxe.*]

Si vous obéissez à l'ordre qu'on vous donne,
Il n'est plus de péril, Madame, qui m'étonne*,
Il n'est point de dessein dont je ne vienne à bout.
Commandez seulement, mon amour pourra tout.

EUDOXE

Eh ! contre Genséric qu'est-ce qu'il pourra faire ?
Il est toujours, Seigneur, votre roi, votre père.
En vain d'un tendre amour vous m'offrez le secours :
Le devoir sur l'amour l'emportera toujours.

TRASIMOND

Non, ma Princesse, non ! J'obéis sans réserve,
Je n'examine rien[2] pourvu que je vous serve :
Mes crimes par vos yeux seront autorisés,
Et de tous les amants ils seront excusés.

---

1 « Toute ma gratitude ne suffirait pas à récompenser tant de généreux services ».
2 « je ne veux rien considérer d'autre ».

(À l'Impératrice.)

Dès cette même nuit, Madame, je m'engage
À vous faire quitter l'odieuse[3] Carthage.
Je m'en vais rassembler mes amis dispersés,
Demander leurs secours que j'avais refusés,
Rien à leur amitié ne sera difficile.
Narbal de l'heure prise avertira Camille.
Dissimulons encor tout le reste du jour :
Vous votre espoir, et moi mon violent[3] amour.
Genséric ne sait point le secret de mon âme,
Et s'il le découvrait, il nous perdrait, Madame.

L'IMPÉRATRICE

Ne craignez rien, Seigneur, nous saurons déguiser.

EUDOXE

Allez, Prince, et gardez de vous trop exposer.

[*Il sort.*]

SCÈNE V

L'IMPÉRATRICE, EUDOXE, CAMILLE.

L'IMPÉRATRICE

Prête à sortir des fers*, vous répandez des larmes !

EUDOXE

Madame, pardonnez à de justes alarmes :
Le prince va peut-être augmenter mes douleurs,
Et je m'attends toujours à de nouveaux malheurs.
Hélas ! s'il périssait, si pour notre défense…

L'IMPÉRATRICE

Eh ! ne nous faisons point des malheurs par avance :
D'un agréable espoir jouissons[3] pleinement.
La fortune a toujours aimé le changement,
Et lasse de nous faire une guerre cruelle,
Son inconstante humeur au repos nous rappelle.

N'en doutons point, ma fille, et loin d'en abuser,
Aidons-la de nos soins à nous favoriser.
Dans nos ressentiments, engageons Sophronie :
Hunéric la méprise, et le roi l'a trahie,
Ses amis sont puissants…

SCÈNE VI

LES MÊMES, SOPHRONIE.

SOPHRONIE

On me quitte pour vous,
Mais loin que mon esprit en devienne jaloux,
Je viens vous assurer, Princesse, et vous, Madame,
Que du prince Hunéric je servirais la flamme,
Aux dépens de ma gloire, aux dépens de mon cœur,
Si l'on pouvait par là finir votre malheur.
Je tremble quand je pense à ce qu'on vous prépare.
Songez où peut aller la fureur d'un barbare :
Il ne respecte rien, et vous devez toujours
Craindre pour votre gloire, ou craindre pour vos jours.

L'IMPÉRATRICE

Je dois beaucoup, Madame, à cet excès de zèle,
Mais votre amant pourra vous demeurer fidèle.
Je ne mêlerai point, malgré tant de hasards*[1],
Le sang de Genséric à celui des Césars ;
Rome ne verra point l'auteur de ses misères…

SOPHRONIE

Mais Hunéric, Madame, et Trasimond sont frères,
Et quoiqu'ils soient tous deux formés d'un même sang,
Vous ne les mettez pas tous deux en même rang.

L'IMPÉRATRICE

Et qui vous fait juger de cette préférence ?
Fais-je de Trasimond aucune* différence ?

1 C'est-à-dire : malgré toutes les menaces qui pèsent sur elle et sa fille.

SOPHRONIE

Vous me cachez en vain jusqu'où va son bonheur :
Il m'a tout confié[(3)], desseins, espoir, douleur.
Et mon cœur, pénétré par un amour si tendre,
Pour votre liberté me fait tout entreprendre.
J'y travaille, Madame, et par un grand éclat,
Je prétends aujourd'hui me venger d'un ingrat.

L'IMPÉRATRICE

Le prince Trasimond vous a dit vrai, Madame,
Quand il vous a parlé du bonheur de sa flamme.
Ce qu'il a fait pour nous à Rome et dans ces lieux
Doit paraître aux Romains digne de mes aïeux,
Et si je lui pouvais donner, avec ma fille,
L'Empire que le sort ôte à notre famille,
Je croirais rétablir la gloire des Romains
En le faisant tomber en de si bonnes mains.
Le Ciel puisse si bien seconder son courage,
Que nous puissions bientôt abandonner Carthage !
Madame, croyez-vous qu'il puisse exécuter
Ce qu'il a résolu cette nuit de tenter ?
Vos amis et les siens, d'une chaleur[1] égale,
Nous pourront-ils…

SOPHRONIE, *à part.*

Enfin je connais ma rivale.

(À l'Impératrice.)

D'inutiles soucis vous vous embarrassez :
On fera là-dessus plus que vous ne pensez.
Vous verrez si je sais punir qui me méprise,
Et quel heureux succès* aura cette entreprise.
L'ingrat paiera bien cher le refus de son cœur.

L'IMPÉRATRICE

Voici le roi, Madame.

1 « ardeur ».

SCÈNE VII

LES MÊMES, GENSÉRIC, AMILCAR

SOPHRONIE, *à Genséric.*

On vous trahit, Seigneur.
Le prince Trasimond, poussé par sa tendresse,
Entreprend cette nuit d'enlever la princesse.

L'IMPÉRATRICE

Dieux ! qu'ai-je fait ?

EUDOXE

Ô ciel ! nos desseins sont trahis.

GENSÉRIC [*à Eudoxe.*]

Quoi, Madame, c'est vous qui séduisez mon fils !

SOPHRONIE

Pour rendre leur vengeance et leur haine assouvies,
Peut-être songe-t-il à vous ôter la vie.

(Elle sort.)

GENSÉRIC, *à Eudoxe.*

Oui ! Sans doute à ce prix vous mettez votre cœur,
Mais j'empêcherai bien l'effet de sa fureur.
Fils indigne du jour, ton attente est trompée.

(À son capitaine des gardes.)

Allez lui demander de ma part son épée,
Et si ce téméraire ose vous résister,
C'est sa tête, Amilcar, qu'il me faut apporter.

[*Amilcar sort.*]

EUDOXE

Cher Prince, à quels périls t'expose ta tendresse !

L'IMPÉRATRICE

Ah ! dans l'âme d'un roi, fais voir moins de faiblesse.
Barbare, pour tes jours tu t'alarmes en vain :

Peux-tu t'imaginer que dans un cœur romain
On trouve un sentiment si lâche et si perfide ?
Va, ma fille n'est point le prix d'un parricide :
Je la désavouerais si par aucuns* égards
Elle déshonorait le beau sang des Césars[1].
Tu ne m'écoutes point ! Je vois ce qui t'étonne*.
Ce n'est pas votre cœur, ma fille, qu'il soupçonne,
C'est le cœur de son fils, lui seul le fait trembler.
Il croit qu'étant son fils, il doit lui ressembler.

SCÈNE VIII

L'IMPÉRATRICE, GENSÉRIC, EUDOXE, CAMILLE, ISPAR, UN GARDE.

ISPAR

À vos ordres, Seigneur, Trasimond est rebelle.
Le peuple se mutine et soutient sa querelle,
Et sans considérer qu'il s'arme contre vous,
Il attaque vos gens et les écarte tous.
Mais ce qui va, Seigneur, croître votre colère :
Amilcar l'a trouvé qui désarmait son frère.

GENSÉRIC

Ah, Ciel ! de mille coups je crois le voir percé !

ISPAR

Hunéric est, Seigneur, légèrement blessé.

GENSÉRIC, *à Eudoxe.*

De votre sort, Madame, il veut se rendre maître,
Mais dans un tel projet il périra, le traître !
Ispar, va ramasser tous mes soldats épars,
Et qu'on aille sur lui fondre de toutes parts.

1 Autrement dit, sa fille a trop de fierté pour réclamer à Trasimond un odieux parricide en échange de son amour.

SCÈNE IX

LES MÊMES, AMILCAR.

AMILCAR

Seigneur, le prince est pris.

EUDOXE

Ah ! fortune cruelle !

GENSÉRIC

En vos mains, Amilcar, je remets ce rebelle :
Conduisez-le[1] en lieu sûr. À son frère, à l'État,
Je dois faire raison de son noir attentat* :
Le perfide paiera ses crimes de sa tête.
(À Eudoxe.)
Et vous, à m'obéir, Madame, soyez prête ;
Songez que je peux tout.

EUDOXE

Prince lâche et sans foi,
Ton Afrique n'a rien de si cruel que toi.

SCÈNE X

L'IMPÉRATRICE, EUDOXE, CAMILLE.

EUDOXE

Il est perdu, Madame, et son barbare père
Va le sacrifier(3) au bonheur de son frère.

L'IMPÉRATRICE

Pour répandre son sang, il est assez cruel,
Mais l'amour agira pour ce grand criminel.
Quoi qu'ait fait contre lui la fière Sophronie,
C'est d'elle que j'attends sa liberté, sa vie :
Il est de grands retours* pour les cœurs amoureux,

1 Selon la prosodie du XVIIe siècle, pour respecter la métrique du vers, « le » doit s'élider.

Et si je puis trouver un de ces temps heureux[1],
Jusques à la prier on me verra descendre.
Je m'en vais la chercher, et vous pouvez m'attendre.
Une rivale aimée aigrirait sa douleur.
Modérez vos ennuis*.

[*Elle sort.*]

SCÈNE XI

EUDOXE, CAMILLE.

EUDOXE

Quel secours pour mon cœur !
Dans tout ce qui m'est cher, le Ciel me persécute :
J'ai vu de ma maison* la déplorable chute,
Je vois que mon amant est proche du trépas,
Et l'on peut m'ordonner de ne m'affliger pas !
Non, quel que soit ton sort, cher Prince, il faut le suivre :
Sans toi, sans ton amour, comment pourrais-je vivre ?
Mais qu'est-ce que je fais ? Ah ! discours superflus !
Je parle à mon amant, et peut-être il n'est plus.
Pour mon sensible cœur, quelle image cruelle !
Prévenons par ma mort cette affreuse nouvelle :
Allons me dérober à toutes mes douleurs,
Mourir n'est pas pour moi le plus grand des malheurs.

1 « une heureuse occasion ».

ACTE V

SCÈNE I

SOPHRONIE, JUSTINE.

JUSTINE

Madame, à vos douleurs donnez quelque relâche.
Le jour qui va paraître…

SOPHRONIE

Est-il un cœur plus lâche !
Qu'ai-je fait ! Quelle horreur dois-je me reprocher !
Dans le fond des Enfers, je voudrais me cacher.
Misérable jouet[2] de l'injuste fortune,
La lumière du jour m'irrite et m'importune.
C'est souffrir trop longtemps, et depuis le berceau,
Tous mes jours sont marqués par un malheur nouveau.
Mais du moins, dans le cours d'une misère affreuse,
Je n'avais, tu le sais, été que malheureuse,
Et dans une innocence égale à mes douleurs,
Je n'avais point encor mérité mes malheurs.
Cette innocence, ô dieux ! qu'est-elle devenue ?
Pour venger mon amour, hélas ! je l'ai perdue,
Par une trahison digne de mille morts.
Cher Prince, contre toi j'ai fait tous mes efforts :
C'est moi, dont la barbare et noire jalousie
Par le fer des bourreaux va t'arracher la vie !
Quelle marque d'amour viens-je de te donner ?
Est-ce t'aimer, hélas ! que de t'assassiner ?

JUSTINE

De grâce modérez l'ennui* qui vous possède.
Vous avez de vos maux l'infaillible remède :
Carthage vous adore, et tous ses citoyens
Hasarderont pour vous et leur vie et leurs biens.
Un tendre souvenir de votre illustre père
Leur fait…

SCÈNE II

LES MÊMES, ISPAR.

SOPHRONIE

Pour Trasimond que faut-il que j'espère,
Ispar ?

ISPAR

On fait pour lui de funestes apprêts[1],
Mais grâce au Ciel, le peuple est dans vos intérêts.
Jamais ardeur ne fut si sincère et si forte :
Il s'est saisi du port, il garde chaque porte,
Et par un sort heureux, ce grand peuple confond
Vos intérêts, Madame, et ceux de Trasimond.
Vos amis et les siens veulent, quoi qu'il arrive,
Qu'Hunéric vous épouse, et que Trasimond vive.
Vous leur avez si bien déguisé vos soupirs,
Qu'ils croient(2) cet hymen le but de vos désirs,
Et ces pleurs que tantôt ils vous ont vu répandre
Ont produit tout l'effet qu'on en pouvait attendre.
De ce grand changement, Genséric étonné*
Ne sait par où calmer le peuple mutiné :
Des desseins du Sénat sa prudence alarmée,
Loin de ces lieux, Madame, occupe son armée[2],
Et pour se délivrer d'un joug cruel, affreux,
On ne pouvait choisir un moment plus heureux.

SOPHRONIE

Que le Ciel à son gré dispose de l'Afrique !
C'est l'amour qui m'occupe et non la politique.
Si le peuple aujourd'hui n'assiège ce palais,
Si Genséric n'accorde à leurs ardents souhaits(2)
L'entière liberté du prince que j'adore,
S'il peut après cela me dédaigner encore,

---

1 « On prépare son exécution ».

2 Le Sénat ayant rallié le peuple pour défendre les intérêts de Trasimond, l'armée de Genséric a quitté le palais pour affronter les mutins dans la ville et aux abords du port.

Si pour Eudoxe encor son amour se fait voir,
Je n'écouterai plus que mon seul désespoir.

ISPAR

À cette extrémité vous n'êtes point réduite,
Nos désordres auront une plus douce suite.
Mais, Madame, j'entends le roi qui vient à nous :
Au nom de votre amant, cachez ce grand courroux.

SCÈNE III

LES MÊMES, GENSÉRIC.

GENSÉRIC

Sous votre nom, Carthage ose prendre les armes.
Prétendez-vous par là faire valoir vos charmes ?
Et tout ce que la guerre a de trouble et d'horreur,
Est-il propre, Madame, à vous gagner un cœur ?
Ces cruels sentiments sont-ils la récompense
D'avoir si tendrement élevé votre enfance ?
Sans les soins que j'ai pris, sans toute ma bonté,
Vous n'auriez pas longtemps conservé la clarté :
Je devais votre mort au repos de l'Afrique,
Mais, vainqueur trop humain et mauvais politique,
Loin d'attaquer vos jours, j'ai par mille faveurs…

SOPHRONIE

Hélas ! que vous m'auriez épargné de malheurs !
Mais ne déguisez point ce qui m'a préservée :
Pour votre sûreté vous m'avez conservée.
Sans moi votre pouvoir était mal affermi,
On vous regardait moins en roi, qu'en ennemi :
Toujours quelque revers, toujours quelque tempête
Menaçaient votre État, grondaient sur votre tête.
L'espoir de mon hymen adoucit les esprits,
On vous laissa jouir[2] de l'Afrique à ce prix,
Et quand vous avez cru Carthage assujettie,
Votre infidélité ne s'est point démentie :

Vous avez oublié, Seigneur, tous vos serments,
Et le peuple n'a pu souffrir ces changements ;
Il a voulu venger l'affront que vous me faites
Par tout ce qu'a d'affreux le péril où vous êtes.
Je ne vous en dis rien, et vous le connaissez.

GENSÉRIC

Ces périls ne sont pas si grands que vous pensez :
On voit armer pour vous un peuple téméraire,
Vos jours me répondront de ce qu'il pourra faire ;
Vous vous livrez vous-même à vos mauvais destins[1].
Je dois un grand exemple à des peuples mutins :
Je sais qu'il est cruel, mais quoi qu'il en puisse être,
Dans mes États, enfin, je veux être le maître.
Retirez-vous.

SOPHRONIE

Tyran, je vais me retirer,
Mais ce ne sera pas pour gémir ni pleurer,
Je veux bien m'épargner une odieuse[(4)] vue.

[*Elle sort.*]

GENSÉRIC

Ta perfidie, enfin, ne m'est que trop connue,
Cette haine…

SCÈNE IV

GENSÉRIC, AMILCAR, ISPAR.

AMILCAR

Ah ! Seigneur, vos soldats sont défaits,
Et les mutins…

GENSÉRIC

Eh bien ?

1 Autrement dit, Genséric prend Sophronie en otage.

AMILCAR

Ont forcé ce palais.

GENSÉRIC

Jusque-là mes sujets portent la violence[3],
Et le Ciel autorise une telle insolence !

AMILCAR

La fureur dans les yeux, l'audace sur le front,
Ils font retentir l'air du nom de Trasimond ;
Et ce prince amoureux, qu'aucun respect n'arrête,
Pour venger son amour, va se mettre à leur tête.
Dans ce pressant péril…

GENSÉRIC

Cesse de t'alarmer,
Amilcar, je sais bien par où le désarmer.
Laisse agir sur ce point ma prudence ordinaire,
Elle a cent fois changé la fortune contraire ;
Par elle, sans soldats, j'ai triomphé cent fois.
L'art de dissimuler est le grand art des rois.

AMILCAR

Seigneur, j'entends du bruit.

SCÈNE V

LES MÊMES, TRASIMOND.

TRASIMOND [*aux mutins, en coulisse.*]

Que personne n'avance.

(À Genséric.)

Loin de vous arracher la suprême puissance,
Je vois avec regret ce funeste revers,
Et je ne viens, Seigneur, que reprendre mes fers*.
En vain le peuple attend que je lui donne un maître,
Vous le serez ici tant que vous voudrez l'être :
Quoi qu'on m'ait imputé pour me rendre suspect,

Vous ne verrez en moi qu'un fils plein de respect,
Oui, malgré mon amour et mes jalouses craintes,
Je suis…

GENSÉRIC

Ne nous faisons ni reproches, ni plaintes,
Je vous pardonne tout, venez, embrassez-moi :
J'aime mille fois mieux être père que roi.
Possédez, j'y consens, votre aimable princesse,
Et me rendez, mon fils, toute votre tendresse.
Allez donner la paix, je ne suis point jaloux
De l'ardente amitié que le peuple a pour vous :
Des mains de mes sujets faites tomber les armes,
Et de votre princesse allez sécher les larmes.

TRASIMOND

Ah ! Seigneur, dites-vous[1] tout ce que peut sentir
Un cœur plein de respect, d'amour, de repentir :
Tout prêt de voir finir une ennuyeuse* vie,
Vous me la redonnez de cent plaisirs suivie ;
Surpris, confus, charmé de tout ce que j'entends,
Je ne puis exprimer les transports que je sens.
Je vais à leur devoir ramener les rebelles,
Et puisqu'enfin touché de mes peines cruelles,
Vous permettez qu'Eudoxe achève mon bonheur,
Je cours faire cesser sa crainte et sa douleur.

(Il sort avec Ispar.)

SCÈNE VI

GENSÉRIC, AMILCAR.

GENSÉRIC

Dans son emportement, dans sa fureur extrême,
Le traître croit déjà posséder ce qu'il aime ;
Mais pour de son parti réprimer les efforts*,

1 « imaginez-vous ».

Je m'en vais rappeler mes vaisseaux dans nos ports.
Et quand ils m'auront mis cent mille hommes à terre,
Je permets aux mutins de me faire la guerre[1] :
Alors je serai maître, alors je choisirai
Pour le bien de l'État quel sang je répandrai.
Eudoxe sans appui ne sera plus si vaine*...
Mais que vois-je ? Hunéric ! Quel dessein vous amène ?
Que faites-vous, mon fils ? Et quel pressant souci...

SCÈNE VII

LES MÊMES, HUNÉRIC, ISPAR.

HUNÉRIC

L'ardeur de vous servir m'amenait seule ici.
Je n'ai pu résister à la pressante envie
De vous sacrifier(4) les restes de ma vie :
J'ai donc couru, Seigneur, tout blessé que je suis,
Partager les malheurs où nous sommes réduits,
Et pour prix de mes soins, Ispar vient de me dire
Que vous m'ôtez Eudoxe, et l'espoir de l'Empire.
Le crime de mon frère a-t-il fait son bonheur ?
Seigneur, est-ce par là qu'on touche votre cœur ?

GENSÉRIC

Je pardonne, mon fils, à l'état où vous êtes,
Tout ce qu'on voit d'aigreur aux plaintes que vous faites.
Les crimes ne sont point par moi récompensés,
Et Trasimond n'est pas encore où vous pensez.

HUNÉRIC

Seigneur...

GENSÉRIC

Il croit sans doute épouser la princesse,
Et vous pour Sophronie accomplir ma promesse ;

1 Autrement dit, quand les cent mille hommes tenus en réserve dans ses vaisseaux auront débarqué, Genséric pourra écraser les mutins.

Mais pour ce double hymen on n'a point pris de jour,
Et de votre santé j'attendrai le retour.
Vos blessures, mon fils, sont un heureux prétexte :
Apaisons les mutins, le temps fera le reste.
Allez voir votre frère, et cachons nos projets
Sous les dehors trompeurs d'une sincère paix.
Paraissez satisfait du bonheur de sa flamme.

SCÈNE VIII

LES MÊMES, L'IMPÉRATRICE.

L'IMPÉRATRICE

Viens voir périr ton fils par les mains d'une femme,
Viens repaître tes yeux d'un spectacle si doux.

HUNÉRIC *sort* [*suivi d'Amilcar.*]

Allons le secourir.

GENSÉRIC

Ciel ! que m'apprenez-vous ?
Ô dieux !

L'IMPÉRATRICE

Que Trasimond, blessé par Sophronie,
Chez ma fille, à ses pieds, vient de perdre la vie.
J'ai vivement senti le coup qui l'a percé :
Voyant couler son sang, tout le mien s'est glacé.
Ne crois pas que ce soit ni pitié, ni tendresse :
Un plus grand sentiment à sa mort m'intéresse.
Il adorait ma fille, et j'espérais qu'un jour
Ta perte deviendrait le fruit de son amour.
Mais cet amour n'est plus, la mort vient de l'éteindre.
Tu n'as plus rien, tyran, qui puisse te contraindre :
Va, pour comble d'horreur, va, cours baiser la main
Qui, de ton propre fils, vient de percer le sein !
Ne crains point par le Ciel d'être réduit en poudre ;
Puisque tu vis encor, le Ciel n'a point de foudre.

GENSÉRIC

Je répondrai tantôt à cet emportement.
Retirez-vous, Madame, en votre appartement.

L'IMPÉRATRICE

Père dénaturé, monstre que je déteste,
Pourquoi ne pas donner un ordre plus funeste ?

SCÈNE IX

GENSÉRIC, ISPAR.

ISPAR

Quoi que le prince ait fait dans sa funeste ardeur,
Vous êtes toujours père, on le voit bien, Seigneur.
Ce grand accablement, où son trépas vous jette,
Ne laisse point douter qu'une douleur secrète…

GENSÉRIC

Oui, je l'avoue, Ispar, je suis père et je sens
Qu'on fait, pour l'oublier, des efforts impuissants.
En apprenant sa mort, mon âme s'est émue :
Je n'ai rien entendu[1], depuis que je l'ai sue.
La nature s'explique* ; et surpris et troublé,
D'inutiles remords je me trouve accablé.
Dieux ! une fille a-t-elle une âme si cruelle ?
Qu'est-ce que Trasimond peut avoir fait contre elle ?
Mais puisqu'on ne saurait réparer son forfait,
Songeons à profiter du crime qu'elle a fait.
Elle prétend avoir quelques droits sur l'Afrique :
Sous le nom d'équité[2], cachons la politique,
Punissons-la d'avoir assassiné mon fils,
Sa mort nous défera de tous nos ennemis.
Ispar, allez sur l'heure arrêter Sophronie.

---

1 C'est-à-dire qu'il a perdu l'esprit depuis qu'il a appris cette nouvelle.
2 « Sur le prétexte de faire justice ».

SCÈNE X

LES MÊMES, JUSTINE.

JUSTINE

Ah ! Seigneur, elle-même à mes yeux s'est punie.
Hélas ! entre mes bras, elle vient d'expirer.
Pardonnez-moi, Seigneur, si j'ose la pleurer.
Dès mes plus jeunes ans, auprès d'elle nourrie…

GENSÉRIC

Poignarder Trasimond, et s'arracher la vie !
Et qui l'a pu porter à ces extrémités ?

JUSTINE

Je vais vous découvrir de tristes vérités :
Aussi bien, pour sa gloire, il n'est plus temps de feindre.
À tout ce qu'elle a fait, l'amour l'a su contraindre.
Trasimond dans son cœur répandit ce poison,
Et chez elle l'amour devança la raison :
Elle ne put souffrir qu'une étoile cruelle
Eût forcé Trasimond d'aimer une autre qu'elle.
Elle vous découvrit son amour, ses desseins,
Et voyant quel danger il courait en vos mains,
Par un de ces retours* aux amants ordinaire,
Elle anima le peuple à ce qu'il vient de faire.
Elle crut que son cœur se rendrait aux bienfaits,
Et ce prince a paru plus ingrat que jamais :
« Je n'ai donc travaillé que pour une rivale,
Me dit-elle, et la paix à moi seule est fatale !
Quoi donc ! par mon crédit, par mon empressement,
Justine, dans ses bras, j'aurai mis mon amant !
Non, troublons les plaisirs que l'amour lui prépare :
Sur elle que ce fer me venge d'un barbare. »
À ces mots, chez Eudoxe elle porte ses pas
À dessein de punir ses criminels appas :
Dans ce fatal moment, aux pieds de la princesse,
Le prince Trasimond exprimait sa tendresse.
Le sort de sa rivale irrite sa douleur,

Elle lève le bras pour lui percer le cœur :
Eudoxe se dérobe au coup qui la menace,
Le prince avance et veut réprimer cette audace,
Le bras qu'elle a levé tombe, perce son sein,
Et trompe en le perçant un furieux[(3)] dessein[1].
Des mains de Sophronie on voit tomber les armes,
Sa bouche est sans soupirs, et ses yeux sont sans larmes :
L'excès de sa douleur la rend sans mouvement,
Mais voyant expirer son malheureux amant,
Elle pousse des cris, et sa main criminelle
Ramasse le poignard et le tourne contre elle.
Elle tombe, Seigneur, auprès de Trasimond,
Son sang avec le sien s'écoule et se confond.
Elle paraît sensible à ce plaisir funeste,
Et voulant lui donner le moment qui lui reste :
« Approche, me dit-elle, en se faisant effort*.
Console-toi, Justine, et ne plains point mon sort :
Je touche sans regret à mon heure fatale,
Du moins dans le tombeau je serai sans rivale !
Puisque Trasimond meurt, j'y descends sans effroi,
Eudoxe est mille fois plus à plaindre que moi. »
À ces mots, elle expire. En vain, mes soins fidèles…

GENSÉRIC

Qu'on apprenne aux mutins ces funestes nouvelles,
Et courons chez Eudoxe essayer…

ISPAR

Ah ! Seigneur,
Son désespoir pourra terminer son malheur :
Trasimond n'étant plus, elle ne saurait vivre.

GENSÉRIC

Allons, et que nos soins l'empêchent de le suivre.

---

1 Autrement dit, Sophronie, en proie à une fureur jalouse et dans le but d'assassiner sa rivale, a tué Trasimond à sa place.

GLOSSAIRE

Accident : ce qui n'est pas essentiel à l'être et qui peut être modifié ou supprimé sans altérer sa vraie nature (théol., philos.).
Adorable : digne d'être vénéré.
Affecté : atteint, infecté (terme de médecine).
Affection : zèle, amour. Affections : sentiments.
Alarmes : troubles d'ordre politique ou militaire.
Allégeance : soulagement.
Alors que : lorsque.
Amitié : affection.
Amour (faire l'~) : aimer, faire sa cour.
Arrêter : retenir, faire rester ; déterminer.
Assiette : situation, disposition.
Assurer (s'~ de qqn) : s'assurer de l'aide de qqn dont on a besoin pour éclaircir une affaire.
Attentat : action portant atteinte aux lois de l'État.
Aucun : quelque.
Audace : hardiesse impudente.
Aveu : consentement.

Bien : bonheur, joie.
Bonheur : chance, circonstances favorables.

Cadébiou : nom de Dieu ! (juron gascon, littéralement « tête de dieu »).
Caresse : marque d'affection, amabilité ; (faire ~) : montrer son affection, cajoler.
Caresser : bien recevoir ; flatter, cajoler.
Censeur : magistrat romain qui avait le droit de contrôler les mœurs des citoyens.
Cependant : pendant ce temps.
Charmer : suspendre une émotion.
Chenu : devenu blanc de vieillesse.
Chopper : faillir, commettre des erreurs.
Choquer : offenser ; déplaire.
Cœur : courage, hardiesse.
Complaisance : plaisir.
Connaître : savoir.
Consulter : réfléchir, interroger.
Contrefaire : changer d'apparence dans le but de tromper.
Courage : force de caractère, estime de soi ; cœur.

D'abord : aussitôt ; (~ que) dès que.
D'ailleurs : par ailleurs.
Débris : désordre, dérèglement.
Décoration : décor constitué de châssis et de toiles peintes.
Découvrir : commencer d'apercevoir.
Déçu : trompé.
Démon : esprit tutélaire.
Désert : retraite, solitude.
Détester : maudire, jurer contre.
Devant que : avant que, avant de.
Diligent : empressé, pressé.
Diligence : rapidité ; (en ~) avec empressement, rapidement.
Docile : disposé à recevoir une instruction.
Draper : railler, dire du mal.
Drille : soldat vagabond.

Du tout : entièrement.

Efficace : force, efficacité.
Effort : violence, impétuosité ; effet puissant et accompli à la perfection.
Émanciper (s'~) : se permettre.
Émouvoir : inciter, provoquer ; (s'~) s'animer, remuer.
Empêcher : gêner, embarrasser.
Ennui : tristesse, déplaisir.
Ennuyeux : déplaisant.
Ensuivant : de plus.
Entendre : comprendre.
Étonner : troubler, effrayer.
Expliquer : interpréter ; (s'~) : se déclarer, se révéler.
Extravagant : fou.

Fâcheux : importun.
Faction : complot, conspiration.
Falot : lanterne.
Fantaisie : imagination.
Fantasie : inclination.
Fard : dissimulation, tromperie.
Faveur : le crédit et le pouvoir que l'on a auprès du roi.
Favori : celui qui tient le premier rang dans les bonnes grâces du roi.
Fers : chaînes de prisonnier ; métaphoriquement, chaînes morales, sentiment amoureux impérieux, qui rend esclave.
Feu : passion amoureuse, amour.
Fier : cruel, barbare.
Flatter (un sentiment désagréable) : adoucir en laissant espérer.
Foi : promesse, parole ; loyauté ; engagement amoureux ; (sur sa ~) : maître de sa conduite.
Force (à la ~ ouverte) : en employant les armes de façon publique.
Fortune : coup du sort, malheur ; danger, risque.
Fourbe : tromperie, fourberie.
Frivole : vain, léger, inutile.
Frotter : frapper ; (~ d'importance) battre à grands coups.
Furie : Ardeur, courage impétueux.
Fusée : fuseau où l'on enroule le fil.

Gêner : tourmenter, torturer.
Généreusement : noblement, avec fermeté d'âme.
Généreux : noble, héroïque.
Générosité : grandeur d'âme, magnanimité.
Génie : talent ; esprit tutélaire, ange gardien.
Gésir : loger, habiter.
Gisait : imparfait du verbe gésir*.
Gousset : petite bourse.
Gouverner : gérer, mener une affaire.
Guère : beaucoup.

Hasards : périls ; (nourri dans les ~) habitué aux dangers de la guerre.
Heur : chance, opportunité ; bonheur.
Hoqueton : pourpoint ou gilet épais.

Immortel : dieu.
Incontinent : aussitôt, au même moment.
Indiscret : imprudent.
Industrie : adresse, finesse.
Intéresser : concerner, préoccuper ; séduire.

Jacobus : monnaie d'or anglaise.
Jouer (se ~) : s'ébattre, se récréer.

Légitimement : selon les convenances.
Libéral : généreux.
Licteur : officier au service du consul et des grands magistrats romains.
Lieu : sujet, cause.

Mais : et même (idée de renchérissement).
Maison : descendance, lignée ; l'ensemble des membres d'une famille ou des

gens attachés au service d'une maison ; rang.
Maîtresse : femme aimée, ou recherchée en mariage.
Malheureux : pauvre, miséreux.
Maroufle : fripon, homme malhonnête.
Matineuse : matinale.
Maxime : règle ; décision.
Misérable : malheureux, digne de pitié ; indigent, pauvre.
Mouche : petit morceau de taffetas noir que les dames mettaient sur le visage pour faire ressortir leur blancheur.
Mulet (garder le ~) : attendre qqn à la porte de son logis.

Objet : personne digne d'être aimée.
Officieux : serviable.
Opilation : obstruction, occlusion (terme de médecine).

Police : ordre, règlement.
Possible : peut-être.
Poulet : billet doux.
Pratique : intrigue, cabale.
Presse : foule.
Prud'homie : probité, conduite sage et loyale.

Qui : qu'est-ce qui.

Réciproquer : rendre en retour, partager.
Reître (vieux ~) : vieux routard.
Rencontre : occasion.
Rentrer : sortir (terme employé dans les didascalies de l'époque. Sous-entendu : rentrer dans le décor praticable ou dans les coulisses).
Repart : réponse.
Retour : revirement ; revers.
Retrait : cabinet d'aisances.
Rotonde : fraise (collerette ronde plissée).

Saillie : irruption, entrée ou sortie fracassante.
Salette : petite salle.
Séduire : faire tomber dans l'erreur, corrompre, tromper.
Sentiment : avis, opinion.
Si : pourtant.
Signaler : décrire par écrit.
Sincérité : vertu qui permet de se rendre estimable dans le monde en empêchant de parler autrement qu'on ne pense.
Soin : inquiétude d'esprit.
Solitude : lieu éloigné, maison isolée.
Souci : soin, préoccupation.
Souffrir : supporter.
Souris : sourire.
Succès : résultat.
Superbe : fier, noble.
Supposer (un enfant) : vouloir le faire passer pour fils ou fille de ceux dont il n'est pas né.
Surprendre : abuser, induire en erreur, décevoir.

Tandis : pendant ce temps-là.
Tôt : vite.
Trame : vie (allusion aux fils du destin tissés par les Parques).
Tricot : gros bâton.

Vain : vaniteux, prétentieux.
Véritable : qui détient la vérité.
Vertu : pouvoir, force.
Visage : personne.
Vœux : désirs amoureux.

COMPLÉMENT BIBLIOGRAPHIQUE

CHERBULIEZ, Juliette, *The Place of Exile : Leisure Literature and the Limits of Absolutism*, Lewisburg, Bucknell University Press, 2005.

EVAIN, Aurore (éd.), *Théâtre de femmes de l'Ancien Régime*, site consacré à l'anthologie et aux autrices de théâtre de l'époque : http://www.theatredefemmes-ancienregime.org

EVAIN, Aurore, « Histoire d'*autrice*, de l'époque latine à nos jours », *Séméion* (« Femmes et langages »), fév. 2008, p. 53-62, en ligne sur le site de la SIEFAR (http://www.siefar.org/docsiefar/file/Histoire%20d'autrice%20-%20A_%20Evain.pdf)

GETHNER, Perry (éd. critique), *Femmes dramaturges en France (1650-1750), pièces choisies*, vol. 1 et 2, Tübingen, Gunter Narr Verlag, « Biblio 17 », 1993 et 2002.

GETHNER, Perry, « Stratégies de publication et notion de carrière chez les femmes dramaturges sous le règne du Roi Soleil », *Le Parnasse du théâtre. Les recueils d'œuvres complètes de théâtre au* XVII*e siècle*, éd. G. Forestier, E. Caldicott & Cl. Bourqui, Paris, Presses Universitaires Paris-Sorbonne, 2007, p. 309-323.

TIMMERMANS, Linda, *L'Accès des femmes à la culture sous l'Ancien Régime*, Paris, Honoré Champion, coll. « Classique Champion Essais », 2005.

VIENNOT, Éliane, *La France, les femmes et le pouvoir, 2. Les résistances de la société (*XVII*e –* XVIII*e siècle)*, Paris, Perrin, 2008.

Pour chaque autrice, éditions modernes utiles : voir introductions des pièces.
Les notices sur Françoise Pascal, la sœur de La Chapelle, Anne de La Roche-Guilhen et Antoinette Deshoulières sont reprises, moyennant quelques ajouts ou modifications, du Dictionnaire des femmes de l'Ancienne France *de la SIEFAR (en ligne sur www.siefar.org ; à voir notamment pour la liste complète des œuvres).*

FRANÇOISE PASCAL

BALDENSPERGER, Fernand, « Françoise Pascal, fille lyonnaise », *Études d'histoire littéraire*, Paris, Droz, 1939 [réimpr. Genève, Slatkine Reprints, 1973], vol. 3, p. 1-31.

GETHNER, Perry, « Lyon as a Theatrical Space : The Case of Françoise Pascal's Tragi-comedies », *Lieux de culture dans la France du* XVIIe *siècle*, éd. W. Brooks, Ch. McCall Probes & R. Zaiser, Oxford, Bern…, Peter Lang, 2012, p. 11-22.

PASCAL, Françoise, *Le Commerce du Parnasse*, éd. critique par Deborah Steinberger, Exeter, University of Exeter, 2001.

SŒUR DE LA CHAPELLE

CARR, Thomas L. (éd.), *The Cloister and the World : Early Modern Convent Works*, Charlottesville, Rookwood Press, coll. « Early Modern French », 2007.

SCOTT, Paul, « Saint Catherine in Seventeenth-Century French Tragedy », *Female Saints and Sinners : Saintes et Mondaines (1450–1650)*, éd. J. Britnell & A. Moss, Durham, University of Durham, 2002, p. 39-58.

SCOTT, Paul, « Cloisters, Teaching and Tragedy : a Rediscovered Lost Play of 1663 », *Biblio 17*, 144, 2002 (« Les Femmes au Grand Siècle »), p. 150-161.

MME DE VILLEDIEU

GETHNER, Perry, « Love, Self-Love and the Court in *Le Favori* », *L'Image du souverain dans le théâtre de 1600 à 1650*, éd. M. R. Margitic & B. R. Wells, Papers on French Seventeenth-Century Literature, « Biblio 17 », n° 37, 1987, p. 407-420.

GETHNER, Perry, « Conspirators and Tyrants in the Plays of Villedieu », *A Labor of Love : Critical Reflections on the Writings of Marie-Catherine Desjardins (Madame de Villedieu)*, éd. R. Lalande, Teaneck (NJ), Fairleigh Dickinson University Press, 2000, p. 31-42.

GOLDWYN, Henriette, « Mme de Villedieu, la transformation théâtrale : de l'héroïsme à l'épicurisme galant », *Cahiers du dix-septième*, XI, 1, 2006, p. 107-119.

GOLDWYN, Henriette, « Men in Love in the Plays of Mme de Villedieu », *Labor of Love…*, voir *supra*, p. 64-83.

GOLDWYN, Henriette, « *Manlius*, l'héroïsme inversé », *L'Image du souverain…*, voir *supra*, p. 421-437.

HOGG, Chloé, « Staging Foucquet : Historical and Theatrical Contexts of Villedieu's *Le Favori* », *Labor of Love…*, voir *supra*, p. 43-63.

KELLER-RAHBÉ, Edwige et GRANDE, Nathalie (éd.), *Madame de Villedieu et le théâtre*, Tübingen, Narr Verlag, « Biblio 17 », 184, 2009.

KELLER-RAHBÉ, Edwige (éd.), *Mme de Villedieu*, site consacré à l'autrice, son œuvre et sa réception (études en ligne, bibliographie complète, actualités), hébergé par le GRAC – Groupe Renaissance et Âge Classique : http://madamedevilledieu.univ-lyon2.fr

ANNE DE LA ROCHE-GUILHEN

CALAME, Alexandre, *Anne de La Roche-Guilhen, romancière huguenote*, Genève, Droz, 1972.

LA ROCHE-GUILHEN, Anne, *Histoire des favorites*, éd. par Els Höhner, Saint-Étienne, Publications de l'Université de Saint-Étienne, coll. « la cité des dames », 2005.

PITOU, Spire, « A Forgotten Play : La Roche-Guilhen's *Rare en Tout* (1677) », *Modern Language Notes*, vol. LXXII, mai 1957.

SANZ, Amelia, « Anne de La Roche-Guilhem, *Rare en tout* », *Portraits de traductrices*, éd. J. Delisle, Ottawa, Presses de l'Université d'Ottawa, 2002, p. 55-85.

ANTOINETTE DESHOULIÈRES

DESHOULIÈRES, Antoinette, *L'Enchantement des chagrins. Poésies complètes*, éd. critique par Catherine Hémon-Fabre et Pierre-Eugène Leroy, Paris, Bartillat, 2005.

GETHNER, Perry, « Carthage et Rome au théâtre : le conflit entre générosité et machiavélisme », *L'Afrique au XVIIe siècle. Mythes et réalités*, éd. A. B. Bournaz, Tübingen, Gunter Narr Verlag, « Biblio 17 », 149, 2003, p. 261-269.

INDEX

ANNE D'AUTRICHE : 13, 15n, 385, 517
AUBIGNAC, François Hédelin, abbé d' : 17, 225, 317

BARBIN, Claude : 30, 311, 455
BARO, Balthazar : 523
BARON, Michel : 523
BAYLE, Pierre : 312
BIANCHI, Brigida, dite Aurelia : 15n
BIANCOLELLI, Orsola dite Eularia : 15n
BOILEAU, Nicolas : 517
BOISSIN, Jean, dit de Gallardon : 225

CAMUS, Jean-Pierre : 13, 29
CHARDIN, Jean : 455
CHARLES II : 8, 19, 455, 461, 463n, 465n, 467n
CONDÉ, Louis II, prince de : 319n, 517
CONTI, Armand de Bourbon, prince de : 19n
CORNEILLE, Pierre : 11-13, 16, 18, 20, 21, 23, 35, 212n, 285n, 312, 317, 517, 519, 523
CORNEILLE, Thomas : 18, 312
COSNARD, Marthe : 13, 219
CROY, Dorothée de : 9

DEHÉNAULT, Jean : 518
DESHOULIÈRES, Antoinette du Ligier de la Garde : 7, 8, 20-22, 515, 517-519, 523-524
DESHOULIÈRES, Antoinette-Thérèse : 517, 523
DESMARETS DE SAINT-SORLIN, Jean : 36
DES ROCHES, Catherine : 9
DONNEAU DE VISÉ, Jean : 317, 517
DUPUY, Hilaire, dite Mlle Hilaire : 385

DU RYER, Pierre : 16

EURIPIDE : 489n

FOUQUET, Nicolas : 14, 18, 385
FRANÇOIS, Jean, dit de Nîmes : 220

GOMBAULD, Jean Ogier de : 16, 29
GRAFTON, Isabella Bennet, duchesse de : 463
GROLIER, Charles, seigneur de Cazaut : 177
GUILLAUME, Jacquette : 226

HÉRODOTE : 18, 312

LA BAUME, Catherine de Bonne, marquise de : 87
LA CALPRENÈDE, Gautier de Costes de : 21, 518
LA CHAPELLE, sœur de [Anne de La Capelle-Biron ?] : 8, 13, 23, 24, 217, 219-221, 223, 225-226, 227n, 325n, 465n
LACTANCE : 306n
LA FAYETTE, Marie-Madeleine Pioche de la Vergne, comtesse de : 456
LA GRANGE, Charles Varlet, dit : 385
LAMBERT, Michel : 485n
LA ROCHE-GUILHEN, Anne de : 7, 8, 19-20, 205n, 289n, 323n, 325n, 453, 455-457, 459, 461-462
LIONNE, Hugues de : 385, 387
LORET, Jean : 317, 385n
LOUIS XIII : 15, 16
LOUIS XIV : 14, 15, 19, 20, 319n, 384n, 385, 387n, 433n, 461, 465n, 466n, 517

LULLY, Jean-Baptiste : 385, 489n, 518

MALHERBE, François de : 24
MANCINI, Hortense, duchesse de Mazarin : 455
MANCINI, Marie-Anne, duchesse de Bouillon : 455
MAZARIN, Jules : 14
MILLOTET, Hugues : 220
MOLIÈRE, Jean-Baptiste Poquelin, dit : 14, 15, 18, 19, 21, 29, 36, 175, 311, 312, 385
MONTBAZON, Marie de Bretagne, duchesse de : 311
MONTPENSIER, Anne-Marie Louise d'Orléans, dite La Grande Mademoiselle, duchesse de : 317, 319n, 327, 433n

NERVÈZE, Suzanne de : 226
NICOLE, Pierre : 19n

PAISIBLE, Jacques : 20, 462
PASCAL, Françoise : 7, 8, 13, 14-17, 23, 27, 29-31, 33, 35-36, 48n, 83, 85-86, 87n, 88, 89n, 173, 175-176, 219, 471n
PÉRICAUD, Antoine : 177n
PLATON : 231n, 232n
POYTEVIN, Estienne : 225
PRADON, Jacques : 517
PUGET DE LA SERRE, Jean : 225

QUINAULT, Philippe : 518
QUINTIN, Suzanne de Montgommery, comtesse de : 455

RACINE, Jean : 21, 517, 519, 523, 524
RAMBOUILLET, Catherine Savelli de Vivonne, marquise de : 11
RICHELIEU, Armand Jean du Plessis, cardinal, duc de : 10
ROTROU, Jean : 16

SAINT-AIGNAN, François Honorat de Beauvilliers, duc de : 385
SAINT-AMANT, Marc-Antoine Girard de : 19, 455
SAINT-BALMON [Balmont, Baslemont], Alberte-Barbe d'Ernecourt, dame de : 12, 219
SAINT-ÉVREMOND, Charles de Marguetel de Saint-Denis de : 312, 455
SAINT-RÉAL, César Vichard, abbé de : 312
SAINTE-BEUVE, Charles Augustin : 518
SCUDÉRY, Georges de : 16
SCUDÉRY, Madeleine de : 11, 16, 85, 312
SIMONNOT, Blaise : 219

TALLEMANT DES RÉAUX, Gédéon : 317, 455
TASSE, Torquato Tasso, dit le : 202n
TIRSO DE MOLINA : 385
TITE-LIVE : 317

URFÉ, Honoré d' : 11, 20, 175, 205n, 471n, 523

VERTRON, Claude-Charles Guyonnet de : 30
VIGARANI, Carlo : 385
VILLEDIEU, Marie-Catherine Desjardins, dite Mme de : 7, 8, 17-19, 20, 219, 289n, 309, 311-313, 315, 317-318, 319n, 383, 385-386, 433n, 456, 465n, 491n
VILLEROY, Nicolas de Neufville, maréchal de : 29, 36, 87n
VILLIERS, Claude Deschamps, sieur de, dit Philippin : 175

TABLES DES MATIÈRES

INTRODUCTION 7

FRANÇOISE PASCAL

(1632 – après 1698)

NOTICE 29

L'AMOUREUX EXTRAVAGANT
& L'AMOUREUSE VAINE ET RIDICULE 33
L'amoureux extravagant 37
L'amoureuse vaine et ridicule 61

SÉSOSTRIS 83

LE VIEILLARD AMOUREUX OU L'HEUREUSE FEINTE 173

SŒUR DE LA CHAPELLE

(2e moitié du XVIIe siècle)

NOTICE 219

L'ILLUSTRE PHILOSOPHE, OU L'HISTOIRE
DE SAINTE CATHERINE D'ALEXANDRIE 223

MADAME DE VILLEDIEU

(1640 ? – 1683)

NOTICE 311

MANLIUS 315

LE FAVORI 383

ANNE DE LA ROCHE-GUILHEN

(1644-1707)

NOTICE 455

RARE-EN-TOUT 459

ANTOINETTE DESHOULIÈRES

(1637-1694)

NOTICE 517

GENSÉRIC 521

GLOSSAIRE 593

COMPLÉMENT BIBLIOGRAPHIQUE 597

INDEX 601

IMPRIM'VERT®

Achevé d'imprimer par Corlet,
Condé-en-Normandie (Calvados),
en Février 2025
N° d'impression : 187038 - dépôt légal : Février 2025
Imprimé en France